The Psychology of the Internet Second Edition

新版 インターネットの心理学

パトリシア・ウォレス Patricia Wallace 川浦康至／和田正人／堀正 訳

NTT出版

日本語版に寄せて

ＮＴＴ出版から刊行される『The Psychology of the Internet (Second Edition)』日本語版をご紹介できるのは喜びに堪えません。日本の市民は、地球上で最も最新技術に精通した人たちに属します。インターネット利用者、そして固有のＩＰアドレスは何百万にも及び、しかもなお急増中です。携帯電話は、一〇〇人あたり一三四台と至るところで使われています。人口の九割あまりの人が日々インターネットにアクセスし、なかでもミレニアル世代を中心に、何百万という人がいつもオンラインで仮想生活を過ごしています。

メールやウェブ開発、インターネットのテキスト・コミュニケーションの始まりにおいて、日本はアメリカなどローマ字文化圏の国々にくらべ、遅れをとりました。ひらがなと漢字から成る日本の書字法は何千種類もの文字を使います。日本語は、0と1の八桁の並び、つまりアスキーコードよりも、手書きメッセージをファックスで送るほうがはるかに適していました。アスキーコードは、ローマ字で書かれる英語などの文章のように少ない種類の文字しか表現できなかったからです。

日本語の書字法はタイプライターやキーボードになじまず、それらの利用は広がりませんでした。キーの数が限られていたからです。私は一九八〇年代のあいだ日本に住み、働いていました。日本のオフィスでキーボードを見かけることは稀でした。しかしながら、アメリカ人の多いオフィスでは、しばらくして、最高経営責任者を含め、どの机にもモニターとキーボードが並ぶようになりました。彼らは職場で、さらに帰宅後の上司や同僚への連絡手段としてメールを日常的に使い始めたのです。私たちは専用電話回線で、当時高価な企業所有の大型コンピュータ・ソフトを使っていました。インターネット通信の処理能力が飛躍的に伸びるずっと昔の話です。しかし、日本の人たちの創意工夫で、自分たちの要求に合わせたソフトウェアとともにキーボードや通信手順も作られ、これらの問題はたちまちのうちに解決されました。

日本は自らのコミュニケーションと文化的要求に合わせて、顔文字も取り入れました。顔文字は、何種類かの感情を表現する手段としてアスキー文字で始まり、あちらこちらで見かける横倒しの笑顔(-:、しかめ面の)-:はその代表例です。日本のインターネット・ユーザーは、「すみません」の気持ちを伝えるため、メッセージのなかでお辞儀を意味するm(_ _)mを使い始めました。(_ _)は頭頂部を、二つのmは手をそれぞれ表します。これはおそらく、情報を教えてもらう際、日本人の社会関係を円滑にする共通の手段として付け加えるようになったのでしょう。NTTドコモのモバイル基盤開発チームの一員だった栗田穣崇《しげたか》は、次世代の顔文字である「絵文字」の開発者として広く知られています。絵文字はアスキー文字と異なり、画像で感情を表現する視覚シンボルです。絵文字はモバイル機器を中心に広く利用され、種類も豊富です。視覚表現の可能性が広がったおかげで、お辞儀するビジネスマンは、リアルな絵文字としてインターネット上に再登場しました。

本書には、日本の読者にとってかかわりの深いタイムリーな新しい内容がふんだんに盛り込まれています。一例を挙げれば、デジタル時代の子育て、オンラインデートやオンラインゲーム、プライバシーやセキュリティ、監視といった諸問題です。

私は特にNTT出版、そして川浦康至教授のご尽力に感謝したいと思います。今回の新版はもとより、第一版でも、お世話になりました。インターネット利用にかかわる心理学的問題を扱った彼の研究、たとえばオンライン日記やウェブログを扱った研究は、この問題に取り組んでいる日本の研究者との共同でなされ、インターネット、およびそれが人間行動に及ぼす影響に関する私たちの理解をおおいに深めてくれています。今回の新版の刊行にあたって、以下のお二人にもお礼を申し上げたいと思います。情報社会における言語とニューメディアの役割を研究された堀正教授、ＳＮＳとその教育利用を研究されている和田正人教授、ありがとうございました。また、この場を借りて、初版の共訳者である翻訳家の貝塚泉さんにもお礼申し上げます。

二〇一八年三月

パトリシア・ウォレス

本書をジュリアン、カリー、エリック、マーリーン、リリー、ケイコ、そして実在の家族にささぐ。

新版　インターネットの心理学　目次

第3章 インターネットの集団力学 091

第4章 オンライン攻撃の心理学 137

第8章　子供の発達とインターネット――オンラインで成長すること　289

第9章　ネットにおけるジェンダー問題とセクシュアリティ　329

【凡例】
★　原注
〔 〕訳者による補足ないし訳注
（ ）［ ］は、原文の表記に準じる
本文中のゴシック体は原文の強調のうち専門用語およびそれに準じるものを示し、傍点は主としてそれ以外の強調を示す

図表リスト

新版　インターネットの心理学

新版 はしがき

本書『インターネットの心理学』の初版が一九九九年に刊行されたとき、人々はリアル書店で本を買っていた。八人の従業員とともに、ガレージオフィスで生まれたグーグルは文字どおりの急成長を遂げ、フェイスブックの創設者マーク・ザッカーバーグは高校二年生で、古典に夢中だった。その後、アップルからｉＰｈｏｎｅが発売され、モバイルアプリが開発されたのは一〇年あまり後のことだった。まさに、初版刊行の「一九九九年以降、たくさんのことが起きた」と言いたくなるほどである。

一九九〇年代のインターネットは先駆者たちを引き付けたが、参入するだけでも不屈の精神を求められるような未知の領域だった。不恰好なモデムに、バグだらけのソフト、長すぎる起動時間、不安定な接続、それらは私たちの苦労をあざ笑うかのように、作業を阻んだ。当時、サイバースペースのさまざまな場における心理的様相は研究者からほとんど注目されていなかった。しかし、オンラインを経験した人であれば誰もが、それらがすでに人間行動に重要な影響を及ぼしつつあると気付いていたはずである。私たちがときどき驚くような方法で振舞う過程や、その理由をよく理解するために、私は主として社会科学のよく知られた研究を利用した。

これらの研究の重要性は変わらないものの、この新版では、その後も広がっているオンライン世界の心理に関する最近の研究を豊富に加えた。心理学やコミュニケーション学、コンピュータ科学、ビジネス、政治学、その他の分野における活発な研究は、オンラインでの人間行動、なかでもソーシャルメディアに関する新たな知見をもたらしつつある。以下のような、たくさんの学術雑誌がオンライン行動を扱っている。『Computers in Human Behavior（コンピュータと人間行動）』、『Journal of Computer-Mediated Communication（コンピュータコミュニケーション誌)』、『Cyberpsychology, Behavior, and Social Networking(サイバー心理学と行動、ソーシャルネットワーキング)』、『New Media and Society(ニューメディアと社会)』、『CyberPsychology & Behavior(サイバー心理学と行動)』〔Cyberpsychology, Behavior, and Social Networkingの前身〕、『Cyberpsychology(サイバー心理学)』。大学は、インターネットの普及で私たちが直面しているさまざまな問題を研究するため、異なる背景や視点を持つ人々からなる学術プロジェクトや会議、研究所を発足させている。

初版と同様、私の目標は台頭しつつあるデジタル技術にもとづくユートピア的未来を讃えることではない。また、インターネットが人間行動や社会関係に悲惨な結果をもたらすという暗い未来を説明することでもない。そうではなく、私は、バランスのとれたやり方、つまり光を示す研究と影を示す研究の両方に目配りし、同時に多くの新たな疑問に注目したうえで、インターネット心理を扱った研究で実際にわかっていることを述べる。これらの研究のいくつかは、読者にすぐ役立ちそうなことがらを扱っている。つまり、人はソーシャルメディアのプロフィールからどのように印象を形成するのか、なぜ、ある種の動画が爆発的に拡散するのか。私は、本書を通じて読者のみなさんがオンラインでの取り返しのつかない大失敗を避けるための助言もできればとも願っている。いずれにせよ私たちは、速度を増すばかりの高速の乗り物に乗っている。そうしたなかにあって、本書は、読者のみなさんに賢く移動するための知識をさずけ、その案内役となるだろう。

謝辞

本書の刊行に際し、アドバイスや事例の提供、深い洞察を通じて支えてくれた世界中の大勢の人に感謝したい。それらはさまざまな分野や生活経験から得られたものであり、彼らは広範な年齢層に及び、マインクラフトでの創作物を自慢する小学生から、オンラインビジネスを始めた退職起業者まで広がっている。原稿に目を通してくれた人たちは、本書の話題に関して優れたアイデアを与えてくれ、私が訪れそうもない、ちょっとしたインターネットの片隅を研究するためのヒントをくれた。またジョンズホプキンス大学の同僚や、有能青年センターの私の学生たちに感謝をささげる。彼らは、インターネットや新技術が人間発達において果たす役割の研究に参加してくれた。さらに、デイヴィッド・レペット、レベッカ・テイラー、ジースー・アブラハム、ステファニー・サクソン、ジム・ディギンズ、さまざまに尽力してくれたケンブリッジ大学出版の大勢のスタッフにも感謝したい。ジョン・ミルトンやアイザック・ニュートン、スティーヴン・ホーキングの著作を世に送り出してきたケンブリッジ大学出版の名声をおとしめないよう祈っている。最後に、とりわけジュリアン、カリー、ケイコ、マーリーン、リリーに心から感謝したい。

パトリシア・ウォレス

第1章
心理学から見るインターネット

ツイッターのトレンディング・トピックをながめていると、#Ilostsleepbecause〔気がかりで眠れないのは〕というタグに出会った。タグは人から人へ広がるインターネット・ミームの「ひまつぶし」の一つで、世界中のツイッター利用者に対し、機知に富み、人目を引く話を書き加えるよう刺激する。ある反応はこういうものだった。「世の中には『カサブランカ』〔映画〕を見たことのない人がまだいる」。別の人はこうツイートした。「スマホがどうしても手放せないんだ」。それに対する回答に大勢の人の話題となった。スマートフォンはツイッター利用者を四六時中つなぎ、けっして眠らせない。

かつてインターネットは学者や研究者といった限られた人たちのコミュニケーション手段だった。しかし、いまやインターネットは、ショッピングからセックス、研究から反権力運動まで、ありとあらゆる人間活動をになうまでに至っている。私たちは、友人や同僚との交流、バーゲンの検索、研究の推進、情報交換、見知らぬ人との出会い、陰謀の計画、さらには動物との会話にもネットを利用する。いくつかの手話（ASL）を駆使するマウンテンゴリラのココは、ライブ・インターネットチャットに参加した。世界中の人がチャットルームにログインし、ココに意見を求めた。その内容は、子育てやペット、食べ物の好み、友情、愛、将来といったものだった。ココは夫のヌダムとケンカをしたばかりで、たいそう機嫌が悪かった。ココはチャット参加者に、そのいらだちを知ってもらおうとして、ヌダムのことを蔑むように「悪い」を意味するトイレと呼んだ［★1］〔二〇一八年六月没〕。

インターネットの爆発が急速に広がり、オンライン環境は息もつけない速さで変化し続けている。人間行動に及ぼすネットの影響を研究しようと思っている研究者にとって、それは常に動いている標的である。しかし、インターネットは、我々人間がときとして変わった仕方で振る舞い、交流する場であることは知られている。ネットの心理学的効果はとても肯定的に見える場合もあれば、そうでない場合もある。私たちは他の環境であればけっしてしそうもないことをオンラインで行い、あとになって悔やむ。同時に、それは、好むと好まざるとにかかわらず、私たちが働きかけ、変えうる環境でもある。

もし、オンラインでは主にニュースを読み、たまにそれへの論評も斜め読みするような人であれば、インターネットは全体として精神障害や奇妙なアイデア、いかがわしい動機を持つ人であふれ返っていて、ふつうの人は用心して足を踏み入れるべきだと考えるかもしれない。しかし、さまざまな場面における人間行動の長年の研究によれば、その環境の些細なことがらが「ふつうの」人にふだんと異なる行動をとらせ、しかもその効果はきわめて顕著であることが知られている。私たちは自分自身を思いやりがあるとか、あるいは冷静である、自信にあふれている、寛大であると思っているかもしれない。しかし、人はふだん自分の行動に占める状況の力を過小評価しがちである。冷静さにおいて「一〇点満点」と自己評価している人でも、状況次第で、その冷静さを失いうる。自分はとても親切である、また礼儀正しいと思っている人でも、ネットの熱い罵りあいで相手を激しく攻撃するかもしれない。心理学の研究によれば、人をとりまく環境は、そこでの人の振る舞い方に影響を与える可能性が高く、実際にもそうである。ある特定の環境に置かれると、ほとんどの人は自分らしくないことをするだろう。

人類の歴史のなかで、サイバースペースはいまでも新しい部類に属する。私たちは心理学の観点から、進行中のことがらにきちんと迫ることで、その影響をよく理解できる。現実のオンライン行動を扱った研究は増え続け、社会科学や行動科学の研究者の関心を集めている。もちろん、コンピュータ科学やメディア研究、コミュニケーション学、法律学、ビジネスなどの分野でも同様である。たとえば、オンライン世界に行くと、人はある一定のパターンで行動する。その過程や理由を理解することは、収益を追求するビジネスにとって重要であり、データ・サイエンティストはビジネス界の急成長職種の一つである。私たちは、対面場面での人間行動に関するあらゆる成果を適用すれば、オンライン行動に関する見識を手にできる。たとえば、ふだんは落ち着いているメーリングリストで炎上が起きたとき、攻撃心理に関する長年の研究成果を調べれば、そこで何が起きているか、なぜ起きたのかが理解できる。オンラインで出会った男女が結婚に至ったと聞いたら、対人魅力の数々の研究にあたれば、その理由がわかる。

　本題に入ろう。まず第2章で、オンライン人格《ペルソナ》を取り上げ、印象形成や印象管理に関する有名な研究を詳しく見る。このどちらの過程もサイバースペースでは違った展開を見せる。なぜならば、他者の印象形成に用いられる手がかりや、自分自身の印象を作り出すのに用いられる手段が、現実生活の場合と大きく異なるからである（本書では、オンライン以外のことがらに言及するとき、現実生活という語を用いる）。続く第3章では、ネット上の集団力学を詳しく見る。そして、集団にかかわるさまざまな心理現象がオンラインではどのような姿を見せるのか検討する。実例として、同調、集団極化、集団動員、ブレインストーミング、集団葛藤、集団協力を取り上げる。これらの研究はとりわけ重要である。というのは、私たちの活動の場はますますオンライン世界に移行しつつあり、なぜかそこは現実生活での活動の場以上に生産的と見なされているからである。

　オンライン行動の研究者たちが最初に驚いたことの一つは、他者との相互作用場面でいかに人は抑制がきかなくなり、たやすく平静さを失うかであった。第4章ではネットで見られる攻撃の心理を取り上げる。不躾なメールやひどい罵りあい、その他のけんか腰のオンライン行動の根源を追求する。研究者たちが驚いたことの二番目は、インターネット環境は一方で友情や恋愛に対してたいへん有効に働いていることだった。おそらく、その理由は攻撃の場合と共通していよう。第5章では、オンライン世界における対人魅力の性質を、ソーシャルメディアとオンラインデートに焦点を当てて検討する。

インターネット上の多くの場は、困っている人たちに手を差し伸べようと惜しみなく時間をささげる人たちで満ちている。第6章では利他主義に焦点を当て、ネットがボランティア活動や資金調達、支援団体を支えているようすを見る。心理学的観点からすると、インターネットという場は、ある特定の支援団体、たとえば社会的に排斥されていると感じているメンバーや、所属コミュニティや家族内で共有しにくい関心を持つメンバーで構成される集団を、とりわけ歓迎する。オンラインであれば、彼らは現実生活で受ける非難に臆することなく、自分たちの問題について仲間と率直に話ができる。

オンラインゲームと、その(正負両面ある)心理学的効果が、第7章の焦点である。素朴なパックマンの時代から、オンラインゲームは株価も破格な数十億ドルのビジネスとして登場した。とても画期的で活発な仮想世界に、世界中からプレーヤーが参加する。これらのゲームでは心理学の根本原理が働いていて、プレーヤーが頻繁にアクセスしたくなるような仕掛けが組み込まれている。研究によれば、オンラインゲームには、プレーヤーが楽しんでいるという事実以上の強みがある。

第8章は子供の発達、そしてデジタル技術漬けのなかで成長することの意味を探る。たとえば、青年《ティーンズ》は基本的コミュニケーション手段としてテキストメッセージを選び、毎日多数のメッセージを交換する。今日の若者はまさに生まれながらのデジタル世代であり、インターネットは彼らのアイデンティティ形成や社会行動、認知発達、さらには脳発達でも重要な役割を果たしている可能性がある。たとえば、ある研究によればインターネットのある特定の利用形態は認知発達に良い影響をもたらす。しかし、並行作業や気晴らしが憂慮すべきレベルにあると指摘する研究もある。確かにインターネットは若者の学習様式を変えてきた。事実や数値データ、生の動画教材を、キーを数回打つだけで入手できる。社会的には、子供は自分たちに合ったオンライン環境を一緒に作り上げ、新たな規範とコミュニケーション様式を形成している。

ピュー研究所の調査によれば、合衆国成人の八七％がインターネットを利用し、性差は見られない〔★2〕。しかし、ネット環境は圧倒的に男性中心で始まり、いくつかの空間はいまでも男性本位の世界である。こうした特徴は確かに時代に合わなくなっている。第9章では、性にかかわる役割やステレオタイプ、葛藤がオンライン上でどのように展開されているかを検証する。女性にとって、インターネットのある特定の空間は敵対的な様相を呈している。また、サイバーセックスやポルノを含めたネット上のセクシュアリティも検証する。

オンラインプライバシーに関する論争は注目を集めた。国家安全保障局（ＮＳＡ）の大規模監視計画が明るみになり、大手ソーシャルメディアがプライバシーポリシー〔個人情報保護方針〕を微修正し、そのつど利用者を怒らせてもいる。第10章で取り上げるのは、プライバシーと監視の心理的側面、そして、いわゆる「プライバシー・パラドックス」の扱い方である。確かに私たちはオンラインプライバシーを気にすると言う割には多くの時間を、まるで気にしていないかのように費やしている。大部分はインターネット環境の特質のせいである。多くの人は、頭ではオンラインにいったん書けば、それは意図しなかった人たち、さらには世界中に漏れることもあるとわかっている。しかし、多くのオンライン空間の特徴は、人々にこのことを忘れさせ、傍若無人に振る舞わせようとする。同章では、プライバシーに関する重要な問題も取り上げる。それは、いわゆるビッグデータと「忘れられる権利」を含めた人間行動に関する論争である。

第11章では、毎日二四時間ずっとつながり放しの状態が仕事と生活の両立にもたらす影響や、時間つぶしとしてのインターネットを考える。境界の管理はますます困難を極めている。それは、モバイル装置だけのせいではなく、人々が他者に、いつでも連絡がとれること、上司からのメールや同僚のテキストメッセージに対する素早い返信を期待するからである。また、議論百出のテーマ「インターネット依存」についても掘り下げる。それはどのように広まり、原因は何なのか、どうしてそう呼ばれなければならないのか。あるインターネット環境、つまりオンラインゲームやSNSはある種の人々に対し、家族生活や社会関係、仕事に悪影響をもたらすにもかかわらず、行動を制御できないようにさせる。

最後の第12章では、ネットの将来を考える。まず、インターネット利用者としての我々が、この環境をより良いものにするためにどんなことができるのか、その方向付けと働きかけを検討する。ネットはテレビではない。つまり視聴習慣やファンとしての応援を通じてしか影響を与えられない技術ではない。インターネットは生産中の未完成品であり、その多くに私たち自身がかかわっている。オンラインでの人間行動に影響を及ぼす多数の心理学的現象に関する知識を活用すれば、私たち自身のオンライン行動を方向付けるやり方がわかり、ネット上で相手に影響を与える方法もわかる。それらは、インターネットはどのように発展するのか、変化はどのように新たな心理的影響をもたらすのか、ネットの将来を占う水晶玉にもなりうる。

「インターネット」とは

技術的に見ると、「インターネット」を定義する用語の意味は明確である。その意味とは、同一の通信手順で相互接続されたコンピュータネットワークの世界規模システムであり、その規格はＴＣＰ／ＩＰ（Transmission Control Protocol/Internet Protocol）と呼ばれる。ネットワークそのものは、有線接続ないし無線接続でデジタル信号を伝送する。伝送メディアの能力を拡張しようと多くの研究がなされ、とりわけ動画配信の拡大で期待が高い。有線メディアは、光ファイバーか同軸ケーブル、あるいは通常はツイストペア銅線など、デジタル信号が伝送可能な手段であればよい。インターネットの原初デザインは柔軟で、糸電話でも簡単にできると揶揄する人もいる。

無線によるインターネット接続には電磁スペクトルが欠かせない。その多くは無線信号やエックス線、ガンマ線、可視光線を用いる。伝送手段が異なると、そのスペクトルによって使われる波長も異なる。インターネットが使用する波長は可視光線より長く、ラジオの帯域に近い。

しかしながら、本書はインターネットを技術として厳密に扱うつもりはない。接し方にかかわりなくあらゆる種類のコンピュータないしデジタル化された生活の心理的側面を扱う。たとえばコーヒーショップでは、自分のスマートフォンを無料Wi-Fiに接続して、お気に入りのアプリを利用するかもしれない。そこでは、契約通信事業者と関係なく使える。あなたのスマートフォンはコーヒーショップのWi-FiルーターとTCP／IPでつながり、通常そのショップが利用しているどこかのインターネットサービスプロバイダー（ISP）と有線でつながっているはずである。しかし自動車では、Wi-Fi信号につながらないため、あなたのスマートフォンの接続先はGSMやCDMAのような通信手順を介して、その携帯電話事業者のネットワーク設備に切り替わるだろう。そして、あなたのスマートフォンのアンテナは、インターネットに接続されている携帯電話基地局とのあいだで信号を交換する。

心理学的には、いかなる環境も、そして次節でふれる他の環境も、人間行動に影響を与える可能性があり、「インターネット」「サイバースペース」「オンライン」といった用語を広義かつ包括的に用いる。オンライン行動の研究は環境側の変化によって複雑化しているが、必ずしも、その環境が異なる伝送メディアあるいは通信手順を利用するからではない。本書では、それらの心理学的特質をいろいろと検討し、技術的特徴が行動に影響を及ぼす可能性を論じる。他方、その特徴は通信手順とあまり関係がないかもしれない。たとえば、スマートフォンの画面サイズや携帯性のほうが通信手順より人間行動にとっては重要である。

オックスフォード大学インターネット研究所の創立代表者であるウィリアム・H・ダットンは社会科学の観点

から、基盤技術インフラストラクチャーと通信手順を重視する定義としては限定しすぎであると指摘する［★3］。本書では、より広義で包括的な定義のほうがふさわしい。それは、インターネットが登場する前から行われてきた調査研究も取り上げるが、それらが、別の部屋にいる人同士を結びつけるだけのネットワークを扱っているからである。サイバースペースを広く定義すると、そのぶん経験も広範になるため、適切な分類、つまり現行の仮想世界を、心理学的に共通した特徴を持つ空間に分類する必要が出てくる。

オンライン環境の分類

動物学者は、ある動物を特定の門、綱、目、科、属、最終的には種に分類する際、さまざまな次元で相互に似ている生物を一緒にすべく、主要な特徴を判断基準にする。その動物に脊椎はあるだろうか。もしあるのであれば、それは脊索動物という門に属する。その動物が食べるものは何か。もし答えが「主に肉」であれば、それは食肉目と判断される。

オンライン環境は多くの生物よりはるかに速い速度で変異、進化している。そのため、どんな分類体系も恣意的で暫定的にならざるをえない。同様に、多くの環境は重複する特徴を持つか、いくつかの要素を組み合わせた混合物である。それにもかかわらず、インターネットの歴史を振り返ると、無数の変種や重複、多数の混合形態はあるものの、一種の大雑把な分類が描ける。それは、初期の「第一世代」インターネット環境の分類から始まる。その典型は、ワールドワイドウェブ、電子メール、ディスカッション・フォーラム、同期チャットである。その後、インターネットは、共同作業や共有、ユーザー生成コンテンツ（UGC）を強力に支える**ウェブ2.0**環境に移行する。この分類は各環境の技術的基盤ではなく人々の行動に影響をもたらす特徴が基準になっている。つまり、それは他者とのコミュニケーションをどのように支えるのか、もし支えるのであれば、その環境はどのように相互的で同期的、メディアリッチ〔伝達チャンネルの多さ〕なのかといった特徴である。

ウェブ

第一のオンライン環境は**ワールドワイドウェブ**である。これが何百万人もの生活にインターネットを浸透させた立役者の一つであるのは誰もが認めるところだろう。当時、それはＭｏｓａｉｃという初期のウェブブラウザーを介して利用されたはずである。いまや人々は、情報検索や買い物、支払い、映画鑑賞などさまざまなことができる（ウェブブラウザーは、他のさまざまな環境へのアクセスも容易にし、結果として、用途別ソフトのインストールを不要にした）。ここで私が強調したいのは、情報保管庫やショッピングモール、セルフサービス売店、劇場としてのウェブの役割であり、他者との多様なコミュニケーション以外の機能を持つ場としてのウェブの役割である。

ウェブは情報資源として並ぶものがなく、私たちが探し求めるものを見つける能力を次々と高めてきた。グーグルは検索ソフトを改良し、最適で高品質の結果が上位に表示されるようになっている。いまやグーグルは日常語となり、ググるという動詞まで生まれた。グーグルの非公開アルゴリズムは頻繁に変更され、悪質業者が不正な方法で自らのウェブサイトを検索結果の上位に表示させる事態を防いでいる。たとえば、脱毛治療サイトへのアクセスを増やしたい開発者は、人々がよく使いそうなキーワードをホームページに散りばめるかもしれない。あまり目立たないようにするため、彼らは文字色を背景と似た色にすることもある。また開発者はグーグルのボット〔一定の作業を自動処理するプログラム〕が自分たちのサイトを関連する情報と判定してくれることを期待するが、検索エンジンはそうしたサイトを無視するため、かえってそのサイトは不利をこうむりかねない。

検索エンジンはどんな方法で情報の質を判断するのだろうか。スタンフォード大学出身で、グーグルの共同創業者であるラリー・ペイジは、ウェブ上のリンクはどれも投票のようなものであり、投票数は質を測る一種の指標になっていると考えた。もし、あるウェブサイトが他のウェブサイトからリンクが何千何百万と張られているのであれば、その数字は投票数であり、とりわけ、もしそれらの「投票者」が、そのウェブサイトを高く評価しているのであれば、順位があがる。ウェブ2・0が出現し、ウェブサイトはますます双方向性を強め、利用者による評価や「いいね！」のような代替評価が増えた。悪質業者は、もちろん試行の手を緩めない。人気ブログや評価ブログ上のコメントに怪しげなウェブサイトへのリンクが埋め込まれているのは、その一例である。検索エンジン業者は、どの検索でも最適で有用な情報として上位に表示させようとして際限のないいたちごっこをしている。

ウェブを、さらにいっそう価値の高い情報資源にするための試みは、コンピュータに自動的に意味を付与させる方向に向かう。その目標は「文書のウェブ」ではなく、データの**セマンティック・ウェブ**である。たとえば現在は、あるウェブページから他のウェブページへのリンクは単なる指示にとどまっている。しかしセマンティック・ウェブでは、そのリンクは、リンクと情報資源との実質的つながりを示すことで、いっそう豊かな意味をもたらす。もしセマンティック・ウェブが実現すれば、ソフトウェアは、人間が指示しなくても、はるかに洗練されたやり方でオンラインでの作業をこなせるようになるだろう。

ネットは、我々自身が相当量のユーザー生成コンテンツを生み出しているという意味でも比類ない情報資源である。確かに、多くのコンテンツは玉石混交かもしれない。しかし、ネットに貢献したいという気持ちは、より価値のある情報資源の産出へとつながる。書き手と編集者のいわば義勇軍で支えられるウィキペディアはその好例である。しかし、それ以外にも貢献者は大勢いる。たとえば、大きくなりすぎたスモモの木の刈り方を私が調べているとき、ネットにあたれば、驚くことに自ら有機青果物を育てている農家の人が自発的にあげてくれた有益な動画がすぐ見られる。

表面下の世界——深層ウェブと闇ウェブ

インターネット上のウェブページを索引付けする検索エンジンは、リンクからリンクにクロール〔検索エンジンに登録するための情報探索〕することで成り立つ。それゆえ、クロールで拾い上げるウェブページは、いわゆる**表層ウェブ**に限られる。だが、インターネット上にはそれ以外のウェブページがたくさん存在する。**深層ウェブ**は表層ウェブよりも大規模で、リンク・クロール戦略をとる検索エンジンではまずアクセスできない。多くの情報は、訪問者向けの最初の問い合わせ画面から入るデータベースでは探せない［★4］。たとえば、あなたは政府助成金を探しているとしよう。検索エンジンはまず、グランツ（www.grants.gov）を勧めてくる。そして、そこであなたはキーワードを選択し、助成金データベースに問い合わせるための絞り込み条件を指定する。これらのデータベースの多くは検索できるようになっていて、コンピュータ科学者はこれらの巨大リポジトリー〔情報庫〕を探り出す検索エンジンの開発に取り組んでいる［★5］。

深層ウェブの一種に、いわゆる**闇ウェブ**がある。この言葉は、**闇ネット**というネットワークをホストとするウェブサイトをさす。つまり、これは表層ウェブをクロールする検索エンジンの対象外であり、アクセスするのに専用ソフトウェアと利用権限を必要とする。闇ウェブ内にある別のネットワークは匿名性を欲するコミュニティによって作られることが多い。犯罪活動を隠したり、検閲を回避したり、反体制派やジャーナリスト、内部告発者を保護したり、といった事由である。これらの多くは専用ソフトを使えば誰でも利用でき、その場所を知っていれば使うことができる［★6］。「シルクロード」は闇ウェブで最もよく知られたウェブサイトの一つであり、場合によっては殺人依頼もあるような不正取引を行う人のための闇市場として機能していた。二〇一三年に創立者が逮捕されるまで、彼はビットコインで一儲けした。ビットコインとは、こうした環境で使われるデジタル通貨の一つである。

あとでふれるように、人は多くのインターネット環境が程度の差はあれ、匿名的であると感じている。しかし、闇ウェブにいるとき、人はなぜか匿名性が保たれていると信じ込んでいるように見える。だが技術が常に進化し続ける以上、絶対確実とは言えない。

電子メール

電子メールは〔以下、メールとする〕ネット利用者にとって第二の環境である。次章でふれるように、メールアドレスは一定の印象を形成する。人は、fuzzybear342@yahoo.comからきたメールにはh.k.whitley3@nasa.govからきたメールと異なる反応をする。こうした印象がどう作られ、なぜそれを否定するのが難しいのか、それらを扱った研究を見るつもりである。多くの人は複数のメールアドレスを持ち、用途や状況に応じて使い分ける。私は、買い物でメールアドレスを入力しなければならないとき、二つのアドレスを使い分けている。たとえば、広告メールであふれさせたくないとき通常のアドレスを用いない。第9章でプライバシーについて考えるが、企業は必ずしもアドレスの取り扱いに関する自社のプライバシーポリシーを守るとは限らない、と言えば十分だろうか。

非同期ディスカッション・フォーラム

インターネットの次の固有空間は、**非同期ディスカッション・フォーラム**である。これは常時開催中の会議であり、参加者が話題を投稿すると、互いの返信が行き交い、それらは互いに読まれる。非同期とは、昼夜問わずいつでも議論に参加し、自分の考えを表明できるという意味である。ある議論では、誰かがオンライン新聞の記事に関するコメントに自分の意見を付け加えると、ただちに議論が展開する。しかし、読み手が別の話題に移ると、それまでの議論はすぐに下火となる。議論によってはきわめてゆっくりとしたリズムで進む。ある一つの話題をめぐる議論は数日ないし数週間続くこともある。フォーラムのありようはばらつきが大きく、複数の話題が同時に進むこともあれば、まったく顧みられない話題もある。これらのグループに参加すると、居場所にかかわりなく、関心の似た人同士で議論できる。参加者は現実世界の知り合いかもしれないし、面識のない人かもしれない。ウェブ上に存在する多くのグループはグーグル・グループや、ヤフー・グループで活動をし、考えつく限りの話題が議論の対象になる。趣味関係のグループをスキャンすると、偶然「インドの鳥の写真」というグループが見つかった。このグループはインド亜大陸に棲む鳥類の写真を見せあう場だった。「メイン州の鳥」グループのメンバーは、自分たちの州で目撃した鳥に限定し、議論している。

技術面で見ると、非同期ディスカッション・フォーラムはいくつかの異なるプラットフォーム上に存在する。最も古くからある種類の一つはメーリングリストないし「リストサーブ」である。どちらも専門家や研究者のグループを中心にいまなお広く利用されている。これらは自動処理を行う特別なメールアドレスを使用し、ここに送られたメッセージはフォーラム登録者全員に配信される。いったん登録すると、そのグループの代表アドレスに送られたメッセージはすべて登録者の受信箱に届けられる。同様に、あなたが送ったメッセージもすべて他の登録者に届く。これに関するいくつかの研究は次章で見てみよう。メーリングリストのアーカイブを精査すれば、コンピュータ媒介環境における規範形成や葛藤解決の過程、言語利用形態の研究材料が得られる。

非同期ディスカッション・フォーラムのもう一つのタイプは、ユーズネットと呼ばれる電子掲示板システム上のニュースグループで知られる会議の集合体である。ニュースグループはインターネットで最も古い分野の一つであり、フォーラムは人が関心を持ちそうな話題、つまり学問的な話から下品な話まで、広くカバーし、ゆるい階層名からなる構造は、体系性を維持するためのささやかな努力によって作られた。一例を挙げると、科学という階層のなかにsci.spaceがあり、それは宇宙の研究が主題である。また、soc.culture.britishは社会問題という階層に、rec.arts.tv.soapsは娯楽という階層に、それぞれ含まれる。「alt」(alternative〔その他〕)という階層はとても広く、どんな利用者も、altで始めれば、この階層下にニュースグループを開設できる。alt.backrubs、alt.conspiracies、alt.evil、alt.flame、alt.sex、といった具合である。ニュースグループでは有益な議論が多くなされる半面、ユーズネットはインターネットの「無法地帯」の巣窟との評判もあり、いまやほとんど機能していない。研究者は、このアーカイブを使えばいまでも研究できるが、かつてのユーズネット利用者はいまだオンラインに残っている数十年前の投稿を見てびっくりするようだ。

同期チャットとインスタントメッセージ

同期チャットと**インスタントメッセージ**は、心理学的に見てインターネット固有の環境と言える。どちらも文字入力だけでおしゃべりに似た状況を作り出そうとする。その会話に参加する人は行きつ戻りつしながらメッセージを打つ。これらもたくさんの種類が提供されている。企業は自社のウェブサイト訪問者を助けるため、あるいは質問に答えるため、オンラインチャットを用意している。尋ねたいことがあるとき、私は長々と続く自動音声メニューの電話サービスを選ぶが、これらを利用すれば入力内容をすべて記録できる。オフィスでは、多くの従業員も電話よりインスタントメッセージを選ぶ。効率的で時間もとられないからである。「もしもし、お元気ですか?」のような通話における社会規範は時間をとる。

公開のチャットルームはさまざまな理由から人気が高い。ただし世界規模のインターネット・リレーチャット・ネットワークのようなチャットルームは評判がいまいちよくない。犯罪手段になったり、犯罪者に使われたりするからである。しかし、同期チャットには多様な使い方がある。たとえば、ビル・ゲイツはレディット〔合衆国の掲示板サイト〕の「何か聞きたいことは」というプラットフォームでの同期チャットを好む。ビルがレディター(つまりレディット利用者)の書いた質問に答え、そこに居合わせたチャッターは議論に参加する。

ブログ

ブログはウェブ2・0技術とともに登場し、個人やグループが新しい材料で常に更新し続けるウェブサイトであり、読者はコメント欄に意見が書ける。その意味で、ブログは非同期ディスカッション・フォーラムに近い。ただし、内容は開設者個人の考えが中心である。素材は大部分が日常的なもので、ブロガーの個人的な省察や意見もしばしば見られる。ただし「ブログ」という言葉は、矢継ぎ早にブログを寄稿する書き手を何人もかかえる商業雑誌や新聞のようなウェブサイトにも使われる。ハフィントンポストやマッシャブル、ギズモード、TMZは、その一例である。

ブログは誰でも始められ、文章に加えて写真や動画も簡単に掲載できる上出来なツールを提供する無料サービスもある。数人の幸運なブロガーはものすごい人数の読者を獲得し、それなりの収入を得ているはずである。たとえばイギリスのブロガーであるアンドリュー・サリバンは、二〇〇〇年に「ザ・ディッシュ」という政治ブログを始め、その人気ぶりで、『ジ・アトランティック』誌を含む大手出版メディアから注目された。しかしブログ投稿は消耗する仕事である。サリバンは自分のブログで、私は中止すると宣言した。「私はもう十分デジタルライフを味わった。あの現実世界に戻りたい」［★7］。

ソーシャルネットワーク

ソーシャルネットワーク〔SNS〕は人々を引き付けてやまないインターネット環境の一つである。人はそこにプロフィールを登録し、家族や友人、同僚、さまざまな他者とつながる。この環境は他のオンライン環境にある多くの要素をプラットフォームとして取り込んでいる。ウォール〔タイムラインを含むホーム画面〕への投稿は非同期ディスカッション・フォーラムの一種であり、メッセージ・サービスはテキストメッセージに似ている。これらはそれ自体の心理的効果を持つ新たな機能も多く加えている。たとえばフェイスブックは、プロフィールや写真、動画、近況アップデート、さらには交友関係を用いて、果てしない印象管理の場を提供する。ソーシャルゲームへのリンクは自分やネットワーク上の友達のための遊び場となり、位置情報サービスは現在地付近にいる人と会う機会をもたらす。

ユーチューブやフリッカー、インスタグラムといった動画やスライドショーの共有をうたうサイトもSNSであるが、やや焦点が異なる。たとえば、ユーチューブでは、利用者はエクセル教材や猫の動画のように、ある特定のテーマでチャンネルを作り、さらに、SNSの自分のプロフィール内に組み込むこともできる。

フェイスブックの人気は根強いものの、少し性格の異なる競合サービスが存在する。たとえば、リンクトインはビジネス向けネットワークに軸足を置き、ドッグスターはペット愛好家に人気がある。合衆国以外の国の人々は、自分たちのニーズに合致し、母語で使えるSNSを選ぶ。ブラジルはオーカット、中国は人人網、ロシアはVK、ドイツはストゥディ・ファーツェットといった具合である。以下で考察するように、人々は、親や同僚といった「友達」と異なるカテゴリーを含む場合、自分たちのペルソナの管理に苦心する。そこで人々は複数のSNSを使い分け、プロフィールを管理する。

SNSは個人が、オンライン人格を作り上げ、友人や家族とやりとりする方法として始まった。その後、利用者が広がり、いまや企業や非営利組織、政治運動、活動家団体の活動拠点、さらには、物語《ナラティブ》を作り、当事者とつながる場としても使われている。「「あなたが利用している」ソーシャルメディアで私たちとつながりましょう！」という常に表示される要求や、あなたを組織のソーシャルメディアサイトへと誘うおなじみのボタンを無視するのは難しい。

ツイッターとテキストメッセージ

ツイッターは**短文投稿**型SNSである。利用者は一四〇字までのメッセージをツイートでき、他のメディアとも連携できる。利用者は友人を中心にフォロワーを徐々に増やす。フォロワーは、フォロー先のメッセージをすべて読め、**フォロー先**のフォロワーに特に気に入られたメッセージは「リツイート」されることもある。しかし、これまでのSNSと異なり、利用者は友達リクエストや承認なしで、好みの人をいつでもフォローできる。たとえば、有名人は一人でも多くのフォロワーを引き付けようと算段し、それが成功すると、広告主は、自らのブランドについて好意的ツイートをするよう、かなりの額を支払う。ツイッターのリツイート機能は、オンライン上の口コミできわめて重要な働きをする。わずか数分で、一つのツイートはフォロワーのネットワークを介して何千、あるいはそれ以上のフォロワーに広がる可能性がある。ツイッターの「トレンディング・トピック」は、それらの場所を追跡し、利用者は容易に、その情報を入手できる。

ツイッター利用者は自発的にハッシュタグという慣習を作り出した。これは、ツイート内にナンバー記号（#）で始まるキーワードを加えるというものである。これによって、ツイートのキーワード検索がやりやすくなった。

ツイッターが始まった当初、このサービスが大人のあいだで流行るとはほとんど考えられなかった。取るに足らない話題をめぐる大した意味のない吹き出しのようなものだったからである。しかし、人々はその吹き出しにすぎないものが相互作用で大事な役割を果たせることに気付き、ツイッターは吹き出し以上のものになった。企業や有名人、政治家、ジャーナリスト、警察などが、このサービスを利用し、しばしばマスメディアよりも先にツイッターでニュースが流れる。

テキストメッセージは、その短さの点でツイッターと共通する。大半の受け手はメッセージを受け取るとすぐに読む。テキストメッセージは、合衆国以外の国で歓迎され、利用が進んだ。とりわけ、携帯電話の普及が進んだ国で顕著だった。これらの国々では、フェイスブックのようなアプリを使えるスマートフォンは稀である。フィリピンやインドネシア、南アフリカといった国々では、ほとんどどこでも携帯電話が使え、九割あまりの所有者が常にテキストメッセージを利用していた［★8］。しかし、合衆国では特に青年や若者のあいだで大人気となった。彼らは日々、大量のテキストをやりとりし、音声電話やメールよりも好んで使う。

若人々は、緊急連絡や日常連絡、言葉遊び（「ねえ」だけの場合もある）に、テキストメッセージを利用する。若者にとって電話やメールよりも使いやすい連絡方法と言える。かしこまっていないし、相手がその場で答える必要はないからである。テキストメッセージはその場での調整でも重要な役割を果たす。一〇秒後に行くから、といった急な連絡はその例である。

仮想世界と仮想現実

仮想世界、それは人々がアバターとなって同時に互いにやりとりする三次元世界であり、インターネット利用者にとって固有の環境をなしている。その初期バージョンであるMUDは完全にテキストベースで、プレーヤーは「北に進む」とか「下に行く」という命令を直接入力して移動する。たとえば、屋敷の一室に入ると、そこにいるアバターの名前とともに部屋のようすが文字で説明される。プレーヤーは、そこで他のアバターとやりとりを始められる。「MUD」はもともとmultiuser dungeon〔多人数ユーザーの迷宮の意〕の略である。大半のMUDが、ダンジョンズ&ドラゴンズというゲームを下敷きにしていたからである。それが広がると、いつしかMUDはmultiuser dimension〔多人数ユーザーの次元の意〕あるいはmultiuser domain〔多人数ユーザーの領域の意〕を意味するようになった。

最新の仮想世界は鮮やかな画像と複雑な制御を前面に打ち出し、プレーヤーは自分のキャラクターを作ることができ、他の住民と交流し、起業さえ可能になっている。これらの環境の多くは多人数ユーザーゲーム空間で、プレーヤーは敵や相手チームと戦うためにチームを作る。多人数参加型オンライン・ロールプレイング・ゲーム（MMORPG）は大勢のプレーヤーを引き付け、これらオンラインゲームの心理的な正負両面について、第7章で考える。

「仮想現実」という言葉はいろいろな使われ方をするが、本書ではコンピュータが作り出す疑似三次元環境として用いる。人々はキーボードやビデオコントローラーを介することなく、身体動作だけで参加できる。仮想現実環境を構成するのは、映像を表示するためのヘッドセットであり、それを着けてプレーヤーが動くと、映像もそれに沿って動く。センサー付き手袋は仮想現実体験の質をさらに高めてくれるはずだ。これらの道具立てはシミュレーションによる訓練や研究によく使われ、本書でもいくつかの例で考えてみたい。仮想体験装置は仮想世界体験を補うのにも使われ始めている。たとえば、仮想世界の「セカンドライフ」を運用するリンデン・ラボはオキュラスリフトという仮想現実用ヘッドセットをオンライン仮想世界に接続する。これによって、プレーヤーはアバターの目で三次元世界をながめることができる。

双方向ビデオ

双方向音声映像通信のためのアプリケーションは独特のオンライン環境となっている。非言語コミュニケーション、すなわち、表情やジェスチャー、声のトーンやテンポが伝えられるからである。これらは人間のコミュニケーションにとって大事な要素である。コンピュータを介した動画コミュニケーションの心理的効果に関する研究は、テキストのやりとりを扱った研究にくらべ、まだ少ない。しかし双方向ビデオは対面会合とは別物である。あり、心理的影響をもたらしそうな中途半端な機能を導入している。たとえば、その一つがアイコンタクトである。相手とやりとりする際、人はカメラのほうではなく画面を見る。そのため二人の視線はまったく合わない。場面によっては、ビデオ中継は歓迎されるだろう。たとえば、最初の会合を双方向ビデオで行うオンライン作業グループは凝集性が高く、生産性も高い傾向が見られる。しかしビデオによってインターネットをとても魅力的で開放的にしている手品が台無しになる場面もある。

モバイルアプリ

オンライン環境の最後は、急速にスマートフォンやタブレットのウェブブラウザーと置き換わっているモバイルアプリである。それは小さな画面やキーボードに合うように作られている。もし試合結果の確認や近況アップデートの投稿、チップの計算、支払いをしたいと思ったら、アップルの広告にあるように「そのためのアプリがあります」。インターネットそれ自体が、一産業を次々と変えるという創造的破壊を引き起こしたのと同様に、アプリも同じことを起こしている。オンデマンド配車サービスの驚異的成長は一例である。都市生活者は、タクシーと張り合うウーバーやリフトといった企業が提供するモバイルアプリやサービスに魅力を感じ、すぐ使い始めた［★9］。

もちろんアプリは、本節でふれてきた環境すべてと重なり、同じ機能を使える。しかし、アプリには特別に取り上げるだけの意味がある。とても小さな画面環境に固有の要素を付加しているからである。スマートフォンのビデオチャットは、大画面の高解像度モニターで行うチャットとはまったく異なる経験をもたらす。もう一つの要素は、モバイルアプリが利用者を特定のアプリケーションに囲い込むことである。その結果、オンライン経験はウェブ閲覧にくらべると狭いものにならざるをえない。

モバイル機器は、ほぼ所有者とともにある。したがって、それにインストールされているアプリによって、設定次第で現在地が把握される。その情報は位置認識アプリの可能性へとつながる。このアプリはすぐ近くにいる友達、あるいはサービス、コーヒーショップを地図上に示す。アプリはいつでもどこでも利用でき、人々は一日中ちょっとした時間まで埋められる。おそらく、エレベーターを待つあいだ、あるいはバスに乗っているあいだもそうだろう。あなたは外国語学習や数学の練習問題、研究データの収集といったアプリをインストールしているかもしれない。たとえば、ノイズチューブというアプリは騒音レベルを測定し、それを研究者に報告してくれる。研究者は、その情報で「騒音地図」を作り、騒音公害を監視する［★10］。

オンライン環境の他の心理学的要因

以上の全環境を縫うように、心理的効果に関連する一定の特徴が存在する。それは、オンライン環境にとどまらず、どんな場面でも私たちの行動に影響を与える。なかでも重要な特徴が匿名性の程度である。あなたがコミュニケーションしている当の相手はあなたの本名を知っているだろうか。その人はあなたと面識があるだろうか。その人はあなたにまた会えると思っているだろうか。たとえばツイッター内では、匿名性の知覚は劇的に異なる。ほとんどの人は家族や友達としかツイートを交わさない。しかし、他の人たちはまったく違う使い方をし、本名を隠したまま、世界中の知らない人に向けてツイートする。職業集団の非同期ディスカッション・フォーラムは匿名を認めないだろう。しかし、4chanのようなディスカッションサイトでは匿名が推奨され、参加者は登録すらできない。

自覚状態レベルも環境とともに変わる。数人による双方向ビデオチャットでは、他の参加者と同時に自分も画面に映る。このような環境では自覚状態が高まる。しかし、もし画面がウェブカメラ映像からスライドショーに切り替わると、その環境は暗い会議室のような感じになり、参加者の目はスライドに注がれる。このような場面では、自覚状態レベルは低下し、こうした変化は行動に影響を与える可能性がある。

オーディエンス数の知覚もオンライン環境内で変わる特徴の一つである。対面場面であれば、オーディエンスの人数は見てわかる。しかし、オンラインでは把握しようがない。友達の人数がわかるフェイスブックでさえ、オーディエンスがいたとしても、あなたの近況アップデートを実際に何人が読んでいるかはわからない。あなたがある個人に出したメールも同様で、相手がそれを転送したり、世界中の人が見られるオンライン空間に投稿したりするかもしれないし、そうなると人数はわからない。

媒介変数の別の例は、なんらかの個別権威、つまり争いを仲裁し、方針を守らせ、ルール破りを追放できる力を持つグループ管理者の有無である。開拓時代の無法状態の村に武装した保安官を派遣することは期待どおりの効果をもたらした。それはインターネットでも変わらない。

さまざまなインターネット環境における行動を左右する最重要の媒介要因は、そこを訪れ、居場所とする人々の目的である。私は「地球村《グローバルビレッジ》」という比喩が好きだが、インターネットは実際には概ねそうなってはいない。人間同士のやりとりに関しては、同じ関心を持つ人たちが、情報を共有し、協力し、話をし、冗談を飛ばし、政治を論じ、互いに助け、ゲームに興じる、そうした個別空間の巨大な集まりと見なすほうがふさわしい。地理的距離は、これらのコミュニティの形成過程を規定するが、目的のほうが重要であり、それが私たちの行動に強い影響力を持つ。人々は複数の空間に参加し、会議のあとでビーチへ出かけるように、クリック一つで別の空間に移り、自分たちの行動を切り替えることができる。

ネット上の言葉

書き言葉はインターネットの基盤である。それゆえ本書では、人々が慎重に、またふざけて、ときには節度なく、自己表現するようすを見ていく。他の行動と同様、私たちの言葉遣いも社会的な文脈や状況と密接にかかわっている。言語スタイルないし言語形態《レジスター》は、電話で話すとき、子供に話しかけるとき、上司に報告するとき、日記を書くとき、政治演説するとき、とそれぞれに応じて変わる。オンライン言語の研究は急速に進んでいて、特定のある一つのメディアは明らかに重要な変数である。

たとえば、クリストファー・ウェリーは同期チャット・セッションにおける会話記録を分析し、固有の言語形態を明らかにした。以下の記録は、彼の研究で紹介されている例である［★11］。

〈アーニャ〉一〇分後にはみんなに追いつくからね
〈キールズ〉べーーー
〈アリアドネ〉キールズだ!!! 今日ずっといるかい?

〈ブービ〉キールズ、びっくりさせないでよ!!!
〈キールズ〉あっ、そう
〈シャキール〉アリアドネ、いったい何が気に入らないんだよっ?
〈キールズ〉君は誰、ブービ
〈アルビン〉ブービへ。君の友達はオーストラリアで何がしたいの……仕事のことだけど?
〈アルビン〉シャキル〔名前のつづりを間違えている〕へ。あなたは困った人だね

もし、あなたがインターネットチャットの経験がないのであれば、この会話は馬鹿げて見えるだろう。表面上は、参加者間でコミュニケーションが成立しているように見えないし、発話の多くは支離滅裂、侮辱的言葉と無意味な愚痴の羅列にしか見えない。しかしチャット経験のある人は、複数の会話が同時進行する場に居合わせても、話を追えるだろう。彼らは一つの話題をきちっと追いながら、他の話題にも注意を払っている。メッセージは画面をゆっくり流れ、少しのあいだ画面に残ることで、多少は会話の流れをわかりやすくしている。

チャットというメディアはいくつかの方法で言語形態に影響を及ぼす。現実の会話を模倣するという発想はまずなく、きわめて経済的な言葉遣いが見られる。効率が重視され、チャットでは略語や短縮表現が頻繁に登場する。先の例でも、参加者はメディアの制約に適応して、革新的な言語方略を編み出し、会話固有の形態を作り出している。

膨大なテキストメッセージを分析した言語研究は、このオンライン環境固有の要素も明らかにした。たとえば、発音の文字化はよく見られ、こんな見本がある[★12]。

Thnx dude. u guys out 2nite?〔Thanks dude. You guys out tonight?〕

Hey! Congrats 2u2. id luv 2 but ive had 2 go home! Xxx（Hey! Congratulations to you too. I'd love too but I've had to go home! Xxx）

念を押すと、テキストメッセージはおしゃべりの単なる文字版ではない。他の言語形態とくらべ、テキストメッセージでは一人称と二人称の代名詞（I, you, u）がよく用いられ、soonやjustといったタイミングにかかわる語もよく使われる。

非同期ディスカッション・フォーラムには別の言語形態が見られる。おそらく参加者が好き放題に「話せる」からだろう［★13］。一つの興味深い発見は、多くの人が公開インタビューで見られる話し言葉に近い言葉遣いをしていたことである。私たちはインターネットという場を結局、グループ内での議論ではなく、街頭演説と見ているのかもしれない。

人々は投稿に応え、さまざまな討論をくりひろげ、彼らはある個人に向けて発言しているように見える。しかし、いろいろなオーディエンスがいることには気付かない。質問を投げかけるインタビュアーと一緒にテレビカメラの前に座っているようなものである。だが、テレビインタビューと異なり、自分の話を遮られることもなく、長々と詳細なメッセージで意見を表明できる。

オンライン行動に理論を適用する

オンライン環境における人間行動を理解するために、技術機器環境を含む、多くのさまざまな場面で、どんな要素がどのように行動に影響を与えるのか、その統合をめざした多くの理論を、私たちは活用できる。本書の至るところで、これらをふんだんに取り上げるが、重要な理論はいくつかに限られる。

最も古い理論の一つは**存在感理論**である。これはジョン・ショートたちが、インターネットが主流になる以前からずっと長く提唱してきたものである［★14］。「存在感」とは、ある人が「実在人物」と感じられる程度をさす。機器を介したコミュニケーションは、機器の存在知覚と人間の相互作用とに影響を及ぼす。なかでも、非言語情報、すなわち顔の表情やアイコンタクト、姿勢、身なり、声の調子などの伝達能力に差が生じる。これらの手がかりを多く伝達できるメディア、たとえば双方向ビデオ会議は、他者がそこに「いる」という感覚を強め、それは、温かく友好的な相互作用をもたらす。

メディア・リッチネス理論はリーダーシップやマネジメントに関する研究から生まれた。管理職にある人がさまざまなタイプのメッセージを伝えるのに最もふさわしいと思われる方法を追究したものである［★15］。当時、選択肢として用意されたメディアは、対面会議、電話、手紙とメモ、事務文書、数値図表の五種類で、この順番でメディア・リッチネスは低下する。しかし、あなたはすぐ、メールやテキストメッセージ、双方向ビデオ、その他のオンライン環境が追加されてもおかしくないと考えるだろう。ビジネス場面において、この理論は不確実性の高い場面で、リッチ度の高いメディアを使うよう経営者に勧める。非言語手がかりは論点の整理に貢献する可能性があるからだ。しかし単なる情報交換であれば、リッチ度の低いメディアのほうが好ましく、かつ効率的である。こうした考え方は、オンラインコミュニケーションの可能性に対する楽観的見方のきっかけとなり、オンラインコミュニケーションは対面会合にくらべて劣る位置にあるとは見なされなかった。

ジョセフ・B・ウォルサーの**社会的情報処理理論**は、オンライン、主にメールや同期チャットといったテキストベース環境における人間行動を正面から扱う［★16］。これらの場面では、人は自分の印象を管理しようと動機づけられ、またコミュニケーション相手の印象を形成しようと動機づけられる。しかし、そのために使えるメディアは貧弱である。対面場面では、どんな言葉が話されようと、同時に複数の非言語手がかりが使える。そのため、人はいちはやく印象を形成できる。コンピュータを介した環境では、人は主として言葉に頼る。それゆえ人はこのような場面に適応して、感情伝達に使えそうな道具を選ぶ。たとえば、対面場面で好意を伝えたいと思ったら、私たちは笑顔になり、相手の顔をよく見るだろう。しかし、こうした非言語手がかりが使えないとき、私たちはふさわしい言葉を探し、文字どおり「あなたが好きです」とタイプするかもしれない。こうした限界にもかかわらず、相手の人は、それまで直接会ってもいなければ、電話で話してもいないのに、多少時間はかかるものの、とても強い結びつきを築くことができる。実際、こうした環境は、非常に親密な「超個人的」コミュニケーションを支える。対人魅力を扱う第5章で、ウォルサーの研究から、この過程について検討する。

SIDEと呼ばれる別の理論は、特にオンライン集団の性質や集団アイデンティティの発展過程を扱う［★17］。ＳＩＤＥとは「the social identity model of deindividuation effects」〔没個性化効果の社会的アイデンティティモデル〕の頭文字をとった言葉である。この理論は、人々がオンライン集団にアイデンティティを感じ、そこの規範に同調し、メンバー間の類似度をどのように過大評価するのか、その微妙な違いのいくつかを説明する。個性が抑制され、見えにくいと、その人は匿名性の高い集団にいると言える。集団成員は共通の社会的アイデンティティを持ち、彼らは個人的アイデンティティよりも集団アイデンティティに愛着を示す。個人差を意識させる非言語手がかりが得られないと、きわめてまとまりの強い「内集団」になりやすく、個別性は抑制され、内集団と外集団の差が誇張される。たとえばオンラインの匿名集団では、ジェンダー・ステレオタイプが一般的なため、女性はしばしば性別不明か男性風のニックネームを選びがちである。ＳＩＤＥ理論は、いくつかのオンライン環境がステレオタイプ化を強め、力の弱い人たちをますます無力にさせる理由を明らかにする。こうした特徴は個人的アイデンティティを犠牲にし、没個性化と集団アイデンティティを高める。

最後に、マスメディア研究で古くから存在する理論を紹介しよう。これは人々が自分たちの特定の欲求を満足させるためにさまざまなタイプのメディアを積極的に使い分けているようすを扱う。**利用と満足**と呼ばれるこの理論は、どのメディアを利用するか、その選択過程に焦点を当てる。このアプローチは、研究者が従来、個々人が行う選択の種類を考慮することなく、人間行動全般におけるメディア効果を追究してきた伝統的研究と一線を画した。このアプローチは数十年ものあいだ不人気だったが、インターネットの台頭で息を吹き返した。我々インターネット利用者はきわめて積極的な選択者、貢献者であり、けっして受動的なメディア接触者ではない。

以上見てきたすべての視点、そして、このあとの章で取り上げる別の視点は、人間行動の複雑性を考慮し、その人間行動には各個人の特徴や、たまたまその人が居合わせた状況、使用する技術の特徴、それらすべての相互作用を含む。

インターネット・ユーザーに力を与える

本書では、サイバースペースの多くの場所で展開されるさまざまな種類の人間行動、そしてオンライン環境が思わぬ方法で私たちに影響を与えている理由を探る。私たちがどのようにネットに貢献できるかを考えると、これらの知識を生かすことで、最悪の過失を避け、我々自身の成果も改善できる。私たちのお気に入りのネット空間の心理的風土も改善され、そこの利用者全員に還元される。インターネットはまだ歴史の浅い技術であり、規制のあり方は宙に浮いたままである。

インターネットもきわめて速く変化する。たとえ(たくさんの大失態を経験したあとでも)、私たちが自分はメール利用の達人だと感じているとしても、私たちは次の新しい「もの」によって規範がどう進化するか、そして「それ」が人々の行動形態にどんな影響を与えるか予測できない。たとえば多くの人が予想していなかったものに、スナップチャットがある。これは、相手が写真を見た数秒後に消える写真をメッセージ付きで送れるサービスである。これが、青年のあいだでセクスティング〔性的なメッセージや写真を送ること〕に使われるようになり、児童ポルノを送った罪で逮捕された人もいる。これは執行猶予なしの長期刑である。

インターネットは、無理やり押し付けられた技術ではない。使う、使わないは個人の自由であり、無視することもできる。私たちができることはそれぐらいかもしれない。しかし、私たちが、この環境に対して持つ影響力はテレビや電話に対するよりもはるかに大きい。なぜならば、私たちはクリエーターでもあれば、製作者でもあり、同時に利用者でもあるからだ。テレビという成熟した放送メディアに影響力を与えるために、ネットを利用するかもしれない。そこで行使できることは従来、テレビをつけるかどうか、もしつけるのであれば見る番組を選ぶことぐらいだった。製作者は、いま自分たちの番組がソーシャルメディアにどう書かれているか、熱心にチェックし、その内容を反映する場合もある。『チャック』というテレビドラマのファンは、第五期の制作を願って、ツイッター上で「We Give a Chuck」という運動を展開し、キー局に働きかけた。彼らは如才なく、いかに多くの人が番組スポンサーを支援しているか、ツイッターでふれた。「#Chuckの最終回をまた見おわったところ。いつもの@drpepper!を飲みながら。チャックを提供してくれている@pepsi!に感謝」[★18]。

それにもかかわらず、インターネットの勢いはきわめて強力で、私たちがこの技術のゆくえを変えられる余地はほとんどない、と言う人もいる。たとえば、プライバシー、つまり、我々のデジタルデータを欲し、我々の理解や同意の有無にかかわりなく、それを収集する術を持っている多くの企業や官公庁から個人情報を奪い返すだけでは、おそらくもう手遅れだろう。我々のオンライン行動それ自体が、しばしばプライバシーを危険にさらしているからである。

カール・マルクスは「手挽臼は社会に封建社会をもたらし、蒸気挽臼は社会に産業資本家をもたらす」と指摘し、技術革新力が社会変革を牽引すると議論を引き起こした。この主張のポイントは、新しい科学技術には人間行動や社会構造を形作る巨大な力がありうるということだった。いま、脱産業社会にあって、私たちは、社会学者のマニュエル・カステルが「ネットワーク社会」と呼ぶものを手にしている。その社会は、さらなる大変動と劇的変化を遂げる可能性がある。

一九六七年、経済史学者のロバート・L・ハイルブロナーは技術決定論の問題を再検討し、こう語った。技術決定論は「ある歴史的転換期の問題である。……それはとりわけ、技術変化が一気に広まったものの、技術を支配、方向付ける機関が未発達なときである」[★19]。私たちは、いまこうした歴史的転換期の只中にいる。そして、私たちに必要なのは、この技術が私たちにどう影響を及ぼし、次に、どのように技術に影響を及ぼしうるのか、それに関する知識である。

第2章

あなたのオンライン人格——印象形成の心理学

人はオンラインでの自己呈示をどのように管理しているのだろうか。どうすれば、私たちは思い通りの印象を伝えられるのだろうか。そして、人はメールを読んだり、ＳＮＳ上のプロフィールを見たりして、どんな手がかりから、その人の印象を形成するのだろうか。

対面場面であれば、そのアドバイスには事欠かない。適切な印象作りに援助を惜しまない専門家は巷にあふれている。援助の目標は、上司になるかもしれない人に印象付けること、公職選挙で当選すること、電話セールスで成功すること、交際相手を見つけること、といったように多岐にわたる。採用面接では「しっかり握手して自信を示そう」「興味を示すためにアイコンタクトしよう」といった秘訣が披露される。研究者は人前での自己ＰＲや、さまざまなオーディエンスに印象付けるやり方の検討に多大の労力を払ってきた。

オンラインでは、別のやり方がとられる。とりわけ巧みな自己呈示は、即席の有名人になることである。デイブ・キャロルは、少し名の通ったカナダのミュージシャンである。キャロルは「ユナイテッド〔航空〕はギターを壊す」という音楽ビデオを投稿した。いかにも受けそうなフォークソングは、彼の高価なギターが不器用な空港荷物係によってどう壊されたか、そして彼の補償交渉が失敗に終わったことを説明する。この動画はたった一日で一五万人に見られ、一ヶ月経たないあいだに何百万人にも拡散した。キャロルの痛快なやり方は、彼を準セレブの地位に押し上げ、彼の元には企業イベントでの消費者サービスに関する講演の依頼、さらには新刊〔★1〕の原稿依頼まで舞い込んできた。あげくの果てにはユナイテッド航空が自社の訓練プログラムで使用するため、その許可を求めるまでに至った。

ひどい大失態は起こしやすく、取り消すのが難しい。大学の管理者が四万人の学生にメールを送った。それは学生に国税庁の1098-T〔授業料税金還付申請書〕の電子配信に同意するよう、促すためだった。学生たちは全員に返信できることにすぐ気付き、「replyallcalypse」〔破滅的返信〕の連鎖として知られることとなった。学生はいきなり配信権限を与えられ、ジョークや大らかなコメント、助けを求める叫び声、苦情を共有しただけでなく、彼らの受信ボックスの処理が追いつかなくなったため、電話で「全員への返信」を止めなくてはならなかった。間違えた当の職員は謝罪したが、堰はすでに大きく開かれてしまった。

多くのオンライン相互作用は、特にSNSやメールでは、すでに知っている者同士でなされる。そのため、彼らのオンライン人格はすでに持っている印象に付け加えられる。しかし、メールやSNSだけに頼っている場合や、雇い主が応募者のプロフィールを確認する場合、オンライン人格は第一印象の重要な判断材料である。インターネット上の関係は、まずネットでのコミュニケーションで始まり、その後、ネット以外の環境へと発展する。他者にとって、ネットで完結するような関係、つまり電話で話すこともない関係では、オンライン人格がすべてである。

ずいぶん前、会ったことのない遠くの仲間からメールが届いた。そのメールには、オンライン人格を作り上げる難しさが反映されていた。メールは一三画面にもわたり、よくある自動署名で締めくくられていた。そこには、差出人の氏名、多数の学位と資格の文字列、所属学会リスト、アスタリスクで囲まれた高尚な引用句がかかげられていた。私はその場で「削除」ボタンをクリックしたくなったが、彼がオンライン人格で苦労しているようすが頭に浮かんだ。誰もが彼に気の利いた助言をしてあげられるわけではない。私はメールを印刷し、手紙として読んだ。

オンラインは舞台

印象管理理論の父、アーヴィング・ゴッフマンによれば、人は誰でもその文脈にふさわしいと思う方法で、自分自身を呈示する戦術を用いる。彼は社会的出来事を演劇と見なした。つまり、人は、オーディエンスを意識し、彼らに印象付けたいと思っている俳優として、人と一緒に表舞台で演じる。彼らはオーディエンスの期待する社会規範に従うかもしれないし、驚かせ、あるいは当惑させようとして規範に逆らうかもしれない。しかしながら俳優は、オーディエンスのいない楽屋では違うように振る舞うだろう。

人は対面場面でどう自己呈示するか、いかに意図どおりの印象を形成するようになるか。それらを理解するための研究は数多くなされている。しかし、この過程はインターネットではどうなのだろう。

オンラインでの自己呈示——実験舞台

いくつかの点で、オンライン人格の構築には対面場面を上回るネット固有の利点がある。人々は、ネットワーク上のプロフィールや個人ホームページで、適切な文章や写真、動画を掲載するための時間を確保できる。文章を推敲し、写真を修整し、開示内容をよく考えて決められる。

他の点では、インターネット上での印象管理は、泡立つ急流にオール代わりの角材で漕ぎ出すようなものである。あなたの印象管理の道具箱には、現実生活での笑顔やボディランゲージ、その他の非言語手がかりといった、使い慣れた道具がなぜか見当たらない。多くのオンライン環境では、自分の高い地位を示すのに、対面場面で使える方法が使えない。威厳のある言葉は声を失い、わずかに上がった片眉も相手の目には映らない。自分自身や友達の写真や動画を投稿すれば、あなたのオンラインでの自己呈示は厚みを増す。しかし、他者に対する印象作りで実際に使える道具は結局、あのキーボードしかない。化粧や服装、髪型、また給料をつぎ込むほどの装身具にくらべ、キーボードはしっくりこない無骨な印象形成装置である。

オンラインでの印象管理に用いられる道具は、メディア・リッチネスの観点からすると、広範囲にわたる。たとえば、メールは通常、テキストのみであるが、受け手は使えそうな手がかりをもとに一瞬で送り手の印象を形成する。フェイスブックやリンクトインなどのＳＮＳは、写真や動画、お気に入りサイトへのリンク、友達のコメントを通じて、自己呈示の厚みをさらに高める機会を用意する。

オンライン版の印象管理が対面版と異なる点はまだある。それは、自己呈示の仕方を調整する手段が整っていることである。アドビのソフトウェアであるフォトショップは、人々が歯を白くしたり、肌のシミを消したりして、自分の写真を魅力的なものになるよう加工し始めるや、たちまち〔「画像を加工する」という意味の〕動詞と化した。こうした各種のいくつかの機能は使いこなすのが難しく、失敗しやすい。そのため、最初のうちは、なかなか思うようにいかない。たとえば、リンクトインを始めたばかりの人は、自分の住所録に載っている友人をネットワークに取り込み、そのあとで、自分のプロフィールや写真をいじくり回し始める。こうした初心者には、更新のたびに、それがネットワークに送られる基本設定になっていることを知らない人が多い。そのため些細な更新でも、そのつど拡散される。それは、メーキャップして舞台の登場人物に変わっていく俳優の楽屋に中継用ウエブカメラが設置されているようなものである。

オンラインにおける自己呈示の選択肢も増えている。たとえばスナップチャットは、相手の携帯電話に写真を送ることができ、その写真は数秒で消滅するか、少なくともそのように仕掛けられている。ヴァインを使えば、六秒のループ再生動画を作ることができ、友達と共有される〔二〇一七年一月、同サービスはヴァイン・カメラに移行した〕。セカンドライフやシムズのような三次元仮想世界では、住民は自分にそっくりなあるいは架空のアバターを作り、相互作用ができる。

人々があまり意識しないオンライン印象管理の特徴は、そうしたサービスの多くが無料で使えることであり、企業は広告や関連ビジネスで収益を得る存在である。（読まれそうもない）小さな文字は、オンラインという舞台をさらに難しくする要素にもなろう。フェイスブックは頻繁にプライバシーポリシーを変更する。しかし、本書の執筆時点では、会社は利用者の写真を広告に使用する権利があると主張していた。これは最終的に、あなたの印象に影響を与えそうな特徴である。たとえば、あなたがフェイスブック上のバドワイザー・ビールのページをフォローするために「いいね！」ボタンをクリックすると、友達は、その製品の広告の隣に、あなたのプロフィール写真を見つけるかもしれない。対面場面であれば、あなたがクライズデール・パレード〔バドワイザーのキャラクターに使われている馬の行進〕に参加したときのようすをバドワイザーの担当者が撮影し、その写真を無許可で使うとは予想もしないだろう。

本章でふれる最後の例は、オーディエンスそのものである。たとえば、あなたが一握りのフォロワーに向けてツイートしたとしよう。あるいは彼らを念頭に喜ばせようとか笑わせようと考えて、自分のことを書いたとしよう。ところが、ツイートはリツイートされ、あなたのツイートは「トレンディング」になり始め、ツイッター空間全体に広がるかもしれない。特定のオーディエンスのために行った演技が、意図しない口コミ的広がりを見せる可能性は十分にある。

自己呈示戦略

ゴッフマンは、私たちが戦略を決める際、鍵になるのは動機だという。あなたは、オーディエンスに好かれたい、影響を及ぼしたい、オーディエンスの情けを得たい、畏怖あるいは尊敬の念を持たれたい、と思うかもしれない。そして、これらの目標をかなえるための自己呈示方略を選ぶ［★2］。ゴッフマンは、これを隠匿、発見、虚偽の暴露、再発見が果てしなく繰り返されかねない「情報ゲーム」と呼んだ［★3］。

オンラインでこうした方略がどう用いられるかを扱った研究によれば、対面場面と同じぐらい、文脈が戦略に影響を及ぼしている。研究者たちは検証対象として三つのソーシャルメディア・プラットフォームを選んだ。フェイスブック、マルチプレーヤー・ファーストパーソン・シューターゲーム〔本人視点のシューティングゲーム〕、ファットシークレットである。ファットシークレットは減量に関する社会支援コミュニティで、フェイスブック利用者は好感度を高めたいと思っているので、SNSに似つかわしい。ファーストパーソン・シューターゲームでは威嚇を選ぶ人が多い。社会支援ディスカッション・フォーラムでは援助や助言を求める人が多いので、他のプラットフォームにくらべ懇願が多く用いられる［★4］。

戦略は、動機や文脈に加え、個々人の性格にも左右される。たとえば、自己モニタリング傾向の強い人は、少しでも社会的に望ましく好ましい人物と映るよう、自己呈示を管理する。彼らの振る舞いの一部に偽りが含まれることもある。オーディエンスの好みに合わせ、スピーチごとに巧みにスタイルを変える政治家を想像してみよう。低自己モニターはありのままの自己呈示を行おうとし、オーディエンスのことはほとんど意に介さない。オンラインでは、高自己モニターはより外向的で社交的な人物であろうと振る舞う。

まったくの虚構の自己呈示もときにはあるが、多くの人は偽らないことが効果的印象管理の基本であるとわかっている。とりわけオーディエンスのなかに現実生活での知り合いがいるような場合はそうである。印象管理に関するあるフォーカスグループの参加者はフェイスブックのプロフィールが嘘っぽい人のことを容赦なくからかった。

D「僕の知っている彼はただのオタク高校生さ。だけど、気がつくと、銃を持って自分のフェイスブックに写ってるんだ……」。

E「僕も見たけど……、笑っちゃうよ」。［★5］

私たちは、自分の思い通りの印象になるよう管理し、多くの時間と労力をかけて品良く見せようと努めるが、そのことでいかに苦労しているかは知られたくない。私たちは、社会的利益を得ようとして見かけを変える巧みな社会的カメレオンと思われないよう、慎重に行動する。オンラインにおけるこのようすを深く理解するため、人は他者の印象をどのように形成するのか見てみよう。

オンラインとオフラインで印象を形成する

心理学者は数十年来、対面場面における印象形成を研究するなかで、意外な結果を数多く見出している。私たちは必ずしも初対面の人を合理的に評価するわけではない。使えそうなあらゆる手がかりをかき集め、情報がわずかしかなければ判断を保留する。その代わり、心理学の有名な研究が明らかにしているように、限られた証拠から推論を試みる。

温かく感じのいい自己呈示をする

第二次世界大戦直後、ソロモン・アッシュは第一印象に関して単純だが興味深い研究を行い、人がわずかな手がかりでまたたく間に相手の印象に結論を下すことを明らかにした［★6］。彼は最初に、ある人物を次のような言葉で紹介した。「知的、器用、勤勉、温かい、決断力がある、現実的、用心深い」。この簡単な説明を聞いた人は、この人物の性格を表現する他の言葉をただちに連想した。回答者は、この男性が誠実で温厚、聡明で人気もあり、社交的、想像力に富むと考えたのである。非の打ちどころのない人物像である。考えようによっては、同じ特徴を持つ愛想のいいこそ泥にも見えるが、回答者たちはそう思わなかったようだ。

アッシュは、特性語リストの小さな変化が、その人物の印象にどんな影響を与えるか、それに興味を持ち、追加実験を行った。実験には特性語のうち、「温かい」という一語を「冷たい」「礼儀正しい」「無愛想」で置き換えただけのリストが用いられた。「礼儀正しい」も「無愛想」も印象を大きく変えるほどではなかった。しかし、「冷たい」に置き換えたとき、この男性はとても嫌な人物に変わってしまった。嫌われ者で、気難しく、しみったれと思われたのである。彼の心理的温度の変化は、ジキル博士をハイド氏に変身させた処方箋の一手順だった。

「温かい」と「冷たい」は人の資質のなかでも特に重要で、社会場面での他者からの働きかけに大きな影響を及ぼす。この二つは人が第一印象を形成する際の、とても重要な中心特性である。自分のことを才気にあふれ、勤勉だと思っている人がいるかもしれないが、温かさや冷たさにくらべたら、そんな特徴は二の次である。

無機質なインターネット

私たちが温かい印象作りに使う手がかりは総じて非言語的なものである。顔の表情は雄弁で、しかめ面ひとつで、あなたへの対応が決まる。声の調子や姿勢、ジェスチャー、アイコンタクトも、温かいと冷たいの二つの形容詞を両端とする尺度で判断される。腕を組んで視線を外せば、冷たい印象を与え、一歩近づいてから話せば(近づきすぎない)、温かい印象を与えるだろう。非言語コミュニケーションと、それが印象形成に果たす役割はとても広く研究されている。それによれば、観察者としての人が温かさや冷たさに関して結論を出す際、言葉、つまり実際に話された中身は他の手がかりほど重要ではなく、非言語コミュニケーションは重要な決め手になっている。

インターネットの初期、人はテキストの観察から相手の温度を判断していた。オンライン上の社会情緒的表現、つまり人物の温かさや冷たさに関する印象をもたらす表現を扱った初期の研究の多くは、誰もが、直接会ったときよりも冷淡で、課題志向的で怒りっぽく見えることを示した。一九七〇年代、スター・ロクサーヌ・ヒルツとマレー・トゥロフは、コンピュータを介した会話と対面会話における人々の自己表現方法について、草分けとなる比較研究を行った。その結果は、この生まれたてのメディアにとって幸先のいいものではなかった［★7］。彼らは二つの状況における発話を分析し、対面条件のほうで相互に同意を示す表現が多いことを発見した。話し手に対する理解や協力を示す素朴なあいづちはオンライン条件ではめったに見られなかった。この結果はさほど驚くことでもない。というのは、このような発話をキーボードから入力するのはいささか不自然だからである。しかし、口で言うのであれば難なくできる。むしろ驚くべきことはコンピュータを介したオンライン条件のほうが不同意を示す発言が多く、緊張状況をやわらげるような発言がほとんど見られなかったことである。彼らは互いの神経にさわることを言い合い、状況をかえって悪くしているようなふしが見られた。こうした違いが、オンラインの冷たい印象をもたらしていると言えよう。

　冷たい印象はメールでも見られる。マイヤーズ＝ブリッグス式（ＭＢＴＩ）性格テストの簡易版を用いた研究によれば、オンラインでは温かさや冷たさは誤って受け取られがちだった。実験参加者は、そのテスト実施にあたって、メールでしかやりとりしたことのない同僚を一人思い浮かべ、その人になったつもりで回答するよう言われた。当の同僚もテストに参加し、自分自身について回答した［★8］。比較対象として、互いに面識のある人同士にもこのテストを受けてもらい、一方には相手になったつもりで回答してもらった。

　相手になったつもりの推測による回答と、当の相手の回答とはどのくらい似ていたのだろうか。対面で会った強みで、面識のある人に関する回答はかなり一致していたが、メールでしかやりとりのない人には誤った認知がなされた。メールの相手は論理的で分析的な「思考」を好むと推測されていたが、それは本人の回答よりもはるかに強かった。また人間志向の「感情」を好む可能性は過小に推測されていた。他方、メールでしか相手を知らない人は、その人の自発性よりも決まりごとや秩序を優先する欲求を過大に推測した。

こうした研究が示すのは、キーボード入力したものと口頭で話すこととは必ずしも一致せず、人はそのわずかな変化に異なる反応をすることである。私たちが少し冷たく、怒りっぽく、無愛想に見えるのはメディアのせいではない。オンラインでは、社会的相互作用に共通して見られる何気ない丁寧な振る舞いや言葉が、あまり用いられないのである。予想どおり、人は私たちの冷たくて課題志向的な印象に反応して、同じような反応をする。この事実に気付かないと、私たちは悪循環に陥る。もし、この重要性が認識されていたら、オンライングループのメンバーはふつうに同意を表明したり、緊張を解消したりする言い回しをしたはずである。彼らは、不同意を伝える際、面と向かって話すように「まあ、全面的に賛成できるかはわかりませんが」と、やわらかめの言葉で書いたかもしれない。面と向かったときの感情的知性は高くても、オンラインではいささか鈍感になる。

顔文字と社会情緒的緩和

人は、テキストしか使えない環境でも、情緒的表現を用いながら自分のペルソナを作り上げる方法を知っている。顔文字《エモティコン》とは、キーを組み合わせるだけで、顔の表情を示すように設計された遊び心あふれる記号で、一九八〇年代から使われだした。カーネギーメロン大学のスコット・ファールマンは一九八二年、この斬新なアイデアを発表し、スマイリーフェイスの顔文字で広く評価を得た。その後、さまざまな顔文字が広がっていった。キーボード上の句読点だけで、笑顔 :-) や、渋面 :-(、ウインク ;-)、不満 :-/、舌出し :-P が作れる。

最近のソフトであれば、顔文字はいっそう使いやすく、繊細な表情も使える。マイクロソフト・ワードやその他のプログラムでは、元の顔文字 :-) を入力すると、自動的に図形の顔文字☺に変換してくれる。多くのアプリには、テキスト・コミュニケーションに視覚的な情緒表現を加えるための道具がたくさん備わっている。たとえば絵文字は、日本で始まった非常に多様な顔文字であり、日本文化に関連した情緒も含まれている。謝罪を意味

日付：1月1日
件名：お尋ね

はじめまして。会計学の授業のチューターの名前と連絡先を教えてくれませんか。私を助けると思って、よろしくお願いします。:)

する深いお辞儀はその一例である。

顔文字が使われそうなさまざまな場面を扱った研究によれば、使用率にはかなり差が見られる。たとえば、フランスのスマートフォン利用者を対象とした縦断研究によれば、携帯電話から送信するテキストメッセージに顔文字が使われることはめったになかった。これらの私的メッセージで、なんらかの顔文字が使われていたのはわずか四%だった［★9］。しかし、ほとんどすべてのメッセージで顔文字が使われている場面も存在した。なかでも若年利用者で顕著だった。

顔文字はどう印象を変えるか

顔文字を使うと印象がどう変わるかは、多くの研究が明らかにしているように、状況に依存する［★10］。たとえば、上の簡単なメールを見てみよう。

経営コースの学生に、このメールと、文面は同じで顔文字のないメールの両方を評価してもらった。彼らはそろって、顔文字を添えた人のほうを好人物と評価した［★11］。顔文字は頼みごとをやわらげ、ぶっきらぼうな感じを弱める（この研究では、すべて大文字で書かれたメールを送ってきた人についても評価してもらった。当然ながら、この人物に対する好意度は最も低かった）。

顔文字は「専門家」を少し人間的に見せることを示した研究もある。実験参加者は、ある話題をめぐって一人の専門家と参加者グループがチャットで討論したときの会話記録を見せられた。彼らの半分は顔文字の入った専門家のコメントを読んで、より有能であることに加え、親しみを感じると評価した［★12］。

顔文字には、メッセージの言語内容を強める働きがある。そのため、人は笑顔文字が添えられた挨拶文を送ってきた相手には良い印象を抱く。その逆も真である。言葉による批判は、しかめ面の :-(を付けて送ると、その辛辣さはいっそう増すだろう。

このような強調の意味合いを例証した実験がある。学生たちは、自分も受けている授業の発表に関する感想らしきメールを読まされる。好意的反応を含むものもあれば、非好意的反応あるいは中立的反応を含むものもあった。各メッセージには、笑顔、しかめ面、ウインクの顔文字がこの順番で含まれ、比較対象として顔文字なしのメッセージも用意された。最後に、それらのメッセージは、親友ないし第三者から届いたものであるとの説明がなされた。実験参加者は、いくつかの基準で、各メールを評定した。その基準は、反応文をどう解釈したかを調べるものである。

顔文字は、メッセージの強度を強めたが、それは肯定的であれ否定的であれ、顔文字の示す情緒と言語内容が同じ方向の場合に限られた。メッセージが中立的な場合、笑顔文字は肯定的解釈を高め、しかめ面はその逆だった。顔文字と言語メッセージとが一致しない、つまり相反する内容のメールは解釈を難しくした。多くの実験参加者は、送り手はやんわりと皮肉を伝えているのではと思った[★13]。

文脈は重要である。それは顔文字が受け手を不快にさせる場合もあれば、困惑させたりする場合もあるからである。仕事の場ではふつう、顔文字は幼稚でくだらないと思われているので、公式文書に顔文字の出番はない。受け手の性格も笑顔文字の認知に影響を及ぼす。あの会計学のチューターに関するお尋ねメールの研究者は、彼らに自分自身の性格についても聞いている。そのなかに情緒安定性の自己評価も含まれていた。情緒安定性の高い人ほど、顔文字によって心が動かされ、顔文字付きメールを送ってきた相手をより好意的に評価した。情緒安定性の低い人では顔文字による変化が見られなかった。

乱用も問題である。顔文字の使いすぎで、人が気分を害し、印象を悪くさせそうな場にデートサイトがある。

オンラインデート業者のズースクのアナリストによれば、プロフィールに笑顔文字を使う男性は受信メッセージが六%少なく、パートナー候補者に送ったメッセージの返信は一二%少なかった。さらに悪いことに、ウインクの ;) を加えた男性からのメッセージに対しては女性からの返信率が六六%に急減した。しかしながら、女性はプロフィールに笑顔文字を入れていると、男性からメッセージを六〇%多く受け取っていた[★14]。このようなデータから明らかになるのは、オンライン印象管理がなぜ一筋縄ではいかないのかである。

印象形成の近道

どうしたら、わずか二、三回のキー操作で印象が操作できるのだろう。それ以外に使えるものがないとき、人はなにかしらうまくやる方法を探し出そうとして、デートサイト利用者のように、顔文字で印象形成を試みる。

私たちはどちらかと言えば印象の作られ方にあまり頓着しない。時間がないと、私たちは近道を通って、二、三の手がかりだけで満足する。人は、いったん印象を作り上げると、まあまあ正確な印象を手にしたと考え、別のことに向かう。社会心理学者のスーザン・フィスクとシェリー・テイラーは、エネルギーを節約して認知負荷を軽減することに心を向ける人を**認知的倹約家**と呼んだ[★15]。出会った人それぞれに固有の印象を作るためには、その人の情報を幅広く集めなければならず、かなりの時間がかかる。そのため、人は経験から学んだある特定の手がかりをよく利用する。温かさや冷たさという印象はその一例である。そうした印象を少しでも持つと、それが実態を覆い尽くし、その人の他の特徴はそこから結論づけられる。

インターネットでは、メールアドレスさえ印象形成に一役買う。次の例を考えてみよう。

tufdude888@aol2.com

jtravis@vq2.harvard.edu

thebigboss@lg.comcast.com
FoxyLady@fanbase1.tv
75664.8843a@gmail.com
rgoldman_6g@microsoft.com
honey.bunny66@hotmail.de
s.a.lopez@ncr.krg.com

たとえば、あなたは女性の権利に対するtufdude氏〔tufdudeはtough dude（タフガイ）の省略形〕の態度の客観性に疑問を抱くかもしれないし、インターネットの将来に関しては、FoxyLady〔セクシーガール〕氏よりもrgoldman氏の見解のほうに耳を傾けるだろう。jtravis氏のハーバードというアドレスは、彼についてそれしか情報がなければ、ある種の重みを感じるかもしれない。

こうした印象を伝える可能性のあるメールアドレスは、そもそも、そうした働きをしているのだろうか。ライプツィヒ大学の研究者たちは、評定者が実際に印象形成に用いる手がかりを明らかにしようとした〔★16〕。彼らはまず、六〇〇名の若者に、各自のアドレスを提供してもらい、それらの客観的特徴、つまり文字数や桁数、プロバイダー名（ヤフーやＡＯＬ、ホットメールなど）、トップレベルドメイン名（.com、.net、.eduなど）を調べた。メールアドレスの主観的側面を調べるために、分析者が類似性の観点から分類した。その結果、「男性的」「好色」「空想上のキャラクター」「創造的」「おもしろい」という大まかなカテゴリーが導かれた。

これらのメールアドレスから印象を形成する際、人はどんな手がかりを用いるのかを知るために、彼らのことを知らない一〇〇人に、メールアドレス所有者の「ビッグファイブ」性格特性を評定してもらった。この性格特性論は心理学研究で広く使われている（表2・1）。評定者は、おもしろいメールアドレスや空想上のキャラク

表2.1　ビッグファイブ性格特性

特性	形容詞	項目例＊
外向性	活動的、主張的、精力的、社交的、熱心な、話し好きな	私は周りに人がいると快適に感じる。 私は話したり行動したりする前によく考える（逆転）。
開放性	芸術的、好奇心の強い、想像力に富む、洞察力に富む、独創的、関心の広い	私は想像力にあふれている。 私は抽象的観念を理解するのが苦手である（逆転）。
協調性	真価のわかる、寛大な、気前のよい、親切な、思いやりのある	私は他者の気持ちをくみとる。 私は他者にほとんど関心がない（逆転）。
誠実性	信頼できる、頼りになる、創造的、倫理的、志の高い、わがままではない	私はいつも準備万端で臨む。 私はものを本来の場所に戻すのをよく忘れる（逆転）。
情緒不安定性	不安な、自己憐憫、緊張した、神経質な、不安定な、心配な	私は心配事をかかえている。 私はめったに落ち込まない（逆転）。

＊　（逆転）と付記された項目は集計に際して点数を逆にする。つまり、あてはまるほど点数は小さくなる。

ターをアドレスに含む人は、より外向的であると評定した。ヤフー利用者についても同じと見なした。ジェンダー・ステレオタイプも働いていて、女性と思われるメールアドレスの持ち主は、他にくらべ情緒不安定で、開放的、協調的、誠実と評価された。ドット数や文字数の多いメールアドレスの持ち主は、いっそう誠実であると見なされた。

さらに評定者は、もう一つの特性であるナルシシズムについて、「自分を何か特別な存在と考える」のような項目群でアドレスを評定した。好色で自信に満ちあふれたメールアドレスの人は、この特性で高い点数をとった。もし、あなたがtufdudeやFoxyLadyのようなメールアドレスに設定すれば、あなたの性格に対して、ある一定のイメージが連想される。もしあなたが誠実に見られたいのであれば、試しにいくつかドットを入れてみると、いいだろう。

インターネットのアカウントを持つ人で、自分のメールアドレスが醸し出す印象についてじっくり考えた人はどのくらいいるだろう。@マークの右側にあるドメイン名は通常、決められている。大学関連のドメイン名は、組織名にeduというトップレベルドメイン名が末尾に付く。この末尾から、その人は大学関係者であることがすぐわかる。ただし、実際の役割は不明である（jtravisはハーバードの新入生かもしれないし、教授かもしれない。大学食堂のスタッフかもしれない）。eduという小さな目印は、その人がcomで終わるアドレスを持つ資本主義世界と距離を置く世界にいることを示す。その他のトップレベルドメイン名も、その人の所属先を教えてくれる。govは政府関連、orgは非営利組織、国名の二字は国、といった具合である。インターネット利用が世界中に広がるにつれ、合衆国中心の所属組織にもとづく命名法は国家本位に変わった。honey.bunnyのメールアドレスは、ドイツを表す二文字コードの「de」で終わっている。トップレベルドメインをさらにもっと拡張するため、ドメイン名の管理組織、ＩＣＡＮＮは、新たなトップレベルドメイン名の申し込みを受け付けている。業種や所在地、産業、その他申請者が知名度をあげたいと思っているものを表すドメインである。たとえば以下のようなものがある。「sydney」「furniture」「singles」「help」「tatoo」（将来、happyink75@mail.tatooのようなアドレスが見られるかもしれない）。

グーグルやヤフー、その他の商用サービスが提供する無料アカウントを利用している人は、ある一定の印象も作り出している。それらのメールアドレスは、企業ブランド名がプリントされた電子Ｔシャツを一年中着ているようなものである。コムキャストやＡＯＬの利用者は他のサービス利用者にくらべやや年上の傾向があり、それを選ぶことは年齢に関する一定の手がかりとなる。

レンズ越しに見る

オンラインにおける印象形成の複雑さを整理しよう。そのために、フェイスブックのプロフィールや個人ウェブサイト、ユーチューブ・チャンネル、その他、より豊かな自己呈示ができる活動場所に絞って検証を始める。その際、私たちはエゴン・ブランズウィクの**レンズモデル**が使える。このモデルは、人がどのような手がかりを用いて判断をするのかを理解するために人の知覚過程を切り分ける［★17］。レンズモデルは以下の三つの問いを立てる。

1　人は印象形成に際してどんな手がかりを用いるか。
2　ある人物の性格を予測するのに実際に有効な手がかりにどんなものがあるか。
3　人は正確な印象につながる「正しい」手がかりを用いているのだろうか。

印象形成の手がかりは、たとえばジェンダーや年齢といった明白なものとは限らない。ある印象を形成するのに、人は、やさしい笑顔や流行の服のような、念入りに管理できる手がかりに限定するわけではない。管理できない手がかりとして、その場に当人がいなくても、思わず残した**行動痕**がある。

これらのあるものは、寮の部屋に掛かる音楽愛好家のギターのように、人の総合的印象管理の補完に使われる。その他に、意図していないもの、補完を意図しないものもある。机の上に置かれたままカビの生えた食べかけのサンドウィッチは、その部屋の住人に関する何かを教えてくれる。

「手がかりのある部屋」

サミュエル・ゴスリングたちは、レンズモデルを画期的なやり方で適用した。オフィスの仕事空間や寝室に残された行動痕がどのように印象を形成するかを知るためである［★18］。当人に会わなくても、部屋の写真を見て、あちこちに残された跡から、その人の性格を正確に判断できるのだろうか。そして、どんな跡が、当人の性格の新たな側面を判断するのに有効なのだろうか。

彼らは、それらの疑問に答えるために、ビッグファイブ性格特性を用い、判定者として人はある性格特徴についてかなり正確に判断できることを明らかにした。きれいに整理整頓された部屋を見た判定者は、ここの住人を誠実であると判断した。たくさんの雑誌や本、ＣＤで飾られた独特の部屋を見た判定者は、ここの住人の開放性を高く見積もる傾向にあった。色彩豊かで雑然とした、型破りで、とても魅力的で居心地のよさそうな部屋の住人は、外向的で社交的な人物と正しく判断された。

オンラインにおける行動痕

人はオンライン上にどのくらい手がかりを残すのだろうか。結論から言えば、手がかりは無数にある。たとえばメールアドレスは、行動痕としては希薄に思われるが、意外に雄弁であり、性格のいくつかの側面に関する有力な判断材料である。前記の研究でも、観察者の結論はかなり一致し、なかでも外向性、誠実性、ナルシシズムは一致度が高かった。しかし、彼らの印象は正しいのだろうか。メールアドレス所有者の回答と実際に一致しているのだろうか。

ある程度までは、その印象はきわめてよく当たっていた。なかでも気の利いた創造的アドレスほど、観察者は的確に「開放性」を高く評定した。観察者の評定と評定対象者自身の評定との相関は、外向性を除く四特性で有意に高かった。もし、あなたがthebigboss@comcast.comというアドレスを見て、自己愛的と判断するのであれば、それはかなり当たっている。しかし、honey.bunny66@yahoo.deの持ち主はメールアドレスほど外向的ではないかもしれない。

顔文字も行動痕の一種であり、使うかどうか、どこに配置するかを決めるのは送り手の側である。メールアドレスの構成要素の一部、つまりプロバイダー名の選択もユーザー名の設定も使用者が決められる。メールアドレスを見た人は、オンライン人格の印象を形成する際、それを行動痕と見なしてあなたの全体的印象の一部として考慮するかもしれない。もし、あなたが自由に決められないのであれば、それを見た人は意味を持たせないほうが賢明だろうし、あなたが気付かなかったのであれば、アドレス上の手がかりは実際に価値あるものとなり、意味を持たせるかもしれない。あなたがアドレスを操作できることに気付かなかったからである。こうした手がかりももっと注目されていい。

ここで、ＳＮＳと個人ホームページというはるかに豊かな世界に戻ろう。気付いていようといまいと、ここはさしずめ行動痕の宝庫である。

個人ウェブサイトとソーシャルネットワークにおける印象形成

友達の友達から昼食の勧誘メールが届いたとしよう。あなたは、その人に会ったことはない。しかし、自己愛者をうかがわせるようなメールアドレスでもなければ、メールにウインクの顔文字も含まれていない。あなたはすでに、ある印象を形成し始めているが、返信する前に、名前でその人を検索すると、当人のウェブサイトやフェイスブック、リンクトインのプロフィールが見つかった。これらから、あなたはどんな印象を形成し、それはどのくらい正しいのだろうか。

個人ホームページの効用

歴史上初の自己の時代であるルネサンス期における一握りのヨーロッパの貴族を除けば、人々がこれまで、このような機会を手にしたことはない。土地や労働、画家、設計者の費用を負担しなくとも、我々は自らのデジタル掲示板を作れる。それは、写真付きの簡単なテキストだけの単純なものから、音楽やアニメーション、自撮り写真《セルフィー》のアルバムが並ぶ複数画面のマルチメディア記事が並ぶような凝ったものまで、多岐にわたる。私たちは、そこに、真偽はともかく好きなように詳細な自分史を掲載し、書き溜めた未公開の詩や小説、絵画も掲載できる。

多くの人は手間をかけて、ふつうは無料サービスを利用してウェブ上にホームページを作る。人がホームページを作る理由はいろいろある。彼らは自分自身に関するデジタルパンフレットのようなものを公開したいと考え、誰もが見られる情報として、写真や職業興味、SNS参加状況、成果、刊行物を盛り込む。社会奉仕情報を提供するために個人ウェブサイトを開設する人もいる。オランダのある男性は、自分のホームページに、ヨーロッパを中心に席巻したきわめて悪質なコンピュータウイルスの駆除方法を掲載した。ウイルスに感染した人は検索エンジンで彼のサイトを見つけ、今後も最新情報を掲載してほしいと激励メッセージを送ってくる。彼は実際、更新を続け、それによって自分のサイトがますます充実した実用的なものになっていることをとても誇りに思っている。

これらのウェブサイトはフェイスブックやリンクトインのプロフィールのようなSNSのプロフィールとは異なる。一つには、それが誰もが見られるデジタル広告塔として機能しているからである。ホームページの中身は基本的に、開設者による個性の披露コレクションである。つまり、開設者が望む印象に沿って慎重に精選されたものである。もし開設者がコメント機能を解放しなければ、コメント投稿も開設者の支配下に置かれる。

こうした公開ホームページの研究によれば、大半の作者は、ふだんの自分と大きく異なる別のアイデンティティを作ろうという意図を持っていない。これらのサイトは、分裂したアイデンティティではなく、安定し統合されたアイデンティティを呈示し、その人が何を重要と思っているかを示す[★19]。作者は思いがけない方法で、公私両面にわたる生活のようすを適当に織り混ぜる。どんな人がサイトを見に来るのか、作者は知り得ないからである。自分の職歴を見に来る人が多いと思えば、中身は限定されるだろうし、他方、ホームページのオーディエンスは、文字どおりの意味で地球のどこからでもアクセスしてくる。友人や家族が立ち寄るかもしれないし、同僚や雇い主、見知らぬ人が立ち寄る可能性もある。結局、多くの作者は統合された総合的な自己呈示をめざす。

再び、ビッグファイブ性格特性を利用した研究を見てみよう。研究者は個人ウェブサイトの開設者を八九名集めた［★20］。これらのウェブサイト開設者は、性格を自己評定し、ついで「理想」自己について評定した。その後、これらの評定結果がどのくらい正しいか、それを検出するために、自分をよく知っている人物を教えてもらい、彼らに、同じ方法で開設者を評定してもらった。つまり作者のことを知らない別の一一人も同じくウェブサイトを見て、そのうえで作者をビッグファイブ性格で評定した。

相関分析の結果、一一人の第三者はきわめて正しく評定していた。個人ウェブサイトだけで、その作者の性格を言い当てたのである。的中率が特に高かったのは「開放性」である。それはおそらく、個人ウェブサイトが、作者の豊かな想像力と創造性を彷彿とさせるような固有のさまざまな特徴を備えていたからだろう。開放性の高い人はオンラインで自己表現する多くの道具を活用する。

ウェブサイト作者は、現実自己を念頭に置いて人格特性項目の多くに回答しているのだろう。理想自己に合わせて回答しているようには見えない。ただし例外があり、それは外向性と協調性である。この点について、評定者はウェブサイト上の手がかりを、現実自己の記述としてではなく、作者が理想と考えている自己に近いものと解釈していた。ここで、「温かさ」が印象を支配する傾向にあることを示したソロモン・アッシュの研究が思い起こされる。個人ウェブサイトの作者は、外向性と協調性が高くなるように、少しでも温かい印象の自己呈示を心がけているのかもしれない。

ソーシャルネットワークにおける印象

個人ウェブサイトが誰でも見られる掲示板であるのに対し、SNSに書かれたプロフィールはオンライン人格である。つまり、オーディエンスを細かく管理して、家族や友達、同僚からのアクセスを制御できる。そのSN

S、とりわけフェイスブックの急成長は多くの研究者に注目されている[★21]。

これらのサービスを提供する会社は「また来たくなるような魅力」をめざして努力する。つまり、訪問者が長居し、何度も再訪するように促す仕組みである。社交志向のフェイスブック・ネットワークのソフトウェアには、たとえば、凝った自己呈示を誘い、「いま何してる?」といった刺激文を表示して、近況アップデートを促す仕掛けが組み込まれている。このサイトは、通学先や勤務先、交際ステータス、家族、好きな音楽や本、宗教・信仰や政治観といった個人情報や、「いいね」や「やだね」を登録するまで、書き加えるよう何度も催促してくる。この収益モデルがはらむプライバシーの問題については第10章で扱うが、さしあたりは、あなたのSNSサイトを見た人がどんな印象を形成するのか、考えてみよう。

百聞は一見にしかず

プロフィール写真は確かに雄弁であり、認知的倹約家が着目するジェンダーや年齢のような情報を示してくれる。もしプロフィール写真が六〇代の女性に見えると、人はそれに応じた性格印象を持つ。彼女の考えていることや振る舞い方がなんら語られていないにもかかわらず、である。UCLAのマリリン・ブルワーは、人々が性格に関する第一印象を形成する際、年齢とジェンダーがいかに強力かを示した[★22]。彼女はあらゆる年齢の男女一四〇人の顔写真を集め、実験参加者にその写真を、似たもの同士に分類するよう求めた。分類の結果できた写真の束はほとんど同性、同年代で固まっていた。それにもかかわらず、彼らにそれぞれの山にラベルを付けてもらうと、そこに年齢や性が含まれることはほとんどなかった。それどころか、次のように、生き生きとした性格で命名した。

「きまじめな専門家で、異論があるなら言ってみろ、的な態度の人たち」

「仕事のことでピリピリしているサラリーマンたち」
「バーバラ・ウォルターズ〔合衆国のニュースキャスター〕」のようなタイプで、おしゃべりで、やかましい。そのうえ陰険で、少しお高くとまっている人たち」
「一方的に話し続け、相手のことを意に介さない人たち」

写真は身体的魅力も伝える。これも印象を左右する強力な手がかりである。研究によれば、私たちは魅力的人物に対して、そうでない人より、親切で頭が良く、運に恵まれ、外向的で自信家、もちろん温かいと見なす傾向があるという。この「魅力のハロー効果」はオンラインにもあてはまる。当然ながら、SNSのプロフィール情報を見に来る人たちは、魅力的に写っている異性に接触したい気持ちからそうすると推測できよう。実際、彼らは魅力のない写真の人よりも、写真をいっさい載せていない人を好んだ［★23］。

ある研究で、研究者たちはフェイスブックのプロフィールに似せた画面を作り、人が実際にどこを見ているかを眼球追跡装置で調べた。その画面には男女それぞれが魅力的な写真か、そうでない写真のどちらかで紹介されていた。実験参加者は、とりわけ魅力的な女性のプロフィール写真を長く見た。魅力的な男性のプロフィールに対して、実験参加者は「基本データ」に書かれた好きなことや関心を長い時間、見ていた。しかし、プロフィールの写真に魅力がない場合、彼らは、それ以外の写真もあまり見なければ、他の手がかりにも注目せず、それ以上、その人のプロフィールを見ようとしなかった。その代わり、彼らは関係のない広告を注視した［★24］。

行動痕と友達数

写真は、その人の印象にとってきわめて重要であるものの、SNSサイトには、印象形成にかかわる行動痕がまだたくさんある。友達の数、「基本データ」欄に書かれた仕事に関することがら、好きな本や音楽、テレビ番組、交際ステータス、ウォール投稿、近況アップデート、それ以上のことがすべて一目でわかる。訪問者は、その気になれば、友達をタグ付けしたあなたの写真アルバム、ユーチューブ動画へのリンク、経歴、その他あなたが公にしているものをなんでも見られる。ビジネス向けのリンクトイン・サイトでは、職歴や経験、知識・技能、出版物、仕事上の関心が見つかるかもしれない。

これらオンライン上に残されたものから、その人のどんなことがわかるのだろうか。我々はけっこうたくさん知ることができ、少なくともそれらの一部はその人を正しく表している。個人ウェブサイトの研究で行ったときのように、まずフェイスブックのユーザーにビッグファイブ性格質問紙に回答してもらった。そのあとでユーザー本人と面識のない第三者が当人のプロフィールを見て、その人をビッグファイブ性格特性で評定した[★25]。研究者たちは、ユーザーをよく知る人にも、その人の性格特性を評定してもらった。評定はプロフィールを見ない状態で行われた。プロフィール、つまり友達の数やウォール投稿、写真、その他の行動痕にもとづいてなされた第三者評定は、特に外向性の判断でユーザー自身の回答とよく一致していた。

フェイスブック上の友達の数はそれだけでも印象全体に影響を及ぼす。ミシガン州立大学のジョセフ・ウォルサーは、コンピュータを介した《メディエイテッド》コミュニケーション（ＣＭＣ）研究の先駆者であり、彼は同僚の研究者と一緒に、友達の多さを誇示するプロフィールには問題があることを明らかにした[★26]。フェイスブックの統計によれば、利用者一人あたりの友達の数は一三〇人で、特に合衆国の大学生ではこの数字をはるかに上回る。この数字の大きさを考えると、フェイスブックのようなサイトで友人関係を話題にする際、どのような人を「友達」と呼んでいるのかが問題となってくる。新しい人と「友達になる」ことは、このサイトでは日常茶飯であり、その結果、多くの利用者にとって友達は意味のあるネットワークではなく、一種の人数争いと化す。

訪問者はプロフィールにある友達の数をどう評価するのだろうか。先の研究では、友達の数だけが異なる五種類のフェイスブック模擬画面の一つを見せ、その人の社会的魅力と身体的魅力、外向性を評定してもらった。社会的魅力と身体的魅力は三〇〇人の友達の数でピークに達し、それ以上になると、どちらも低下した。五〇〇人の友達を持つ人は最も外向的と見なされたものの、身体的魅力と社会的魅力はさほどではなかった。

私たちの人付き合い

友達の多さはそれだけで印象に影響を与えるが、SNSの性格上、人付き合いを通じて、たくさんの痕跡が付け加わる。たとえば、ある研究によればウォール投稿に見た目のいい友達が含まれていると、それだけでその人がより魅力的に認知されるという。あなたのウォールにコメントを残す人のなかに魅力的な友達がいれば、あなた自身も魅力的に見られる可能性がある。

友達があなたのウォールで実際に何か書き込むと、内容にかかわらずそれは行動痕となる。私は香港のある人からもらったメールを思い出している。そのメールは、きまじめで礼儀正しく、そこから受ける印象は少しよそよそしいながら、誠実で有能な書き手を思わせた。しかしながら、SNSの彼のプロフィールを見て、その印象は変わった。友達のウォール投稿や写真は、前夜の乱痴気騒ぎや二日酔いに関する若い友人からのもので、彼がたいへんなパーティ好きであることをうかがわせるものだった。

いくつかの点で、ユーザーの印象は、本人にはどうしようもない行動痕で左右され、その人の実際の姿をうかがわせる。ウォルサーたちは以前用いたフェイスブックの架空プロフィールを用いて、この可能性を実験で検討した［★27］。プロフィールのいくつかには肯定的ないし否定的なウォール投稿が含まれ、それらはユーザーが「基本データ」コーナーにかかげる内容とわずかに一致しない。たとえば、ある人のコーナーにはこう書かれている。「アカウントを作ってみました、……日ごとにきれいになっています」。しかし、異なる意見を持つ友達のウォール投稿にはこう書かれている。「あなたとのお見合いデートがうまくいかなくて、ごめんん。彼がそんなに浅はかだなんて、びっくり」。

本人の書いたプロフィールと、友達の書いたコメント、この二つの異なる行動痕を見た人はどう反応するだろうか。ユーザーが意図したプロフィール内容と友達のウォール投稿内容が矛盾する場合、印象を大きく左右したのは後者だった。ユーザーの容貌について本人が基本データで否定的に書いたとしても、ウォール投稿者がその人の容貌についてとても肯定的なコメントをすると、ユーザーは最も魅力的と判定された。たとえ、ユーザーが自分をそれほど格好いいとは思っていないような記述が「私について」にあったとしても、そう判断された。対照的に、本人が自分の容貌を自慢気に書いていても、ウォール投稿が正反対の内容だと魅力度の判定結果は最低だった。

最良の予測因はどんな手がかりか

人は、あなたのSNSのプロフィールから一瞬にしてあなたの印象を形成することが知られている。ビッグファイブ性格特性で見ると、人はもっともらしいいくつかの手がかりを利用することが明らかになっている［★28］。外向性の判定には、たとえば、友達の数や、友達と一緒に写っている写真が利用される。先に見たように、友達の数にもとづく印象は、数字が大きすぎると判断を難しくするが、少ない数よりは外向性の表れとして有効に働く。プロフィール写真の人懐こい笑顔も、協調性を予想させるかなり優れた特徴であり、人はこの手がかりを適切に利用する。開放性に関しては、本や音楽、美術、その他の分野における関心の広さが適切な判断材料として使われている。

しかし、使えそうな手がかりのいくつかが見逃されている。一方で、正確でも有用でもない他の手がかりが過大評価されている。見逃されている手がかりの一つの例は、他者が写っていない、本人単独のプロフィール写真である。この手がかりは開放性と関連するが、見逃されがちである。その他には、家族写真も含めた家族へのふれ方がある。これは誠実性と関連があるにもかかわらず、気付かれていない。

いくつかの手がかりは誤解を招くこともあるが、不正確な判断につながる手がかりが信頼される場合もある。たとえば、魅力のハロー効果と認知的倹約は、魅力的写真を前にすると、心が温かく協調的な人と思わせるように働く。これは間違いである。写真をときどき、あるいは多くアップしていないという、それだけの理由で、そのユーザーの神経質傾向を高く判断する傾向もある。しかも、この手がかりは誤解を招く可能性がある。神経症傾向は、これらのサイト上のどんな手がかりでも評価できない。それゆえ一番良いのは判断を保留することである。

多元的オーディエンスに向けた印象管理——文脈崩壊

あなたが対面場面で自分の印象を管理する際、たいていの場合、相手は目の前にいて見える。誰が自分を見、誰が聞いているのかわかっていれば、その相手や場に応じた自己呈示ができる。しかも、その場で相手から、おそらく、弓なりになった眉や、同意のうなずきを通じて、フィードバックが得られる。しかし、オンラインではオーディエンスはあやふやな概念で、想像するのが関の山で、ましてや把握するのは難しい。

フェイスブックはもともと、大学生用ＳＮＳとして作られた。同じ大学の、主に男子学生からなる一つのネットワークにつながる学生が対象だった。しかし、その制約から、ずっと前から、より自由なアクセスが望まれていた。いまや、家族や遠くの知り合い、友達の友達、職場の同僚、高校の同級生、たまたま関心が同じだけの知らない人さえも参加するまでになった。前夜、パーティで出会った友達からのウォール投稿や写真は、あなたの祖母や雇い主に見てほしくないものかもしれない。この現象は「文脈崩壊」と呼ばれ、多様なオーディエンスがいることで「本当」の印象がますます管理しにくくなっている。

この課題は、ＳＮＳの根幹にかかわる変化で、ますます無視できなくなっている。写真や近況、現在地の共有を促すようなサービスが増えているからである。たとえば、フォースクエアのアカウントを持つ人は、盛大なホームパーティ会場に到着すると、「チェックイン」し、そのコメントを書くかもしれない。その家の隣人がツイッターで招待者をフォローしていれば、その人のコメントが目に入る。だが、その隣人は招待されていない。人は、オーディエンスの崩壊状況にどう対処しているのだろうか。ある人は別のSNSサイトに別のアカウントを作り、オーディエンスを仲間内、つまり家族、あるいは、たとえば仕事関係の人に限定しようとする。多くの人は社会的自己を示すために社会志向のネットワークにアカウントを一つ作る。しかし、仕事寄りの自己を示すためにリンクトインにも別のアカウントを開設する。

そこでの自己呈示が多元的オーディエンスの気分を害さないよう、「差し障りのない内容」で対応する人もいる。これは特に、自身のSNSにすでにいろいろな人が入り混じっている場合に好都合である。

あるサイトは、オーディエンスをきめ細かくグループ分けできるようにしている。つまり、それぞれの人は「親友」「友人」「家族」「知り合い」「同僚」、その他のどこかに割り当てられる。「限定」カテゴリーは、しかたなくて友達申請を承認して一般公開してもいいような投稿しか共有したくない人(たとえば上司)に適用されるかもしれない。あなたが友達申請を承認したことは本人に知らされるが、どのカテゴリーに入れられたかまではわからないだろう。この種のグループ分け機能には、使いにくい面がある。たとえば、SNSで「親友」や「友人」にカテゴリー分けされた知人と昼食を楽しんでいる場面を想像してみよう。親友があなたの投稿した愉快な写真についてその場で発言するかもしれない。だが、その人はあなたがオーディエンスを分類していて、その場にいる「友人」はその投稿を見ていないことに気付いていないかもしれない。

もし人が現実の本当の自己を偽りなく振る舞っていれば、誰が見ているのか、あるいは自分をとり囲む人間関係のありようは問題になるはずがないと主張するかもしれない。オーディエンスと言えば、ツイッター利用者のなかには、誰が聞き耳を立てていようと、一貫した正直な自己呈示に力点を置くほうを選び、こうした見方を考慮する人もいる[★29]。

一人の個人として（組織や企業ではなく）、誰にツイートするか、私が何をどうツイートするか、それらの全体性と整合性を保つこと、それは、たとえフォロワーを失おうと、私にとって重要である。

私がツイートするときは正直にツイートし、感情を隠さない。それは心の純粋な表出である。

しかし、人間は「自己」をたった一つしか持たないわけではない。「自己」は本来、相互作用の相手や状況に応じて変わるものである。私たちはある人に対しては自己開示を控えめにし、そうすべきであると思い、他の人に対しては、より個人的な方法で相互作用を図るだろう。人がSNSの多層的なオンライン・オーディエンスを管理する方法は日々進化している。しかし、利用者のなかには、おそらく疲れたからだろうが、利用をやめ、アカウントを削除する人もいる。

我々は自己愛傾向を強めているのか

オンライン人格の管理には、写真の選択や編集、オンライン・プロフィールの作成、近況アップデート、他の人の投稿へのコメントでかなりの時間が費やされる。SNSやオンライン世界そのものに、自己愛傾向を引き出す性質があるのだろうか。

ナルシシズムの要素

ナルシシズムは、ジグムント・フロイトがギリシャ神話のナルシスから作った言葉であり、究極の「自己本位」的心理特性を説明する。ナルシシズムの強い人は尊大で、極端な自信過剰の傾向がある。その他の特徴として、自己顕示癖、成功と権力への執着、自分には特別扱いされる資格があるとの信念、常に過剰な賞賛への欲求が見られる。ナルシシズムは共感の欠如とも関連する。他者への妬み、さらに他人は自分を妬んでいるはずであるとの信念も珍しくない。

ナルシシズムの強い人は、他者の反応に合わせてよりよく自己呈示が管理できるよう、自己モニタリングを怠らない。彼らにとって一つの重要な目標は他者搾取、つまり自分の目的を達成するために他人を利用することである。この独特の性格は初対面で自分を好きになるよう他者を仕向ける。しかし、その好意的印象はすぐに消え入る。自己愛者は親しい友人がほとんどいない代わりに、賞賛してくれるオーディエンスを増やしてくれそうな知り合いをたくさん作る。

自己愛者は、その傾向が過度になると人格障害を引き起こし、人格機能や対人関係に深刻な支障をきたす。障害そのものは稀であるが、ほとんどの人は状況によって自己愛行動のいくつかの様相を示す。

自己愛者とオンライン舞台

オンラインという舞台は、対面場面では困難な他者利用を可能にし、自己愛傾向のある人にとって魅力的な機会を提供する。たとえば、人はオンライン人格をかなり自分の好きなやり方で呈示でき、これによって自己愛者は自己宣伝を行い、人目を引くことができる。ある研究でユーザーはナルシシズムの程度にもとづいて自己評価し、さらにフェイスブックのプロフィール用写真を選ぶ際の動機づけについて尋ねられた。その結果、自己愛尺度得点の高い人は、掲載写真を自分の魅力や個性を強調するという基準で選ぶと答える傾向が見られた［★30］。

自己愛者にとってオンライン世界の魅力はもう一つある。それは、膨大な知り合いとつながり、彼らに最新情報を知らせられる点である。そう考える前提には、彼らは自分の言うことに強い関心を持っているはずとの気持ちがある。別の研究で、対象者は自己愛度調査票に回答し、自分たちのSNS活動について報告した。自己愛度の高い人は、オンライン上で一人でも知り合いを増やすことの重要性を語り、自己愛度の低い人にくらべ、友達の数が多かった[★31]。自己愛者は、オンラインの友達は自分の行動に関心があり、近況を知りたがっていると考える傾向にあった。

自己愛者がSNSサイトで実際にやっていることを客観的に分析した結果、この関連性が見出された。研究者は、フェイスブック利用者一二九人の自己愛度を調べ、第三者の評定者にサイトを見てもらい、友達の数やウォール投稿から社交活動量を評定してもらった。自己愛度の高い人ほど、実際の社交活動水準も高かった。評定者は、自己愛者の自己紹介文と写真の内容には自己宣伝的特徴が見られると評定した[★32]。

興味深いことに、評定者は自己愛者がSNSサイトに残す行動痕のいくつかに気付き、利用者の性格をある程度の正確さで判断した。同じ研究で、評定者は利用者が盛んな社交活動を示し、とても魅力的な自分の写真や自己宣伝を掲載しているとき、彼らのナルシシズムを高く判断した。しかし、前述したように、評定者は予測因子の誤った手がかりで判断することもある。評定者は、プロフィール欄に挑発的な写真や大量の自己情報を載せている人を自己愛的と評定したが、これらの要因と本人の自己愛度とのあいだに実際の関連は見られなかった。

オンライン世界は自己愛者にとって楽しめる新たな場となっていて、研究でも彼らが多くの場を利用していることは明らかである。しかし、これらの場はナルシシズムを実際にも促すのだろうか。これらのサイトを利用する人は、もともととても尊大で、権利を与えられていると思う世代に属すると主張する人もいる。

ナルシシズムの大流行

ジーン・トウェンギたちは、一九八〇年以降に生まれた、いわゆる「ミレニアル世代」[一〇代からデジタル環境になじんでいる最初の世代]におけるナルシシズムの急増を指摘する。一九七九年から二〇〇六年にかけて大学生に調査した結果では、ミレニアル世代の自己愛得点は、それ以前の世代にくらべ、急上昇している。養育スタイルや、セレブリティ文化〔有名人の行動様式への強い関心〕、自尊感情、インターネット、これらすべてがこの風潮を後押ししていると考察する［★33］。

トウェンギの分析は論議を呼び、彼女のデータには欠陥があると言う人もいる。その一部は、研究対象がもっぱら大学生で、さまざまな層の人を対象にしていないことに由来する。彼女の研究結果も、自己愛人格尺度にかなり依存している。この尺度には、主張性のような実際には望ましい性格を測る下位尺度が含まれている。縦断研究はしばしば解釈に際して課題が多い。というのは、あまりにも多くの変数が結果に影響を及ぼしている可能性があるからである。一九七〇年代と二〇〇〇年代とで回答した学生はさまざまな点、つまり平均所得や性別内訳、さらには受けた養育スタイルやインターネット利用で異なるかもしれない。

それにもかかわらず、学生たちの尊大感や権利意識に世代差が存在するという仮説には興味を引かれ、もっと詳しく知りたくなる。もしナルシシズムが特に、インターネットとともに育った最初の世代で高いのであれば、また自撮り写真を撮り、それをすぐにインスタグラムで共有できた最初の世代で高いのであれば、オンライン環境の特徴はナルシシズムになんらかの作用を及ぼしているのだろうか。

オンライン環境はナルシシズムを促すか

本書の重要テーマは、オンライン環境には正負両方のやり方で人間行動に影響を及ぼし、人間行動を形作る力があることである。SNSサイトや個人ウェブページの継続利用は、自己に焦点を当てるよう促す。プロフィールを仕上げること自体が自己専念の実践である。たとえばグーグルプラスに参加すると、あなたは以下のような無限の自己注目活動を要求され続ける。

■写真を撮る（あるいは写真をアップする）
■知り合いを追加する（連絡先リストからの提案を参考に）
■お気に入りをフォローする（有名人、写真家、自動車メーカー、健康情報サイトなど）
■常にベストを尽くす
■常に良いイメージを他者にアピールし続ける
■通っていた学校
■孤独ではないですか。……連絡先としてもっと人を加える

フェイスブックも、自己紹介、好きな言葉、住んでいる地域といった欄への入力を促し、自己に焦点を合わせようとする。他の欄は、見た映画ばかりか、見たい、あるいは好きな映画の題名を入力するよう促し、テレビ番組や音楽、本、スポーツチームについても同様の情報が書き加えられるようになっている。行ったことのある場所欄にはインタラクティブ地図があり、休暇の写真をアップロードし、それとなく冒険旅行すべてを自慢できる。そして、あなたがフェイスブックにログインするたびに、「いま何してる？」が目に入り、あなたのオーディエンスがその返事を心待ちにしているかのように思わせる。

プロンプトで入力を促され、それに応じる、そのこと自体が自己専念、個性や特別感の増長といった自己愛者にあてはまる特徴を促す。すでにプロフィールを書いている学生に行った一連の実験で、この効果が実証された［★34］。第一実験では、マイスペース利用者が実験室にやって来て、処置群と対照群にランダムに割り振られた。処置群に割り振られた学生は自分のマイスペース画面を一五分間かけて編集した。他方、対照群の学生は同じ時間、グーグルマップで学内の道路をなぞった。一五分後、処置群は、自分の画面が何人に閲覧されていると思うか、うまく自己表現できているか、といった画面関連の質問を受け、他方、対照群は地図作業関連の一般的質問

を受けた。そのあとで全員が自己愛人格尺度に回答した。

この研究で明らかになったことの一つは、自己愛得点の高い学生ほどマイスペースの友達は多いと答え、友達の閲覧頻度も多いと見積もっていたことである。予想どおり、自己愛者はオーディエンスの拡大を求めている。

しかし、最も興味深い知見は、処置群と対照群とのあいだでナルシシズムに差が見られたことである。オンライン・プロフィールの編集に費やした一五分は大した時間のように見えないが、学生たちは対照群より有意に高い自己愛得点を示した。たとえば、彼らは「私は注目の的でいたい」や「誰もが私の話を聞きたがっている」といった項目を肯定する傾向にあった。

自分のプロフィールをわずか一五分いじるだけで自己愛得点が上昇したのには驚かされる。ナルシシズムは特性であり、つまり比較的安定し、特に短時間で変化するようなものではない。それを考えると、ことのほか驚かされる。この研究から、我々は答えを手にし、しかもそれは合っていた、つまりSNSというオンライン環境はナルシシズムを促すと結論づける人がいるかもしれない。しかし、第二実験を見ると、この図式は複雑さを増す。それは、マイスペース利用者で得られた知見がフェイスブック利用者にもあてはまるかどうかを検証したものである。

今度も実験参加者は学生で、フェイスブックにプロフィールを登録した人たちで、処置群と対照群にランダムに割り振られた。一五分のあいだ処置群の学生は自分の画面を編集し、対照群の学生はグーグルマップ課題に従事した。そのあと、全員が短縮版自己評価尺度、ついで自己愛尺度に答えた。

第一実験同様、処置群の自己愛尺度の高得点者はフェイスブックの友達も閲覧頻度も多いと書いていた。しかし、一五分の編集作業による効果はマイスペース利用者の実験結果とかなり異なっていた。処置群の自己愛度は対照群とくらべて上昇していなかった。しかし、自己評価は上昇した。対照群にくらべると、処置群は次のような文章を肯定する傾向にあった。「私にはたくさんの長所があると思う」「全体として、私は自分に満足している」。

この違いはどう解釈できるのだろうか。自己評価の上昇はナルシシズムの一つの特徴であると主張する人がいるかもしれない。つまり、二つのSNSサイトがナルシシズムの異なる側面を促している可能性である。もう一つの可能性は以下の通りである。マイスペースは主に自己宣伝を強調させ、かなりの利用者はまさに名声と有名人の地位を得てきた。しかしフェイスブックは公的舞台ではなく、とりわけ家族や友人とのつながりのなかで自己呈示と社会的つながりの結びつきを重視する。フェイスブックで画面を編集する人は、自分の「私について」欄を修正する代わりに、他人のようすを見にサイトを回り、友達の投稿にどうコメントしようか考えている。

これらの研究はオンライン環境の微妙な違いが人間行動に異なる影響を与えることを示し、それはなんら驚くことでもない。人はオンラインの活動場所も自ら選ぶ。彼らは、オンライン環境と達成目標との相性のよさをわかっている。自己愛者にとって、それぞれのオンライン環境はそれぞれの目的に応じて働き、それらの特徴はナルシシズムの異なる様相に合わせられる。たとえば、ツイッターは技術的に拡張された「拡声器」として、自己愛傾向のある人が優越の歓声を増幅するのに役立つ。しかし、そこは魅力的な自己高揚や自己宣伝の写真を置けるような場所ではない。フェイスブックはこの種の願望を満たす環境になっている。

これらの研究を解釈する際に重要なもう一つの要素は、変化速度と利用者、なかでも若者の移り気である。SNSは、利用者が常に出入りする動く標的である。たとえば、マイスペースは何年も前に多くの利用者が別のSNSサイトに移動し、利用人口を急減させた。それでもなお、それなりの基礎人口を維持している。フェイスブック疲れも進行中である。若年利用者の利用が減り、彼らの関心はツイッターに向かっている[★35]。

ソーシャルメディアとナルシシズムに関するオンラインディベートで[★36]、ジーン・トウェンギは、自らのグループが言う「ナルシシズムの蔓延」の原因の少なくとも一つはSNSにあるのではないかと発言した。ブルース・マッキニーは、かつてフェイスブックの頻繁な利用はナルシシズムと関連しないことを研究で示したが、数年して、同じような結果は得られそうもないと思うと書いた。彼は語る。「コミュニケーション方法が大きく変化したか、我々がどんな心理学者も衝撃を受けるようなナルシシズムの状態に進化したかのどちらかである」。ラトガーズ大学のキース・ハンプトンはやや楽観的で、ナルシシズムは年齢とともに低下し、多くの人はつながるためにフェイスブックを利用するのであって、自分を売り込むためではない、と指摘する。俳優のジョー・ホルトは、フェイスブックが問題なのではなく、本当の問題は「外部からの承認で自己を確認したいという我々の欲求」であると考える。

彼の指摘はいい点を突いているけれども、心理学の観点からすると、私たちはこれまで、そうした自己確認を求めずにはいられなくなる舞台や、自己呈示を微調整するツールを手にしたことがなかった。さらに、誰かにリツイートされることで起きる正の強化から、ツイートに付けられる「いいね」の総数までを含む、社会的フィードバックの大波は、とうてい無視できない外部からの承認の質的測度となる。これらのオンライン環境は変化し続けても、それらの特別な働きを生かす自己愛者を確実に引き付けるだろう。オンライン環境は私たちの行動にも強い影響を及ぼし、ナルシシズムの促進は、その一つと言えるかもしれない。

キーボードを使いこなす

印象を自己管理したいという願望は、舞台がインターネットに移ったからといって消えることのない、人間の根本的特徴である。インターネットが現実世界と違うのは、印象の手がかりの扱いに不慣れで、自身の自己呈示法に確信が持てないことである。たとえば、キーボードは人とのコミュニケーションの雰囲気を変えるようないたずらをすることがある。大文字キー《キャプスロック》は、使わないわりには、なぜか大きすぎる。もし何かの拍子で、このキーが押された状態で入力すると、同僚は、まるで私が「I AM SHOUTING AT THEM.」と怒鳴っているように思うかもしれない。コロンと右カッコの組み合わせ、つまり :) は打ちにくい場所にあるキーを使うが、このそっけない社会情緒的ツールでも、無機的メッセージに温かさや友好的雰囲気を加えてくれる。

スマートフォンの小さなタッチパネルは、人をまごつかせる新たなコミュニケーション・ツールを持ち込んだ。アップル社は、メール送信に際して「ｉＰｈｏｎｅから送信」という文言を末尾に加えるようにした。おそらく、うっかりミスや不躾な感じに対するお詫びのつもりなのだろう。自分のメッセージに企業の広告を付けたくないと思って、その方法を調べた。しかし私は、結局そのままにしておくことにした。不手際の証になってくれるからである。

インターネット上で、私たちは奇妙なツール類に悩まされながらも、なんとかそれらを使いこなしている。私たち人間は自分なりのやり方でこなし、かつ驚くほど適応性が高い。二〇年あまり経験してもなお、オンラインでの印象形成について、苦痛を味わい、ぶざまな目にあいつつも、そこから一定の教訓を得ていくのだろう。ゴッフマンの言う「相互行為の儀礼」がネット世界で確立し、印象形成が思い通りに進み、確実なものとなり、誤解も生じにくくなるに違いない。

冒頭でふれたオンラインの知り合いは、その後の二年間で数回、メールを送ってきた。そのどれも、第一印象を大きく変えるものではなかった。しかし、私は「根本的帰属エラー」を犯すようなことはしたくなかった。私たちは他人の失礼な振る舞いを、その人の基本的性質や粗野な性格に帰属させがちである。半面、私たちは自分が何か間違いを犯したときは、周囲の状況のせいにする。もし、私が大文字のオンライン・メッセージを書くとすれば、それはハードウェアメーカーがきわめてまずい場所に大文字キーを配置しているからである。しかし、見知らぬ人から大文字で届くと、その人を一方的に生意気な人であると断定する。

後日、ある学会で例のメールの送り主に偶然出会い、私の第一印象がいかに間違っていたかを知った。微笑を返したくなるような彼の笑顔は、最初に受けた冷たく傲慢なイメージを即座に覆した。なぜか私は驚かなかった。

第3章
インターネットの集団力学

人類は社会的動物であり、私たちは生涯を通じて、他者との親交や他者による支えを求める存在である。確かにアリストテレスは、それをしない人は野獣か、さもなければ神であると語った。しかし、人間集団は古くから存在しているのに対し、インターネットはそうではないにもかかわらず、集団力学に及ぼすネットの影響は多大である。この点をあえて指摘するのは陳腐に見えるかもしれない。しかしネットは、まったく新しい種類の集団を生み出しうる社会空間である。

私たちはSNS内に自分自身を中央に置く集団を作る。ツイッターで、私たちはフォローし、フォローされ、自在に出入りし、トレンディング・トピックをめぐって議論し、一四〇字以内の短かなコメントをつける。グーグル・ハングアウトを使えば、メンバーが画面に現れるカメラ映像を見ながら、スマートフォンでテキストメッセージを読みながら、マルチメディアによる即興ライブが楽しめる。

しかし、テキストメッセージや近況アップデートを交換できても、あるいは相手が動画カメラに写っても、同じ物理空間にいるわけではない。周りの風景も匂いも異なれば、周囲の音も出来事も異なる。オンライン環境は厳密には集団にどんな違いをもたらし、その違いは集団力学にどんな影響を与えるのだろう。

オフラインとオンラインにおける集団の出現

「集団」という言葉の定義は、「仮想」というあやふやな形容詞をはずしても難しい。ある簡潔な定義によれば、集団とは相互作用があり、相互に影響しあう二人以上の集合をさす。この定義は明確で、十分であるように思われる。だが、エレベーターや劇場、同じ地下鉄車両に居合わせた人たちは集団なのだろうか。相互作用と影響は、緊密な共同作業や社会集団では明らかに見られるけれども、少なくとも階のあいだで突然止まりもしない限り、エレベーターの乗客にはまずあてはまらない特徴である。そばにいる人同士の相互作用量は周囲の事情で大きく変動するし、少し環境が変わっただけでも、個人の集合が伝統的定義の「集団」に変わることもある。

加入のハードルを少し高くすると、そのメンバーが一体感を持つような集団になる。メンバーはコミットメントと忠誠を示し、集団活動に参加する。オフラインでは、集団帰属意識は人間行動に大きな影響力を発揮する。人は自分の集団に拍手喝采するだけでなく、その集団のために死んだり殺人を犯したりすることさえある。集団の要求が高度で、メンバーになることが難しく、集団に属することが高地位を約束するとき、結びつきは最も強まる。たとえば、ソロリティ〔女子学生の社交クラブ〕やフラタニティ〔男子学生の社交クラブ〕の加入に際して、しごかれることもあるが、それによってどちらのクラブもコミットメントの低い人を排除し、最後まで残りそうな人に対して、ときには認知的不協和を用いながら、集団への愛着を高める。もし、この困難でもやりがいのある過程を経験すれば、誰でも間違いなくその集団の一員になりたいと願うはずである。その結果、固い結束や集団成員の強い社会的アイデンティティ、そしてまとまりの強い集団が生まれる。

まとまりの強い集団はオンラインでも生まれるか

インターネットの草創期、懐疑論者はこうしたまとまりのある集団がコンピュータを介したコミュニケーション（CMC）環境で本当に生まれるのか疑問視していた。非常に多くのオンライン相互作用が通常の社会的手がかりを欠き、一過性であることから、満足のいく真の集団が成立する可能性はほとんどないと考える人もいた。

主にオフラインでの出会いをもとに集団が生まれるSNSはさておき、確かに仮想集団は驚くべき速さで現れては消えていく。たとえばヤフーグループの画面をスクロールすると、ある時期、かなりたくさんの参加者の心をとらえたように見える多くの集団が表示されるものの、それらは消滅している。鉄道模型愛好家のためのヤフーグループには二一九人が登録していて、利用記録を見ると、二〇〇〇年代前半、活発な会話が行われている。登録者はそのまま残っているが、長いあいだ誰の投稿もない。

もし、あなたがこのような化石グループの一つに投稿すると、登録していたことさえ忘れていたという返事があるかもしれない。何年も前からグループとしての活動はないままだったからだ。多くの場合、好奇心を持った人がたまに来て、あたりを見回し、何ごとも起きていないことを知ると去っていくだけである。放置されたグループの長いリストから浮かぶのは、カフェやクラブが軒を並べ、店の主人たちが肩を落としたまま、いつか賑わう日がくると素朴に信じている姿である。しかし、テーブルに客は一人もいない。

社会的アイデンティティと「集団性」

インターネット上の多くの集団は短命ではかないものの、そこには、集団としての非常に強いまとまり意識、つまり「集団性」が往々にして生じることが確認されている。ジョアン・コレンマンとナンシー・ワイアットは、オンライン集団にまとまりをもたらす背景要因の謎に迫ろうと、WMST-Lというメーリングリストの参加者の参加パターンと態度を調査した[★1]。このメーリングリストは学術的観点から女性研究に関心を持つ人たちの自由投稿で成り立つフォーラムである。教師、研究者、司書、プログラム管理者など、このトピックに関心を持つさまざまな人が参加している。ほとんどのディスカッション・フォーラムのように、限られた数名を中心に、熱い議論が交わされるものの、他の人は見る（ないし読む）だけで、コメントはめったに見られない。

参加者が回答した質問紙は、「集団性」の実感度を見るように設計されていた。このグループに対する満足内容や、有益なことを尋ねたところ、最も多かった回答は「情報」で、ついで多く見られた回答は「コミュニティ意識」と「個人経験の話しあい」である。実際のメッセージを分析したところ、このメーリングリストは、デリケートな問題に対する不一致や議論はよくあるものの、「フレーミング」〔攻撃的言辞〕やその他の敵対的投稿はほとんど見られなかった。明らかに、メンバーはこの環境に価値を認め、個人的問題を交わす場として受け入れていた。このことが、とらえどころのない「集団性」の実感となっている。

集団アイデンティティの形成を示すもう一つの例として、レディットに関する研究がある。レディットとは、「レディター」と呼ばれる参加者がニュース記事をアップロードし、その記事についてコメントを付けあえるソーシャルニュースサイトである。人々は場所や主題に応じて細分化されたトピック別の下位集団を作る。「なんでも私に聞いて」という名前の下位集団では、有名人との活発な議論がよくなされる。あのロビン・ウィリアムズが、仮想チャット・セッションで楽しいひとときを過ごしたようだ。以下は、九千件を超すコメントの簡単な見本である［★2］。

Kakoose「1から10の一〇段階で言うと、［ジャック］ニコルソンが近くにいたら、あなたはどのくらい恐怖感を覚えますか？」

RobbinWilliamsHere「恐怖感よりも好奇心だね。彼の発言は、仏陀にさえ「は？　それはどんな意味があるの？」と言わせるんだから」。

NoFap_Express「それはすごいね。あなたの個性がレディットでも伝わってくる」。

レディターは集団アイデンティティを共有することでコミュニティのように感じるのだろうか。「私はこのオンライングループに心のつながりを感じる」「私はこのオンライングループの平均的メンバーと共通点が多い」といった文章で尋ねたところ、多くの回答者があてはまると答えた。レディターのなかには、強い帰属意識と愛着を語り、レディット・コミュニティに強い結びつきを覚える人がいる[★3]。

現実世界の集団がとても多様であるように、仮想集団にも同じくたくさんのさまざまなタイプが存在する。フェイスブックや他のSNSの利用者はもともと知り合い同士で、ネットは連絡を取り合ったり、対面で会う前に意見交換したりするのに使われる。他方、面識はないものの関心を共有する人からなる仮想集団もある。時と場所が許せば、何人かは専門会議やパーティで顔を合わせるかもしれない。WMST-Lの登録者もそのような場でばったり会うかもしれない。当然ながら、オンライン人格から作り上げられた印象は、実際に会うことで、驚くほど一気に豊かさを増す。

これらと対極に位置する集団もある。集団発足時から直接会っていないメンバーから構成されるゼロ・ヒストリーの仮想集団である。彼らは現実生活で会うことを想定しない。このような集団に、なんらかの「集団性」が生じるとすれば、それはオンラインコミュニケーションの力学のせいである。

長年にわたる社会科学的研究によれば、二度と会いそうもない見知らない人であっても、そうした他者の存在自体が、よくも悪くも我々の行動形態に影響を与える。これらの影響が、現実世界で、またオンライン世界でどのように作用するのか、見ていこう。最初に取り上げるのは、同調に関するある有名な研究である。

同調

鬼才プロデューサーのアレン・ファントはかつて、どっきりカメラの一コーナーとして「後ろを向け」と題する番組を指揮した。そのなかで、彼は数名の協力者をエレベーターに配置した。彼らはみな、表情一つ変えないでドア側に背を向けている。そこへ何も知らないテレビ「スター」が乗ってくる。その彼の顔には困惑の表情が浮かぶ。同乗者は全員一致して、真剣な顔つきで押し黙っている。顔を向ける方向は厳密に決められていて、みなそれに従っているようである。スターも他の人と同じように向きを変え、同様に奥を向いた。ある合図をきっかけに協力者が左を向くと、スターもそれに従った。次の合図で協力者全員が帽子を脱いだ。するとまたスターもそれに従った。何も知らないどっきりカメラの被害者は、不安で落ち着かないように見えた。彼は列を乱すどころか、ためらいなく奇妙な集団の動きに同調した。

アッシュの実験

社会心理学者ソロモン・アッシュは同調傾向が実際どのくらい根深いのか疑問を持った。たとえば、人は集団圧力を受けたとき、それを無視するのだろうか。それとも感覚系から届いた情報を疑うのだろうか。彼はこの分野の先駆けとなる研究を行った。実験参加者は実験室に入ると、他の四人のグループと一緒になり、以下のような知覚判断を求められた。実験参加者は毎回、左側に一本の垂直線が、右側にAからCの記号付きで書かれた三本の垂直線のある図版を見せられ、一人ずつ、左側の線分に最も近い長さの線分を右側から選ぶように言われた。

正解は一目瞭然だった。しかし同席した他の四人はそうではなかった。彼らは実験協力者で、ときどき間違った答えを言うようにあらかじめ指示されていた。真の実験参加者はどっきりカメラのスター同様、困惑状況に直面する。実験参加者の男性が答えるのはいつも最後であり、前の四人が次々と誤った解答をするのを耳にする。彼は、たとえ他のみんなと違っても迷いながら自分自身の感覚に忠実に答えるだろうか。アッシュ自身も驚いたように、真の参加者は三回に一回以上、実験協力者に同調した[★4]。

この実験の注目すべき点は、他の参加者と異なる解答をしても、罰も深刻な結果もまったくなかったことである。同調への圧力は彼の内部からのみ生じ、エレベーター内での同調にもまして驚くべき結果だった。真の実験参加者は他の人の判断に従うために、自らの感覚経験を否定しなければならなかったからである。微妙な集団圧力から、自分の目を疑い始めた人もいたかもしれない。他方、個人的には自分の感覚を確信しつつも、集団から非難される可能性を回避して、同調の道を選んだ人もいたことだろう。

オンライン集団への同調

この実験から三〇年あまりして、アッシュの実験をコンピュータとオンライン環境で追試した研究者たちがいる[★5]。実験参加者は五人ずつのグループにされ、各自、マイクロコンピュータの前に座る。コンピュータは、他の参加者の画面が見られないように配置され、彼らがどう答えたかはわからないようになっていた。コンピュータモニターが邪魔して、参加者は互いに相手のようすもわからない。

参加者がいったん座ると、実験者が各コンピュータのあいだを一回りし、その際、参加者は各自のコンピュータは一つのネットワークに接続されていて、実験中は他の人の判断結果が見られるようになっていると説明を受ける。

このネットワークは見せかけで、実際には接続されていない。線分判断課題に関する追加説明のあと、各参加者は任意の三桁の数字を入力した。この数字で解答順序を「ランダムに指定する」と説明を受ける。これも見せかけだけで、実際に入力した数字と関係なく、どの参加者も解答順序は五番目、つまり最後に割り振られる。自分より前の「参加者」四人が、明らかに誤った同じ解答をしているようすが画面に表示されているとしよう。次はあなたの番である。モニター画面で他の人が実際にどう考えたかを知り、ビックリするに違いない。アッシュの対面実験では、まったく間違わなかった人、つまり集団への同調を拒否した人は全参加者のわずか二四％だった。しかし、このオンライン実験では同調拒否者は六九％にのぼった。ＣＭＣ環境では同調傾向は低下した。

なぜ人は同調するのか

人はさまざまな理由から集団への同調を選ぶ。とにかく他の集団成員から拒否されないように、あるいは彼らから賞賛を得ようとして、そうするのかもしれない。このような同調は遵守と呼ばれる。信念や態度のいかなる根本的変化も起きないからである。アッシュの研究成果はオンラインとオフラインの両方で発展し、それらの研究によれば、みんなの前で解答を言う（あるいはタイプする）のではなく、個人的に解答するようにすると、同調はほとんど見られない。

同調するもう一つの理由は、特に状況が曖昧でわかりにくいとき、自分たちの行動の指針になりそうな情報を持つ他者に頼ることによる。『クイズ$ミリオネア』というクイズ番組で、出場者は、正解に自信がないとき、スタジオのオーディエンスに助けを求めることができ、彼らの選択結果がグラフで示される。出場者はたいてい多数派に従う。

このようなオーディエンス発の情報はオンラインコミュニティでの行動にどう影響を及ぼすのだろうか。スウェーデンのディスカッショングループの研究で、対象者は「アルフレッド・ノーベルが発明したものは？」「エベレストの標高は？」といった選択式の問題に解答した。対象者の半数は、問題に対するディスカッショングループ・メンバーの解答グラフを見られた。しかし、いくつかの解答グラフは捏造されていた。研究者は、オンラインコミュニティの多数派が誤った選択肢を選んでいるかのように見せかけたのである［★6］。

捏造グラフを見た対象者は、自分の確信内容が集団意見と一致するとき、同調する傾向にあった。これはとりわけ難しい設問で顕著だった。『クイズ$ミリオネア』の出場者のように、対象者は、正解を群衆の輝いて見える英知に託す。

集団と一体化し、そのメンバーと同じでありたいという願望も、同調をもたらす。先に見たように、人は実際、オンライングループに自分を重ね合わせ、その社会的アイデンティティで自分の価値を認める。捏造グラフを使った研究において、このような同一化はオンラインコミュニティ・メンバーの多数派に従う傾向にも働いていた。

まとまりの強い集団は集団規範を作り出し、オンラインではいくらか違うやり方で、この過程が展開する。

集団規範

集団の円滑な機能に規範は欠かせない。「すべての会議を時間どおりに始めよう」という明白な規範もあれば、隠れた規範もある。それはメンバーの誰かが違反するまで顕在化しない。人は自分たちにまったく必要がなくても規範を作り出すように見える。一九三〇年代、ムザファー・シェリフは実験室で、集団規範の形成過程が見られないだろうかと考え、そのようすが見られる研究を行った[★7]。

シェリフの実験

実験参加者は、暗い部屋に入り、腰を下ろすと、少し離れた先に小さな光点を目にする。それをじっと見ているとすぐに、その光点は不規則に動き始め、やがて消える。そのあと、「光点はどのくらい動きましたか」と実験者から尋ねられる。実験参加者はそれを知りようがないにもかかわらず、たとえば「一二インチぐらいだと思う」と推測で答える。

次の日から三日間、実験室にやって来た実験参加者は、前日と異なり、二人の人と一緒に光点を見せられる。一人が四インチぐらい動いたと報告したとしよう。すると、前日一二インチ動いたと推測した実験参加者は、少し小さめに、たとえば六インチぐらいと報告するかもしれない。三番目の人の報告も同様で、二人の推定値にいっそう近づき、一つの値に向かって収束する。三日目までに、三人の推定値は一致する。
移動距離に「正しい」値はないため、収束値は集団によって異なるものの、集団規範が形成されたのは明らかである。実は光点はまったく動いていない。シェリフは、こうした目の錯覚、つまり自動運動効果を巧みに利用した。これは、真っ暗で判断の手がかりのない部屋で光点を見ると、静止しているにもかかわらず、それが動いて見える現象である。特に一致への圧力がなくても、集団規範への収束動因は強い。

オンライン規範

オンライン上でも規範は形成されるが、その構築に用いられる手がかりは異なる。メールに関する規範は、その一例である。

言語学から見ると、メールの大半は紙のメモと電話の中間のどこかに位置する。しかしメールには、まったく異なるものになる可能性もあった。私たちは、ビジネスレターや手紙の多く、さらにはファックスにも受け入られた、日付や挨拶、結びの言葉の配置に関する指針とともに、よりフォーマルな様式を発展させてきたと言える。しかし、メールはもとをたどれば教員や研究者のコミュニティで、インフォーマルなメディアとして自由闊達に使われていた。メッセージの高速伝送はメールの気楽さを高め、それはさらに社会情緒的内容、多数の省略表現や簡略表記という便法の出現へとつながった。ＩＭＨＯ〔In my humble opinion＝私見では〕や、ＢＴＷ〔By the way＝ところで〕、ｐｐｌ〔People＝みんな〕、ｔｈｘ〔Thanks〕はすべてメール独特の表記で、広く使われ、理解もされているが、紙のメモや手紙ではほとんど見られない。添付ファイルがフォーマルレターでも、メール本文はインフォーマルなスタイルになる傾向がある。メールでの慣習がいかに根強いかの証と言える。

大学生のメール利用に関する初期の研究によれば、彼らのメールスタイルはトピックに関係なく、あるパターンにそろい始めていたという［★8］。メールをこれまで使った経験のない学生でもやりとりを通じてすぐにメールの規範を身につけ、会話のようなやりとりへと移行していた。つづりミス、句読点のミスと逸脱、文法を無視した文章がまるごと受け入れられ、しかも好まれていた。下ネタや冗談、駄洒落、皮肉はすべて当たり前で、よりフォーマルなスタイルを選ぶ学生はそれだけで同調していないように見られた。

ツイッターのようなテキストメッセージ環境の規範は発展し続けている。たとえば、二〇〇九年から一二年までの二億二九〇〇万件のツイートを分析した研究で、いくつかの興味深い変化が見出された。その期間、ツイートに簡潔な表現が使われ始め、その使用単語も短縮されていった[★9]。一つの可能性は効率性の重視であり、数多くの略語が広く知られている（表3・1）。ツイートは、少なくとも本来の内容と同程度のことを伝えるのに、少ないキー入力で済む。スマートフォンでの文字入力の手間も、効率規範と関係がありそうだ。ツイートでは、長文のブログ投稿や画像、動画、その他の素材をそのまま含めないで、しばしば短縮されたURLが使われる。それらの素材はツイートにはなじまないし、詳しく知りたければ、その短縮URLをクリックすればよい。

表3.1　ツイッターにおける簡略表現の例

略語	本来の表現
b4	before
cld	could
idk	I don’t know
kk	kewl kewl (cool cool)
ab / abt	about
prt	please retweet
wtv	whatever

ツイッターは世界規模のネットワークであるが、ツイッター上のグループが異なると規範も異なる[★10]。それは驚くべきことではなく、たとえば青年のツイートは、記者のツイートとも企業の広報担当者のツイートとも異なる。社会集団が異なれば、ツイッターやハッシュタグの使い方も同様に異なる。そこでは集団アイデンティティや集団凝集性に影響を及ぼす集団規範が作られている。

オンライン規範はどこで生まれるのか

シェリフの実験で見られた規範とよく似た規範は、オンラインでしばしば見られる。人は互いに関心を持ち、一つの行動パターンに収束するからである。たとえば、学生たちのメール規範は、こうした方法で生まれたように思われる。しかし多くの場合、人間は対面場面で使われているものに近い規範を気軽に持ち込み、オンラインでも十全に機能するように、それらの転換を試みる。

たとえば、ジャーナリストは新しい技術を利用するとき、通常、印刷メディアや放送メディアにおけるジャーナリズム規範をそのまま持ち込もうとする。ブログを始めたジャーナリストに関する研究は、以下のことを見出した。彼らは、たとえブログがはるかに多くの定期購読者をかかえる新聞と大きく異なるメディアであっても、人々が注目すべき重要なニュースを選別する公平な門番としての役割に忠実であろうと考える[★11]。しかしながら、記者の四分の一はこうした公平規範からはずれ、一定読者をかかえる自分のブログで個人的意見を表明する。

ツイッターは、ジャーナリストにとって主要なソーシャルメディア・プラットフォームである。ニュース速報や、クラウドソーシングによる情報収集と事実確認にうってつけとされるからである。この点で、彼らは客観性や見張り番という従来の規範を持ち込もうとする。しかし、ブログ環境と同様、ジャーナリストによっては、そうすべきではないにもかかわらず、ツイッターで論説したくなるようである。ある記者はこう語った。

私たちは自分のツイートでしばしば論説する記者の例を知っている。それは報道ではご法度だろう。彼はなんらかの追加研修を終えるまでツイートを止めるよう言われた。……[★12]

現実世界からオンライン文脈への規範移行のようすを示す別の例がある。それは個人空間、および対人距離の管理過程に関する研究によるものである。見知らぬ人との対面場面では、アメリカ人は四フィート〔一・二メートル〕前後の距離を好む。アラブ人やフランス人は、北欧やイギリス人にくらべ対人距離が小さい。性差も見られ、男性は相手との距離を長めにとり、特に同性同士で顕著である。女性は同性との相互作用距離を短めにとる傾向がある。

心理学の多くの有名な研究では、混みあった状況で通常の距離を保てないとき、人は心理的距離を大きくしようと努力する。たとえばアイコンタクトを減らすために、近くの人から視線をそらしつつ、巧みに注視する。混雑したエレベーターであれば、人はドアの上部にある階数表示をじっと見つめ、スマートフォンに視線を落とす。

個人空間は多くのオンライン環境でほとんど意味をなさない。しかしセカンドライフのような三次元仮想世界ではおおいに意味を持つ。コミュニティメンバーは地区のあちこちを歩き、アバターを操作し、キーボードを介して、自分の位置や視線方向を調整できる。人は、対面場面における個人空間の規範をセカンドライフに持ち込むのだろうか。さまざまな地区で相互作用しているアバターの位置情報を七週間にわたって収集した研究がある。相互作用場面の画面が撮られ、そこからアバターのジェンダーとチャット会話の有無が調べられた[★13]。

相互作用場面で、男性同士の個人距離は対面場面とまったく同様に、女性アバター同士の個人距離よりも大きかった。接近するアバター同士は、互いに顔をそらすような角度で立ち、アイコンタクトを避けるような傾向も見られた。しかしながら会話しているあいだ、二人は「アイコンタクト」をよくしているように見えた。オンライン上で見られる、対面場面における距離規範への同調は特に興味深い。セカンドライフでは視線をそらしたくとも自分の頭を動かせないからである。自分のアバターの向きを変えるためには、キーボードやマウス、タッチパッドを使うしかない。

明らかに規範は、こうしたオンライン集団でも見られるものの、気まぐれな個人に同調を強いる集団圧力は弱い。集団はオンライン環境で規範への同調を促す方法を探し出し、必要に応じて圧力をかける。

入り口の注意書き

ミシュランの星が付いた上品なフランス料理店を初めて訪れた人はたいてい店内を見回し、他の客の振る舞いを観察し、そこにふさわしい行動パターンを探る。彼らは、場慣れた常連客がフォークを使い分けるようす、ウェイターへの話し方やワイングラスの持ち方を注意深く見る。あのメール経験に乏しい学生たちはさまざまな方法で規範を知った。つまり、彼らはシェリフの実験で他者の推定値を聞きながら答えたように、他者の振る舞いを見るためにあたりを見回したのである。しかしオンライン集団はしばしば入り口に注意書きをかかげることであらかじめ釘を刺す。

たとえばＷＭＳＴ-Ｌという女性研究のメーリングリストの注意書きには、守るべき行動が明確に記されている。以下はその数項目である。

■添付ファイルは絶対に流さないでください
■ウイルスに関する警告はいっさい流さないでください
■冗談は書かないでください
■嘆願は流さないでください
■投稿に際しては、必ず名前とメールアドレスを最後に添えてください

ネチケットを説く手引きも広く行き渡っていて、それはインターネットの発展とともに発展し続ける。オンライン界のミス・マナーとも称されるバージニア・シャーが一九九四年に出版した本は、その初期の例である［★14］。彼女は、私たちが現実生活でしていることと同じ行動基準で振る舞うよう呼びかける。だが、それは時によって、言うは易く行うは難し、である。オンライン上で集団を支援するピンタレストやツイッターのような

企業は、たいてい一般利用者向け使用許諾契約やサービス利用規約という形で入り口に注意書きをかかげる。これらは、コミュニティ規範を知らせるためではなく、企業と利用者間の法的関係を明確にするためであり、中身は何千語にも及ぶ。たとえばフェイスブックは、同社は利用者に対して、公序良俗に反する内容を削除し、アカウントの停止や解約もありうると警告する。仮想世界のセカンドライフの企業所有者であるリンデン・ラボは、停止や除名につながる「ビッグ・シックス」行動を説明したうえで新規登録者を迎え入れる。指定されている禁止行動は、偏狭なスピーチや嫌がらせのように多くのオンライン環境に共通するものである。そこにはさらに、以下のような見えにくい禁止行為も含まれる。暴行（誰か他の人のアバターを押したり突いたりすること）や、漏洩（仲間の住人に関する個人情報、ジェンダーや信仰、年齢、婚姻状態、人種、性的指向、別のアカウント名、住所を無断で公開すること）といったことがらである。

「駐車禁止」「禁煙」「裸足や裸で歩かない」といった、ごく一般的な警告は別として、現実生活場面で当然守るべき行動を遠慮なく書き連ねた注意書きはほとんどない。教室に入るとき、次のような細かな注意書きを見たらどう思うだろう。

■唾を吐くな、喧嘩をするな
■他の人の机に座るな
■授業中は教室を歩き回るな
■他の生徒に暴力をふるうな

私たちは集団場面で守るべき社会慣習を理解している。その理解能力を侮っているようにしか見えない注意書きを現実生活で見かけると、記憶に残りやすい。テキサスの片田舎の居酒屋に、客の守るべき行動が目立つ場所に貼られていた。二つ例を挙げよう。「唾を吐くな」「喧嘩無用」。戻ってきた夫の話で知った男性トイレの掲示である。彼によれば、居酒屋の主人はユーモア感覚があり、少々いきすぎと感じていることをうかがわせる紙も貼られていたそうだ。その貼り紙には「男性たちへ。便器用石鹸は食べないように」と書かれていた。

対面状況での行動規則は、会議室からビーチまで、一般に明文化されていない。しかし人々のあいだでは浸透している。私たちが自分の文化内で経験する人生は、我々一人ひとりがさまざまな規則を学ぶためのたっぷりとした時間でもある。他者がその場にいれば、従来の規則が少し変更になった場合や、ふだんと違う状況にいる場合でも、他者に同調でき、なんとかしのげる。人は進んで他者の行動を観察し、海老を食べるのにどのフォークを使えばいいのか、エレベーターでは後ろ向きでいるのが社会慣習であることがわかれば、それに従う。

しかしながら、インターネットはさまざまな文化を持つ人からなる地球規模の環境であり、社会規則を伝える手段は限られる。ものごとをうまく進めるために強硬手段を要する場合もあり、入り口の上の大きな注意書きはその一例である。この他には、言葉による叱責がある。

規範違反の扱い――つり上がった眉、削除、ツイッター裁判

集団参加者が掲示を読み忘れ、規則を無視すると、集団成員は仮想の眉をつり上げ、違反者に穏やかに（あるいは激しく）、その不適切な行動を指摘して、圧力を強める。多くの場合、眉をつり上げるだけで、人はまとまりの強い集団に同調を示す。

同調を促す叱責に関する初期の研究で、研究者はユーズネットのディスカッショングループを扱った［★15］。三〇〇件の叱責事例をもとに、研究者たちは、集団成員から抗議があり、違反者の叱責に至った行為を分類した。そのリストの上位には、攻撃的言辞や嫌がらせ、猥褻発言が挙がった。それ以外はオンライン場面特有のものだった。その一つは、たとえば番組の詳細な結末が含まれているメッセージに欠かせない「ネタバレ注意」の

入力し忘れである。署名が長すぎる人、無断でメッセージを転送したメンバーはすべて叱責されていた。叱責には、やんわりと誤りを指摘するだけの行為から違反者本人への激しい攻撃までいろいろある。違反行為と判断されると、事由のいかんにかかわらず遠慮なく指摘する集団もある。最終的に、叱責事例は全投稿の一五%にのぼった。明らかにオンライン集団では間違いが多数発生し、それを熱心に指摘する人も大勢いる。

フェイスブック利用者の研究によると、多くの規範が暗黙に理解され、新たな規範も広く共有されている。たとえば、頻繁な近況アップデートは好ましくなく、極端に感情的で否定的な投稿は避けるべきだとの規範が合意されている。フェイスブックなどのSNSにおいて、利用者は異なる叱責方法が使える。一つは規範違反者のフォローを解除し、彼らの投稿がニュースフィードに表示されないようにすることである。しかし、こうした「叱責」は当の違反者には気付かれないままだろう。ただし彼らが何か変だなと気付く可能性はある。極端な場合、利用者は違反者を友達リストから削除できる。ある回答者は、被害をもたらした違反者にどう対処したかを語った。

ある男がふざけて私のウォールに投稿した。彼は何か冗談を言おうとしているようだった。しかし、そのなかで彼は完全に私を人種差別主義者呼ばわりし……、その投稿を削除し、彼も削除した。［★16］

オンライン集団が誰かの振る舞いを極端にひどいと判断すると、その集団は非情な報復を行うこともある。あるメディア企業の広報担当重役はこの教訓を身を以て学んだ。南アフリカでの休暇についてツイートするまで、彼女のフォロワーは五百人に満たなかった。ロンドンからヨハネスブルク行きの便に乗る直前、重役は移動中であるとその場でフォロワーに知らせた。

アフリカに行ってきます。エイズに感染しないといいのですが。ほんの冗談です。私は白人ですよ。［★17］

一二時間の飛行中、重役はインターネットにアクセスしなかったが、その間に彼女のコメントは世界中をかけめぐるツイートとなった。ツイッター利用者がそれを取り上げて、人種差別主義者としてばっさり切り捨てたのである。着陸すると、彼女は激怒の嵐を目にし、フォロワーが何千にも増えたことを知った。彼らはより不利な証拠を引き出そうと、彼女のこれまでのソーシャルメディアへの投稿をまとめていた。彼女はひたすら謝った。しかし、そのツイートを人種差別主義者の発言としてではなく異なる解釈をした人たちがいた。ある人はこう言った。「彼女は、エイズを自分とは無縁のことと退けていたのではなく、この問題に関心のなさそうな白人を嘲笑していたのではと思います」［★18］。しかし彼女はそれにもかかわらず、いわばツイッター裁判の結果として辞職した。彼女は賢明にも自分のツイッターアカウントを削除した。

リヴァイアサンを求めて

社会慣習に従うことと、我々の自由を妨げる法を守ることとは、哲学的見地からすると、自分たちの存在を守るための行為である。安穏かつ公平に同じ人間としてやっていきながら、予測可能で安全な世界で暮らすためであれば、私たちは現世の権威に一定の自由を差し出す。トマス・ホッブズはリヴァイアサンという概念を提唱し、それを「あの不死の神のもとで、我々に平和と防衛をもたらす現世の神」と定義した。簡潔に言えば、リヴァイアサンとは統治の仕組みであり、それは争いの公正な解決を期待して私たちが権力を委ねる先である。リヴァイアサンは部族メンバーの生殺与奪権を握る大首領とも言える。その特別な現世の神はインターネット上では見えにくい。サイバースペースになんらかのリヴァイアサンが本当に存在しうるのか訝しく思う人がいるかもしれない。ネットは無秩序で中核が存在しないからだ。しかし半ば神のような存在は確かにいる。

たとえば、フェイスブックにアカウントを持つ人は、投稿を削除し違反者を友達リストから削除できる現世の神である。しかし、あなたの権力はその範囲でしかない。あなたは、他の誰か*が*そのアカウントで投稿や写真を罵倒しても、それらがフェイスブックの利用規約に反しない限り、それらに対応してもらえない。ある記事がフェイスブック・コミュニティの基準に違反すれば、同社はリヴァイアサンの任に就く。ヘイトスピーチや暴力の脅威、きわどいコンテンツ、いじめ、嫌がらせ、著作権侵害、これらが発覚すると、フェイスブックなどのサービスはこれらを削除し、そのアカウントまで削除する。

無料サービスのアカウント所有者は、提供企業から不当に扱われていると思っても、頼れるものはないに等しい。あるユーチューブ利用者が、趣味旅行に関する自分のチャンネルが、警告も説明もないまま削除されたとして、すべての自作ビデオと利用者コメントを添えて強く訴え出た。ユーチューブからの自動送信メールはなんの足しにもならなかった。


メールありがとうございます。あなたのアカウントは当社のコミュニティ指針に違反していることが判明しました。あなたのアカウントはその時点で削除されています。あなたは他のいかなるユーチューブ・アカウントでも、接続、所有、登録は認められません。

ユーチューブのスタッフは一日二四時間、週七日、通知のあった動画が私たちのコミュニティ指針に違反していないか、検討しています。注意すべきアカウントや動画があれば、私たちは調査し、必要に応じて措置を講じます。

私たちは、あなたのアカウント停止や動画の撤去について詳しい具体的内容を提供することはできません。

［★19］

議論の余地はありうるが、最も力のある半ば神のような存在とは高速接続サービスを提供するインターネット接続事業者（ＩＳＰ）である。とりわけそれが地域のたった一つの事業者であれば、言うまでもない。「ＰＣマガジン」の記者であるビル・マクローンは、自身がネットの罵倒戦に巻き込まれたときのようすを語っている。それによれば、対戦相手は結局、ＩＳＰに訴えた。その事業者は訴えた側、訴えられた側の双方に事情聴取することなく、記者のアカウントをあっさりと削除してしまった。突然の削除で彼は高速回線を失い、別の事業者が同地区でサービスを始めるまで待たなければならなかった[★20]。

最近になって、オンライン上の人間行動に最も大きな影響力を及ぼす可能性のある新たなリヴァイアサンが姿を現した。私たちのオンラインでの発信行動は取るに足らないものではない。たとえ、そういうふうに感じられたとしても、企業や政府、その他の権力機構は、人間行動を収集、分析し、リヴァイアサンと化す。数秒で消滅することになっているスナップチャット・ビデオも、相手がそうしようと思えば簡単に保存できる。合衆国議会図書館はツイッターの全投稿をアーカイブしていて、初期のユーズネット・グループのアーカイブも容易に見られる。オンラインでの振る舞いは色あせることなく残り、それらが数年してあっという間に広まる可能性さえあると知れば、それは誰も知りたくない深刻な事実、巨大なリヴァイアサンの浮上を意味する。

集団極化

ネットの外で、人は意外と簡単に内集団と外集団に分けがちである。英国の心理学者、ヘンリー・タジフェルは**最小条件集団**という有名な研究で、それがいかに容易かを具体的に示した。その研究で、人々はたとえばコイン投げでランダムに帽子の色を決められ、そのきわめて些細な特徴を基準に、ある集団に入れられる。タジフェルたちは、帽子の色という意味のないレッテルを共有するだけにもかかわらず、その集団成員に強い内集団バイアスが見られることを発見した。実験参加者たちは外集団成員とくらべ内集団成員のほうが自分たちに似ているばかりか、人柄は快活で概して有能な人が多いと評定した。彼らは報酬分配時も内集団をえこひいきした［★21］。実験室の外、つまり日常場面で人は、アイデンティティを感じる集団に参加し、そのぶんえこひいきも強い。また集団内部では、メンバーの先有傾向が集団成員間の相互作用によって強化される、いわゆる**極化**現象も見られる。多くの人が論じるように、実際インターネットは極化の場を増やしている。異なる見方に接する機会よりも同じ考えを持つ人の意見を見つけ出し、見るべきものを拾いあげ、選ぶ機会がますます増えているからである。社会心理学のある有名な研究が集団のこうした極端な方向に向かわずにはいられない傾向を明らかにしているので、それから見ていこう。

「リスキーシフト」

多くの人は、個人よりも集団のほうが思考や意思決定において保守的で慎重になりやすいと直感的に考える。そう考えれば、解決すべき重要課題や判断の難しい問題に直面したとき、委員会（陪審員団や役員会、対策本部）を設置するのは理にかなっている。民主主義社会は独裁者を排除し、バランスを保証し、個人の極端主義の芽を摘もうとして当然のように集団を構成する。しかし、集団力学の初期の研究は意外なことを発見した。研究者は、ある架空の人物が決定を迫られているジレンマ状況を設定し、それを実験参加者に読んでもらい、どの道を選ぶべきか助言するよう求めた。それぞれの選択肢には一定のリスクが伴う。あるジレンマ状況では、より高尚な文学をめざすウエスタン小説作家が登場する。

ヘレンは創造性の豊かな作家と言われるが、これまで大衆ウエスタン小説を書いて気楽な生活を送ってきた。彼女は近ごろ、ヒット作になるかもしれない小説のアイデアを思いついた。もし、その小説が書き上がり、売れれば、それは文学界に大きな衝撃をもたらし、彼女のキャリアを後押しする可能性がある。他方、もし彼女がそのアイデアを練り上げられず、その小説が大失敗に終われば、彼女は報酬もなく、かなりの時間とエネルギーを費やしただけになる。［★22］

実験参加者は、どの程度のリスクをヘレンが負うべきか選択するよう指示される。つまり彼らは小説の成功確率がどのくらいであれば、彼女はアイデアを小説にすべきか、問われる。各集団成員はまず個人としての考えを述べ、その後、集団で話しあって、ヘレンへの助言として見解をまとめる。誰もが驚いたことに、集団での決定は実際、個々人が考えていた成功確率の平均よりも低かった。つまり話しあうことで、集団の結論はより危険度の高いものになり、個々人の回答も同じ方向に変わった。こうした集団力学の興味深い現象は**リスキーシフト**として知られることとなった。

直感に反するこのような発見ほど心理学者の関心を集めるものはなく、その後、数百もの研究がなされた。リスキーシフトの基盤と複雑さを突き止めることはとても大事である。人はとりわけ重要な決定ほど集団に委ねがちだからである。みんなで集まり話しあうことで極端な傾向が弱まるどころか、むしろ強まるという発見は人を不安にさせた。

この現象は当初「リスキーシフト」と呼ばれていたが、それは討議課題がリスク負担を含んでいたからである。その後の研究で、集団討議が必ずしもリスクの高い決定をもたらすわけではないことが判明した。そうではなく、問題について議論することは、個々の集団成員がもともと持っていた傾向をいっそうその方向に強め、それが極端化する。もし、その人たちがある種のジレンマ状況で慎重な方向に傾いているのであれば、集団での討議結果はさらにいっそう慎重なものになるだろう。また、特定意見に賛同する個人が集まってそれについて話しあうと、その集団はさらにいっそう賛同の程度を強める。

マリファナ解禁に対する態度を扱った研究では、話しあいで、態度が中庸から遠ざかるような動きが見られた。まず実験参加者は、1（まったく反対）から9（まったく賛成）の九段階尺度で自分の意見を表明した。そのあと、三人ずつの集団に分かれ、集団で一致するまで討論した。解禁容認派の集団見解はいっそう容認する方向に傾き、否定派集団はいっそう否定的な見解に達した。興味深いことに、ある集団に、話しあう前から極端な意見の人がいても、そのこと自体は大したことがらではない。その人たちがたくさん発言し、激しい論争をしたにもかかわらず、極化への影響は見られなかった[★23]。

集団成員がなぜ態度尺度のどちらか一方の端に傾くのか、その理由を答えるのは難しい。確かに、討論は集団成員になんらかの情報をもたらすだろう。それは個々人では考えつかなかったことかもしれない。実際、集団のほうが個人よりも良い決定をすると多くの人に信じられている理由もここにある。そうは言うものの、集団成員が最初から一方の側に傾いていると、彼らの同調傾向は、メンバーがコメントを加えるたびに、互いにその方向へどんどん強まる。一人が「そうだね、ヘレンが失うものは何もない」と言えば、次の人は「彼女はどっちみち大衆的なウエスタン小説作家としての自分に誇りが持てないんだ」と付け加えるかもしれない。どの議論も「成功に向けて全力を尽くすこと」を良しとする方向に個々人を向かわせ、最終的に集団は極端な方向に向かう。

集団の決定が個々人の決定よりも極端になるもう一つの要因は社会的比較である。他人が何を考えているかわからないと、人は自分の意見を比較できないし、集団規範に同調しようがない。ヘレンのジレンマについて、他の人は保守的に考えていると見なして、あなたはその集団内で冒険的で向こう見ずな道を選ぶかもしれない。他の人が概ね自分に賛同しているとわかれば、単なる同調にとどまろうとせず、当初の考えに反しないぎりぎりの線まで進み、その集団の冒険者となる。他のメンバーも同じような行動をとり、集団は行き着くところまで行き、あとに引けなくなる。

オンライン上の集団極化

社会心理学の研究によれば、集団極化現象の原因として、インターネット上でしばしば見られる極端主義や、中庸意見の決定的不在が挙げられる。一人ひとりはある問題についてもともと中庸な見方に立っている。しかし集団場面で、それについて似た考えの人と話したあとでは、中間からその方向にさらに動く可能性がある。しかも会話は人々がオンラインでしていることに他ならない。対面場面における集団極化を扱った研究は、インターネット上は極化を促す要因であふれていることをうかがわせる。それゆえ、なぜネット上に中庸な発言が少ないのか、その理由を理解するのはそう難しいことではないかもしれない。

ラッセル・スピアーズたちは、インターネットのようなコミュニケーション状況、とりわけ集団成員自身が自分たちの関係を強く意識している場合、集団極化が強まりやすいことを実証した[★24]。研究者たちは対象者に質問紙を発送し、あらかじめ四つの争点に関する現在の立場を確認した。それらは「右から左」という政治的ニュアンスを測るものだった。たとえば、ある項目は「国営産業は売却すべきだ」という文章への賛否を求めた。研究者たちは、学生はこのような争点に対して左寄りの考えを持っていると予測していたが、実際そうだった。さまざまなタイプの集団討議を経て、実験参加者の立場はいっそう極端になるかどうかが調べられた。

三人からなる参加者集団は実験室に入ると、簡易CMCシステムの基本操作を教わった。彼らは、これを用いて、ある争点について順番に発言する。集団の半数は、同じ部屋で討議し、コンピュータ経由の会話とはいえ、互いの顔が見えていた。しかし残り半数の参加者は顔を合わせないまま、別々の小部屋に入った。この環境はインターネット環境とよく似ている。つまり別々の場所にいて、匿名性が高い。

個々人の集団性意識が行動に及ぼす影響を調べるため、研究者たちは一工夫加えた。同じ部屋で一緒に議論する集団と別々の部屋に入って議論する集団それぞれの半数に以下のような重要な説明を与え、他の集団成員に親近感をいだかせ、集団の一員であることを意識するようにした。この条件において、研究者たちは実験の説明に際し、言葉を選びながら集団アイデンティティを高めた。彼らは全員、心理学専攻の一年生で、集団成員として、つまり一個人としてではなく参加してもらうと聞かされた。反対に、もう一つの集団は一個人として振る舞うよう促され、集団アイデンティティは強調されなかった。コンピュータ経由の議論が終わってから、すべての参加者は質問紙に回答し、そのなかで争点について、他のメンバーがどのように考えているかを予測した。

研究結果は興味深いものだった。なぜならば、匿名の有無と集団アイデンティティの有無とのあいだで交互作用が見られたからである。三人別々の部屋に入れられ、かつ集団の一員であることを意識させられた参加者で、極化が顕著に上昇した。別々の部屋にいて、個人性を意識させられた参加者の極化は大きく低下した。それどころか、互いに顔が見えなかった彼らは集団規範から離れて、反対方向にシフトした。

このような研究結果を説明する枠組みの手助けとして、スピアーズたちは、第1章でふれた没個性化効果の社会的アイデンティティモデル、いわゆる**SIDEモデル**を提唱した。この場合、もっともらしい仮説は、集団成員が集団アイデンティティをなんらかの形で意識すると、インターネットのようなコミュニケーション場面では集団極化への強い傾向を生み出す可能性が高まるというものである。集団極化は、とどのつまり、集団にいることの影響や同調傾向、自分の考えを周囲の人と比較することに依存する。しかし、まとまりの強い集団の一員であると感じられない人にとって、インターネット固有の孤立や没個性化、物理的距離が、集団の見解を無視させ、自分独自の判断を下すように働く。彼らは、ゆるやかな集団に所属し、明確な見解を持つメンバーにくらべると、安易にこうした行動をとる。彼らは、この研究でそうしたように、自らの個別性を示すために他者の見解に反発するという若干の心理的リアクタンスを示したのかもしれない。

共鳴室

オンライン環境はただでさえ集団極化を生み出しやすいのかもしれない。いかに奇妙であろうと、あらゆる争点に関して自分と同じ傾向の人が容易に見つかるからである。本章で述べたさまざまな研究の参加者と違い、私たちはランダムにある集団に入れられることも、特定の課題を与えられることもない。私たちは自ら所属集団を選び、自らの価値観を確実に強めてくれそうな気の合う人を見つけ、少しでも、それを補強することができる。インターネットでは自分にふさわしい集団を見つけられ、その選択肢はほぼ無限大である。

実はエルヴィス・プレスリー〔一九七七年没〕は生きているが、政府の陰謀でもみ消されているという、いわゆるプレスリーの都市伝説をなんとなく信じている人はあなたの近辺にいないかもしれない。ネットでは、世の中であまり知られていない争点や社会的に認められないこと、奇妙なことがらであっても、あなたと同じ考え方の人がキーボードのすぐ向こう側にいる。オンライン・グループディスカッションに参加し、世界中の似た少数の相手と議論すると、それは歪んだ内容になりやすく、集団極化の影響を受け、いっそう過激な方向に向かうだろう。地球上のあちらこちらにいる同じ考え方のごく一部の人とやりとりすると、社会的比較の枠組みはかなり歪むに違いない。自分と同程度の考えの人だけでなく、突出した態度の人にも出会えるため、人は自分の意見の正当性をすぐに過大評価する。似た考えの人に励まされながら、人は少しずつ過激な方向に向かう。こうして中庸さに別れを告げる。

ネット技術は似た考えの人を探しやすくしただけでなく、自分の考えに合う情報源にも自由にアクセスできるようにした。早くも一九九五年、MITのニコラス・ネグロポンテは、人は自分向けニュースとして「ザ・デイリー・ミー」〔自分専用新聞〕に引かれるようになるだろうと予測した。画面には入念に選ばれた情報しか表示されない。現在、この機能は確実に利用できる。あなたは情報源やウェブサイト、ブログを探し回り、選ぶ。それらは既有の考えを強める情報で、自分を脅かすような情報は排除される〔★25〕。あなたは友人を承認し、あなたに似たツイッター利用者をフォローする。

たとえばヤフー・アカウントの持ち主は、表示させる情報内容を容易に設定できる。見出しにある「好き」ないし「好きではない」をクリックするだけで良いからである。たとえ、あなたが設定しなくても、ヤフーは、紐づけられているフェイスブック・アカウントでの「いいね！」と「やだね」をもとに、あなた専用のニュース記事を抽出する。企業の目標は、利用者ごとに「その人向けに特化された知識」を提供することにあるが、結果としてできあがるのはオンラインの共鳴室である。

ツイッター上の集団極化

ツイッター利用者はしばしばとても強気な発言をし、そしてツイッターの性質上、極化の発生過程を観察しやすい。利用者は@を使って返信先を指定できるが、それをしないメッセージはキーワードやハッシュタグで探し出され、他者に読まれる。こうして、ツイッターはさらに、誰もが自由に参加できる公開討論会の色彩を強め、友人同士の会話ではなくなる。

人は異なる考え方にどのくらい接しているのかを知ろうとして、ある研究グループが論争になっていそうないくつかのキーワードの一つを含むツイッター投稿を収集した。キーワード例は、地球温暖化や医療制度改革、ティーパーティ〔合衆国保守派のポピュリスト運動〕、オバマである［★26］。そのキーワードを含む発言をした最新のツイッター利用者が五〇〇〇人収集され、合わせてその利用者のフォロー先とフォロワーも同時に収集された。彼ら全員の政治イデオロギー、発言内容、ツイート先が分析対象である。彼らは共鳴する部屋のなかにいるのだろうか、それとも対立する信念の聞こえる部屋のなかにいるのだろうか。

何千ものツイートは少数のクラスターに振り分けられ、各クラスターに大勢の利用者が含まれた。それらは発言内容とリンク先から、自由主義的、保守的、中立的と分類された。各クラスター内では、発言のやりとりは極化が進み、とりわけ自由主義者と保守主義者で顕著だった。地球温暖化に関する、あるクラスターでは発言の八割が「自由主義的」に分類され、残りは意味不明か、あるいは方向性の不明な内容だった。活発な掛けあいも見られ、共鳴室は完全防音ではないことをうかがわせる。

ツイッターに関する別の研究によると、共鳴室の外でのやりとり、また別の共鳴室にいる人とのやりとりは、コミュニティ全体が惨事に直面すると、出現しやすくなる。その一つに二〇〇九年の殺人事件が含まれていた。ジョージ・ティラーは、カンザス州ウィチタで長らく堕胎医を務めていた。二〇〇九年五月三一日、彼は中絶反対活動家に射殺された。彼は何年間も物議を醸す人物だった。彼の殺害が引き金となり、大量の投稿が #tiller というハッシュタグ付きでなされた。

射殺後の最初の一週間で収集された三万件あまりの投稿を見ると、多様な相互作用が行われていた[★27]。概して人は自分と考えをともにする他者に返信し、これは特に中絶選択権支持者でよく見られた。しかし、異なる考えの人たちとの掛けあいも確かに見られた。三分の一あまりの返信は考えの異なる人に向けられていた。中絶賛成派のツイッター利用者は、銃撃犯の中絶反対信念と殺害遂行とのあいだに見られる断絶をめぐり、反対派によくコメントをしていた。中絶反対派から賛成派への返信は必ずしも反論ではなく、大半は銃撃を非難する内容だった。二つ例を紹介しよう。

中絶賛成派から反対派へ

@DChi606「どうすれば自分は中絶反対派を説教できるのだろう。だからと言ってすぐに誰かを殺すかい。悲しい」。

中絶反対派から賛成派へ

@savvyconsumer7「@michellew　私にはティラー医師の殺害を容認する人たちがわからない。私は中絶反対」。

ツイッターは真剣な議論や深い議論に適したプラットフォームとは言い難い。だが、この研究は、激論を引き起こすようなトピックであってもひどい極化が生じるとは限らないと教えてくれる。

集団動員

インターネットは、より大きな目標や理念のために結集し、他者に参加を呼びかけるという、示威行動《アクション》に向けた動員方法を一変した。想像してみよう。たとえばネットのない時代、ある集団が抗議デモを組織しようとしたらどうするか。彼らは電話やファックス、ラジオ、テレビ、手紙、ビラ、新聞広告を使うかもしれない。それらを広めるためには多大の時間がかかる。だがいまや、彼らは何もいらない。ソーシャルメディアとサイバースペースを使えばいいからである。彼らは、大量のメールや文章、ツイートを何千何百万ものフォロワーに送ることができる。しかも、それはきわめて安価で驚異的速度でなされる。

アラブの春で果たしたソーシャルメディアの重要な役割と、オンラインのやりとりが物語に与えた影響を考えてみよう。エジプトのホスニ・ムバラク大統領が辞職するまでの数週間、同国の政治状況に関するツイートは全体で一日あたり約二千件から二三万件というペースで急増した。携帯電話を手に、一般市民は一市民として圧政に対抗し、より大きな抗議行動を組織し、互いにそして国外に現況と映像を流した［★28］。チュニジアのモハメド・ブアジジの焼身自殺の写真は、ソーシャルメディアを通じてあっという間に広がり、世界中の注目を集め、何百万人もが蜂起、抗議した。そのうねりは効果的で、エジプト政府は、この騒乱のあいだ、国内のインターネット接続を一時停止しようとした。

オンライン社会運動

オンライン環境には、自分たちの考えを表明し、支配エリート層へ抗議したいと考えてきた活動家集団にとって多くの利点がある。ソーシャルメディアは、特に権力のプロパガンダと戦いながら、短時間で他者の共感を引き出す言葉を広め、どこからでも意見を書けるようにする。匿名性が高いと、集団アイデンティティや「集団性」感覚がいっそう高まり、教育水準や社会階級、国籍、民族の違いも意識されにくくなる。

多くの人はオンライン環境が社会運動で果たす価値に楽観的な一方で、重要課題にも直面している。たとえば、その一つとして人々がよく市民の「マイクロジャーナリズム」を利用していることが挙げられる。これは報道機関や警察が到着する前に、出来事を報じ、記録する活動をさす。たとえば、二〇〇九年のイランの選挙で発覚した不正疑惑に対して大衆が抗議しているあいだ、西側の記者は直接情報の入手にとても苦労した。イラン当局が彼らの報道活動を取り締まったからである。しかし、市民の記事と写真がネット上にあふれ、そこには哲学科学生で傍観者にすぎなかったネダ・アグハ＝ソルタンがイランの狙撃兵に撃たれ、亡くなるようすの動画も含まれていた［★29］。熟練ジャーナリストは、たとえ匿名扱いであれ、自分が確認できる情報源を頼る。しかし、オンラインに投稿した市民を特定し確認するのはほぼ無理である。記者は大事なネタを逃すまいと、危険な手段を選ぶが、それでも真相はわからない。

オンライン活動家は検閲やもっと厳しい状況にも直面する。特定のインターネットサイトに自国内からアクセスできないようにしている国は多い。とは言うものの、そうした努力が奏功するとは限らない。ある推定によると、「中国のグレート・ファイアウォール」〔インターネット検閲システム。万里の長城（グレート・ウォール）をもじった命名〕は一万八千のウェブサイトを遮断したという。しかし冒険心に富む市民はそれをかいくぐる方法を見つけ、遮断されたサイトにアクセスする［★30］。グーグル社には世界中の政府からさまざまな理由で検索結果から削除するよう要請が届く。不安を煽る可能性のある内容も含まれているという［★31］。

検閲どころか、オンライン活動家は逮捕や投獄、死に直面することもある。たとえば、ムハンマド・アル＝カータニは、ブログのなかで、サウジアラビアの宗教指導者を批判した。すると、二〇一四年、彼は禁固一〇年の判決と、千回の公開むち打ち刑を受けた〔★32〕。多くの活動家はトーア（Ｔｏｒ）〔接続経路の匿名化規格〕やその他の方略を用いて、弾圧国家での匿名性を確保する。しかし監視手段が広く行き渡るようになると、匿名のままでいる努力は失敗に終わるかもしれない。

オンライン社会運動の別の課題は、持続可能性である。最大のオンライン活動家コミュニティの一つは、スーダンのダルフールで進行中の集団虐殺に抗議した。二〇〇七年に設立された「ダルフールを救え」のフェイスブックのページには百万人を超すメンバーが登録、一〇万ドルを超す資金が集まった。ケヴィン・ルイスたちはメンバー募集と寄付のパターンを調べ、どちらも初期の立ち上がりが目覚ましかったことを明らかにした。しかし、その年が終わるころには成長ペースは落ち、二〇一〇年、この集団から発展と資金調達の可能性は消えた。百万人のメンバーの大多数は募集もどんな貢献もとりやめた。彼らは、もともとフェイスブック上の運動への参加を救援活動と位置付ける人たちで、その意味で活動家というより「スラックティビスト」〔slackerとactivistの合成語、いわばその場限りの活動家〕に近かった。この現象については、第6章で詳しくふれる。

サイバースペースが集団動員に貢献する際立つ特徴の一つは、調整作業の支援である。集団成員がネットワーク活動を組織し、その際「マイクロ・コーディネーション」とも呼ばれる時時刻刻の調整がなされる〔★33〕。ツイッターやメール、ソーシャルメディアへの投稿、メッセージテキストを使うことで、人は注意喚起をし、急に変化が生じても全員に連絡がつき、常に最新状態を保つ。フラッシュモブは、マイクロ・コーディネーションの有効利用である。

フラッシュモブ

二〇〇三年、ニューヨークのメイシーズ百貨店で**フラッシュモブ**が突然出現した。百人ほどの人たちは、同時に集まることをあらかじめ決めていて、集まるとすぐに「ラブ・カーペット」選びに協力を求めた。一〇分ほどすると、彼らは一斉に散っていった。こうしたパフォーマンスはその後も続き、その連絡にメールやテキストメッセージがよく使われた。参加者たちは動員メッセージを送り、ショッピングモールや他の公共空間に突然集まって、楽しく歌を歌い、ダンスをし、雪だるまを作り、その場に凍りついたかのように振る舞い、ある合図でさっと解散する。

フラッシュモブは本来、斬新かつ自然発生的なパフォーマンス芸術だったが、新たな種類のものが別の目的で生まれた。一つは、悪ふざけや芸術パフォーマンスではなく、社会目標や社会運動をめざすタイプで、その後「スマートモブ」として知られるようになった。しばしば企業も、新製品の宣伝や注目を集めるために、その場でフラッシュモブを企画する。最新のはるかに厄介なタイプは、大勢の人を特定の場所に集め、略奪や暴力行為、破壊行為を犯し、警察が現れそうになるとさっと逃げるものである。このようなフラッシュモブは「フラッシュロブ」〔瞬間襲撃〕とか「ワイルディング」〔集団通り魔〕と呼ばれ、向社会的フラッシュモブと区別される。

こうしたイベントへの参加を掻き立てるのはどんな動機なのだろうか。フラッシュモブの仕掛け人である青年たちに行ったインタビューでは、異なる動機が働いていることを多くの人が理解しているようすがうかがえる［★34］。彼らが挙げた動機は、流行に乗りたい、暇つぶし、公共の場にいる権利を行使したい、だった。彼らは、向社会的タイプとは別の「フラッシュモブ」の意味をはっきりさせたがってもいた。たとえば、カンザスシティにおける暴力的フラッシュモブのイベントでは発砲事件が起き、三人が負傷した。ある学生はマスコミでの報じられ方について、以下のように語った。

フラッシュモブと彼らが呼んだのは、暴徒間の抗争や暴徒の蛮行が公正に聞こえてほしいと願ったからだ。否定的な言葉で何かを言うのではなく、カンザスシティが肯定的に思われるような言い方を望んだ。その事件は良いことではなかったし、フラッシュモブの定義にも合致していなかった。

暴力事件に不安を感じ、いくつかの州議会はフラッシュモブ暴力を規制する法律を可決し、ソーシャルメディアを通じてこうしたイベントを動員した人物は誰であれ罰せられるようになった。英国の首相は、フラッシュモブ参加者が利用する通信手段、具体的にはブラックベリー・メッセンジャーに制限を課したいと提案した。サンフランシスコでは、湾岸高速鉄道（ＢＡＲＴ）システムはいくつかの駅で携帯信号を遮断し、警官の発砲に抗議するイベントの連絡を頻繁にとりあう乗客を阻止しようとした。しかし、これらの厳しすぎるやり方には異論が多く出されている。こうした対応は憲法で保障された言論の自由や公共の場に集まる権利を脅かす可能性があった。とても多くの領域で、インターネットは、集団動員の意味、そして正負両方の行動過程を変えつつある。

本章でこれまで考察してきたことがらの多くは、もっぱら社会政治目的がらみで、ビジネス寄りの内容は少なかった。しかし、企業では仮想作業グループによる労働が増え、それによって、高くつく出張費用を削減でき、地球上の至るところから有能な人を指名できるようになった。次では、仮想作業グループを見てみよう。オンライン環境は、このような場面の集団力学にどんな影響を及ぼすのだろうか。

仮想作業グループ

『フラット化する世界』で、トーマス・フリードマンはこう語る。職務を共同で進めるために世界中から集まった人に一定の権限を与える「フラットな世界的プラットフォーム」は、コミュニティを作り、新製品を生み出し、新時代のグローバリゼーションを創造する［★35］。インターネットの社会基盤は、このプラットフォームを下から支え、一度も会ったことのない人同士で構成される仮想作業グループに依存するところが大きい。地球上の別々の場所にいながら、しっかり仕事をこなすことが彼らの目的である。

これらの仮想作業グループは実際うまく機能しているのだろうか。誇大広告以上に仮想作業グループはきわめて有効であることがわかりつつあるが、研究によると、予想どおりオンラインでの集団力学は机を並べた集団とくらべ、かなり異なったようすを見せるという。

オンライン作業グループにおける討論の偏り

どんな作業グループの討論でも、集団成員がまったく同じ情報と専門知識を持っていることはまずない。前でふれたように、これは、私たちが集団のほうが個人よりも良い決定を下せると信じる根拠の一つである。原則からすれば、メンバーは、それについて話し終わった時点で他者から出された情報と専門知識を持つようになるはずである。それぞれの人は自分の持つ知識が共有され、全体の知識は少なくともそれらの総和以上になるはずである。残念ながら、このようなことはめったに起きない。とりわけ作業グループがオンラインで意思決定をする場合にはまずありえない。

ある初期の実験で、この現象が経営管理場面で研究された。テーマは、オンライン集団はどのように協力して人事決定を下すかである［★36］。この研究には**隠れたプロフィール**が導入され、その状況で集団成員はマーケティング部長職に応募してきた三人の履歴書を検討した。研究者は、あらかじめ各候補者の長所と短所を加工して、ある人物を部長職に最適な人物であるように仕立てた。その人物は職務内容の基準に最も合致していた。そのあとで、参加メンバーに人物特徴の一部が与えられ、そこには共通の情報と人によって異なる情報とが含まれていた。メンバーは三人ずつの集団に割り振られ、ある集団は対面で、別の集団は個室に分かれCMC経由で候補者について話しあった。

極化は珍しいことではなく、これを知ると、驚かないまでも失望するのではないだろうか。対面コミュニケーション群もCMC群も多くが最適な候補者の選出に失敗した。応募者の全体像にもとづいて客観的に決定できるような情報共有は集団内で図られなかった。ただし討論における偏りには群差が見られ、その程度はオンライン集団で強かった。研究者は、集団成員が実際に共有した特徴情報を調べ、最適な候補者の情報がどの程度共有されたかを評価した。最も偏りの強かった討論では、採用予定者の長所と選ばなかった候補の短所それぞれに関する情報がよく交わされた。しかし、彼らは採用予定者の短所と不採用者の長所にふれなかった。各メンバーから出された個別の情報は統合されることも議論されることもなく、全員が共有する情報、つまり多数派意見で決まった。この傾向は特にオンライン集団で際立ち、対面集団の二倍を超す強さだった。

オンラインの内集団と外集団

仮想作業グループのやや面倒な特徴がもう一つある。それは、「我々」対「彼ら」という力関係の下位集団が出現しやすいことである。これは特になんらかの特徴、つまりメンバーが外集団と内集団を区別する一種の隔壁で集団が分割可能な場合によく見られる。地点《ロケーション》はその一つの例である。前で見たように、人はちょっとしたきっかけで集団に一体感をいだき、地点は社会的アイデンティティを支える重要な要因である。メンバーがニューヨークとシカゴにいる仮想チームは、それだけで地点をへだてる隔壁の影響を受けやすいと言える。シカゴ班のメンバーは実際に顔を合わせたことがなくても、地点アイデンティティは共有される。彼らが互いにどこかで偶然出会うかもしれないと期待していることは、その根拠である。

フリードマンが想像した地球規模の仮想チームは、内集団と外集団をもたらしそうないっそう大きな課題に直面する。文化的相違や時差、言語の壁はすべて協調問題や誤解を生じさせる要因である。あらゆる暗黙の規範の違いも顕在化する。ある文化では「期限」は他の文化ほど厳密ではない。そのため、提出が遅れると、適時性を強調する文化規範にいる人からはよく思われないだろう。知識の根本的ずれも誤解のタネになる。アラブ諸国でのビジネスが金曜休業であることを知らないアメリカ人は、アラブ班メンバーから返信メールがないと、彼らは対応が遅すぎると思うかもしれない。他方、アラブ班は日曜日に働くので、アメリカ班に同じような印象を持つかもしれない。

六人チームの集団力学を扱った研究がある。メンバーは、合衆国とカナダの二大学で集められた。チームは主にメールで、三週間にわたって研究プロジェクトに取り組んだ。最終的に、企業によって経営課題への対処がいかに異なるかの報告書を作成した。プロジェクト終了後、班メンバーは、集団力学やチーム機能を測る各種の質問紙に回答した。

研究の結果、明らかに地点に依拠した内集団と外集団ができあがり、それはチームの成績とまとまりを損ねるほどだった。遠隔地にもメンバーがいるチームは、葛藤や協調で問題が起き、メンバーが同じ場所にいるチームにくらべ、メンバーのチーム全体との一体感は弱かった。問題は、六人チームが、ある場所に四人、別の場所に二人というように、バランスを欠くとき、とりわけ大きかった。少数派集団は疎外されていると感じ、別の場所にいる多数派集団に無力感をいだいた。

> みんなと仕事を始めたとき、楽観していた。……しかし、やがて［別サイトにいる四人のチームメイトが］いくつかの重要な決定に際して、我々に「多数決」をちらつかせてきた。こちらにいる我々二人に対抗できることはほとんどなく、ものごとは向こうに仕切られた。［★37］

さまざまな企業の、互いに別々の場所にいる分散仮想チームで働く専門職を対象にした調査でも、同じように

「我々」対「彼ら」問題が確認されている。回答者はコミュニケーション・チャンネルの制約や文化的相違、目標の不一致、さらにもともと地理的に離れているメンバー間に存在する溝を大きくするような問題を指摘した。それそして予想どおり、「我々」対「彼ら」という態度を最も強く示したチームは概して成績が良くなかった。それでもやはり現実世界の多くのチームはいつでも効果を発揮した。それは分散チームの危険を経験したことが問題克服につながったからである［★38］。

地位効果

対面場面では仮想チームのメンバーは地位、つまり組織図上の位置や、専門知識の豊富さにおいてそれぞれ異なるかもしれない。地位の高い人ほど、話が長く、議論を支配したがり、意思決定における彼らの意見の影響力は増す。オンライン環境では地位は意識されにくく、地位効果はあまり明白ではないことをうかがわせる研究もある。

たとえば、ある初期の研究は合意形成をめざす三人集団の個々人の貢献度を対面とCMCで比較した。すべての集団で、一人の人間が議論を支配する傾向が見られた。しかし、支配の程度には差が見られ、オンライン集団のほうが弱かった［★39］。ある人によれば、オンライン環境は、地位の重要度を下げ、いいアイデアがどこからでも湧くようにする等化器であるという。

もっと最近の研究は、支配性と地位の作用がオンラインでは異なることを示す。しかし人々が可能性として最初に考えたものとはまったく異なる。研究者は学部生を三つの異なるタイプの仮想チームに割り振り、隠れたプロフィール課題の一つを担当させた。つまり、正答にたどり着くのに必要な情報をすべて持っている集団成員はいない。しかし各自の情報を合わせると完全になる。一つ目のタイプは全員が同じ大学のメンバーからなり、二つ目のタイプは所属大学が全員異なる。三つ目のタイプには同じ大学の学生とそうでない学生が混在した。オンラインディスカッション・フォーラムを利用して、課題を完了させたあと、実験参加者は自分自身とチームメンバーの支配性、集団凝集性、他の種類の集団力学に関する指標に答えた。

その結果、各チームで支配性認知が明確に発生し、それは物理的場所の影響を受けていた。学生たちは、違う大学のチームメンバーに対してきわめて強い支配性認知を形成する傾向にあった。たとえば、ある女子学生が自分は支配性に関して中程度と評定すると、同じ大学のチームメンバーについても同様に評定したとしよう。しかし、その同じ学生が離れた場所にいるチームメンバーに対しては、とても支配的、あるいはとても服従的であると評定しがちである。

このような結果をどう理解すればいいのか。ジョセフ・B・ウォルサーの提唱するCMCの超個人的モデルで考えてみよう[★40]。モデルについてはあとの章でも取り上げるが、オンライン環境におけるテキスト・コミュニケーションはしばしば極端な印象をもたらす。その際、より大きな役割を果たすのがステレオタイプと認知的早道である。対面場面であれば、人々は印象形成に際して、たくさんの手がかりを利用できる。それは非言語手がかりだけでなく、状況手がかりも含まれる。テキスト主体のディスカッション・フォーラムでは、こうした手がかりが少なく、とりわけ違う大学から参加した学生で顕著だった。彼らはより極端な印象に走った。

オンライン作業グループにおける少数意見

少数者の側にいると自覚したら、それは立場を変え、そのような反逆者でいることをやめる潮時だ。

——オスカー・ワイルド

対面場面では、集団はかなり強い同調圧力をかけ、多数派はその気になれば、少数派をきわめて不安定な位置に置くことができる。けれども、社会心理学の研究によると、対面場面における少数派意見は、状況によっては実際に多数派意見をゆさぶることもある。けれどもそこで重要なのは一貫性であり、もし少数派意見の持ち主が優柔不断でどっちつかずだったら、多数派はその人の言い分を割り引いて考えるかもしれない。

これを証明したある有名な研究で、集団で座った実験参加者は目の前に提示されたスライドを見て、その色名のみを報告するように言われる。集団は六人で構成され、そのうち二人は実験者の協力者である。彼らは、それらがすべて典型的な青色であるにもかかわらず、わざと「緑」と言うように指示されている。少数派のこの二人の「実験参加者」が一貫して緑と言い続けると、真の実験参加者のなかから緑と答える人が現れ始め、その人数も増えていった。少なくとも数回の試行ではそうだった。しかし、もし少数派の回答がたまに揺れ、青と言ったりすると、彼らの影響力は消滅した[★41]。

画期的アイデアと少数意見は、革新を望む組織にとってきわめて高い価値を持ちうる。しかしオンライン集団での少数派の声は多数派に届くのだろうか。一方で、私たちは仮想作業グループでは自由に異を唱えられるように思っているふしがある。たとえば、メール討論では異を唱えようとする少数者は、多数派による顰蹙や妨害に耐える必要はないし、他者の賛同を得られないからといって居心地が悪くなることもないだろう。彼らは一生懸命キーボードで入力し、根気強く自分の立場を言い続ければよい。

初期の研究は、当初、メンバーが現実に同じ部屋にいながら、集団意思決定支援システム（GDSS）を使って一緒に働く集団に焦点を当てた。この種のソフトウェアは、アイデアの自由な表明を促進する。実際には、参加者はそれぞれコンピュータを使ってコメントや提案を書き込み、それらは部屋の正面に設置されたスクリーンに表示され、みんなが見られる。このソフトウェアは、誰がそれを書いたのかわからないように名前を伏せることもできる。

GDSSを使う群と対面群とを比較した研究がある。その研究で実験参加者は隠れたプロフィール課題に取り組んだ。参加者にはA、B、C、三社の企業情報がそれぞれ少しずつ異なるように与えられた[★42]。参加者の仕事は、投資先としてふさわしい企業を議論することだった。情報カードが積まれ、すべての情報はテーブル上にあり、最も良い選択はA社である。ただしそれを明確に示した情報カードは群内のある一人だけが手にする。そのメンバーは少数意見の持ち主であるように仕組まれた。いわば一匹オオカミのその人は、オンライン上で匿名で、対面群の少数派より明確に意見を述べた。しかし、彼らの意見は多数意見を変えるまでには至らなかった。結局、オンライン作業群は適切な決定を下せず、誤った企業を選んだ。スクリーン上の異論は、少なくともGDSSでは、あっさり無視されたようだ。

多国籍企業でよく見られる、遠くにいるメンバーも参加する一般的な仮想グループにおいて、少数意見はどう扱われるのだろうか。以下の結果は、遠く離れた場所から飛び込む孤独な声にとって朗報かもしれない。

複数の地点にいる人で構成されるオンライン集団の研究で、最も影響力のあった少数意見は、意見が一貫している人からのものだった。これは対面場面の結果と似ている。しかし、彼らの影響力の一部は、彼らがどこにいるかでも異なった。最も影響力があったのは、遠く離れた場所にいて一貫して少数意見を言い続けた人物である［★43］。この状況は、メンバーがシカゴとニューヨークに分かれていた状況とは異なる。あそこでは、内集団バイアスが対立とまずい決断をもたらしかねなかったからである。むしろ、地理的に孤立したメンバーが一人いるチームには固有の利点があるかもしれない。その人は、多数派の注意を引くためにあえて反対の立場を唱える天の邪鬼のような役割を演じてくれる可能性があるからだ。もし、自分が仮想チームでこのような位置にいると気付いたら、ぶれないことを肝に銘じよう。

作業グループと電子ブレインストーミング

ビジネス現場に集団ブレインストーミングが登場したのは一九五〇年代で、広告代理店の経営者が入門書を出版してからである［★44］。直感的には、これは創造性を刺激し、独自のアイデアを次々と創出するためのすばらしい方法のように思える。人々は一堂に会し、ある問題について思いつく限りのアイデアと解決策を出しあう。ブレインストーミング中、批判は許されないが、メンバーは他人のアイデアを改良したり、それらを組み合わせたり、さらには、それらをもとに新たなアイデアを考えたりするように求められる。この技法は参加者に概ね好評で、広がりを見せた。

　残念ながら、そううまくはいかなかった。この技法に関する二〇年あまりの研究を経て行動学者たちが下した結論は、個人ブレインストーミングのほうが明らかに効果的であるというものだった。研究を重ねた結果、メンバーが個人で作業する集団のほうが、同人数での集団ブレインストーミングにくらべ、アイデアそのものも独自のアイデアも多く出された。一つの理由は産出阻止である。一つの集団では一度に一人しか発言できない。つまり、もしあなたが議論に耳を傾けていたら、そのぶん、自分独自のアイデアを考える時間が減る。社会的手抜きも一つの要因だろう。つまり集団に置かれると、人は他の人がカバーしてくれるはずと想定し、あまり努力しなくなる。同調、そしてチームメンバーが大胆なアイデアをどう評価するかに対する関心、この二つが一緒に働き始める場合もあろう。

　ソフトウェア開発者はこうした研究に関心を払わないまま、集団ブレインストーミング用の電子支援ツールを開発した[★45]。参加者が自分用のコンピュータの前に座り、自分のアイデアをウィンドウ内に入力すると、別のウィンドウにそれが他の人のアイデアとともに表示される。この新バージョンの集団ブレインストーミングの有効性を調べた研究者は、電子的支援が従来とまったく異なる結果をもたらすことに驚いた。集団が大きいと、コンピュータを介した集団ブレインストーミングのほうが個人ブレインストーミングを上回る成果をもたらしたのである。

　対面版では良い結果が得られなかったのに電子版がそれなりに効果を発揮した一つの理由は、電子版集団ブレインストーミングでは産出阻止が回避されたことである。コンピュータ支援を受けた集団討議では、集団成員の書いたものはいつでも一覧できる。しかし、それで思考を乱されることはない。またコンピュータが介在する環境は脱抑制をもたらしやすい。そのため、メンバーは否定的反応を気にすることなく大胆な考えを自由に出しあえる。

電子ブレインストーミングに関する研究成果はどのように役立てられるだろうか。一つのおもしろい応用の仕方として企業監査における不正検出があるかもしれない。アメリカ公認会計士協会は、財務諸表を含む多くの企業不祥事を受け、監査役向けの新しい指針を作成した。そのなかで、「不正ブレインストーミング」が実施要件に含まれた。このねらいは、監査役が先入見のない探究心を持てるように奨励することにある。それらは、監査役が企業の財務状況を精査し、その企業で起きそうなさまざまな不正の方法を検討する際に必要だからである。経営者はすばらしい結果を出すという特別な圧力のもとに置かれていないだろうか。経費削減のあおりで内部管理が甘くなっていないだろうか。

このやり方を検証しようと、研究者たちは会計学専攻の学生を四人ずつのチームに仕立て、不正ブレインストーミングを行った。チームは、対面群か電子群のどちらかに割り当てられた。実験素材となった企業は架空の存在だが、事例には異常な不正リスクを特定する手がかりが多く含まれていた。実験結果は明らかだった。電子ブレインストーミングの参加者は、平均して二九・五件の適切な見解を引き出したのに対し、対面群はわずか一七・三件だった[★46]。

おもしろいことに、電子群が対面群よりも好成績だった理由はまだよくわかっていない。この研究では、研究者は何人かの学生を第三の群、つまり「名目」だけの電子的集団ブレインストーミングに割り当てた。この群の参加者は画面で互いの見解を見ることがない。各参加者は実質的に一人で作業し、見解を入力できたものの、集団とは言い難い。参加者間に実質的な相互作用もなければ、互いの見解も見られないからである。これらの「名目」群は、実際に相互作用をし、互いの見解も見られた電子群とまったく同じ成果を示した。電子ブレインストーミングが効果的だった決定的要因は、各自がコンピュータの前に座り、課題に集中するための手段が用意されていたことかもしれない。互いの見解を見られることは、それにくらべれば重要ではなかった[★47]。それでもなおブレインストーミングは経営者に人気があり、対面集団での惨憺たる結果にもかかわらず、彼らはいまだその利点を強調する。電子ブレインストーミングは確かにうまく機能する。しかし、集団ブレインストーミングが最良かつ最も斬新なアイデアを生み出すのに最適な技法かは不明のままである。

仮想作業グループにおける「迅速な」信頼の構築

作業グループが成果を挙げるためには、参加者間の相互信頼が欠かせない。対面状況であれば、この種の信頼は、メンバーが互いを知り、チームに対する各人の貢献を認識することで生まれる。時間とともに、メンバーは作業部会や作業グループに加わる機会が増え、そこで同僚は互いに信頼できることを知り、他のチームメンバーが期待どおりの成果を挙げることを確信する。このような信頼は、作業グループにとって大きな利点となる。個々のメンバーは、みんなが期限を守り、きちんと仕事するか気にする必要がないからである。

企業は、インターネットで可能になったゆるやかなチーム、つまり世界中の子会社から駆り出されたメンバーが一緒にサイバースペースで活動するような働き方に多くの利点を見出しつつある。もしチーム内である種の技能が必要になったら、企業は地理的制約を受けることなくメンバーを人選できる。実際、多くの企業は各社員の専門技能を検索するエキスパートシステムを運用し、地理条件に関係なく、そのチームに最適な社員を探し出せるようにしている。しかし、こうして選ばれた遠隔地にいる仮想チームメンバーは、どうすれば一緒にうまく働くための信頼感を築けるのだろうか。

七五のグローバル仮想チームを対象に、信頼の醸成過程を調べた研究がある。各チームは別々の国に住む四人から六人で構成された[★48]。これらのグループは八週間、複数の課題に取り組んだ。そのなかに、二種類の信頼構築課題と、新たなウェブサイト向けにコンテンツを提案するという最終プロジェクトが含まれていた。予想どおり、大成功を収めたチームもあれば、ほとんど成果を出せなかったチームもあった。成功の決め手となった要因は、メンバー間の信頼醸成だった。

高信頼を醸成できたチームの一つは、メンバー間のメッセージ交換が頻繁で、それらには楽観主義や触発、プロジェクト目標に向けた明確な方針が含まれていた。メンバーはリーダーの責務を共同で負い、指示を待つことなく特定の役割を自ら積極的に担った。彼らは、仮想チームとして、密に連絡をとりあい、責務を果たす必要があると認識し、週末旅行でも通信手段を探すほどだった。最終プロジェクトの最初のころ、メンバーのなかにはちょっとした不在を言い逃れしたり、ストライキや病気、個人的用件を理由に期限に遅れることを正当化したりする人もいた。しかし、あるメンバーがすぐに指摘した。「悪魔のおばあさんがなんで死んだか知っている？言い訳が下手だったんだ。だからもう私は言い訳するのはやめて、働き始めることにするよ」。

一方、惨めな結果に終わったチームはメンバー間のコミュニケーションが少なく、課題への取り組みも熱心ではなかった。ある時期、八日間のあいだ一度もメッセージ交換がなかった。一人のメンバーが堪りかねてプロジェクトに関するアイデアを投稿した。その女性の投稿は「お願いだから、返事をくれない？」と懇願口調で書かれていた。メンバーが相互に反応したくなるような討論もほとんど見られなかった。

大成功を収めたチームは「迅速な」信頼を活用した。彼らは、長期にわたって活動する対面集団と違い、徐々に信頼を築くのに必要な個人的相互作用の時間が足りなかった。代わりに、メンバーはあたかも最初から信頼が存在していたかのように、チームのプロジェクトに取り組んだ。彼らは仲間のメンバーが仕事をきちんとこなすという根拠がなかったのにもかかわらず、そうしたのである。こうした彼らの当初の意欲は、信頼を行動で示すことがただちに実際の信頼につながることを教えてくれる。彼らは頻繁に相互作用を図ることで、積極的姿勢を強調し、自発的に役割を担い、目的遂行に向けていっそう努力することで、他チームが成果を出せなかった原因を克服した。

集団規範は、チームの成功に不可欠な信頼を迅速に築く鍵となる変数である。追跡研究によると、プロジェクトの初期段階で最大の信頼を示したグローバル・チームメンバーは、明確な集団規範を作っていた［★49］。これらのチームは達成目標や途中の目標、自分たちが越えてはいけない一線について話しあった。グローバル仮想チームのメンバーは経歴がきわめて多様で、異なる規範は深刻な問題を引き起こしうることを認識しているチームは成功する可能性が高まる。

成功をもたらす仮想チームは、同期コミュニケーションの力も借りる。同期コミュニケーションは新たに加わった仲間への自己紹介やプロジェクトにおいてとりわけ力を発揮する。ビデオ会議は、おおいにこれらの役に立つ。集団規範を明確に示した「注意書き」に加え、ビデオ会議は互いの顔を見る機会であり、集団力学にとっての幸先のいいスタートとなってくれる。

第4章
オンライン攻撃の心理学

キャロライン・クリアド＝ペレスは、オンラインで攻撃がどのように展開するか、それを身をもって学んだ。イングランド銀行の紙幣に女性の肖像を入れるよう、ツイッターで彼女が提案したとき、インターネット荒らしが攻撃を始めた。加害者の二人は、クリアド＝ペレスを攻め立てようと八〇種類ものアカウントを使い、強姦や殺人、拷問をちらつかせる卑劣なツイートをした。激しい攻撃は被害者である彼女の生活を一変させ、不眠症にさせ、嫌がらせがずっと続くのではないかとさえ思わせるほどだった。

思いがけず二人の違反者は逮捕され、その行為で服役した。ネット荒らしのベテランは自分たちの足跡を懸命に隠そうとするが、この違反者はあまりにも油断していた。警戒中の捜査官に、たやすく自らの手がかりを突き止められたのである。男性違反者はツイッターのアカウントをビデオゲームのプロフィールにリンクさせていて、そのプロフィールで実名が使われていた。

攻撃に加わった二人の男女はタイプの異なるネット荒らしで、行動は似ているものの、根本的な原因で異なった。男性側の弁護士は、彼がほとんど人付き合いのない孤立した人間であり、犯罪歴はなく、学習障害があると陳述した。しかし、女性のほうは社交好きで、オフラインの友人も多かった。当初、彼女は次のようにツイートし、自らの行動を弁護した。

あなたは衆人環視のなか、ツイッターにいるのですから、なんらかの嫌がらせは覚悟すべきでした。人はいつでも嫌がらせを受けるのです。あなただけが違うというのですか?

文字や言葉は断じて脅迫ではありません。これらの文字や言葉があなたのページから消えることはまずないでしょう。

しかし、その後、彼女は自らの行動を悔いているようだった。

もちろん、私は女性の権利を支持します。私も女性の一人だからです。私は自分の行動を恥ずかしく思っていますし、これまで申し上げてきたように、このようなことはもう二度としません。[★1]

何が攻撃を引き起こすのか。生物学的因子、特にテストステロン値の上昇が影響しているのかもしれない。しかし、環境因子のほうがもっと重要な役割をしている可能性もある。多くの人は、インターネットは荒らしや争い、フレーミングに満ちていて、攻撃はオンラインのほうがオフラインよりも多く、それは概して環境の性質によるものと思われている。確かに、これを裏付ける研究はある。コンピュータを介したコミュニケーション(CMC)に関する初期の研究は特に対面集団にくらべ、激しい悪口やあざけり、侮辱がいかに多いかを明らかにしている。実際、彼女の弁護士は、彼女が「新技術の被害者で、自分の行為の影響力をわかっていなかった」と主張した。

彼女の事件は、オンライン攻撃が多くのさまざまな原因で起きる複雑な行動であることを示す。どんな要因が、他の状況よりもオンラインで、攻撃行動を起こしやすくするのだろうか。オンライン環境は多様であるものの、オフライン状況で脱抑制を促進する特徴がすでに明らかである。つまり、フラストレーション、匿名性、不可視性、物理的距離である。まずフラストレーションから見ていこう。

フラストレーションと攻撃

赤信号で運転手は電話に夢中になり、青に変わったことに気付かない。クラクションが鳴り始めるまで、数秒もかからない。フラストレーション＝攻撃理論によれば、後ろの運転手が感じたフラストレーションは怒りを導き、そして怒りは敵対行為の引き金となる。クラクションは単に運転手の注意を引くためにそっと鳴らされるのではなく、大きな音で鳴り続ける。

一九四〇年代に戻ってみよう。当時、開戦の噂が世界中を覆い始め、社会心理学者たちは人間の攻撃性に強い関心を持ち始めた。ロジャー・バーカーとクルト・レヴィンは、子供にフラストレーションを生じさせ、そこで何が起きるかを観察するための実験を行った［★2］。彼らは、子供たちを二群に分け、おもしろそうな玩具がたくさん置かれた部屋の前に連れていった。しかし子供たちは、目の前には金網があって、玩具に近づけない。一方の群では金網がすぐに開けられ、子供たちは走ってなかに入り、玩具で遊び始めた。もう一方の群は、少し待つように指示された。なかに入ることを許されたとき、すでに子供たちのフラストレーションは高まっていて、大半の子供は玩具を叩き、壊した。

目標の手前にいて、そこへ近づくことを何かあるいは誰かに妨害されると、フラストレーションで攻撃反応が起きやすくなる。スポーツ試合で、ゲームの勝敗が決定する最後の数秒で勝利をさらわれると、フラストレーションは一気に高まり、緊張も非常に高まる。順番待ちの行列、たとえば劇場のチケット売り場や食料品店のレジにおける人間行動を調べた初期の研究も同様の結果を示した［★3］。実験協力者が前から二番目の人ないし一二番目の人の前に割り込むと、より目標の近くにいた人、つまり前から二番目の人は、割り込んだ人物に強い攻撃反応を示した。

インターネット環境はフラストレーションを起こしやすく、何か厄介なことが起きたとき怒りを示しやすくする場なのだろうか。確かにそうかもしれない。コンピュータを使った課題が終わりそうなとき、それを妨害する果てしない中断が入ったとしよう。警告メッセージが表示され、あなたにソフトウェアを更新してコンピュータを再起動するよう迫る。Ｗｉ－Ｆｉ信号が理由もなく切断される。ファイルを保存する直前で画面がフリーズし、「青い画面上にエラーメッセージ」が表示される。そして、どうでもよいスパムメールであなたの受信トレイはいつも一杯で、それらはすべて勝手に送りつけられてくるニュースレターか、怪しげなフィッシング・メッセージである。

オンライン商業活動の爆発的成長は、フラストレーションのもう一つの大きな源泉であり、顧客誘致戦略に関する研究が盛んである。広告、そして対象を絞ったマーケティングからの収入は、多くのウェブサイト、とりわけ大勢の人に無料で提供されるソーシャルメディアサイトや新聞社には欠かせない。しかし、これらの広告や販売促進活動は、フラストレーションとイライラを引き起こすため、人々はそれらを無視ないし削除する方法を探す。たとえば、クリックするようになっているバナー広告は以前であれば、かなりのクリック数を稼いでいたが、少し前から「バナー・ブラインドネス」〔バナー広告が無視されること〕が増えている。広告のクリック率は非常に低く、訪問者一〇〇人中一人にも満たない。視線追跡研究でも、バナー広告はほとんど見られないままで、何の広告かも覚えられていなかった［★4］。注目を集めることに熱心な企業は、広告に動画やアニメーション画像のようなリッチメディアを使い始めた。しかし、イライラ度が増すだけで、「広告遮断」ソフトの普及で、企業は目的を果たしにくくなっている。

バナー・ブラインドネスを回避するため、いくつかの企業は決済手続きの合間に広告を埋め込む工夫をしている。だが、それはフラストレーションを増やすことでしかない。電車の切符を買う際、あなたは行き先の市内にあるレストランの共通割引券が表示された画面を見せられるかもしれない。そこで迷路のような選択を迫られ、その画面をスキップできるか迷う。この戦略を検討した研究は、実験参加者にいくつかのウェブサイトから一つを試すように求めた。それらのいくつかには、販売促進広告が埋め込まれていた。その一つは航空券予約システムを模した画面で、実験参加者はシカゴの友人を訪ねに行くためのチケットを購入し、決済を完了する場面を想定するように言われる。販売促進メッセージ（無料券を入手するための数項目に入力する）で決済を中断された人は、中断されなかった人にくらべ、明らかにひどく混乱し、イライラし、フラストレーションを感じていた。

それにもかかわらず、販売促進広告の埋め込みはよく利用される。この研究によると、決済の各段階に埋め込まれた販売促進広告は実際に機能している。それは、利用者とりわけ不慣れな人は、「飛ばしてもよい」画面が本当に飛ばしてもいいのかわからず、最初からやり直したくないと思うからである［★5］。

オンライン顧客サービスはフラストレーションのもう一つの主要な源泉である。ある研究によれば、顧客の五八％がウェブで問題を解決できず、大半の人は三〇分費やしたあげく、最終的に解決をあきらめる［★6］。人々は顧客相談窓口に電話をかけようともしない。複雑な電話メニューと格闘させられ、長く待たされることを知っているからである。

不快な出来事は種類にかかわりなく、攻撃反応の閾値を下げるため、攻撃を起こしやすくし、フラストレーションはその一つである。しかし、実質的に重要なのは、嫌悪刺激が一般に負の感情状態を引き起こすことにある。いったんこの状態に陥ると、周りの出来事に対して慎重に対応する能力が低下し、ふだんの環境であれば中立的に見ていたような刺激でも、その解釈が否定的方向に傾きがちになる。

もしフラストレーション環境が攻撃反応の閾値を下げるとしたら、実際の引き金は何なのだろうか。私たちは十分なプライミング状態に置かれると、ほとんどのことがらを歪んで認知するため、ほぼあらゆることが暴発の引き金となる。同僚から届いたメールに、すべて大文字で書かれた一文、「WE NEED YOUR INPUT BY TOMORROW! PLEASE!」（明日までに回答してください！　お願いします！）が含まれていたとしよう。心穏やかであれば、この研究遂行には自分の協力が欠かせないと考え、笑いながらも必死な送信者の姿を思い浮かべるかもしれない。しかしながら、もしフラストレーション状態に置かれていたら、あなたの認知はそれに影響され、まったく別の解釈をする。同僚の傲慢で厚かましい行動に怒りを覚えるのではないだろうか。

オンラインコミュニケーションに見られる曖昧さは、嫌悪刺激を経験する人に対して、それを特定の方向に解釈させるように働く。

オンラインコミュニケーションの曖昧さ

次のような実験をやってみよう。ほとんどの人が知っていそうで耳に残る曲を一つ思い浮かべ、その曲に合わせて、指で軽くテーブルを叩く。そのリズムで友人に何の歌か当てさせる自信はどのくらいあるだろう。その答えをパーセントで書き出す。次に、この実験に参加してくれそうな人を探す。さて、その「実験参加者」は正しく言い当てられるだろうか。

この現象に関する有名な研究で、実験参加者は聞き手が正しく答えられるはずであると強い自信を持っていた。実験参加者は、聞き手が半数の楽曲を言い当てると思っていたが、実際には一五〇曲中二曲しか言い当てられなかった［★7］。

私たちは、往々にしてコミュニケーションの確実な伝達に過剰な自信を抱く。しかしコミュニケーションは実際には曖昧で、誤解はつきものである。ある程度、この過信は、私たちが自己中心的な方法で、つまり聞き手の視点ではなく、自分の視点でものごとを見たり（聞いたり）するために起こる。テーブルを叩く人の頭のなかにはその音楽が鳴り響き、おそらく歌詞やフルオーケストラさえ聞こえていたことだろう。他方、聞き手が聞いたのは単なる打音にすぎない。

誤解される皮肉

テキストだけのコミュニケーションには曖昧さが伴う。メッセージの意味を明確にし、補完するあらゆる非言語および準言語による手がかりを欠くからである。そして、先の実験参加者と同様、送り手は、自分のテキストメッセージが、実際はそうではないのに、正しく理解されるはずと過度の自信をいだきがちである。たとえば皮肉の伝達は、しばしば誤解や激昂、仕返しをもたらす。たとえ笑顔文字をつけても、皮肉表現は通じにくく、過信する送り手にとっては混乱の、受け手にとってはいらだちと怒りの元である。

メールと音声による皮肉表現はそれぞれどう解釈されるのか。それに関する一連の研究は、皮肉が意思疎通を妨げる可能性を高めることを示す［★8］。たとえばある実験で大学生は、本心で書かれた文章か皮肉を込めて書かれた文章を読み、そのなかから相手に伝える文章を一〇件、選ぶ。たとえば、皮肉を含むある文章はこんな具合である。「私はデートするのが本当に楽しいです。私は目一杯あがってしまい、地に足がつかないほどです」。

各ペアの一方は選んだ文章を録音機に吹き込み、別の一人はそれらをコンピュータに打ち込んだ。そのあと、実験参加者全員が、音声版とメール版それぞれについて皮肉なのか本心なのか、それを相手がどの程度自信を持って判断するかを評定した。相手は実際どう判断したのだろうか。その結果が図4・1である。

メールでも音声でも、受け手はメッセージのニュアンスに気付くはずと、送り手は自信たっぷりで（同図の実線）、八〇％程度の確率で正確に伝わるはずと予測した。受け手の伝達率は音声条件で七三・一％と、ほぼ予測ど

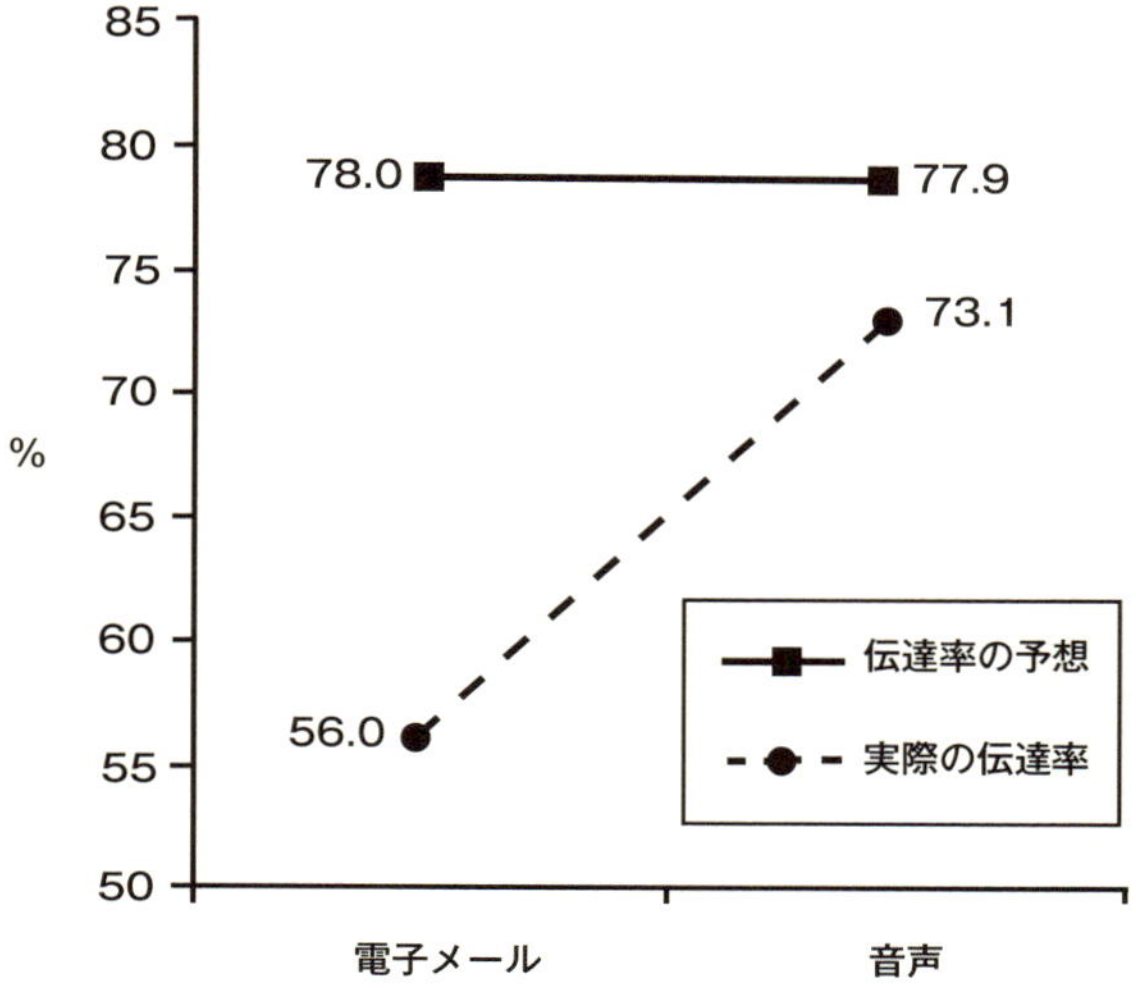

図4.1 電子メールと音声による皮肉・本心メッセージの伝達に関する予想と実際（Kruger, J., Epley, N., Parker, J., & Ng, Z.-W. (2005). Egocentrism over e-mail: Can we communicate as well as we think? *Journal of Personality & Social Psychology, 89*(6), 925-936. アメリカ心理学会の許諾済み）

おりの値が得られ、予想は裏付けられた。しかしメール条件の伝達率は五六％と、偶然確率をわずかに上回るにとどまった。

メッセージ文を読んだり聞いたりしたあとで、すべての参加者がメッセージのニュアンスを検出できるのはどのくらいと思うか評定した。ここでもまた、自信過剰が勝った。メッセージを読んだ人は、皮肉と本心を弁別できていなかったにもかかわらず、弁別できていると固く信じていた。彼らはメッセージを音声で聞いた人たちのように、自分たちの検出能力に自信を持っていただけだった。

人々がオンラインでコミュニケーションする際、こうした自信過剰と自己中心主義が何をもたらすか想像できよう。誤解されたテキストメッセージは、有益な議論を敵意に満ちた攻撃的やりとりに転化する可能性がある。

フレームはいつフレームになるのか

「スキー博士」と「雪の達人」という二人の

架空人物による投稿のやりとりを用いた研究で、基本的にオーディエンスの視点から、何がフレームをフレームたらしめるのかが検証された[★9]。交わされた投稿は徐々に不快で敵対的になり、実験参加者は、各投稿について、1（フレーミングではない）から7（フレーミングである）までの七段階で評価した。この小事件は、「超初心者」が評判の良いスキー学校について質問するところから始まる。

投稿2　超初心者の質問に対する雪の達人からの回答

超初心者は質問します。
>いいスキースクールか、スキー講習のパッケージ・ツアーを教えてください。
スキーを習うなら、ブライトンがオススメ。僕もそこで習ったし、初心者用コースもあるはず。

——雪の達人

投稿3　超初心者の質問に対してスキー博士からも回答

超初心者の質問に回答します。
>スキーを習いたいと思っています。
僕ならアルタを勧めるね。アルタには最高のゲレンデがあるし、それもたくさん。週末はほとんどアルタで滑っているよ。

——スキー博士

何回か投稿がやりとりされたあとで、雪の達人とスキー博士とのあいだに対立が生まれ、緊張が走る。

投稿6　雪の達人から、スキー博士へ

アルタが評判いいとすれば、ゲレンデは当然混むよね。アルタでスキーを習うのは、高速道路で運転を習うようなものさ！ ;-) ちゃんと習いたいのであれば、ブライトンが最高。雪質はいいし、周りの環境も快適、リラックスして練習できる。

——雪の達人

投稿9で人格攻撃が進む。

投稿9　雪の達人の投稿に対するスキー博士の返信

雪の達人は、こう書きました。

>アルタに行くのは、スキー博士のような気取り屋スキーヤー。

気取り屋だって？ 冗談じゃない！ 本物のスキーヤーならアルタが好きなはずだ。なぜなら、まじめにスキーしているからね。スキーの滑りを決めるのは、雪質やゲレンデ、リフトだけではない。それであればブライトンにもかろうじてある。雪の達人のような間抜けだけが、ブライトンのような最悪の場所で滑るのさ。 ;-)

——スキー博士

投稿10　スキー博士の投稿に対する雪の達人の返信

明らかにスキー博士は礼儀正しい対話を続けたくないようだね。それに、彼はスキーのことを何も知らないようだ。尋ねてもいいかい、スキー博士。君の学位証書はコーンフレークの箱を切り取ったんだろう。 ;-)

——雪の達人

評価の結果を見ると、実験参加者は一連のやりとりが意見の不一致から始まり、フレーム戦へと移行していくようすを認識していた。投稿6は、フレーム段階に入ったと認識される時点のものであり、争いのようすを観察した人たちは、なんらかの緊張を検出している。人格攻撃と罵り言葉が、多くの人にとってフレーム戦が進行中であることの判断基準になっている。おもしろいことに、小さな笑顔文字があるだけで、投稿が単なる不一致にすぎないときには、フレームと見なされにくくなる。しかしながら顔文字がきわめて険悪な投稿に含まれている場合は、皮肉としか映らない。

匿名性

匿名状況や匿名知覚も、攻撃につながる一つの潜在要因である。人は自分の行為の原因が自分のせいではないと確信していると、社会的な慣習と制約による抑制が弱まりがちである。これは特に、安全と感じられる条件下でデリケートな個人的問題を話す機会が与えられたとき、とても明確になる。第6章で見るように、オンライン支援グループの活動は活気であふれている。それは、身近にある対面支援グループよりも匿名性の高いインターネット環境のほうが、話しにくいことも気軽に話せるからである。しかしながら、匿名性は環境がそろえば攻撃行動の引き金にもなる。そうした状況に依存するようになると、匿名性は**中毒的脱抑制**と呼ばれる状態を引き起こすことになる。

フィリップ・ジンバルドーの有名な研究では、匿名状況が人間行動にどのようにして負の影響をもたらすかが明らかにされた。学生は実験室で、相手に電気ショックを与える実験に参加した。実験群に割り当てられた学生は匿名感覚を高めるため、頭巾をかぶり白衣を着用した。対照群の学生は、ふだんの服装のまま名札をつけた。その結果、実験群の学生は対照群の学生より長時間、電気ショックを与え続けた［★10］。

もちろん、インターネットにいる多くの人は匿名状況下でも自分を覆い隠さず、進んで名前や所属先、好きな言葉を、プロフィールやメール、書評に付け加える。とは言え、多くのインターネットコミュニケーションは、個人が特定されることはないだろうと信じることで成り立つ。研究は、匿名状況が攻撃を引き起こす可能性を示唆する。たとえば、オンライン集団における意思決定で、各メッセージの前に名前が表示されなかった集団成員は、名前がコメントと一緒に表示される集団のメンバーにくらべ、敵対的かつ脱抑制的な発言をした。名前を外すだけで、参加者の振る舞い方に影響が表れた［★11］。

匿名性の要素

「匿名であること」に対する私たちの認識は、ギリシャ語の「名なし」あるいは「氏名不詳」に由来する語の実際の意味よりもやや複雑である。たとえば、あなたの横を通り過ぎる人の名前はわからなくとも、その人の顔は見られるので特定は容易である。**特定可能性**ましてやその欠落は氏名不詳にくらべ、オンラインにおける中毒的脱抑制の重要な引き金と言える。たとえ投稿に名前を付けても、その名前でいつものように投稿しても、あなたはまだ身元が割れていないと感じているかもしれない。読者は、あなたが自分の住所や職業、ジェンダー、民族、年齢を自発的に書かない限り、これらの情報はまず知りようがない。

匿名性のもう一つの側面は**可視性**ないしウェブカメラや動画、写真がない場合の不可視状況である。対面場面では、暗闇による不可視状況は人々が社会的制約や規範を放棄しようとすれば、それに応じて脱抑制を強める。オンラインにおける不可視状況も同様の脱抑制効果を持つはずである。全員の名前がわかっているオンライン授業で、互いに見えないことはある学生たちにとって重要かもしれない。というのは、その学生が内気だったり身体的魅力が低かったりしても、オンラインでは外向的に振る舞い、自信を持つようになるかもしれないからである。このような学生は、自分がどう見えているか、自分の選んだ服のことで同級生が陰で笑うのでは、といった心配なしで楽しくやれる。

文字コミュニケーション、ビデオ会議、対面コミュニケーションの三種類による作業成績を比較した研究がある。それによると、可視状況つまり互いが見える場合、匿名状況のもたらす脱抑制効果は一定程度抑えられる。この三種類のコミュニケーション環境の効果を調べるために、「月面サバイバル」問題で比較した研究がある。実験参加者は自分たちが月面基地から遠く離れた場所に不時着した場面を想定した。手元にあって使える装備は一五種類だけという状況である。参加者はまず単独で、それらの装備に優先順位をつけた。すべて持っていけるわけではないからだ。その後、彼らは集団意見が一致するまで話しあった（正解がNASAから公表されている。この種の問題は時間制限なしの問題にくらべ、意見の不一致や脱抑制が起きやすい）。結果は予想どおりで、CMC〔文字コミュニケーション〕群は、対面コミュニケーション群よりもフレーム的コメントが多く、ほぼ一・二倍にのぼった。しかしビデオ会議には可視効果が見られ、フレーム的コメントは対面群の二倍ちょうどにとどまった〔★12〕。

目は心の窓

ビデオ会議では匿名の持つ不可視状況はなくなるが、可視状態そのものではなく対面固有の問題がある。全員が同じ部屋にいると、互いの物理的距離やジェスチャーといった相互作用におけるいろいろな側面を管理できる。人はそれとなくアイコンタクトを調整しながら、注目を得ようとして相手を見つめ、不同意や退屈していることを伝えようとして目をそらす。

ビデオ会議システムは、いくつかの方法でアイコンタクトを疑似的に作り出すものの、アイコンタクトそのものではない。たとえばスカイプのビデオチャットでは、相手が「アイコンタクト」を感じる唯一の瞬間は、あなたがカメラのほうを見たときである。しかし、ほとんどの人は相手の映像が映る画面のほうを見る。画面とレンズの位置とは少し離れているため、「アイコンタクト」は成立しない。カメラの位置も、相互作用を奇妙なものにしている。カメラが高い位置にあると、見る側は相手の頭頂部が目に入る。カメラが低い位置にあるか相手がスマートフォンで映像を見ていると、顎が一段と強調され、「吸血鬼」効果が起きる。映画監督は、悪役をより恐ろしく見せようとして、よく低い角度から撮影する。どちらにしても、オンラインでの「アイコンタクト」は成立し難い。

ある興味深い研究は、匿名状況におけるアイコンタクトの役割に注目して、それが中毒的脱抑制とフレーミングにどう影響するかを検討した［★13］。研究者は、ランダムに相手を各実験参加者に割り振り、各ペアに「救命薬のジレンマ」課題を与えた。実験参加者は全員、大親友がある希少な薬をどうしても必要としている状況を想像するように言われる。彼らは自分の友人の必要性が最大であると説得しなければならない。相手とのコミュニケーションには、インスタントメッセージのテキストチャットが用いられ、ペア内の匿名度が実験者によって何通りか設定された。

ある条件のペアは、氏名不詳の匿名状況を作り出すために、ランダムに割り当てられた別名でコミュニケーションを行った。対照的に、非匿名条件のペアはたくさんの個人的特徴（名前や年齢、ジェンダー、大学の専攻）が提供された。また「可視」条件のペアには、互いの横顔が見えるようにカメラが設置され、「不可視」条件のペアにはカメラは用意されなかった。最後に、アイコンタクトに関する条件を設定した。あるペアには目の高さにカメラを設置し、議論のあいだはカメラのほうを見るように言われた。〔匿名・非匿名、可視・不可視、アイコンタクトの有無という〕三要因を組み合わせて八種類のペアが構成された。

ジレンマはそれ自体激しく、議論には次のようなコメントが含まれた。「おまえはい＊な奴だ」「黙れ！」「女のような話し方だな」。実験参加者は怒りを伝えるために、次のような記号と句読点も使った。「Wellllllllllll!?」「@#!@#$$%@#%#&」。

氏名不詳、不可視、アイコンタクトなし、という三種類すべての匿名状況を含むペアは、全体として最もフレ

ーミングが多かった。しかし、最も効いた変数はアイコンタクトの有無だった。「きちんと相手の目を見て話す」という古い言い回しは、明らかに良いアドバイスである。

中毒的脱抑制を防ぐうえで、アイコンタクトは非匿名より重要である。このことは、コメント投稿者に自分の名前を提供するように求める努力が、なぜ実を結んでこなかったのか、その理由を教えてくれる。韓国は人気ウェブサイトにおける憎悪コメントの流れを断ち切るため、コメント投稿者に自分の国民識別番号を入力するかクレジットカードを使うことを要求する、という厳しい法律を制定した。韓国通信委員会の研究によると、悪質コメントは一％未満に下がった。ひどいことに、こうしたサイトはハッカーに荒らされ、個人情報盗用者に新たなきっかけを与えてしまった［★14］。

報復

人は、ある特定の状況で、どんな反応であれば「公平」なのか、どの程度であれば適切な報復なのか、それらを自らの判断でどのように決めるのだろうか。いくつかの調査によれば、最も挑発的な侮辱は、誰かが人格や能力、外見を攻撃しているように見える表現である［★15］。この結果は、インターネット上のある種の出来事がとりわけ報復の引き金になりやすいことを示す。

侮辱されたり、あるいは侮辱されたと感じたりしたとき、同じやり方で報復するのは人間としてよく見られる反応である。報復に関するある代表的研究で、二人の実験参加者をペアにし、反応時間を競いあう実験が行われた。一組の試行が終わるごとに、勝者は敗者に任意の電気ショックを与える。ただし実験は念入りに組まれ、本当の実験参加者は一人だけである。もう一人の「参加者」はコンピュータプログラムで、勝者と敗者、電気ショックのレベルはあらかじめ決められていた。予想どおりの結果が得られ、実験参加者は相手と同じレベルで報復した［★16］。

私たちは、どんな方法で報復するか、また報復の攻撃強度をどのくらいにするか、違反者の行為に見合った方法と強度を心のなかで決め、そして少しずつ大胆になる。インターネット上のいくつかの事例で、増長して子供のけんかのようになったものがある。「おまえは愚か者だ」「おまえは愚か者の愚か者だ」「おまえこそ十倍の愚か者だ」「おまえもおまえもおまえの家族もみんな愚か者だ」。部外者からすると、フレーム戦とはこんなにもばかばかしく聞こえる。

もっと深刻で、ある争点の賛否が詳細にわたって議論されるフレーム戦では、論争が激しくなるにつれ、言語攻撃や露骨な人格攻撃が増え、しかもどんどんひどくなる。何週間もこれが続くこともあり、当事者は、これはフレーム戦ではなく、単にあるテーマについて「議論」しているだけで、ある論点をめぐって「討論」しているだけと主張するだろう。

長らくずっと平和だった集団の内部でフレーム戦が起きると、集団は存亡の機に立たされるかもしれない。第三者が口論を鎮めようとしても、かえって引きずり込まれるだけだろう。私の知り合いで、機知に富み、プロ並みの仲介技能を持つ優秀な人が何人かいる。彼らはしばしば自分を笑いの種にして、フレーム戦の参加者をやさしく諌め、当事者が互いの行動の良い面を見られるよう手助けする。彼らは討論の中身には踏み込まず、集団凝集性の再構築につながりそうな、愉快で他愛のない問題をあえて取り上げる。しかしながらフレーム戦が長引くと、集団の人間関係にヒビが入りかねない。

叱責

フレーマーや、ディスカッショングループで集団規範に反した行動をする人を規制する一つの方法が叱責である。ある参加者は集団成員に、やさしくあるいはやさしくないやり方で、またみんなの前か個人的に、集団での好ましい行動を教えてくれる。叱責の事例を追ったある研究は、独身者のためのディスカッショングループでの投稿を検証した。そこでの規範によれば、恋人募集は禁じられている。ここで、いくつかの独創的な皮肉を詳しく調べている叱責の事例を抜粋で紹介する［★17］。

違反の例

こんにちは、僕は二三歳の大学院生です。このニュースグループにいる女性と話をしたいと思っています。

——（オフラインの友人を求めた投稿）——

叱責の例

あら、こんにちは。やっと生物種を限定しない女性へのリクエストが来たわ——このグループで女性を求めてくる男性がどのくらいいるのか知っても信じられないでしょうね。女性というのは、もちろん人間の女性よ。＊クスクス＊

あたしの名前はスーザ。フィラデルフィア動物園に棲んでいるキツネザルで、五歳になるの。あたしのスリーサイズは一二一一二一一二。キツネザルのなかではとてもセクシーなほうよ。＊クスクス＊私たち全員、ペンシルテスト（非セクシーテスト）は失格なの。＊クスクス＊

あたしの趣味は、走ったり、木登りしたり、虱をとること。あなたの髪の毛がふさふさだったらうれしいわ。あたしは、soc.singlesで恋人募集をするおばかな人にだけメールを書くの。他の人たちは、あたしにとって頭が良すぎるものですから。キツネザルは、抱きしめたくなるほどかわいいのよ。＊クスクス　でも、あたしたちの賢さは、平均よりは下の部類に入るの。あなたの投稿を読んで、人間にしては本当にばかだと思ったわ。ということは、あたしとはお似合いってことよね！＊クスクス＊

釈明の例

僕が二、三時間前にした投稿について……。ニュースグループを間違えていたことがわかりました。大勢のみなさま、ありがとうございました。もう返信をやめていただければ、参加を辞退します。よろしいでしょうか。でも、他にすることのないひまな方は、お好きなように！

叱責自体は、さまざまな理由で違反者以外の参加者にもしばしば向けられる。違反の原因が知識不足であれば、皮肉っぽい叱責は新参者いじめと非難されかねない。このような出来事は、その集団での規範と素朴な過ちへの適切な対応に関するメタ議論のなかで、コミュニティ全体にかかわることがある。

過剰報復

誰かに傷つけられたと思ったとき、最もよく見られる反応は言葉や行動で報復し、反撃に出ることである。しかし、自分の報復が「目には目を」の範囲を越えていたらどうだろう。爪先を踏まれただけで、その相手を激しく殴ったら何が起きるだろうか。理屈上は、その人が故意に踏んだのでなければ、謝るのがふさわしいと考えるかもしれない。残念ながら、人は必ずしもこれほど合理的とは限らない。というのも、私たちのほとんどは自分を慎み深く公正な人間であると強く思いたがっているからだ。皮肉にも、自分自身の合理的判断にこだわることで、非常におかしな認知的ねじれを起こしかねない。

認知的不協和理論で有名なレオン・フェスティンガーによれば、私たちは自分自身の態度や信念、認知と調和しない行動をとると不快な気持ちになる。こうした緊張は、行為と思考の一致状態を回復するように駆り立てる。過去の行為を消し去ることはできないが、自己の認知を修正することはさほど難しくない。私たちは違反者や違反行為に対する見方を修正して、実際よりも悪質であると考え始める。こうした心的修正主義は、実際にはそうしたひどい扱いに値しない人に対して攻撃的に振る舞ってしまった場合に起きる。さらに驚くべきことに、相手がまったく報復に値しない場合でもこのことは起きる。

過剰報復に関する初期の研究で、実験参加者は学生と見られる人物の面接場面を観察した。その人物、つまり被面接者は実際には研究者の協力者である〔★18〕。研究者は本当の実験参加者に、被面接者に好ましくない情報を言うように指示した。その人は、浅薄でいい加減、全体として鈍感で退屈な人であると思わせるような内容である。こうしたひどいことを口にするまで、ほとんどの実験参加者は被面接者を魅力的人物と評価していた。しかし、面接でこう告げたあと、実験参加者は被面接者の評価を下げ、それほど魅力的ではないと評価した。認知的不協和理論どおり、彼らは自らの行為と認知を一致させる傾向にあった。実験参加者は被面接者をひどい言葉で表現したことを覚えていて、そうした行為を正当化しようとして低い評価に変更した。この変化は、そのひどい行為が実験参加者自身の意思ではないにもかかわらず起きた。つまり、彼らは研究者の指示に従っただけにすぎない。

私たちは自らの攻撃行為を正当化するのにいかに熱心かを考慮すれば、叱責した当の相手に否定的イメージを与えるのは容易に想像がつく。あの恋人募集を書き込んだ参加者に向けられた、見当違いのユーモアや皮肉、個人的非難に満ちた投稿は、こうした過剰報復の例として印象的である。叱責した人は、あまりにも刺々しく指摘したことを正当化するためになんらかの不協和低減策を講じるかもしれない。おそらく、違反者を非難に値する魅力のない嫌な人物だったと見なすのではないだろうか。

荒らしに餌を与えない

欺瞞や攻撃、挑発、侮辱、卑劣なコメントであえて議論をふっかけ、対立を煽るような人は、インターネット荒らしである。彼らは、自由に書き込めるサイトに押しかけ、めちゃくちゃにする。そのようなサイトでは叱責やどんな種類の報復も、荒らしの行動を注目させ事態を長引かせるだけである。

エリン・バッケルズらはインターネット利用者に調査を行い、五・六%の人が荒らしを楽しかったと書いたことを見出した[★19]。彼女たちは、インターネット荒らしの総合診断という新たな調査法を開発した。そこには次のような項目が含まれた。

「私は自分を荒らしだと思う」。
「亡くなった人の追悼画面を荒らすのは楽しいですか（ＲＩＰ〔やすらかに眠れ〕荒らし）」。
「美しく純粋なものが汚れることに強い満足を覚える」。

これらの文章に同意した人は、サイコパシーやマキャベリアニズムの診断尺度で、高得点を示す傾向がある。たとえば、サイコパシーの高得点者は「仕返しは迅速かつ意地悪でなければならない」のような文章に同意する傾向がある。マキャベリアニズム尺度には、「あなたの秘密を話すのは愚かなことである」「騙されやすい人は次々と生まれる」といった項目が含まれる。

荒らすのが楽しいと答えた人は、直接・想像両方のサディズムを診断するための項目でも特に高得点を示す。「私は人を傷つけるのが楽しい」「私は、他人を出しにしてからかうのが楽しい」「ビデオゲームではリアルな血の噴出が好きだ」。研究者が言及するように、「荒らしもサディストもともに、他人の苦痛にサディスティックな喜びを感じる。サディストは単に楽しい時間を過ごしたいだけであり……そしてインターネットは彼らの遊び場である」。

多くのオンライン環境における説明責任の不在、高い匿名状況、その他の特徴は、確かに結果としてサディストの遊び場になる可能性がある。このような心理的構造から、それらに反応する人が増えるほど、サディストの楽しい時間は増える。本章の後半で考察するように、多くのウェブサイトは、荒らし封じの手段を講じてきたが、ほとんど成功を収めてはいない。

しかし、インターネット上の匿名性は動き続ける標的である。インターネット利用者を特定するツールは改良を重ねているものの、匿名のままで使える技術もそれと同様に改良される。どんな追跡も、成否の一部は追跡者と被追跡者の決意と技能にかかっている。しかし、個人の身元を追跡できても、率直に言って匿名感情の高まりは脱抑制行動を促すだけである。

インターネットが登場する前であれば、人は、身元を隠すため無記名で怒りの手紙を郵便受けに投げ込んだことだろう。いまは、公共のコンピュータを使い、急いで作った無料のメールアカウントからメールを送れば、手紙よりもはるかに低コストで大勢の人に届けられる。言い換えると、不機嫌な人はほとんど手間暇をかけないで、散々に荒しまわることができる。

自分の気分を容易に解放しやすいオンライン世界のもう一つの特徴は、簡単に遠い場所からフレームを投じられることである。インターネット利用者は世界中に散らばっていて、仮想コミュニティや会話相手は互いに隣同士であっても地球の反対側にいてもかまわない。しかしながら、彼らは別の場所にいることに変わりなく、もともと物理的距離は対面会合の場合よりも格段に大きい。遠くにいて見えない誰かであれば、その人への攻撃は簡単である。私たちは傷つき苦しんでいる彼らの表情を見ないで済み、安全で反撃に対して保護されていると感じる。

カタルシス——うっぷん晴らしは良いことか？

オンライン環境のさまざまな特徴は、言語攻撃をいっそう引き起こしやすくするが、その良し悪しは問われるべきだろう。人はちょっと無視されただけでも否定的に反応しやすいのであれば、また現実世界場面ではめったに使わないような言葉遣いで怒りを表出させやすいのであれば、どこか別の場所で表出されそうなうっぷんをネットで晴らしているのだろうか。精神分析学者によれば、誰もが攻撃衝動を持ち、ときおりそれを発散させるのは良いことだという。もし発散できないと、攻撃衝動は鬱積し、愛する人に向かって激昂し、タナトス〔死の本能〕が内向して自傷行為が見られるかもしれない。おそらくインターネットは、安全なカタルシスのための遊び場となってくれているのだろう。そうした目的に沿ってインターネットが利用されれば、私たちは現実世界でもっと幸せに親切に、さらに精神的健康も高められる。

これは、攻撃衝動のカタルシス的表出は、その圧力を弱め、「うっぷん晴らし」となり、暴力的噴出を防止するという考え方である。この考えは一見魅力的で、もっともらしく思える。しかし残念ながら、多くの場合でそうした作用は見られない。それが心理学研究の知見である。それどころか、攻撃行為はむしろ攻撃傾向を強める。

この現象を明らかにした初期の研究の一つは、会社から一時解雇され、かなりの怒りを感じている人を対象にした〔★20〕。解雇通知を受け取ったばかりの従業員に面接を行い、研究者は一部の人に誘導質問を行って雇い主に対する怒りを発散する機会を与えた。その質問とはこのようなものである。「会社から公平に扱われなかったと思う例を挙げてくれませんか」。解雇された従業員の多くは、そこで怒りを露わにした。その後、全員が会社や上司に対する自分の態度を質問紙で回答した。怒りを発散した人は最も強い敵意をむき出しにした。カタルシスでうっぷんは収まるどころか、発散は怒りを強めたのである。

カタルシスは有益であるという広く知られる信念から、「罵声」ウェブサイトが立ち上がり、そこは人々がオンラインで怒りをぶつける場となった。たとえば、あるサイトでは定年退職者が、家族や友人がいつも何か頼みごとをしてくると叫ぶ。「いやだ、子守なんかしたくない！　いやだ、あなたのコンピュータの修理なんかしたくない！　いやだ！　あなたの犬の世話なんかしたくない……」〔★21〕。この怒号はまだかなり穏やかだが、あなたにはわかるだろう。

ある罵声サイトの常連を調べた研究では、好奇心や娯楽、コミュニティ感覚といった、さまざまな動機が見出された［★22］。三分の一の人は、このサイトで他人の生活と比較することで自分の生活はまだましであると感じられると答え、他人の悲惨ぶりを楽しんでいると答えた人はわずかだった。回答者は全員、罵声を投稿したあとで「穏やかな気持ちになり、リラックスした」と答えた。これは他の研究結果と一致しない。回答者はわざわざ罵声サイトにやって来た人々であり、そのことがこうした結果につながったのだろう。

追試としてなされた実験研究で、最初に大学生はサイト上の本物の罵声発言を読み、自身も罵声を一つ追加した。学生たちは本物の罵声を読んだあと、とりわけ自身も罵声を追加したあとでは、一人を除き、悲しい気持ちになり、怒りを感じたと答えた。研究者は個々の学生に、この実験で書いた罵声を実際のサイトに投稿するように頼んだ。ほとんどの学生は拒否したが、「かまわないよ」と言った学生はまったく悲しいそぶりを見せなかった。

ほとんどの人にとって、罵声はただちに好ましくない結末をもたらし、怒りを増幅させる。しかし、わずかな人、つまり罵声サイトに出入りし、そもそも怒りやすい人は、こうしたサイトに何度も出入りし短期的高揚感を覚える。しかし、好ましくない結末は長期間に及ぶ可能性がある。

サイバーストーキング

アメリカのオペラ歌手のレアンドラ・ラムは、六年あまりも続いた国際的サイバーストーキング事件の被害者だった。二〇〇五年、彼女のオペラを鑑賞した、あるシンガポール人男性が彼女に殺害の脅迫を送り始め、ボイスメッセージでも脅すようになった。彼はブログに卑劣な脅迫文句と一緒に彼女の写真を投稿し、彼女の家族や友人、興行関係者のメールアドレスを入手していた。ラムは、何年ものあいだ、警察に助けを求めてきたが、ほとんど奏功しなかった。それは男性が合衆国機関の手の届かないところにいたことも一因だった。彼は二〇一三年、ついにシンガポール当局によって裁かれ、三年間の懲役刑を宣告された。しかし電子的ハラスメントに対処する立法が広がっているにもかかわらず、多くのサイバーストーカーは特定されず罰せられないままである。

サイバーストーキングとは厳密には何をさすのだろうか。法的定義はかなり多様であるが、共通点として、電気通信やインターネットを用いて、コミュニケーションの受け手を苦しめ、罵り、脅し、嫌がらせをすることに力点を置く。ある法律には被害者に対する脅し言葉、つまり殺害や深刻な身体的危害をほのめかす言葉も含まれる。情緒的苦痛を含める法律もある。オンライン環境の多くの側面にあてはまるように、法が、変化する技術や、人々がある目標を達成するために用いうる独創的方法をうまく捕捉できないことは珍しくない。たとえば、被害者自身になんらかの連絡がある場合に限るという法的要件は、被害者の雇い主に悪意のあるメールを送るストーカーを考慮していない。もちろん、関連法のない国もあり、そのことが国際的サイバーストーカーの防止を非常に難しくさせている。

サイバーストーキングの問題は、子供の発達とオンライン世界を扱う第9章でふれるサイバーブリング《いじめや脅迫》と重なる。サイバーブリングには、次節で考察する同じタイプの行動の多くが含まれるが、この用語は学齢期の若者に限定され、いじめ現象の特徴は大人のストーキングと多少異なる。

ストーキング行動

ストーキングは、対面でもオンラインでも、一般に単独の、誰もが一致して犯罪として認めうる明白な行為ではない。さまざまな出来事が重なりあうと、ハラスメントを超えて被害者に大きな苦痛を強いる、頻繁に起こる一連の出来事である。以下は、ストーキングとサイバーストーキングの行動例である。

ストーキング

■被害者を追いかけ回し、詮索する
■合理的理由がないのに、被害者が姿を現しそうな場所にやって来る
■頼まれていない品物や贈り物を被害者宅の前に置いたままにする
■被害者を待ち伏せする

サイバーストーキング

■迷惑メッセージや一方的メッセージを被害者に送る
■被害者に迷惑電話をかける
■被害者に関する不利な虚偽情報をオンラインに投稿する
■被害者を醜くした画像を他人に送る
■被害者のソーシャルメディアやメールのアカウントを乗っ取る
■偽のウェブサイトやソーシャルメディアのアカウントを作り被害者を偽装する
■被害者の家族や友人、同僚に迷惑メッセージを送る

ストーカーはしばしばハラスメントを強めようとして、サイバーストーキングと物理的ストーキングを組み合わせる。元ガールフレンドをしつこく追いかけ回したカリフォルニアの実業家は、彼女の車にGPS内蔵の携帯電話を密かに忍ばせ、車が動くと電源の入る動作探知機も付けていた。その電話は彼女の居場所を絶えず通知し、ストーカーはその情報を利用して、被害者の行き先である書店や空港、その他多くの場所に突如として現れた。被害者は限りない「偶然の一致」に苛まれただけでなく、男がどうして自分の居場所を知っているのか不思

議でしかたがなかった。あるとき彼女は、男が車の下に潜り込んで電話のバッテリーを交換しようとしている現場を目撃し、すべてを理解した。その男はストーキング罪に問われ、州刑務所に一六ヶ月間収監された。

もう一つは、ストーキングとサイバーストーキングを組み合わせた例である。議会図書館の元映画保管係は、クレイグズリストに偽のフリーセックス広告を掲載し、見知らぬ男性を元ガールフレンド宅に招き寄せた。三ヶ月あまりものあいだ一六五件の広告を掲載し、ヴァージニア州の女性の農場に一〇〇人の男性を誘い出した。

被害者と違反者

サイバーストーキングの実際の被害状況を推計するのは、定義が定まらないため難しい。合衆国政府の調査によれば、毎年三三〇万人がストーカー被害にあい、その多くはサイバーストーキングである。ドイツのSNSであるストゥディ・ファーツェットの六千人ほどの参加者に対する調査が実施され、さまざまな定義にもとづく被害状況の推定がなされた。予想どおり、被害率はばらつきが大きかった。四割強の人が、これまでに少なくとも一回はオンライン・ハラスメントを経験したと回答したものの、サイバーストーキングの法的定義に近い定義を採用して厳密に計算すると被害率は下がった。七%未満の人がハラスメントは二週間あまり続き、恐怖を感じたと回答した[★23]。

この研究で、被害にあった人とあっていない人とはいくつかの点で異なった。たとえば、被害者の八割は女性で占められた。被害者は被害にあっていない人にくらべ、所得が低く、教育歴も短く、独身者が多い。サイバーストーキングで最もよく見られた形態は、個人的な迷惑メッセージの送信や、被害者を侮辱するための関係者への接触、他の利用者も見られるソーシャルメディアへのメッセージ投稿、ネット上での虚偽の拡散であった。他の形態として、被害者の名前を騙った物品購入やウイルスの送付、被害者のログイン認証情報の窃盗が挙げられた。

犯人は誰なのだろう。被害者のほとんどはストーカーが誰なのかを知っていて、予想どおり、大半のストーカーは被害者となんらかの関係があった。きわめて少数だが、家族がストーカーだった事例もある。
オンライン環境では次々と新しい空間が生まれるため、ストーキングが増えているかどうかは定かではない。しかし、オンライン環境が持つある特徴によってさまざまなオンライン攻撃の広がりと影響力が促されていると考えられる理由はたくさんある。

インターネット世界の攻撃様式

対面場面では攻撃表出に使える行動レパートリーは無限に近く多様である。被害者をにらみつけることも、大声で侮辱することもできる。手でつつくことから弾丸を頭部に撃ち込むことまで、身体攻撃も多様である。攻撃とは一般に、他の生物を傷つけ、怪我させることを目的としたあらゆる行動様式と定義され、これを実行する方法は無数に存在する。

この定義は、インターネットでも同じように適用できるが、行動の選択範囲がかなり異なる。心理学的観点からすると、オンライン環境には攻撃行動を促すだけではなく、その影響力を強めて長期化させるネット固有の特徴がある。以下に、その主な特徴をかかげよう。

1 **匿名状況**。たとえ攻撃者のIPアドレスやISPアカウントが判明しても、「白いフード」で顔が隠れているとの認知から脱抑制効果がもたらされる可能性が高い。前述したように、匿名状態は複雑で、さまざまな多くの要素からなる。アイコンタクトの欠如のような要素はより攻撃的な行為を表出させる重要な働きをする。

2　**物理的距離**。攻撃者にとって物理的距離そのものも脱抑制につながる。被害者が報復できないとき、たとえできたとしてもそれが少なくとも間接的で物理的行為を伴わないと、攻撃者をつけあがらせることになる。被害者と攻撃者のあいだを離すことで、攻撃者の行動の性質は変えられる。たとえば目前の物理的脅威は、対面場面では遂行可能であるが、オンラインでは容易ではない。その代わり、攻撃者はその後も脅威を与え続けることができ、被害者への攻撃の影響力を長引かせる。

3　**増幅**。対面場面であれば攻撃者と被害者は互いに見え、傍観者が誰で、どのくらいの人が見ているかもわかる。オンライン攻撃のオーディエンスはこれほど明確ではない。しかしその人数は膨大なはずだ。ＳＮＳサイトへの悪質な投稿は、その人のネットワークに接続するすべての人に確実に見られる。しかも悪いことに、そのネットワーク上の人が、それをリツイートしたり再投稿したりして、結果的にオーディエンスの人数をウイルスのように爆発的に増やす可能性がある。一人の人間が、ソーシャルメディアを介して、数千いや数百万もの人に攻撃目標を傷つけるコメントを届けられる。悪質で虚偽の噂を広めたい人は誰でも、数千、数百万もの人に声をかけ、巻き込むことができる。結果として、それは餌を奪い合うサメのソーシャルメディア版と化す。

4　**永続性**。対面場面での出来事はその場限りで、やがて記憶から消える。対話は時間とともに忘れ去られ再構成され、写真は再解釈されるはずである。しかしながら、オンラインでは攻撃行為は廃れることがなく、被害者はその攻撃を何度も繰り返し経験する。確かに被害者は嫌がらせのメールやボイスメッセージを削除することができる。しかしオンライン上にある多くの痕跡を削除するのは容易ではない。ソーシャルメディアの投稿や偽のウェブサイト、ツイート、インスタグラムの写真はいつまでも残り、検索ツールは、人々の記憶からすでに消え去ったはずの有害な写真を即座に探し出す。その結果、攻撃者のハラスメントは息を吹き返し、被害者の感情反応はぶり返される。

5 **多メディアの利用。**もし一枚の写真が千語に値するならば、録音音声はおそらく百万語、動画はそれを上回る数の語に匹敵すると言えよう。多メディアによる表現は、標的人物への影響力において形勢を一変させる。脱抑制は、人が実際に自分自身に関してどんな内容をオンライン投稿するかにも影響を与えるため、攻撃者が誰かを犠牲者に仕立てるのに使えそうな、その人物を困らせ不利にする多メディア情報を入手するのはそう難しくはない。携帯電話のカメラや録音機器、録画機器が広く利用されるようになり、ほとんどすべての人の行動がほぼいつでも記録可能になった。ある研究によれば、大半の人は、窮地に追いやられ名誉を傷つけられるような状況にある人を撮影することに対して、倫理的ためらいを示さない〔★24〕。

オンライン攻撃行動の低減戦略

本章で見た戦略のいくつかは、オンライン環境における興奮を鎮め、敵意の全体水準を下げるように働く。いまでは、〔英語の文章を〕すべて大文字で書くことは叫び声や怒りのサインと受け取られることはよく知られているはずである。たとえ、たまたま指が滑って大文字キーが押されたままだったとしても、そうは思われない。顔文字の研究は、それを使用する際はより慎重であるべきだと指摘する。特に皮肉をほのめかすような緊張場面では、中身に関係なく使わないに越したことはない。それらは、緊張をやわらげるどころか、高めるだけだからである。カタルシスの議論では、あなた自身の怒り感情が悪化するのを避ける方法にもふれた。怒り感情はインターネットの脱抑制という特徴と組み合わさって生じるため、いつになく非友好的で無愛想で攻撃的に行動するように働く可能性がある。

公開のフォーラムで「荒らしに餌をやらない」という助言は、悪意に満ちた暴力的方法で行動する人に注目という報酬を与えないためである。たとえ荒らしに対するあなたの反応が否定的で批判的だとしても、とにかく誰かが反応したという事実は報酬として働き、そのやりとりを長引かせる。オンライン環境におけるアイコンタクトの研究は、中毒的脱抑制の減少につながる可能性があるという興味深いヒントにもなる。プロフィール写真を登録する際は、あたかも相手がまっすぐ見据えられているかのような、つまりアイコンタクトを感じさせる写真にすべきである。

自分のSNSで誰かがやりたい放題に振る舞っているとき、あなたには別の選択肢がある。

友達から削除する、フォローしない、リンクしない

SNSサイトでは、ユーザーは、友達から削除する、フォローしない、その他の方法で、厄介な人をネットワークから切り離すことができる。ユーザーの調査によると、高校当時の友人はほとんどが友達扱いされない。それは特に、意見が分かれ論争の原因になりそうな政治信条や宗教・信仰が表明されている場合に顕著である[★25]。高校時代に一緒だった友人は、これらの信念がまだ明確ではなかったが、やがて二人は少しずつ疎遠になっていく。かつての友人を友達に登録しないのは、その人の投稿がつまらなかったり頻繁だったりしたか、オフラインでの振る舞いをいいと思っていないかによる。

たとえばフェイスブックのようなサイトで「友達」にしてもらえない人は、しばしば深刻な感情的影響を経験する。多くの人は驚き、そうなるとは思ってもいなかったからである。ごく一部の人は、この事実を知ると、気を揉み、落ち込む。誰かをSNSの「友達」としておく最低コストは、実際とても低い。特に友達が多い場合はそうである。しかし、友達でいないことは、その後どうなるか、より多くの手間を覚悟する必要がある。現実生活場面では、マウスを一回クリックするだけで、多くの関係が突然終わることはない。代わりに、一方ないし双方が疎遠になると、その関係は時間とともに希薄になっていく。

第2章で見た**文脈崩壊**現象は、友達リストを整理したいという気持ちにさせる。時間をかけて少しずつ、ユー

ザーは意外なほどいろいろな人と友達になり、彼らをフォローし、つながる。そこには、高校の仲間や大学の友人、職場の同僚、上司、家族、サッカーファン仲間、政治団体が含まれよう。多元オーディエンスとのコミュニケーションを管理するのは簡単な仕事ではない。オーディエンスの多様性を考えれば、ユーザーのネットワークにいるメンバーが、少なくとも何人かの気分を害するようなメッセージを投稿し、リンクを追加することはありうる。

どんな場合も、あなたが自分のSNSからある人を削除すれば、それは確実に一種のメッセージとなって、その人の感情を損ねる。それゆえ、彼らへの投稿は用心深さと細心の注意を要する。投稿は彼らを激昂させることもありうる。フェイスブックのソフト開発者はプロフィール登録者のために多くの選択肢を用意し、友達から削除する以外に、特定の友達からのコメントを減らすことができるようにした。たとえばユーザーは、ある人のいかがわしい投稿をニュースフィードから見えないように設定すれば、他人がコメントできなくなる。また「フォローしない」に設定すれば完全に消すことができる。他者のコメントは、当の問題を悪化させ長引かせるように働く。こうした注目はコメントを書き込んだ人への報酬になるからである。こうした段階を挟むことは、強化子（および、強化子の欠落）が行動を形成するという心理学の古典的研究と一致する。報酬を与えられた行動パターンは繰り返され、他方、与えられなかった行動パターンは消滅の道をたどる。

オンライン評判システム

オンライン上の向社会的行動を促し、攻撃を減らそうと試みる技術的アプローチは、特に攻撃行動が激しく、管理者の手に負えないほど大きなコミュニティを中心に拡大している。そこで、よく使われる戦略は**評判システム**の導入である。これは、表4・1のような測度の枠組みでコミュニティメンバーが参加する仕組みである。こうしたシステムは、悪質な内容を排除するのに有効である。いくつかの測度は実際、サイトの成功に欠かせない要素であり、サイトの存在理由にもなっている。

たとえばイェルプ・コムは、小売業者の顧客レビューを売りにする。訪問者は、地元のレストランや美容院、自動車販売代理店について他の人が何を言っているかを調べるためにサイトに助言を求め、自分もレビューを書くことができる。顧客レビューや、さまざまな測度での計算結果にもとづいた推奨レビューを掲載するイェルプの評判システムは、人々が訪れる主な理由である。イェルプのスタッフは非常に苦労してこのソフトを構築し、その結果、捏造されたり、悪質だったりするレビューは門前払いされ、表示されるのはとても有意義なレビューばかりである。

評判システムは、回答件数や他者評価の平均値、同意・不同意、いいね、共有、その他の関連変数を効率よく計算する。これらにもとづいて、コミュニティに肯定的回答を寄せた人には報酬が与えられ、歓迎されない回答を投稿した人には何も与えられない。たとえば、コメントや動画、その他の形式で自由に書き込める多くのサイトには、「不正通報」へのリンクも張られている。通報件数はあまりにも多いため、時間のかかる人間の目によるチェックではなく、通報を受けた内容はすべて自動的に削除されるシステムもある。

しかし、この「考えるのは後回しにして行動する」アプローチには明らかに不利な点がある。なかには、単に回答者の視点に賛同しないという理由だけで、内容自体は悪質ではないのに「不正通報する」人がいる。内容が不当と見なされ自動的に削除された人は、その仕返しに反対意見の投稿者を「不正通報」として通報するかもしれない。あなたは、これがすぐに拡大し、嫌気をさした傍観者がコミュニティを離れていくようすを想像できるだろう。回答を削除し、その回答者を締め出す前に、校閲担当者が人手で報告内容を確認するのが望ましい。

評判システムに関するもう一つの問題はネット荒らしによってもたらされた。彼らは、動きの速いコミュニティで暴れまわっては、多くの利用者の目にふれる前に悪口や悪質な内容を排除しようとするどんなフィルターソフトも回避する[★26]。ヤフー知恵袋でも、こうした問題が起きた。瞬時性が同サイトの最大の売りだからであ

表4.1　評判システムの測度

評判タイプ	測度
投稿主の評判（雰囲気）	投稿件数 読者によるレビュー評価 他の読者から悪質と報告された投稿の件数 他の利用者に共有された（たとえばリツイート）投稿の件数
内容の評判	いいね・やだね、同意・不同意の数 返信数 悪口ないし容認できない内容であると報告した読者の人数 総語数 平均語数 閲覧回数 共有回数

る。誰かが質問を投稿すると、それはコミュニティメンバーがすぐに回答できるよう画面上部に表示され、人手による介入もないし承認も経ない。フィルターソフトは文字化けや大文字だらけのメッセージを排除できても、荒らしによる嫌がらせの質問や回答は検出できない。ヤフーの技術者は、カニバリズムに関するきわめて不快な質問がサイトの一番上に何時間もとどまっていたことから、対処の必要性を理解した。

ヤフーは、利用者から不正と報告のあった内容をすべて削除する「先制」法の採用には消極的だった。あまりにも誤検出が多かったからである。その代わり、技術者たちは課題をクラウドソースする方法を考えついた。その投稿に対する不正通報と投票結果をもとに、それを「隠す」かどうか決める権限をコミュニティメンバーに託す方法である。これによって、悪質メッセージを画面から取り除く時間が大幅に短縮され、ヤフー知恵袋を悪用する荒らしは遠ざかっていった。

ヤフーは、このシステムにもう一つの巧妙な手続きを加えた。それは、非表示と判断された投稿をした人物に審査過程を説明したメールを自動的に送信する機能である。荒らしは、誤って非表示となった投稿をした正規のコミュニティメンバーと異なり、実在しないメールアドレスで書くことが多く、彼らに審査過程が伝わることはないかもしれない。

オンライン攻撃を減らすために技術的進歩を利用する戦略は、ソフトウェアの改良によって今後もいっそう広がるだろう。オンライン環境にはしばしば怒りや攻撃を促す特徴があり、それはふだんおとなしい人間も例外ではない。それでも最終的には、攻撃行動を減らし、阻止するのに役立つ仕組みも組み込まれるだろう。そして、オンライン環境が私たちの行動に影響を及ぼす過程を正しく理解することで、こうした戦略はいっそう改善されていくはずである。

第5章 ネットにおける好意と恋愛——対人魅力の心理学

親密な友人関係を形成し、恋人に出会い、これらの関係を育むことは、インターネットが根本から変えつつある生涯の楽しみである。人々はオンラインで友を探し求めるだけではなく、多くの人は、そのあとのコミュニケーションや関係維持の手段としてオンラインを活用する。私たちはオンライン環境が緊張や怒りを高める過程を見てきた。その一部は、匿名知覚や物理的距離、非言語手がかりの不足のような特徴に起因する。しかし、こうしたオンライン環境は親密な友人関係や恋愛関係にどんな影響を及ぼすのだろうか。

たいていの場合、ソーシャルメディアなどのオンライン手段は、すでに強力な日常の人間関係とうまく補いあっている。確かに、SNSにおける友人の多くは大半のユーザーとは面識があり、オンラインでの関係は、一緒の外出やデート、家族の集まり、会合、電話でのやりとりといった、より豊かなコミュニケーションを補完する一つの様相である。しかし、デートサイトや支援グループ、大規模多人数参加型オンライン・ロールプレイングゲーム（MMORPG）で初めて出会った人、一緒に働く仮想チームのメンバーもいる。

対人魅力の研究は豊富にあり、なかでも初めて出会う人を中心に、人が互いに引かれあう理由に関して多くのことが明らかになっている。まず、現実生活場面での魅力を左右する要因から見ていこう。

オフラインでの対人魅力の基盤

あなたは人と出会うと、どのようにその人を好きになり、より親密な関係に発展させたいと思うのだろうか。あなたはその人の何に引かれるのか。なぜある人を恋し、他の人を恋さないのか。研究者が交際相手に求める特性を尋ねると、誰もが正直さやユーモア感覚、知性、やさしさ、信用といった性格をよく挙げる。男性は女性よりも理想の相手に、身体的魅力を求める傾向にあり、女性は男性の収入見込みをいっそう重視する。

しかし、どちらも外見は最重要因子ではないと主張する。それは正しそうに見える。人は実際、相手の表面的特徴ではなくその人の性格を理解しようとすることをうかがわせる。しかし、性格のような内的特性は本当に他者を魅了するのだろうか。

磁石としての身体的魅力

ミネソタ大学で行われた有名な研究を見てみよう［★1］。次のような内容である。入学したばかりの新入生たちが歓迎週間に開催される「コンピュータダンス」への参加機会を与えられる。そのビラには「これはあなたと同じ趣味の人に出会う機会です」とうたわれている。興味を持った学生が学生会館に行くと、四人の係員から学籍番号の確認を受ける。そのあと実験室に案内され、コード番号が印刷された質問紙を受け取る。四人の「係員」は実際には研究協力者で、申し込みに来た学生の身体的魅力を、1（まったく魅力的でない）から8（とても魅力的）の八段階で評価する。質問紙で学生たちは、人気や自尊心、デート相手を見つけられる自信度、今回の見合いデートに対する緊張度を自己評価した。研究者は、彼らの共通試験の得点といった学業成績も入手していた。

学生たちは、自分の回答と合致する相手が紹介されることを期待していたが、一人を除いて、実際にはランダムに決められた。ただし男性が自分より背の高い女性と組み合わされることはなかった。その後、学生たちはデート相手に会うべくダンス会場に移動した。休憩時間のあいだ、学生はデート相手の評価と見合いデートに関する全体評価を答える質問紙に回答し、コード番号で署名をした。研究者は、参加学生を数ヶ月間追跡調査し、二人の関係がうまくいったか調べた。

この研究で問題とされた一つの特徴、つまり実際に考慮された唯一の特徴は身体的魅力だった。(係員による評定で)魅力的な女性ほど、相手に好かれ、交際を求められた。男性でも同様だった。この結果は、女性はふつう身体的魅力にはあまり関心がないという通念からすると意外である。女性も、ハンサムな男性に好意を持ち、また会いたいと思ったのである。

人はいろいろな特徴を重視すると口にするものの、実際には相手の身体的魅力を重視し、これが出会い場面の成否をも左右する。ある研究で実験参加者は、政治態度や価値観、個人的関心、性格特性、その他の項目を含む質問紙に回答してから、五分単位の見合いを一時間行った[★2]。各参加者の身体的魅力は、研究チームのメンバーによって評定された。ここでも、魅力の最強要因は見合い場面での身体的魅力だった。

対面場面では身体的魅力は非常に強力な磁力である。私たちは「外見で人は判断できない」とか「美とは振舞いである」と口にする。しかし現実には、身体的魅力は、もし人に好かれたいのであれば、特に初対面ではとても有利に働く。容姿端麗な人に関するステレオタイプは、見かけ以上の効果を持つ。私たちは容姿端麗なだけで、その人を、幸せで、社交的で、やさしく、親切で、好感が持て、成功し、知的であるとまで判断する。

身体的魅力のステレオタイプはきわめて広範かつ強力である。研究で扱われたほとんどどんな場面でも他者に対する態度を左右するほどである。たとえば、教師に学生の知性と成功可能性を、文章による説明と写真で評定してもらうと、身体的魅力の高い学生のほうがそうでない学生よりも高く評定される[★3]。魅力は、人事担当者による採用決定や政治家候補の機会、さらには給与にも影響を及ぼす。美容整形が急成長事業であると聞いても、驚くべきことではないだろう。身体的魅力度を一、二段押し上げるようなどんな外科処置も、それだけで元がとれると考える人はいるかもしれない［★4］。

私たちは容姿端麗な人を好意的に見るため、結果として有利に扱い、注目しがちである。こうした好意的扱いは、当人の最高資質を引き出し、自信を持たせることへとつながる。この**好意的待遇**と**好意的反応**の循環を明らかにした実験がある。実験では「懇意になる」場面における男子学生の行動が観察された［★5］。

男子学生は女子学生とペアになり、対面ではなくインターホンを介した会話で、懇意になるよう求められる。男子学生はそれぞれ相手のスナップ写真を含む情報ファイルを受け取る。読者はすぐ気付かれたかもしれないが、研究者はスナップ写真に一定の操作を加えた。男子の半数は非常に魅力的な女子学生と、残った半数はあまり魅力的でない女子学生と会話しているように思い込まされた。

予想どおり、話し相手を非常に美しい女性と思って会話した男子は、さまざまな性質を好意的に評価した。彼女は落ち着きがあり、ユーモアに富み、社交的で、全体にとてもすばらしい女性だと推測したのである。魅力的でない女性と会話したと思った男子は、相手の特徴や行動に関する印象は曖昧だった。写真の違いは相手となった女性の振る舞い方にも影響を及ぼした。もちろん彼女たちは相手の男子学生がどんな写真を見ているのか知る由もない。女性の会話録音をまったくの第三者に聞いてもらったところ、魅力的と思われて会話した女性のほうが、自信にあふれ、すてきだと判断された。美しい（ただし想像上）写真を見ながら男子学生が肯定的態度で接しただけで、インターホンの向こう側にいる女性の優れた面が、実際の外見とかかわりなく引き出された。

外見の向こう側――近接性と熟知性

身体的魅力は確かに人を引き付ける主要な要因ではあるものの、他の要因もかかわっている。たとえば近接性、つまり互いの近さはそれだけで、現実生活場面において実際に会う相手の範囲を限定する。私たちは頻繁に会う人、言い換えれば隣にいる男子や女子と親しくなり、結婚する可能性さえある。しばしば彼らは、同じ職場で働き、同じ地区に住み、同じ授業をとり、毎日同じ電車に乗る。

近接効果の明確な理由は、近くにいることで出会い知りあうきっかけが多いことである。それによって親しくなることは十分に予測される。その意味で、熟知は無視を生む〔慣れすぎは侮りのもと〕という古い諺は正しくない。熟知が生むのは無視ではなく好意だからである。

熟知性は人に対してだけではなく、新奇刺激に対する好みにも影響する。心理学者のロバート・ザイオンスは、いささか風変わりな研究を行った［★6］。実験参加者は、たくさんのさまざまな多角形を、千分の一秒という、ほんの一瞬だけ見せられる。そのあとで、ザイオンスはすでに見せた多角形と他の多角形を交ぜて実験参加者に示し、それぞれの好意度と先ほどそれを見た記憶があるか答えてもらった。記憶テストの成績は予想を下回った。しかし奇妙なことに、彼らは、先の実験で見せられた多角形を、新たに見せられたものよりも「好き」と答えたのである。顕著と言うわけではないが、実験参加者は以前見たことがあると認識していないにもかかわらず、一瞬目にしたという単純な理由で、見たことのある多角形にはっきりと愛着を示した。

類似性

相容れない二つの諺の真偽判断は、心理学共通の研究課題である。たとえば「同じ羽の鳥は同じ場所に集まる」〔類は友を呼ぶ〕のだろうか。それとも「正反対同士は引かれあう」のだろうか。この問いの答えはよく論じられ、それによれば、羽のほうが磁力よりも強力である。研究につぐ研究で、人は態度や考えの似た人に好意を抱く傾向のあることが明らかになっている。この発見は**魅力の法則**と呼ばれる。ある代表的実験を紹介しよう。実験参加者は、クラシック音楽の鑑賞時間や子供のしつけに関する考えなど、さまざまな話題に関する判断を選択形式で答えた。そのあとで彼らは別の人の回答を見せられ、その人に好意を持てそうか判断した。その結果、両者には線形関係、つまり態度の類似度が高くなるほど、その相手に感じる魅力度も直線的に高まる関係が認められた。

魅力の法則は、態度の共有率で好意を予測する。共有態度の個数ではない。共有率はオンラインでの対人魅力でも使える数値変換である。たとえば、あなたは六つの論点に関するジェーンの意見を知っていて、その半数はあなたも同意見であるとする（共有率五〇％）。ジャックはさらに多くの意見を表明していて、その一〇個の論点中四個があなたと同意見であるとしよう（四〇％）。あなたが他の論点でジャックと同意見だったとしても、ジェーンに好意を持つ可能性のほうが高い。共有率が高いからである。もちろん私たちは現実世界で、この割合を電卓で厳密に計算しているわけではないが、こうした働きは見られる。

ユーモア

誰か笑わしてくれる人がいたら、その人を私たちはもっと好きになるのだろうか。それは状況によるというのが答えである。社会的魅力の研究で、メリッサ・ブクルジャ・ワンザーたちは、ユーモア感覚と社会生活に関する質問紙調査を行った。回答者たちは、さらに自分の知り合い二名に少し内容の異なる別の質問紙を渡すよう言われた。そのなかには回答者のユーモアと魅力を評定する質問が含まれていた［★7］。

その結果、回答者は全体として自分のユーモア感覚を的確に把握していることが確認された。しかし社会的魅力の評定は、その人がふだんどのようなユーモア表現をするか、その種類で異なった。他人がジョークの種になっている場合、対人魅力はさほど高くなかったが、自分をネタにしている場合はそうではなかった。知り合いから最も楽しいと評価された人は、孤独感を表すこともほとんどなく、そのことは好意をいだかせる基準となり、本人もそのことに気付いていている。

「あなたは私が好き」と「私もあなたが好き」の螺旋

誰かがあなたを好きであると、あなたはその人を好きになりやすい。その理由の一部は次のとおりである。誰か他の人に好かれると、あなたはうれしい気持ちになり、自分に魅力を感じた他者の存在は自尊感情を高め、温かく、やわらかいものに包まれているように感じ、満足感も得られるからである。誰かに好かれていると知るだけで、それは自尊心を高揚させ、次にその人に会うときは少々異なり、おそらく少し温かくやさしく振る舞うだろう。相手もその変化に気付いて好意的に反応し、好意は強まり、これまで以上にやさしく接するようになるだろう。ちょうど身体的魅力が好意的待遇と好意的反応という螺旋状況を生み出したように、他者から好かれている状態も好意を生み出す。

これを実証した実験があり、それは青年がときどき友人関係を刺激するために使う「匿名の手紙」を思い起こさせる。いたずら者がからかいの標的として定めた級友に無署名の手紙を送る。そこには相手の長所と魅力を賞賛する言葉がつづられている。差出人をほのめかすヒントが散りばめられ、狙われた級友の行動は変わる。誰かから好意を寄せられていると信じ、彼女は差出人と思しき人に強い好意をいだき、行動も変わる。

この研究で実験参加者はランダムに二条件に分けられ、それぞれ相手から好意を持たれている、あるいは持たれていないと思い込まされた。そのあと二人が対面すると、その人から好かれていると告げられた実験参加者はより感じよく振る舞い、自分に関する詳しい情報を開示した。相手となった人は、今度は自分のことを好ましく思っている人との関係を発展させようと応じ、嫌われていると思っている人にはいやいやながらの対応をした。二者間の螺旋は急な動きを見せ、好意によって急上昇し、嫌悪によって急降下した。最初の「匿名の手紙」は、このように連鎖反応の触媒として働いた。一方は対人魅力の上向き螺旋、いわば相互賞賛を生み出し、もう一方は二者間に嫌悪を生じさせた[★8]。

対人魅力に関する知見にはとても興味深いねじれが見られる。つまり、最初の段階で畏敬の念を持たれないと、誰かに認めてもらえるまでに一苦労する。もし相手の気持ちを変えることに成功し、好意的に見てもらえるようになると、人は相手以上に強い好意をいだきやすい。

社会心理学者のエリオット・アロンソンとダーウィン・リンダー〔一九六五年の発表論文〕は、実験室でこの現象を検証するため、独自の方法を考え出した。「陰謀の奥のそのまた奥の陰謀」とでも言うべき方法である。女性参加者が実験室に到着すると、実験者から、研究目的は言語的条件づけであり、もう一人の実験参加者がまもなく到着すると説明を受ける。「もう一人の実験参加者」は実際には研究協力者である。実験者は、実験の遂行には二人の参加者が必要で、一人は「助手」役、もう一人は実験参加者であると説明する。そして、先に来た人に「助手」を務めてもらうと告げられる。

「助手」役を務めることになった真の実験参加者は、実験者と、あとから来るもう一人の実験参加者である女性との会話を聞き、その人が複数名詞を何回使うか、その回数を数えてほしいと依頼される。実験者は、複数名詞の使用頻度を増やそうとして、彼女が複数名詞を使うたびに（「うんうん」というあいづちで）言語報酬を与える。その後「助手」が会話を引き継ぐが、言葉による報酬は与えない。実験者は「実験参加者」が複数名詞を使う頻度が通常より増えるかどうかを調べる。つまり、相手が代わっても言語条件づけが引き継がれるのか見ようとした。実験者と助手は交替で、それぞれ七回「実験参加者」と会話を行った。

研究者は、陰謀の奥にさらに陰謀を仕込んだ。助手は研究者から、実験参加者に研究の真の目的を知られないことが重要であり、対人魅力の実験である（！）と、虚偽の説明をしてあると聞かされた。助手と実験参加者の会話が終わるたびに、実験者は実験参加者に助手の印象を尋ね、別の実験補助者がそれを助手に伝える。落とし穴はここにある。「助手」は複数名詞の計数という骨の折れる仕事をしつつ、自分に対する「実験参加者」の評価を聞かされる。「実験参加者」は実際には研究協力者なので、「助手」は、実験者が自分に聞かせたかった内容を一言漏らさず聞きとることになる。助手が聞かされる内容は一連のシナリオに沿っている。その内容は、助手に対する実験参加者の評価が、最初から最後まで一貫して好意的である、あるいは非好意的であると思わせるパターンと、時間とともに変化したと思わせるパターンの二つである。「助手」役を務めた本当の実験参加者のなかには、第一回で非好意的評価を聞かされ、各回の会話が終わるごとに評価が肯定的になっていく「獲得」を経験する者もいれば、回を重ねるにつれ次第に否定的評価になっていく「損失」を経験する者もいた。

この実験は心理学研究の「盗まれた手紙」賞に値する〔エドガー・アラン・ポーの短編小説。隠したいことをあえて隠さないことで相手の盲点を突く技法が使われている〕。対人魅力が本来の研究主題であるのに、それを偽るための隠れ蓑であると真の実験参加者に説明した点が非常に巧妙である。この策略は見事に成功し、実験参加者は聞かされた評価がシナリオに沿ったものとは夢にも思わなかった。

真の実験参加者は、思いがけず聞かされた自分への評価にどう反応したのだろうか。実験参加者〔研究協力者〕に最も強い好意を抱いたのは、心理的**獲得**を経験した女性だった。その次に好意度が高かったのは、最初から最後まで一貫して好意的評価を聞かされた女性である。最も嫌悪が強かったのは、半分過ぎたあたりから非好意的評価に変わるという、損失を経験した女性だった。途中から好意を示し始めた人に高い好意を持つのは、一つには、相手を味方につけることに成功したと確信するからである。私たちは次のように推測する。最初の非好意的な見方は誤解にもとづいていて、自分のことを知るにつれ、相手は自分がたいへんすばらしい人間であることに気付いた。このことは、自尊感情を高める推進力になり、それは最初から自分を好意的に見ていた人から感じられる力よりもはるかに強い。結局のところ、初めから自分に好意をいだいた人は、へつらっていただけかもしれないし、(外見的魅力のような) 表面的特性に反応していただけかもしれないと見なされる。

自分への評価を下げた人に対する嫌悪は、いっそう極端になる傾向がある。私たちは、初めから自分を否定的に評価した人を、自分のことを知ろうとしなかった人として片づけてしまう。しかし、最初は自分に好意を持っていた人が、自分を知るにつれ心変わりしたことを知ると、自尊心に非常に大きな打撃を受ける。

ふさわしい「相手」を探す

多くの人は、自分が身体的魅力や望ましい他の資質というものさしでどのあたりにいるのか、ある程度認識している。人には、最も容貌の優れた理想の相手を求め続けるよりも、社会的望ましさの点で釣り合う人とペアになる傾向がある。たとえば、夫婦は魅力の点で似ているだけでなく、知性や自尊心、その他の特性でも似る傾向にある。

相性判定の過程は、まだ会ったことのない人に近づこうかどうか考えている早い段階から始まるようである。大学キャンパスで行われた初期の研究で、学生は六人の交際相手候補の写真を見せられた。表向きは、コンピュータで合う相手を選んだと説明される。そのあと、実験参加者となった学生は、近々開催予定のダンスで、踊りたい相手一人を選んだ。魅力的な容貌の学生は、容貌の最も魅力的な写真を選ぶことが多く、魅力を欠く学生は、自分に近い魅力度の写真を選んだ［★9］。この実験は先のダンス実験とは異なる。学生たちは実際に会う前に相手を選択しているからである。おそらく、あまり魅力的でない学生は、拒否されたくなかったか、夕方までに心変わりされるのではないかと心配することを望まなかったのだろう。

オフラインで見た対人魅力の過程をもとに、オンラインで起きることを見てみよう。

オンラインにおける対人魅力

インターネットの草創期、人々はチャットルームやニュースグループ、掲示板、MUD、ゲームで、またメールでのテキスト・コミュニケーションを通じてオンライン上の接触をはかっていた。彼らはあとから写真を送ったり、電話したかもしれないが、最初のやりとりはテキスト中心だった。インターネットは身体的魅力の出番を封じ、多くの人はさまざまな要素で他者と知り合う機会を楽しんだ。当時、こうした状況でも継続的つながりが形成されるのか疑問視されていたが、実際のネット参加者の意見は正反対だった。

ある初期の研究で、ニュースグループの投稿者たちが調査され、サイバースペースにおける友人関係の形成、また彼らがその友人関係についてどう考えているかが調べられた［★10］。対象となったニュースグループは広範囲にわたり、comp〔コンピュータ関連〕階層から、お笑いのrec（娯楽）階層やalt（その他）階層まで含まれていた。その目的は、コンピュータ専門家にとどまらない、さまざまな人を調査することにあったが、回答者は自ずとニュースグループ利用者に限られる。もちろん、初期のインターネット利用者全体に占める比率は低い［★11］。

三分の二近い回答者が、ニュースグループで出会った人と個人的関係を「築いている」と答えたが、この人たち全員がコンピュータ・フォーラムに集うわけではない。回答者の参加ニュースグループの分布とほぼ同じであった。内訳では同性よりも異性との交友関係のほうがいくぶん多く、恋愛感情が芽生えた例もある（七・九％）。

身体的魅力が使えないとき、どんな変数が魅力を規定するのだろうか。現実生活場面で働く他の多くの変数が関係するものの、それらは異なるやり方で働く。

近接性と熟知性——ネットの隣人は誰か

たとえばインターネット上で、近接性および、それに連動する熟知性に相当する概念として**接触頻度**がある。これは、現実生活での近接性を意味する地理的距離とは明らかに異なる。ここでの接触頻度とはネット上で他者と遭遇する頻度をさす。オンラインで友人になる可能性のある人は地球の反対側にいるかもしれないが、同じディスカッション・フォーラムに参加し、同じ記事にコメントし、同じオンラインゲームに同時に参加することで頻繁に出会う人でもある。そこにはおそらく近接効果が見られるだろう。たとえばニュース記事のコメント欄で、コメント投稿者たちは互いのニックネームをよく知っていて、やさしく挨拶を交わす。

実際、近接効果はオフラインよりもオンラインのほうが強いかもしれない。ネット空間によっては出入りが激しく、参加してもすぐ消えてしまう人は少なくない。広大なインターネット上では知らない人と一回接触しただけでも、次にその人に出会うと近接効果が働くかもしれない。

ニュースグループ読者の調査によると、オンライン上の関係で強い影響力を持つ近接効果にはもう一つの特徴があるという。オンラインで友情を築く人と、そうでない人とでは、投稿閲覧頻度にほとんど差が見られない。しかし、参加度で両者には差が見られた。めったに投稿しない潜伏者〔もっぱら読むだけの人〕は友人を作ることはあまりなく、そこにただ「いる」だけでは不十分と言える。他者と接するためには見える存在でなければならない。つまり、それは発言する（あるいはたくさん書く）ことを意味する。当然ながら、あなたの発言は自分が魅力的に見えるかどうかを左右するが、この調査によればインターネットで一人寂しくしている人は積極的参加者にくらべ、個人的関係を築く可能性が低い。

現実生活での近接性が魅力を高める一つの理由は、相手との近さがその後の相互作用を期待させ、予期させることにある。ある人が同じ地域に住んでいれば、その人と再び出会う可能性は高まり、あたたかく接するようになるかもしれない。ねじれた結論に至ったある研究で、ジョセフ・ウォルサーは、将来の相互作用を予期することが、オンラインでも他者に対する行動で重要な役割を果たすことを明らかにした〔★12〕。ボランティアの実験参加者は、実験が数週間続く予定であるとあらかじめ告げられた。ウォルサーは、到着したばかりの実験参加者を作業のために少人数集団、つまりオンラインチャットシステム、非同期コンピュータ会議、対面、のいずれかに割り当て、討議課題に取り組むよう教示した。ある集団には、実験期間中は同一メンバーですべての課題に取り組むと伝え、それ以外の集団には課題が完了するたびにメンバーを入れ替えると伝えた。その後、すべての集団は第一回の「打ち合わせ」を行い、割り当てられたメディアで討議し、最初の課題を完了した。

最初の「打ち合わせ」が終わった時点で、ウォルサーは実験参加者に実験の感想と他メンバーへの態度を評定してもらった。評定を記入し終えると、彼らはいきなり実験終了を告げられ、驚いた。実験の結果、同一メンバーで今後も課題に取り組むつもりだった人たちは、そうでない集団の人たちにくらべ、やさしく親しげに、そして全体にあたたかみのあるやり方でやりとりしていた。しかも彼らは、割り当てられた手段に関係なく、互いに率直で、親密さを表現していた。

この単純な要因は、インターネット上でいろいろなやり方で展開しているはずである。パーティや授業、ゴルフコースでの友人の友人に、SNS上でばったり出会うかもしれない。専門家団体の合議用メーリングリストであれば、今後の会議でそのなかの誰かと会う可能性は十分ある。オンラインで出会い、敵を倒すために協力するゲーマーでも、いつか偶然出会うかもしれない。現実生活で引退した有名なあるゲームプレーヤーは、全国を旅しながら彼のギルドメンバーが住む都市に努めて立ち寄るようにしていた。こうした人々は単なる通りすがりではない。拡張された相互作用への期待と可能性は、オンラインで他者とどう振る舞うかに影響を及ぼす。

類似性――類は友を呼ぶ

魅力の法則は、印象形成に際してふつう用いられる視覚的な非言語手がかりの少ないオンライン上で、どのように働くのだろうか。人は、相手が自分とどのくらい似ているかについてあまり考えない。魅力の法則は、多くの「早合点」や誤解を引き起こすかもしれない。ディスカッション・フォーラムでエミリーの投稿を読み、環境保護に対する意見が自分と同じことを知ったとする。彼女についてこれしかわかっていないのであれば、態度の共有率は一〇〇％という途方もない数字になる。現実生活で彼女に会ったとしよう。常に認知的倹約家であるあなたは、彼女の服装や年齢、外見、表情、話し方、アクセントから、彼女の態度についていろいろ推測をめぐらせることだろう。その推測は誤っているかもしれないが、とにかく、ある一定の印象を形成するはずである。そのなかには、さまざまな話題に対する彼女の態度に関する推測も含まれよう。たとえば、もし彼女がオートバイ用ブーツを履き、革ジャケットを着ていたら、オートバイ乗りに対するステレオタイプと彼らの物腰がすぐ頭に浮かぶことだろう。彼女の態度に関する知識あるいは知っていると思っていることがらは、直接会うことで格段と増える。その結果、二人の態度共有率は当初の一〇〇%から大きく低下する。

ディスカッション・フォーラムにおける二人のやりとりに関する研究は、いかにわずかな情報で愛着が形成されていくのかを教えてくれる［★13］。「リック」は、以下のような書き込みで「ジャネット」と知り合いになっていく。

こんにちは！　こういう掲示板で中国人に会うことはめったにありません。もっと詳しくあなたのことを教えてください。僕も自分のことを書きます。でも心配しないで。ただ、お友達になりたいだけで、……それ以外のことは考えていません。返事をお待ちしています。

たった二つの断片情報で、リックはジャネットに魅力を感じた。つまりジャネットは中国系で（リックも）、同じフォーラムに参加している。そのことに限れば、類似率は一〇〇%であり、ジャネットはすぐに返事した。何ヶ月か詳しい情報をやりとりしているあいだに、二人の特徴の類似率は劇的に低下した。ジャネットは、自分が本の虫で、テレビを見るのが好きで、ピアノを教え、車の運転がとても苦手だと明かした。リックは、自分が自動車狂で、ペットの魚を世話しきれず死なせた経験があり、読書は好まない、と書いた。当然ながら、彼らのメッセージはやがて短くなり、回数も減り、最終的に途絶えた。対人魅力のレベルは態度共有率とともに下がった。

相互好意

「あなたは私が好き、私もあなたが好き」の螺旋は、やさしく微笑み、背中を軽くたたいて褒めるのとは異なる方法で好意を示そうとする。誰かがあなたのフェイスブックの投稿に「いいね！」をクリックし、インスタグラムの写真に親指を立てると、他のどんな社会的状況でもそうであるように、認められ、好意を持たれた気持ちになる。たとえ、その人を知らなくても、その人は自分に好意的であると感じ、それは心強いニュースとなる。

オンラインで好意を示す最も重要な手段は、間違いなく注目そのものである。「いいね！」や「お気に入り」「フォロー」「親指を立てる」をクリックすることは、肯定的注目レベルの明確な測度である。集団討論で、ある人のメッセージに応答し、同意や支持を表明し、名前で言及することも、その受け手にとって心強い手がかりであり、大きな報酬である。それは、とりわけ好意を伝えるためにふだん用いる他の方法が利用できないとき、あてはまる。微笑んだり、近づいたり、うなずいたりできなくても、「ジャックが言ったように……」あるいは「ジャスミンの考えは正しくて……」「私はファンの説明の仕方がいいと思う」と書けばよい。

対面相互作用において、最初は非好意的でも、その後、理解が深まり、好意的に変わった人に私たちは強い好意を抱く。そのパターンは前述したとおりであるが、オンラインでは異なるかもしれない。オンラインでは容易に、いまの相互作用から抜け、別の相互作用に移動できる。その場所で好意を持たれる保証はないかもしれない。誰かに最初から嫌われてしまうと、その人から尊敬を得るのは難しく、それをなんとかしようとする気にはならないだろう。別の場所でやり直せばいいからである。私たちが相互作用可能な「そこにいる」人の数はあまりも多く、そのためたった一回の非好意的コミュニケーションで、ゲームは突然終焉するかもしれない。現実生活であれば、あなたが新たに知り合った多くの人は、そう簡単に消え去りはしない。あなたが知り合いになったのは、その人が同じ地域に住んでいたり、隣の職場で働いたりしていたからであり、その人を避けようとしてマウスでクリックするわけにはいかない。オンラインでは「獲得」力を生かす機会がほとんどないからである。本章後半で見るように、これはオンラインデートの重要な要素である。

プロフィール写真

身体的魅力の圧倒的優位性は、自己紹介欄にプロフィール写真や動画を簡単にアップロードできるようになって、一気に開花した。いわゆる公平な場が消滅し、人々の印象形成で、再び容貌が重視されるようになった。

たとえばフェイスブック利用者の研究で、研究者は三通りの架空プロフィール画面を用意した。魅力的でない人の写真、魅力的な人の写真、写真なし、の三通りである。実験参加者はそのどれかのプロフィール画面を見て、その人物を、友達として追加するか、その人からの友達リクエストを受け入れるか、その人のウォールに書き込むか、その人を「Poke《つっく》」〔親しみを込めた挨拶を送ること〕するか、それぞれの意向を評価した[★14]。

男性、女性どちらの評価者も、写真の人が魅力的だったとき、特にその人物が異性だと、友達になりたいとの意向が強かった。写真なしプロフィールは魅力的でない写真付きよりも高く評価され、それはとりわけ女性のプロフィールを見た男性で顕著だった。

対面場面と同じく、私たちには美しさと良さを結びつけて考える傾向がある。ソーシャルメディア上の魅力的写真は、その人の他の望ましい特性、つまり自信や思いやり、知性、人気まで備えているようにオーディエンスに思わせる。そして、その**好意的処理**効果は、人々がオンラインでどう見せるかに影響を及ぼしている可能性もある。ある研究で研究者は、デートサイト上で本人が作成した男性のオンライン・プロフィールを一〇〇点選び、そのなかの写真の魅力度を評価した[★15]。さらに、プロフィールから自己紹介文を抜き出し、女性参加者に写真と紹介文をそれぞれ別々に評価してもらった。

女性評価者は誰一人として、写真と紹介文を正しく組み合わせられなかったものの、両者の評価には高い相関が見られた。つまり、とても魅力的と判断された写真には、魅力的評価の高い自己紹介文が組み合わされた。魅力的なプロフィール写真の男性は、自信はじめ他の望ましい特性を醸し出しているかのようだった。それは彼らが自己紹介文を作る際、おそらくそれに好意的に反応する他者のことをよく知っていたからだろう。

人気

人気は、身体的魅力と関連するが、出会ってすぐわかるものではない。パーティでは、見るからに魅力的な人に衆目が集まり、それは人気の高さをうかがわせる。しかし、仕事や授業、職場、スポーツ行事、その他多くの場面で、人の人気はよくわからないことが多い。

しかし、ソーシャルメディアでは友達やフォロワーの人数が目に入る。第2章で、友達の数がその人の印象に与える影響、そして、その数字が外向性と社会的魅力の指標になっていることを見た。しかし、その関係は線形ではない。つまり、極端に友達の数の多い人は、ある程度自己愛的に見られることもある。

オンライン・プロフィールでわかる人気の測度は、対人魅力にどう影響するのだろうか。第2章で見たように、スコットランドの研究者はフェイスブックの架空プロフィール画面を作り、オンライン行動痕、つまり友達の数、他者によるウォール投稿数、友達のサムネイル写真の数に手を加え、人気度を操作した。「人気のある」ユーザーは、友達が三三〇人から三四〇人のあいだで、サイトの写真の多くをタグ付けしていた。ウォール投稿では、「人気のある」プロフィールには、本人の書いた二件の投稿と、他の利用者が追加した五件の投稿が含まれた。対照的に、人気のないプロフィールは、友達が九〇人から九九人のあいだで、タグ付けされた写真が少なく、ウォール投稿でも本人の書いたものが上回った。「人気のある」プロフィールも「人気のない」プロフィールも、プロフィール写真はすべて適度な（そして同程度の）魅力度にされた。

実験参加者は、これらの架空プロフィールから人気の手がかりを的確に見つけ出したうえで判断をした。「人気のある」ユーザーは、人気が高いと判断されただけでなく、社交面、身体面ともに魅力的で、気さくで外向的と見なされた。身体的魅力の評定に及ぼす影響は特に重要である。人の見た目がその人の持っていそうな他の多くの特性に関する判断を左右するのとは逆に、見た目の判断をオンラインでの人気ぶりが左右するからである。

自己開示

他者と密接な関係を築くためには、一定程度の親密さと自己開示が欠かせない。少しずつ、自分の気持ちや夢、落ち込んだことを打ち明けていくと、あなたはその人を心地よく感じ始め、拒否されたり非難されたりすることはないだろうと確信するようになる。ふつうこうした親密さを達成するとき、私たちは互恵性に頼る。あなたが自分自身について何か話したら、私も自分について何か話そうとなる。時間とともに、この交換は深まり、互いにますます多くの情報を開示する。自己開示というダンスはデリケートであり、潜在的問題もはらむ。もし、あなたが心の内を吐露したのが早すぎたり、不適切な場面だったりすると、相手に情緒不安定と思われるかもしれない。

コンピュータが介在する環境は脱抑制、つまり人間行動における日常的制約からの解放を促す。たとえば臨床心理学者はオフィスに初めてコンピュータを導入したとき、アプリケーションの一つとして、患者カルテや請求書作成に加えて面接ソフトもインストールした。患者は端末の前に座り、自分の個人情報や悩み、行動信念に関する質問に答えると、コンピュータはその回答を忠実に記録するようになっている。当初、コンピュータによる面接は議論を呼んだが、確かに時間の節約になった。多くの臨床家は、患者は人間との対話で信頼関係を構築すべきであると考え、こうしたソフトを使わない人はいまでも多い。しかし、不思議なことが起き始めた。人がその都度書き留める面談にくらべ、コンピュータによる面接のほうが患者は進んでいろいろ話すように見えた。

人は対面よりもオンラインのほうが深い自己開示をするのだろうか。その証拠はさまざまあり、一致しない。多くの研究で、人は親しい友人とは対面のほうが親密な会話をすると答えていることも関係していよう［★16］。しかし、いくつかの実験で、ある特定のオンライン環境のほうが対面場面よりも深い自己開示がなされることが確認されている。たとえば、ある研究では、まったく面識のない学生同士がペアになり、次のようなジレンマにおいて合意に達するまで話しあうよう求められた［★17］。

一〇〇パーセント安全な核シェルターが世界に一つだけあり、そこには五人しか入れない。核戦争になったとき、あなたや家族、友人を除いて、シェルターにはどの五人が入るべきか。

オンラインチャットで話しあったペアは、対面で話しあったペアにくらべ、自分たちの個人情報をより多く開示した。これは特に、ウェブカメラで互いが見えないペアにあてはまった。匿名感覚は、他の文脈で見たように、より多くの脱抑制をもたらす可能性がある。

追試実験で、この研究者たちは、オンラインでコミュニケーションするペアに対して私的自覚状態と公的自覚状態の程度を操作した。彼らは、チャット入力中の私的自覚状態を高める条件では、個人のコンピュータ画面に各参加者のビデオ会議映像が表示されるようにした。しかし、その映像を見られるのは本人だけであると言われた。自分自身のライブ映像を見ることは、確実に自分自身と自分の外見に注意を向かわせる。公的自覚状態を高める条件では、各参加者が写るようにビデオカメラを取り付け、相手が自分のライブ映像を見られることを説明した。そして、話しあいの終了後、相手と対面することになっていた。

最も多く自己開示がなされた条件はどれだろうか。それは私的自覚状態を高められ、公的自覚状態の低いペアのあいだだった。

入力した内容が他者に読まれるとわかっていても、キーボードで打っていると自己開示がより促されるという傾向は、オンラインでの対人魅力にとって重要な要因である。確かにキーボードは、人間味のない冷たいメディアにもなる。しかし、自己開示はジョセフ・ウォルサーが**超個人的**と表現したものにもなりうる［★18］。コンピユータ画面に向かうと、人は匿名性や距離、物理的安全を感じ、脱抑制状態に置かれているとの感じを持ちやすい。前章で見たように、ときとしてこうした感情は攻撃行動となって爆発する。しかし文脈次第では、画面の向こう側にいる未知の相手に、隣人以上の親近感を抱く。さらに深く自分自身をさらすかもしれないし、強い魅力を感じ、気持ちを吐露するかもしれない。その人に対して、人は、キーボードに向かうと、自分自身や自分の言葉、伝えようとする感情に集中できる。自分の外見や服装、過体重を心配する必要はない。「ウエスト・サイズは頭の痛い問題である」が、ウォルサーが示すように、オンラインではメッセージにエネルギーを集中させられる。

いくらかのオンライン相互作用に見られるこうした超個人性も、相手の人格をどこまでも理想化するように働くため、とりわけ重要である。名前や住所、電話番号は知らないまま、自分の人生にかかわる個人的内容をとても詳しく話してくれた「ムーンライト」としてのみ知る女性は、わずかな虹色の筆さばきで描かれたキャンバスのようなものである。あなたは、このミニマリストのキャンバスの空白部分を、想像のおもむくままに描くことができる。

嫉妬、監視、インターネット「クリーピング」

オンライン環境が人間関係に影響を及ぼすもう一つの方法は、相手が何をし、何を考えているかに関する情報をより多く入手しやすくさせることである。ソーシャルメディアのヘビーユーザーにとって、その情報は、野球場にいる友人の写真から二人だけの親密な投稿まで、非常に広範かつ個人的なものである。グレッグとステラというペアを想像してみよう。二人は最近パーティで知り合い、もう一度会ってデートしたいと思っている。どちらもまず相手のソーシャルメディアのプロフィールを確認するはずである。やがて彼らの関係が開花し始めると、フェイスブックや他のソーシャルメディアにあらわれる相手の活動を互いに監視し始めるに違いない。

研究結果によると、フェイスブック利用は一種のフィードバック・ループとなって、嫉妬と疑念という二つの感情をもたらす。グレッグとステラが監視をすればするほど、彼らは相反する情報に接する機会も増え、それは不安の種と化し、いっそう監視に向かわせる。ステラは、グレッグの知らない男と一緒の写真を追加するかもしれない。するとグレッグはその男の正体を追求しようとする。あるいは、グレッグの動画にマーシーがコメントするかもしれない。その結果、ステラはマーシーを詮索し始め、グレッグとの関係をいろいろ知ることになる。

大学生を対象にした調査研究では、フェイスブックの総利用時間と嫉妬感情、嫉妬行動とのあいだに強い関連が見出された［★19］。この調査に参加した多くの学生は、こうした問題を認識しているらしく、次のように述べた。

私は、彼女が浮気をしないと確信しています。けれど誰かが、彼女のウォールに投稿したら、彼女で本当に良かったのだろうかと思わざるをえません。それは、パートナーのことを実際にはよく「わかって」いないのではないかという気持ちにさせるからです。

私はもともと嫉妬深いほうで不安でしたが、フェイスブックはそんな私をどんどん悪化させたと思います。

確かにパートナーが、フェイスブックなしでも妬むようになることはありうる。しかしソーシャルメディアサイトで、彼らは嫉妬を誘発する「引き金」にさらされる。パートナーは知る由もないまま、それらに長い時間さらされる。もしパートナーがすでに不安状態にあると、これらの引き金は、監視を強め、状況を悪化させかねない相反する手がかりにさらす。これを、マーシーがステラの前でやさしく微笑みながらグレッグに近づく場面と比較してみよう。グレッグはその場で、おそらく自分の姉妹としてその人を紹介し、強い不安の原因となる両面感情を取り除くようにする。

ソーシャルメディアには関係解消後の感情的回復を妨げる危険性もある。破局後、新しい関係の兆候を調べるために、人はよく元パートナーのプロフィールをチェックする。こうした解消後のフェイスブック監視を扱った研究がある。研究者たちは彼らに、元パートナーとのオフライン、オンライン両方における付き合いのようすや、苦痛の程度を尋ねた［★20］。回答者の五七％はフェイスブックの友達として残ったままで、その九割あまりは元パートナーの写真やウォール投稿、コメント、近況アップデートがすべて見られると答えた。たとえ自分が元パートナーの友達でなくても、また元パートナーが自分の友達でなくても、元パートナーのプロフィールの公開コンテンツをいまでも見られる。

監視のようすを調べるため、回答者に元パートナーのプロフィールと友達リストをどのくらい頻繁に見ているかを聞いた。その結果、頻繁に監視する人は、元パートナーとの別離を克服するのが最も困難だった人であり、なかでも、すでにフェイスブックの友達ではない人が多かった。

「フェイスブック・クリーピング〔忍び込み〕」や「フェイスブック・ストーキング」のような言い回しは、パートナーや元パートナー、元パートナーの新たな交際相手、他の誰かの監視といったことをさす表現となっている。ブロガーのエマ・ゴールデンは、元ボーイフレンドの一番新しいガールフレンドが自分のインスタグラム・サイトに忍び込んだようすをどう知りえたか書いている［★21］。その女性は、エマの写真に「いいね！」をクリックし、数分以内に素早く削除したが、すでにエマは証拠として、その画面を撮っていた。エマは彼女が自分のソーシャルメディアサイトに「数え切れないほど」侵入を繰り返していると明かすが、なんらかの侵入痕跡を残すようなヘマをするよりはマシだと自覚している。彼女はストーカーたちに、そっと歩き回るためのアドバイスさえする。

人々が、ある人に出会い、その関係を発展させ、終わらせる方法が、オンラインとオフラインとでおおいに異なるとすれば、理想の人との出会いを主目的とするオンライン世界はとても魅力的な驚きをもたらすであろうと予想される。では次にオンラインデートを見てみよう。

オンラインデート行動の心理学

「私たちは数学を使ってお相手を紹介します」とうたうのは、急成長しているデートサイトのオーケーキューピッドである。ここを含め何百ものデートサイトには、特別な誰か、つまり遊び相手やいっときの浮気相手、生涯の伴侶との出会いを求めて世界中から人が集まる。多くのサイトは嗜好や層で限定する。一例を挙げよう。五〇歳以上のためのアワタイム、思索家のためのインテレクチュアル・パッション、経営者や専門職のためのルビー・レーダー、元気なスポーツ愛好家のためのフィットネス・シングルズがある。

出会いの仲介は、『屋根の上のバイオリン弾き』を見た人であれば誰もが知っているように、けっして新しいものではない。第三者が相性の良い二人を引き合わせることは、世界中の多くの文化でよく見られる。しかしインターネットは、引き合わせの仕組みに根本的変化をもたらした。

どんな人がオンラインデートサービスを利用するのか

オンラインデートに対する態度は年月とともに大きく変化し、最近の調査によれば、オンラインデートは現在の主流である。ピュー研究所の、インターネットとアメリカ人の生活プロジェクトの調査によると、アメリカ人の一〇人中一人はオンラインデートサイトやモバイル・デートアプリを使用していて、その三分の二はサイトで知り合った人と付き合っている[★22]。「独身で相手を探している」人たちにとって、オンラインデートサイトは人気も高く、三八%がこの種のサービスを利用しているという。

当初は大勢の男性がオンラインデート世界に押しかけたが、このサービスが知られるようになるにつれ、性比は半々に近づいている［★23］。デートサイト人気を支える層は、二五歳から三四歳の、大学に在籍した経験があり、五万ドルから七万五〇〇〇ドルの収入を得ている人たちである。しかし、登録者の年齢や民族、社会経済水準はあらゆる層に及ぶ。また少数ではあるものの、急増している層が五五歳以上の集団で、配偶者を離死別で失った人たちである。数多くのオンラインデートサイトは、増えつつある熟年層のデート希望者を引き付けようと躍起である。

「ロングテール」現象

デートサイトは、さまざまな方法で潜在顧客に利用を訴える。その結果、ニッチサイトが増え、いわゆる「ロングテール」現象が生まれている（図5・1）。デートサイトは開設コストが低く、非常に限られたオーディエンス層に特化したサイトでも利益をあげられるからである。巨大な大衆向け商品市場は、もはやかつてほど優勢でなく、小さなオーディエンスをかかえる多くの専門サイトに道を譲っている。

たとえば、シュガーシュガーは「恋とお金が出会う場所」であり、裕福な中年男性《シュガーダディ》と若い女性《シュガーベビー》の出会いの奥ゆかしい場であると自慢する。シンディーは授業料援助を必要とする看護学生で、一方ジョナサンのプロフィールには、大事な人と休養をとりたいがバーに行く時間もない「気前のいい銀行家」と強調されて書かれている。出し抜かれまいと、クーガーライフは「若いつばめを探している」成功した年輩女性に狙いを定める。アシュリー・マディソンは何か物足りないと言う既婚者に向けてあけすけなサービスを宣伝する。「人生は短い。浮気しよう」がキャッチフレーズである。

デートサイトを差別化する別の方法は、共通関心で人々を結びつけることへの注目である。たとえば、グリーン・シングルズは環境保護に関心があり、菜食主義で、動物の権利コミュニティの進歩主義的独身者が互いに出会う手助けをする。トレック・パッションズは（「永い愛と繁栄」を合言葉に）熱狂的ＳＦ愛好家を結びつけ、テイストバッズ・エフエムは、音楽の嗜好が似た者同士を引き合わせる。

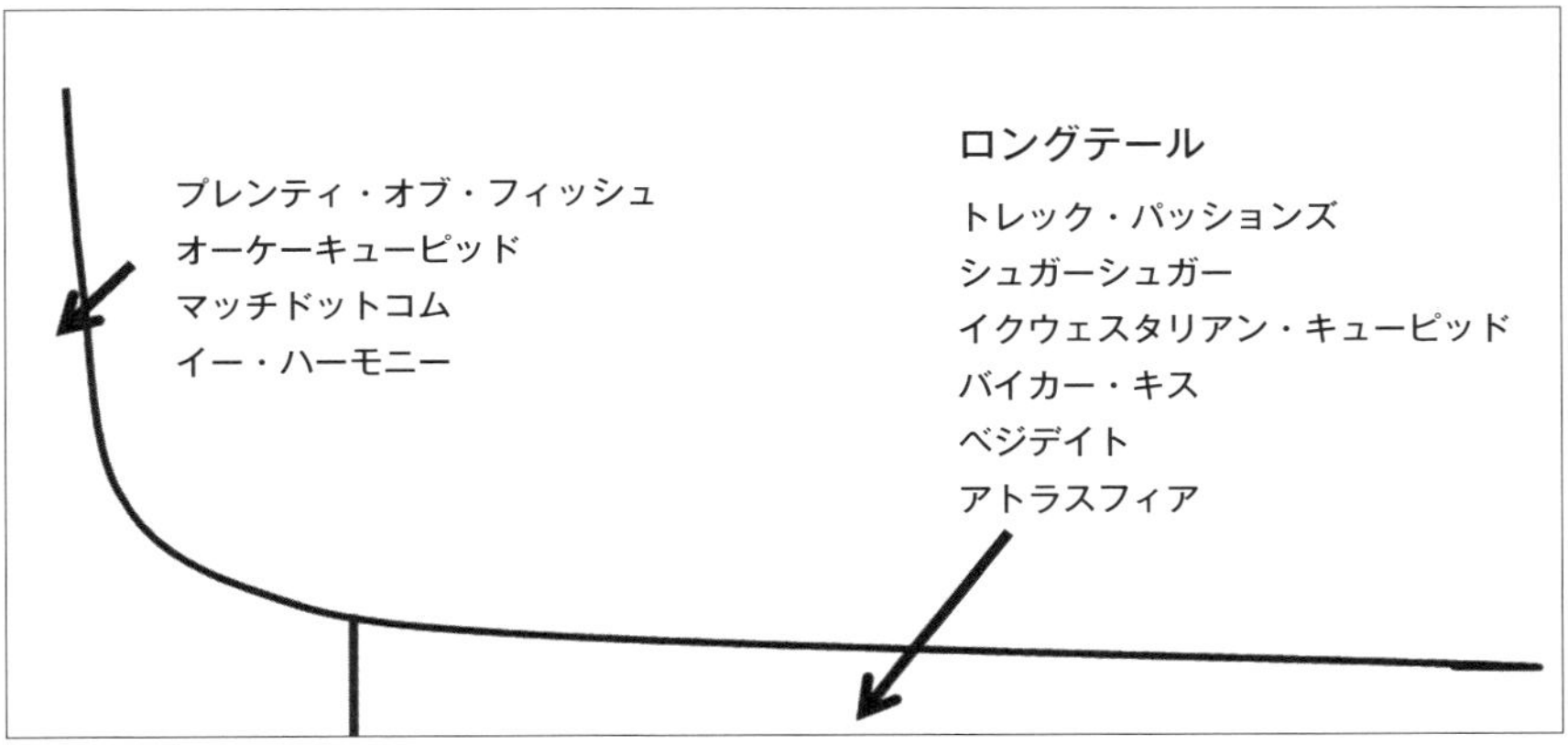

図5.1　「ロングテール」現象

なぜオンラインデートは異なるのか?

確かに結婚仲介は非常に長く行われてきている。人は何世紀にもわたって結婚相手を求め、新聞に恋人募集広告を出してきた。とりわけ男女の人数が不均衡な状態や、男女の出会う機会がほとんどない状況では、募集広告が盛んになる。たとえば、一九世紀、サンフランシスコに本拠を置く「結婚ニュース」は、メールオーダーブライド〔文通で決める花嫁〕を求める男性たちのために募集広告を出した。花嫁候補の多くは東部にいた。広告の一つにはこう書かれていた。「孤独な炭鉱作業員が生活と将来をともにする結婚相手を求めています。カリフォルニア州グラスバレーのルイス・ドレルベルビスにご連絡ください」［★24］。

だが、オンラインデートによって、愛情や恋愛、結婚を求める相手を探し、互いをよく知り、その後の関係を構築する方法が根本から変わった。オンラインデートにはオフライン状況で見られる関係形成過程と大きく異なる一連の段階が含まれる［★25］。

1　さまざまなオンラインデートサイトに関する情報を集め

る。
2　一つ以上のサイトに登録する。
3　登録サイトにプロフィールを作る。（もしあれば）続いて「相手の条件」を入力する。
4　他の人のプロフィールを見る。
5　サイトのメッセージ・サービスを通じて、その人に打診する。
6　サイト上で、その人からの連絡を受け取る。
7　コンピュータを介してコミュニケーションする。
8　直接会う。
9　オフラインで関係を発展させる。

ほぼどの段階も、形成過程の心理的側面は従来のデートと異なり、時には劇的に異なるものさえある。たとえば、さまざまな条件を検討して、その条件で選別していると、オフラインではとうてい不可能なショッピングをしているような錯覚に陥る。人は確かに、オフラインであれば結婚してくれそうな人に出会う可能性のある会場、たとえばクラブをよく考えて決めることができる。しかし、インターネットのデートサイトは、とてもたくさんの選択肢を提供し、より多くの検討と意思決定を求める。多くのサイトは無料で、広告収入でまかなわれているが、かなりの金額を課すサイトもあり、登録するか否かの決定には経済的影響が顔を出す。

段階3の「プロフィールを作る」は、パートナー候補者がいつでも見られるように、いわば自分専門店のショーウィンドウを飾りつけるようなものである。SNSのプロフィールと異なり、標的のオーディエンスは、交際相手候補者のみで、家族や友人、同僚、遠くの知り合い、高校の仲間、仕事関係者ではない。つまり、多様なオーディエンスによる文脈「崩壊」は起こらない。第2章で、オンラインでの印象管理の心理学を探究したが、そこで見たことはオンラインデート・プロフィールにとってもきわめて重要である。想像されるように、身体的魅力は最も重みがあり、写真は欠かせない。研究によれば、写真を投稿しない人には誰も見向きしない。

いったん登録すると、利用者は「男性、年齢は二五から三四、スポーツマンタイプ、非喫煙者」といったキーワードとカテゴリーに合致した人をサイトで見る。相性判定アルゴリズムを使用するサイトでは、論理的に適合する人物だけに絞り込まれる。閲覧には多大な時間を要し、対面場面にはない作業である。ある研究によれば、こうしたサイトの利用者はプロフィールの閲覧に週五時間あまりを費やし、多くの人はほとんど楽しんでいない［★26］。この過程にはショッピング心理と同様の特徴があり、選択肢も無限にある。ある男性はこう語った。「私は、以下のような具体的特徴を持つ人を探そうとした。赤毛、私と同じ年齢と居住地、緑色の目、というようにすると何百人も挙げられてきた。私はどう選べばいいのだろう。私はどうして赤毛にこだわったのだろうか」。

海に魚が多すぎると

膨大な人数のパートナー候補者は、従来のデートと異なるオンラインデートの重要な特徴である。アクセスは急増していて、利用者は現実生活ではけっして知り合えそうもない人と出会う機会を手にする。これは確かに利点であり、とりわけ勤務時間が長かったり、農村地域に住んでいたり、周りに適切な人がいなかったりする人には重宝されよう。たとえば大学であれば、男女ともに、独身の異性と出会う機会は多い。しかし卒業すると、そうした機会は極端に減る。

オンラインデートサイトはカタログのような形で人物を紹介する。そこには何百いや何千もの人のプロフィールがあり、利用者はそれを横並びで比較する。モバイル・デートアプリのティンダーでは、利用者はスマートフォンでプロフィールを次々に飛ばし見したあと、メッセージを送る相手を主に写真で決める。

このような比較サイトはノートパソコンを購入するときには有用かもしれない。しかしデートへの手助けにはならないだろう。人はどうでもよい特性を優先させがちで、デートサイトは単に比較手段を提供するにすぎないからだ。なぜ自分は赤毛の人を探していたのだろうと訝しく思う人は、言葉にしやすい条件で絞ったにすぎない。しかも、それは意味のある条件ではなかった。関係という花を、恋の魔法に変える相手候補の条件がなんであれ、それを候補者プロフィールの検索で見つけるのはとても難しい。

無限の選択肢は人を圧倒しかねない。それゆえ、人は選択を負担に感じ、その過程から抜け出そうとする。カリフォルニア州の高級食料品店での有名な研究では、選択肢の多さに消費者は辟易した。店内の試食コーナーで、顧客たちはテーブルの前で何種類かの珍しいジャムを試した。ある顧客たちには、見本として六種類のジャムが並べられた。しかし別の客たちの前にはもっと多く、二四種類もの異なる風味のジャムが並べられた。二四種類のジャムが並べられたテーブルには人集りがし、長い列ができ、注目を集めた。しかし実際にジャムを買ったのは、そのうちのわずか三％だった。それに対し、六種類のジャムコーナーで試食した客は三〇％が実際に購入した[★27]。

オンラインデートでも、デート相手の候補者が多すぎると、検索の手間が増え、いい加減な選択になりやすい。台湾の研究者は実験参加者に、相手に期待する特徴を書き出してもらった。そのあと、彼らは特徴の数で三種類の条件、つまり少数条件（三〇個）、中間条件（六〇個）、多数条件（九〇個）のどこかに割り当てられ、人物特徴リストを見るように言われた。多数条件の実験参加者には全体を調べる傾向が見られたが、無関係な情報に振り回された。彼らは、最初に自分が書かなかった特徴を排除することにも失敗した[★28]。

パートナー候補を理解しようとする努力は重要であるにもかかわらず、大量の選択肢はかえって人を無精にしかねない。代わりの候補者は何人でもいると思い込むと、デートサイト会員は、時間をかけて徐々に理解を深めるのではなく、早い段階で関係を放棄する可能性を高めるかもしれない。彼らはちょっとした「挫折」で、早い段階で相手をはねつけるかもしれないからである。ある会員はこう語った。「彼はメールで母親のことにふれていました。それだけで彼と別れるには十分な理由です」。前にふれたように、サイト会員が、相手に対する否定的印象を肯定的印象に変える機会、つまり心理的獲得を手にする機会はきわめて限られる。

二〇歳の学生がオンラインデートサイトで社会「実験」を行い、即座の拒絶をもたらす別の原因を明らかにした[★29]。彼女のもとにはたくさんの男性からお世辞が届いたものの、ほとんど無視を決め込んでいた。しかし、もしそのお世辞に応じたら何が起きるのか見てみようと思い立った。ある男性が「君、きれいだね」と書いてきたとき、彼女は「ありがとう!! そうでしょう。お元気ですか」と返信した。彼は、その実験で他の多くの男性がしたように、彼女がいかに自惚れているかをきっぱりと言ってきた。

コンピュータを介した接触開始

デートサイトは、関心を互いに伝えあうためのさまざまな方法を提供する。ティンダーはスマートフォン用のチャット・アプリが売りで、利用者は、魅力を感じて、コミュニケーションに同意した人と、同期チャットができる。利用者が興味を覚えた人と接触を始めるために、サイト経由でメールを送れるサイトもある。

創造的なサイト開発者は、関心を表明するための巧妙な方法も提供する。たとえばマッチ・コムでは、利用者は他のサイトで「いいね!」をクリックするように、プロフィールで「ウインク」が使える。また接触開始に伴う危険を小さくする。この方法を高く評価する利用者もいる。ある女性はこう語る。「私はウインクが大好き。誰が私に注目してくれたのかを見るために、自分のプロフィールをチェックするのも好き。それで自信がつくの。たとえ、それらが全部デートにつながらなくても、ね」。あまり好意的に思わない人もいる。「ウインクは軟弱だ。オンラインデートはそれ自体人間味がないので、できることといえば、せいぜい関心や約束、好奇心を示すメールを送ることぐらいだね」[★30]。

アバターは「仮想デート」の機会を提供する。そこでは、二人のパートナーは三次元ペルソナを作り、画面上で相互作用をはかる図る。こうした仮想デートを扱った研究がある。それは単純なテキストチャット・アプリケーションを使用した四種類の条件で比較を行った。小さな写真、「静的」アバター、「応答的」アバター、「動的」アバターの四種類である[★31]。「静的」アバター条件では、パートナーは、あたかもデートしているかのようにテーブルに着く二人のリアルな大きな静止画像を目にする。「応答的」アバターは、画像は同じものを使い、あたかも聴いたり話したりしているような細かな動きや身振りを表現できる。まばたきやうなずき、唇の動きがすべて豊かな非言語手がかりとして相互作用に加えられる。「動的」アバターはこれらの動きを表現するだけでなく、「いちゃつく」「投げキスをする」「手に触れる」と表記されたボタンをクリックすることで、非言語手がかりをパートナーに伝えられる。仮想デートの終了後、実験参加者はパートナーに対する知覚評価を質問紙で回答した。

これらの模擬的な非言語手がかりは、知覚にどう影響を及ぼしたのだろうか。全体として、非言語手がかりが多くやりとりされるほど、互いの好意度も高まり、自己開示も増えた。「動的」アバターを利用したペアは、今後も付き合いたいと強く希望した。明らかに非言語手がかりは現実場面と同じように働き、彼らの仮想デートを豊かなものにした。

この研究でも、興味深い性差が見られた。男性は静的アバター画像に最も好意的に反応したが、女性はそうではなかった。その代わり、女性は動作や表情、ボディランゲージが使えるアバターに最も好意的に反応した。男性は女性にくらべ対面場面でボディランゲージにあまり敏感でないのかもしれない。いくつかの研究は、これが事実であることを示し、この違いは仮想世界にも及んでいると言える。

スカイプのようなビデオチャットサービスが、なぜ仮想デートでは用いられないのだろうか。いくつかのオンラインデートサイトで、この機能をお見合い場面で提供している例がある。スピードデートは、「いま三三六〇人の独身者がオンラインにいます」と画面でうたい、一時間あたり数回のお見合いを五分単位で提供しているという。他のCMC手段を使って利用する人のなかには、直接会う前にときどきビデオチャット・デートで準備する人もいるようである。実際の研究はきわめて少ないが、デートする人の意見は明らかに入り混じっている。ウェブカメラの写真は、よくても実物以下で、いい加減な照明に雑然とした背景、おかしなカメラアングル、遅延でいらいらさせられる。たとえば、ノートパソコンやスマートフォンの利用者は、思いがけず二重顎を披露するような最悪のカメラアングルで写してしまうことになる。非言語手がかりは相互作用を豊かにするものの、コンピュータの設計の都合で、ちょっと「合わない」瞬間がある。たとえば、パートナーは画面の相手画像を見る。そこにカメラレンズはないので、対面場面と同じアイコンタクトは再現されない。

プレンティ・オブ・フィッシュというサイトでデートした人は、「会う前にスカイプしようと迫ってくる人がいたら、拒否するつもり」と語った。しかし他の人、とりわけ女性は欺瞞の可能性を心配する。

私にとってスカイプはとてもありがたいです。誰でもプロフィールや電話を盾に身を隠すことができますが、ビデオチャットであればほとんど不可能です。……スカイプがいいと思うもう一つの理由は、詐欺師を排除してくれることです。――ゼンディィ［★32］

これまで見てきたように、コンピュータを介したコミュニケーションと対面コミュニケーションは異なる。その主な相違はキーボードの有無である。オンラインデートという文脈で、人は自分自身の呈示の仕方を十分練られる。自分のプロフィールをじっくり作り込め、初めて送るメッセージを練られるからである。スカイプはこうした利点を部分的ながら取り去ってしまう。このことが、少なくとも最初の段階で、相手候補者とコミュニケーションする方法として好まれない理由だろう。

オンライン環境で見られる脱抑制効果は、えてして関係のこうした初期段階でより親密な開示を促すようにも働く。それは初めて対面で会うとき以上である。結局のところ、ＣＭＣの超個人性は都合よく作用する。パートナー一人ひとりはある程度相手を理想化し、最も魅力的に映るようにメッセージを作れる。

欺瞞と「なりすまし」

ゼンディは仮想デートでスカイプを使いたかった。それは誇張と嘘を心配したからである。オンラインデートサイトのほとんどのプロフィールは、正直に書かれているのだろうか。会員は確実に感じのよい印象を作り上げようとするが、化粧は欺瞞に含まれるのだろうか。

デートサイト会員を対象に行った調査によれば、大多数の人は、他の人は自分のことを偽って書き、欺瞞がこのサービスの最大の欠点であると思っている。しかしながら実際の研究では、欺瞞の大半はささやかなもので、まったくひどい嘘とは思えないという。ニューヨーク市で、主要サイトにオンラインデート・プロフィールをすでに登録した人たちが、オンラインデートの研究協力を求めるクレイグリストの呼びかけに応じた〔★33〕。彼らは、実験室に着くや自分自身のプロフィールはどの程度正確か、さらにオンラインデートの欺瞞に対する考えを回答した。彼らが退室する前に、研究者は各参加者の身長と体重を測定し、運転免許証で本当の年齢を確認した。

実際の身長と体重、年齢を、実験参加者のプロフィール内容と比較したところ、八一％の人が一つ以上さばを読んでいた。彼ら（とりわけ女性）は、体重を偽る人が多く、オンライン・プロフィールの体重は数ポンド〔約二キログラム〕軽かった。男性は身長を偽る人が多く、実際よりも少し高めに書いていた。年齢を偽る人はほとんどいなかったが、プロフィールで一一歳若く書いている人がいた。ほとんどの場合、身長と体重は実際の値に近く、実験参加者もプロフィールを少し誇張したと言う。

デートサイト会員は、プロフィール写真をごまかすこともできる。それは必ずしも別人の写真を使う必要はなく、写真を整形するソフトウェアツールがあればよい。フォトショップの「スポット修復ブラシツール」は、どんな汚れもすぐに取り除き、上級者であれば、ウエストを細くし、白髪を取り除き、歯を白くする、と、あらゆる種類の手品を披露できる。このような美化に関する研究によれば、魅力的でない人ほど写真に手を入れてより魅力的に見えるようにする人が多いという。なかでも女性および継続的交際を志向する人で顕著だった。あまり魅力的でない人は、プロフィールに自分の近影をほとんど掲載していなかった〔★34〕。

オンライン上の欺瞞、特にでたらめな、なりすましの大事件はときどきマスコミをにぎわす。ニーヴ・シュルマンは自ら遭遇したオンライン欺瞞をもとに『キャットフィッシュ』というドキュメンタリー映画を作り、それがきっかけでインターネット用語に「なりすまし《キャットフィッシュ》」が仲間入りした。映画の登場人物によると、生きたタラを長距離輸送すると、ダラダラして動かなくなり、その結果、身がやわらかくなりおいしくなくなるという。ナマズ《キャットフィッシュ》を水槽に入れておくと、タラは〔食われまいとして〕活発に動き回るため、良い状態で届けられるらしい。いまでは「なりすますこと」は、誰かをその気にさせ、結婚をほのめかしたり、経済支援を引き出したりする目的で、オンラインに虚偽の情報を投稿するインターネット捕食者の行動をさすようになった。水槽内のナマズ伝説と同じように、オンラインナマズは確かに私たちに注意を喚起する〔★35〕。オンラインデートサイトが一大産業に成長すると、それとともになりすましも成長する。多くのサイト会員は欺瞞を最小限にとどめるものの、巧妙なやり方で利用する人もいるからである。

恋と数学——相性判定アルゴリズムは機能するのか

多くのオンラインデートサイトは、利用者がキーワードや条件でプロフィールを検索することを前提にしている。他方、相性判定法で心の友を探し出せると豪語するサイトもある。ケミストリー・コムは、自社開発の「世界的に認められている性格検査」を提供し、自分自身の性格型を知り、その型にもとづいて最適の相手を探し出せるようにしている。イー・ハーモニーも、独自の「相性判定システム」で特許を取得し、次のようにうたう。

何千人もの独身男女のなかから範囲を絞り、相性の合う厳選された独身者集団のなかから似合いの相手を紹介します。この人たちは29ディメンジョンズで選ばれた人たちです（http://www.eharmony.com/why/)。

これらの検査は通常、態度や信念、性格特性、関係意向（カジュアル・デートか、生涯の伴侶か）、関係のスタイルと対人能力、家族背景、理想相手に望むこと、さらにデートサイト開発者が有用と考える他の側面を査定する。ケミストリーの検査には、薬指と人差し指それぞれの長さが含まれている。母胎内で受けたテストステロン〔男性ホルモン〕が「男性度」を左右し、その分泌量が多いと人差し指が薬指より短くなるという研究成果を利用したものである［★36］。サイト名が示すように、ケミストリーの創設者は、特定の生物学要因が相性予測に役立つと主張し、その一部に男性ホルモンと女性ホルモンの量が含まれる。

相性判定アルゴリズムが、恋愛感情や安定した継続的関係の予測に成功しているのかどうかは、企業がアルゴリズムを秘密にしていることもあり、答えるのが難しい。ほとんどの人は、類似性で候補者を絞ってから、似た属性の人や特定の態度、行動選好で選ぶ。たとえば、マウンテンバイクとスポーツを好む人は、同じ嗜好を持つ人とはペアになっても、家で映画を見るのが好きな人を選ばないだろう。類似性は相性を判断する要因として明白な基準である。魅力の研究によれば、互いに似ているほど、その人を好きになる可能性が高く、そのことは本章前半で見たとおりである。

性格特性の観点から一九一組の夫婦を調べた研究がある。それによると、実際の類似度は関係満足度を高めていた。ただし、それがあてはまったのは女性だけである［★37］。両者のこの関係は、デートサイトにおいて類似性を強調する根拠の一つとして用いられるが、その結論はあやふやである。たとえば、幸せな結婚をした夫婦は少しずつ互いに似てくるものである。外向的な妻は、外出機会を増やして内向的な夫が外向的になるよう働きかける。長続きする幸せな関係に寄与する人を、態度や性格特性に関する詳細な回答から予測できるという考え方はどうも正しくなさそうだ。

相性判定には、単なる点数比較を上回る複雑さがある。たとえば、このアルゴリズムは、ビッグファイブ性格特性の一つである協調性の高い人同士を機械的に組み合わせる。このペアは、快く会い、互いに引かれるかもしれない。しかし、このアルゴリズムは、協調性の低い人同士をどう組み合わせるのだろう。協調性の低い二人は幸せな夫婦になるだろうか。神経症傾向やナルシシズムの強い人についてはどうだろう。

ある特性の類似性ではなく、相補性から相手を推薦するとうたうサイトもある。たとえばパーフェクト・マッチの相性判定システムで、アランは「ＳＣＴＥ」と判定されたとする。サイトの説明によれば、これは「固い、受容的、穏やか、外向的」(Structured, Compromising, Temperate, Extrovert) を意味する。アルゴリズムによればアランにはジェーンがふさわしいと言う。ジェーンの結果は「ＦＤＨＥ」、つまり「柔軟な、支配的、激しい、外向的」(Flexible, Dominant, Hot, Extrovert) である。この例は、理論上「固い」タイプは「柔軟な」人に魅力を感じるはずだというものである。相補性は長続きする関係をもたらすという証拠がないものの、ある特性に限ればあてはまりそうな感じもする。

デートサイトが質問紙や相性調査で得られた結果を用いるか否かにかかわらず、どのサイトも、会員のサイトでの振る舞いや会員登録時の情報まで、会員の豊富な情報にアクセスできる。多くのサイトは、会員のこれまでの振る舞いから、その人が好意を持ちそうな人物を予測する推薦システムを利用する。ちょうど「パンドラ」が常に聴取者の好みに合致した選曲をするようなものである。それは聴取者のサムアップとサムダウン〔高評価と低評価〕をもとに、あなたの個人ラジオ局で流す曲を決める。同じくデートサイトも、自分たちの「ビッグデータ」を使ってあなたが好みそうな相手をすぐ選んでくれる。あなたの選択履歴をもとに似た人を探すのが最も一般的な方法である。しかし、そのシステムは使えるデータ容量は非常に大きく、会員から提供される宝庫のようなデータも利用できる。

オンラインデートサイトは、少なくとも恋人になりそうな人との出会いに関心があり、互いに近い場所にいる人たちを引き合わせるサービスを提供する。出会いへの関心や地理的近接といった共通点は有効に働く。検査結果でどんな相手にもふさわしくなさそうと判断された人は除外されるため、登録会員は、人数は多くても、少なくとも最低限の基準は満たしている。長続きし、満足のいく関係が、二人のあいだで形成されるかどうかを予測する最も信頼のおける要因は、彼らの相互作用と相互の魅力のなかにあり、それを観察できるのは出会ったあとで、出会う前ではない。おそらく、相性判定アルゴリズムは、オンラインデートサイトのプロフィールという広大な宇宙で、一人の「同志」に出会うのにそれほど役に立たないかもしれないというのは当然である。

オンラインデートにさらに魅力的な貢献を果たしそうな相性判定法として、進化生物学の研究に由来するものがある。配偶者選択の生物学的基盤にはかなりの関心が寄せられ、なぜある人が相互に引き付けられ、他の人にはそうではないのか、その理由が明らかになるかもしれない。たとえば、男性が女性を選ぶ際に身体的魅力を重視する理由、また女性が男性の社会的地位と収入見込みを重視する理由は進化に根ざすのかもしれない。身体的魅力は一般に健康と生殖能力の記号であり、子供を欲する男性にとって有力な信号である。社会的地位と収入見込みは、家族を保護し養育する能力の信号であり、父親となる男性に女性が望むものである。

ある試行的研究によれば、人類も、多くの哺乳類と同様、有望な配偶者であることを示す嗅覚手がかりの影響を受けている可能性がある。一つの手がかり候補は**主要組織適合複合体**（ＭＨＣ）を制御する遺伝子にかかわる。これはヒトの体臭にも影響を及ぼすともされる免疫系の一部である。ある研究では、女性は自分のＭＨＣと最も異なるＭＨＣを持つ男性が着用したＴシャツの臭いを好んだ[★38]。これは進化論的につじつまが合う。免疫に関連する遺伝子が非常に異なる二人の人の子供はいっそう強い免疫組織を受け継ぐからである。

別の研究では、恋人男性に対する女性の性的反応は、ＭＨＣ遺伝子の類似度にある程度依存していた。その類似度が高いほど、女性が相手に感じる性的反応も小さい。似た女性は、とりわけ排卵期において別の男性に強く引かれるとの報告もある［★39］。ここから近親交配の抑制は進化論で説明でき、結果として、MHC遺伝子の似た者同士は相手の魅力に気付きにくい。嗅覚手がかりは、もちろんインターネットでは伝えられないので、それが対人魅力でなんらかの働きをするとしても、その効果が発揮されるのは対面場面に限られよう。

インターネットと「対人」魅力マジック

学術研究が対人魅力の手品を解き明かし、それがいつ、どこで、誰に対して生じるのかを予測するためにはまだまだ時間がかかる。映画『her／世界でひとつの彼女』が見せてくれたように、「誰に対して」は「何に対して」になる可能性もなくはない。ホアキン・フェニックス演じる孤独な作家は、手紙の代筆を生業とし、手紙を書く時間がないか、書く気になれない人のために、心を打つ凝った手紙を書く。彼はきわめて発達したオペレーティングシステムを備えた新型コンピュータを購入する。それは、テキストメッセージでやりとりでき、女性（スカーレット・ヨハンソン）の嬌声で会話ができる。両者の唯一のコミュニケーションはコンピュータ経由であるにもかかわらず、男性作家は「彼女」との恋に落ちる。

映画はもちろんフィクションであるが、「見えない《インヴィジブル》」ボーイフレンドやガールフレンドと恋に落ちる人はいる。そこではテキストメッセージと音声メールが唯一のコミュニケーション手段である。二〇一三年に生まれたインヴィジブル・ガールフレンドとインヴィジブル・ボーイフレンドはいずれも月額制の有料サービスで、加入者自身が特徴を指定した架空人物とのリアルなコミュニケーションを提供する。加入者は、その架空人物の相手の名前や外見、性格を設定できる。

いったんテキストの交換が始まると、状況は一気に個人的な展開を見せる。一見、向こう側の「人」はコンピュータで生成されたものに見えるかもしれない。しかし、テキストに見られる気遣いや細部への気配りはそれを疑わせる。実は、向こう側にいるのは実在の人間である。共同開発者のマット・ホーマンは「この製品を最初に動かしたとき、人工知能のチャットボックスという考えで運用していました。しかし、それだけではリアルにほど遠かったのです」と語った[★40]。それに代わって、彼らは自分の言葉で、すべてのテキストに答える人を世界中からクラウドソースで雇い入れた。目に見えないあなたのボーイフレンドもガールフレンドも、実のところリアルな人間たちなのである。

ホーマンは利用者に「製品」のレビューを求めるが、多くの人にとって、そこでの相互作用は製品と呼ぶにはややリアルすぎる。時間が経てば、魅力がこの新しい空間でどう作られているか気付くはずである。しかし、テキストを基盤とするコミュニケーション環境が持つ超個人性に関する心理学研究からすると、このような関係にとても満足している人がいたとしても不思議ではない。

第6章

ネットにおける利他主義——向社会的行動の心理学

オーストラリアで病気や負傷に見舞われた家畜のために新たな保護区を作ろうと奔走していたパム・アハーンは、インターネットで援助をあおいだ。彼女はチャフト（Chuffed.org）というオンライン・クラウドファンディングのプラットフォームでキャンペーンを立ち上げ、わずか三日で初期目標の五万ドルを達成した。二ヶ月後には、一四ヶ国の人から支援を受け、寄付は一六万二〇〇〇ドルを突破した。アハーンは「人々は私たちの活動にやさしさと寛大さ、信頼で応えてくれました。私は言葉を失うほど感激しています」と述べた［★1］。

インターネット世界の気まぐれな親切

オンラインやオフラインで人が互いにどれほど誠実に、ましてや立派に振る舞っているかはほとんどニュースで報じられない。ストーカー行為やサイバー犯罪、集団抗議行動、ポルノはジャーナリストたちの関心を集める一方で、あまり興味を引かない三面記事は、雑誌のおしまいのほうで穴埋め記事として扱われるのが関の山である。けれども、その陰で、親切な行為が見られるのは珍しいことではなく、オンライン世界に入ると、人がいかに利他的に振る舞うかを知って驚くかもしれない。

第4章で攻撃について考えたように、あるオンライン環境では、中毒的脱抑制やフレーミング、ヘイトスピーチが憂慮すべきレベルまで高まる。しかし**向社会的行動**、つまり反社会的行動と対照的に、自分よりも他者のためにする行動も多く見られる［★2］。その動機は純粋に利他的なものから、自己利益を考えたもの、さらにはその両者の組み合わさったものまである。しかし、こうした向社会的行動がオンライン世界で果たす肯定的な貢献はとてもありがたい。インターネットが特に有効な分野は、ボランティア活動、資金調達とクラウドファンディング〔不特定多数の有志から経済支援を取り付ける方法〕、そしてオンライン支援グループの三つである。

ボランティア活動

インターネットにはボランティア活動の長い歴史がある。人々は自分のペースで、多種多様な質問に答え、サーバーを保守管理し、子供に教え、ウィキペディアの項目を編集し、料理のアドバイスをし、レビューを書く。人は、細々としたビットストリーム〔デジタル信号による伝送〕であっても、要請に応じて迅速な対応をする。

人々はネット上で、ささやかな、またときには大きな相互扶助を積極的に行う。質問すると有益な回答が返ってくるが、これはけっして珍しくない。ディスカッション・フォーラムに人々が参加するのは、とても多くの人が進んで他者を助ける意思を持っているからである。たとえば、ヤフー知恵袋の宿題の質問で、ある人が「インドネシアの民族衣装や伝統衣装は何ですか」と尋ねた。すると数分以内に以下の回答が寄せられた。「バティックとケバヤです。これらの衣装は一般に明るく色も鮮やかです。また、サリーを着る人もいると思います。少しでもお役に立てば幸いです！」

技術進歩は、ボランティア活動におけるインターネットの役割をまったく新しい段階に引き上げ、その変革の一例として、オンラインデートサイトによく似た国際データベースがある。これらのサイトで、非営利団体は自分たちの要望を投稿し、ボランティアは有意義な貢献の機会を簡単に検索できる。たとえばボランティアマッチ（Volunteermatch.org）の目的は、「良い人と良い目標を同時に連れてくる」ことである。訪問者は、人権や動物、子供、芸術文化といった見出しから項目を閲覧し、そのなかから自分の特殊技能や熱意に合致するものを探す。「明日を信じる子供基金」には、その地域に住む家族のために、クッキー作りを手伝える有能なパン屋を募るメッセージ投稿欄がある。あるいは教師経験のあるボランティアは、生徒に助言や個別指導をする団体の多くに関心があるかもしれない。ネットは、これらの慈善団体に、ボランティア派遣や募集活動を大幅に改善するまったく新たな方法を提供する。

ボランティア活動は、ユーザー生成コンテンツ、つまり人々によってオンラインで広く自由に配布することを前提に作られた有益な情報財を軸とするプロジェクトの中核でもある。ウィキペディアは、百科事典の何百万もの項目の執筆と更新を無償の編集者に依存し、彼らの多くが編集作業に多大の時間を費やす。ユーチューブはアマチュア作成の有益な動画であふれている。そのなかには、前髪の切り方や石壁に鋲を打つ方法の動画もある。アイフィックスイットは、別のタイプの百科事典で、質問にも答える専門技術者たちによって書かれた修理ガイドの事典である。こうしたボランティアは自然保護を促し、人々に「使い捨て経済をやめ」、電子廃棄物を減らし、所有する電子機器を自分で修理しようと勧める。

勢いのある別のボランティア活動では市民科学がかかわる。さまざまな種類の研究プロジェクトやデータ収集活動にはアマチュアが貢献しうる分野もある［★3］。たとえば、カリフォルニア大学バークレー校の分散コンピューティングのためのオープン・インフラストラクチャー（BOINC）は、一日の大半が待機状態にあるパソコンの使われていない処理能力を科学者に提供し、活用してもらうプロジェクトである。セティアットホーム（SETI@Home）はその一例で、科学者は地球外知的生命体（SETI）の探索にあたって、電波望遠鏡のデータを分析するための膨大な処理能力を必要とする。生命に必要な条件は宇宙のいたるところにありそうだとの証拠は増えているが、望遠鏡データの分析には膨大なコンピュータ資源が欠かせない。二百ヶ国を上回る何百万ものボランティアがセティアットホーム計画に参加し、それらは地球最強のスーパーコンピュータの一つとなった［★4］。

科学者たちは、世界中のボランティアから時間と技能を提供してもらいながら、コンピュータで解けない難問も解決する。こうした取り組みはクラウドサイエンスと呼ばれ、人間がなしうる最高レベルの研究達成に欠かせない、画像のタグ付けや文書翻訳、その他の作業で援助を求める科学者たちからおおいに注目されている［★5］。ズーニバース（Zooniverse.org）は、クラウドサイエンス計画の最大のプラットフォームの一つで、数十万のボランティアが時間を割いて研究者を助け、彼らなしでは実行できない計画を援助する。たとえば、ある計画ではボランティアにザトウクジラの画像を見てもらい、尾の下側にある模様で個体識別する作業を頼んでいる。それは、人間でなければこなせない種類の仕事である。

資金調達とクラウドファンディング

インターネットは技術と慈善を結びつけ、慈善事業への寄付のあり方を劇的に変えた。たとえば、メール一つとっても、応じてくれそうな寄付者にたどり着く手間を大きく減らした。いったん安全なオンライン決済システムが開発されると、コンピュータで数回クリックするかテキストを送信するだけで寄付ができるようになった。ウェブサイトやブログ、そして慈善団体がＳＮＳサイトで流す感動的映像は、いっそう注目を集める。

クラウドファンディングの伸びは向社会的行動におけるインターネットの役割に新たなもう一つの道を開いた。クラウドファンディングの実践は、それを支えるウェブサイト、そしてそれを利用する資金調達者とともに急増している。ファーストギビング（Firstgiving.org）は、最初期のクラウドファンディング・プラットフォームの一つで、非営利団体と協力してキャンペーンの企画と実施を援助する。俳優のエドワード・ノートンはクラウドライズ・コムというサイトを立ち上げた。このサイトは、正当な目的のクラウドファンディングのために画期的な、しかもしばしばユーモラスなやり方をする。また、このサイトは若い資金提供者が関心を持つように設計され、コンテストやSNS、コミュニティ感が加えられている。資金調達者は、コミュニティメンバーが募金するたびに、またコミュニティメンバーから票をもらうたびにポイントを獲得する。ノートンは、ケニアのマサイ自然保護トラストの資金を調達するためニューヨークシティマラソンに出場し、多額の資金を獲得した[★6]。

キックスターター・コムはクラウドファンディングの対象を、美術や映画、音楽、デザインに関する制作プロジェクトに絞り、世界中の何百万もの人から寄付を集めている。映画監督のジェレミー・ソルニエは、映画『ブルー・リベンジ』の制作費として三万五千ドルもの資金を手にし、その後この作品はカンヌ映画祭で受賞した。ロブ・トーマスは、打ち切りになった探偵ドラマシリーズである『ヴェロニカ・マーズ』のクラウドファンドのために、キックスターターでキャンペーンを立ち上げた。熱狂的ファンのおかげで五〇〇万ドルを上回る額が集まった。

おそらく最も驚くのは、インターネットで多くの無名の一個人が切羽詰まった事態を訴え、クラウドファンディングで経済支援の獲得に成功していることである。ケリー・スペースは大学を卒業したとき、何千ドルもの学生ローンの返済に追われていた。うろたえた彼女はクラウドファンドを始めようと決め、世界中のまったく知らない人たちから一億三千ドルを受け取った。いくつかの点で、これらの個人クラウドファンディングの奮闘は、かつて納屋の新築で見られた相互扶助に似ている。当時、納屋の建設にあたっては近所の人たちが協力し、その家族を援助した。しかし大きな違いは、これらの仮想納屋の建て主が、インターネットの巨大な影響力とその世界的広がりを利用している点である。

少額融資は、営利企業を作ろうとして奔走する起業家も助け、立ち上げ資金をクラウドファンドで調達する人は増えつつあり、特に発展途上国でよく利用されている。これらの投資者が受け取る利益は少額かゼロで、債務不履行も珍しくなく、彼らの「投資」は利他主義とも言える。研究者は、新ビジネスの向社会的側面を前面に押し出すことが効果的であると言う。超少額融資のための大規模クラウドファンディング・プラットフォームの一つであるキヴァ（Kiva.org）の調査によれば、投資のきっかけは、家族や親類、友人、乳幼児のような語を含む、人の心を動かしそうな言葉である。しかし、利潤動機を強調した呼びかけには、ほとんど関心が集まらなかった［★7］。

草創期の成功にもかかわらず、クラウドファンディングの将来は不透明である。選択すべきウェブサイトやプロジェクトが多すぎると、寄付する側は、その山を見る前にそっぽを向くようになる。偽プロジェクトで世間を騒がせるいくつかの「問題キャンペーン」も、クラウドファンドの幻滅者を増やすかもしれない。しかし、現時点では、クラウドファンディングは超ロングテールに向けて慈善寄付を喚起する驚異的現象である。

インターネット支援グループ

無数のオンライン支援グループのたった一つでも訪問すれば、人々が非常に深刻で気の重い問題をも、見ず知らずの直接見えないオーディエンスと分かちあい、温かさと安心感を得ているようすがうかがえる。こうした初期のフォーラムで、ある男性が自分を捨てた女性への苦悩を吐露した。彼はかつてがんにかかっていたことがある［★8］。

彼女の言葉でたいへん傷つきました。彼女はこう聞いてきたのです。「伝染しないの？」「再発しないがんはあるの？」「がんでも子供を作れるの？」「自分の子供にはがんになってほしくないわ」。落ち込みました。パートナーも悲しみを克服すべきであるとわかってはいるのですが、この質問で彼女にとっていかに大きな心配事かわかりました。その後すぐに関係は終わりました。彼女は「ふつうの友達」でいたいと言ってきました。私がひどく傷ついたのは、病歴という、たった一つのことで彼女が結論を出してしまったことです。

これに対してたとえば次のような返答が寄せられた。

この女性があなたの人生から去ったのは幸せなことです。あなたは彼女が知的だと言っていたけれど、知的な人であれば、がんに伝染性はなく、再発しない場合が多いことを知っているはずです……。あなたは自分にふさわしい女性に出会えるでしょうが、人に与えられる良いものが自分にはたくさんあることを確信していれば、あなたはもっと輝くでしょう。いまに誰かいい人が現れます。

オンライン支援グループは、フェイスブック・グループやディスカッション・フォーラム、グーグル・ハングアウト、その他多くのオンライン環境で盛んに利用されている。それらは考えられる範囲の病気や個人的問題、他のストレス要因を共有する人たちを支援するために生まれ、参加メンバーは情報交換をし、情緒的支援を与えるために集まる。

特にディスカッション・フォーラムでは、オンライン脱抑制という現象が、こうした支援グループがごく親密な雰囲気でコミュニケーションできるように働く。彼らは自分の身元を隠すため、偽名やイニシャルを使い、匿名で参加できる。またグループメンバーに送るメッセージを時間をかけて作り、メッセージの言い回しにも気をつかう。元がん患者のためのフォーラムに投稿されたメッセージの研究によれば、二人称代名詞（あなた、あなたのもの、あなた自身）があまり使われていない長文メッセージは返信をもらいやすい。そして、グループメンバーは、「大好き」「すてき」「やさしい」のような肯定感情語が多く含まれるメッセージにはあまり返信しないようである［★9］。

地位平等化効果も脱抑制を促す。元がん患者は、恰幅のいい最高経営責任者かもしれないし、配管工かもしれない。他方、返信した人は退職したおばあさんや大学教授かもしれない。メンバーは互いに見えないので、容貌はもともと平等化と無関係である。

これらのオンライン支援グループにはどの程度の効果があるのだろうか。いろいろな事例がたくさん寄せられ、同じ問題をかかえる人に出会えること、とりわけあまり知られていない問題であればなおのこと、それ自体が重要な意味を持つ。一例がトゥレット症候群である。この疾患は、過度の緊張や多動性、チック、筋緊張、衝動性、汚言暴発といった症状を伴う。この病気は不明な点が多く、軽度の患者は、症状緩和に薬物治療を受けるか迷う。たとえば、ある男性は幼少時から激しいチックを経験し、定職に就くのが難しかった。しかし、彼はその病気のおかげで、野性味あふれる即興と音楽的創造性で、名高いジャズ・ドラマーになることができた。トゥレット症候群のような珍しい病気で苦しむ人、あるいはそうした近親者のいる人は、容易にオンライン支援コミュニティが見つかるはずである。

オンライン支援グループの有効性に関する研究結果は、さまざまである。しかし条件を統制した研究では、特定の状況において有効性が見出されている。たとえば、うつ病患者を、オンライン支援群、オンライン訓練付きオンライン支援群、どちらにも参加しない対照群の三群に無作為で割り振った研究がある。時間とともに、オンライン支援を受けた二群の患者はどちらも対照群と比較して抑うつ症状が軽減していた[★10]。

別の研究は、元がん患者を、オンライン支援群、対面支援群、オンラインと対面の二重支援群で比較した。自分たちの経験を評価してもらったところ、二重支援群に参加した患者が最も役に立ったと答え、両方の世界から恩恵を受けていた。他の二群に絞って比較すると、対面支援群の患者は、オンライン支援群の患者にくらべ、グループメンバーから受けた情緒的支援と理解力を高く評価した。オンライン支援のみの人たちは、アドバイスをもらえたことと自分の感情を表現できたことを高く評価した[★11]。

オンライン支援グループの重大な短所の一つは、非言語手がかりが見えないことである。その結果、メンバーが感じている苦悩の程度を見誤りかねない。ある研究で、乳がん患者はオンライン支援群か対面支援群のどちらかに無作為に分けられ、一六週間にわたってセラピストの支援を受けた［★12］。対面支援群のようすは録画され、会話部分が書き起こされた。さらに、その会話テキストから判別者が感情表現の箇所を抽出し、観察者が映像を分析した。感情表現の量をテキストと非言語手がかりで比較したところ、前者のほうが肯定的感情表現は多く見られた。またテキストのほうが防衛も敵意も低かった。明らかに、高い声や涙で潤んだ目のような非言語手がかりは、テキストという字面の感情的意味を大きく変える可能性がある。しかしながら、テキストでのやりとりにおける脱抑制効果は非言語手がかりの欠落を補ってくれる。そのため、オンライン支援群の人は、言葉だけで的確に感情表現できるようになるのかもしれない。

自分の悩みを言語化し、それをグループに投稿する行為は、多くの参加者が報告するように、肯定的経験の重要なきっかけとなる［★13］。たとえば、人生のとても衝撃的な出来事を日記に書く人は、ストレスや不安の程度が低く、身体的健康状態も良好であることが知られている。こうした実践は、人々が自分自身について考えながら対処することに役立ち、悩みごとを過ぎ去ったことと思わせるのだろう。

しばしばオンライン支援グループは、家族や友人に話せない人、あるいは話したくない人にとって特別な役割を果たす。たとえば、新米の母親向けのオンライン支援グループでは、とてもやかましく小うるさいと思っている義理の親の来訪に関する多くの不安が書かれていた［★14］。

特別支援が必要な障害をかかえる子供の親向けのオンライン支援グループと対面支援グループを比較した研究がある。それによると、それぞれのグループを探し出した人のタイプが異なる［★15］。オンライン世界を頼りにする親は、より強いストレスを訴え、ダウン症児のような特別支援を要する子供がいることをとても恥じていた。こうした人たちは現実生活の友人や家族にさほど援助を求めることも受け取ることもなく、インターネットの支援ネットワークに居場所を見出していた。特に男性はこの匿名環境に魅力を感じているようである。オンライン支援グループ参加者のほぼ半数が父親で、ほとんどの人は対面を前提とする支援団体に参加していなかった。おそらく、男性はオンラインのほうが伝統的な性役割から自由になれるのだろう。

匿名のインターネット環境の支援グループは、とりわけ隠蔽可能なスティグマ〔社会的烙印〕、つまり隠しやすく、家族や友人に知られたくない特徴を持つ人たちにたいへん都合がよい。例としては、隠れた摂食障害や薬物中毒、稀な性的指向、喫煙に起因する肺がんのような疾患が挙げられる。これらは、肥満や吃音のように外からわかるスティグマとはいくぶん異なり、身近な家族にさえも隠し通せる。

「みんな集まれ！」というサイトで、クレイ・シャーキーはこう説明する。若い女性に人気の雑誌『ＹＭ』が自ら運営する、健康・美容のディスカッション・フォーラムを閉鎖せざるをえなくなったのは、それが拒食症の女の子たちのオンライン支援グループになっていたからである［★16］。ここで女の子たちは助けあおうともしなければ、逆戻りした人への情緒的支援もなかった。その代わり、「プロ＝アナ」〔拒食症をライフスタイルとして認める〕の一〇代の女性は、いっそうの減量に成功するためのヒントを交換していた。ある人はこう書く。「いったん決めたら、止めちゃダメ……。苦しみ、特に飢えの苦しみが必要なの。自分は強くて、なんでも耐えることができて、あなたはけっして自分の身体の奴隷ではないの。泣き言はいわない」。残念なことに、オンライン支援グループは治癒させるだけではない。

オンライン支援グループは必ずしも治療効果をもたらすわけではないが、参加者に情報や自信、自律感の増大といった後押しをする。しかしながら、プロ＝アナグループで見られたように、否定的影響も免れない。たとえば、グループメンバーは、間違ったアドバイスや誤情報を、正確な情報と同じぐらい簡単に送ることができ、それで治療法の探索をやめる人がいるかもしれない。また、オンライン支援グループにかかわるようになると、家族や友人との接触を減らしかねない。場合によっては現実世界とのつながりを断つこともありえよう。オンライン支援グループで援助を求める人たちは、長所と短所を秤にかけ、自分に最適な支援グループを探すことに時間をかけるべきである[★17]。

人はなぜ助けあうのか?

なぜ人は助けあうのか、その理由をめぐって活発に議論がなされてきたが、その論点は「利他的」行動が、本当に私心のない利他主義によるのか、それとも単なる自己利益によるのかである。たとえば、援助行動は、誰かが困っているとき、特にいつか私たちは他者の助けを必要とすることもあるので、人を助けなければならない義務があるとの社会規範に由来するという主張がある。互恵規範は、ときに社会そのものでもある社会的義務を明確にする強力な規範であり、全体として社会に利益をもたらす。

向社会的行動に対する別の説明は、最大利益と最小コストに関係する。もしあなたが決心して献血に応じるならば、そのコストは、針を刺されることと採血時間、もしかすると倦怠感かもしれない。利益としては、自分がいい気分になり、あなたの無私無欲が友人や同僚に印象付けられ、自尊心が高まり、そしてもちろん実際に誰かの役に立つことが挙げられる。これらの利益の大半は利己心にかかわるが、それだけではない。

進化生物学は、向社会的行動の第三の説明となっている。それは遺伝学である。遺伝子の生存を確かなものにするために、人は子供、そして最も多く遺伝子を共有する人つまり親族のために犠牲になる。遠くの人にくらべ、地理的に近い友人や隣人とは多くの共通遺伝子を持つ可能性も高い。民族や目の色、体格、他の目立たない手がかりは遺伝子の共通度の兆候であり、一定の働きをする。進化生物学者は血縁選択という概念を提案する。これは、自分たちの血縁者に対して利他的に振る舞うように仕向ける遺伝子が選択される傾向を意味する。これによって、共通する遺伝子は生存しやすくなる。

程度の差はあれ、研究はこれらすべての説明を支持した。もとより、これらの説明は対立関係にはなく相互に重なる部分のほうが多い。しかし、その気がある場合でも、向社会的に振る舞うかどうかの意思に関しては個人差も見られる。まずは性格要因から見ていこう。

援助行動と性格

性格評定と関連させた研究によれば、援助行動には個人差が見られる。なかでも共感性得点つまり他者感情の共有能力の高い人は、往々にして対面場面で快く他者に救援の手を差し伸べる人である。共感性は、少なくとも「ビッグファイブ」性格特性のいくつか、特に協調性とのあいだで相関が見られる。「私は他人の気持ちをくみ取る」や「私は人に安心感を与える」といった文章に、あてはまると答える人は困っている人に共感しやすく、多少の危険を冒してもそれを実行する。共感性は外向性とも正の相関関係にある。おそらく、社交的な外向者は、他者の視点でものごとを見ることができるため、交友関係でもうまくやっていけるのだろう。

推測されるように、共感性は情緒不安定性と負の相関関係にある。不安が高くストレスに影響されやすい人は、他者の身になって考えることがあまり得意ではない。ナルシシズムも向社会的行動と負の相関関係にある。自己愛者は自己中心的で、自負心にあふれ、あまり他者の感情に共感しようとしない。

オンラインでも、困っている人を助けようとする人の性格タイプはほぼ変わらない。ある研究で研究者は実験参加者の女性に依頼して、日常的話題について、別々の部屋にいる二人の女性とフェイスブックで討論してもらった。ただし、その二人は実際には研究協力者であり、現実の話題ごとに共通の台本で発言した。三人の女性が順番にコメントを書き、何も言うことがないときは「パス」とだけ入力すればよかった。討論のなかで、一人の協力者は、結婚したいが現状では合法的に認めてもらえない、と書き、レズビアンであることを匂わせた。別の協力者は台本に従って、意地悪なコメントを書き込み、討論はいっそう激しさを増していった［★18］。

このオンライン場面でいじめを止めようとした女性はどんなタイプだろうか。九割の人がなんらかの方法で仲裁を試みた。テーマを変えたり、いじめる人に止めるよう書いたり、反対にいじめる側を攻撃したり、討論をふくらませたり、被害者を慰めたりした。共感性得点の高い女性は、主にテーマを変えることで、仲裁に入ることが多かった。外向的な女性も攻撃を止めようとしたが、多くの人は別の方法を選んだ。いじめる側に攻撃を仕掛けたのである。

状況は援助にどう影響を及ぼすか

協調性やナルシシズムのような比較的安定した性格特性は、それほど援助行動に影響を及ぼさない。最も影響力があるのは、その場の状況であり、これはオンライン環境が向社会的行動にどう影響するかの鍵を握る要素である。

対面場面における援助行動の心理学的研究は一九六〇年代に始まった。契機となったのは、一九六四年の数ヶ月にわたって報道されたキティ・ジェノヴィーズの衝撃的事件である。当時の新聞報道によれば、キティはニューヨークのアパートに帰宅する際、暴漢にナイフで襲われた。助けを求める彼女の叫び声は三十数名の耳に届き、アパートじゅうの窓が開かれたにもかかわらず、誰一人助けなかった。彼女が助けを求めながら、刺し傷からの出血で息を引き取る三十分のあいだ、誰も警察に通報しなかった。この事件は国中の人々を震撼させ、多くの人々がニューヨーカーの冷淡さを非難した。この事件をめぐる真相に関する最近の調査は、誤報と憶測がこうした新聞報道につながったことを示唆する[★19]。それでもなお、社会心理学研究に及ぼした影響の大きさは変わらない。

あなたや私のようなふつうの人であれば、彼女を助けに駆けつけるはずであり、窓から目撃した冷たい人々にはみな、ある恐ろしい性格的欠陥が潜んでいるに違いない。当時はそう単純に思われていた。しかしながら、研究が進むにつれ、そのアパートの実際の状況はそうではなく、人の援助意思を弱める多くの要素が明らかになった。確かにほぼどんな状況でも利他的な人はいるが、人はみな環境条件の影響を受ける。ある環境では人はとても利他的に振る舞うが、それ以外の環境ではあまり助けないものだ。

傍観者効果

周囲の人あるいは傍観者が見知らぬ人を助けるか否かの決め手となる状況要因は、その場にいる人の数である。人が大勢いると、そのうちの一人が援助する可能性は極端に低下する。ビブ・ラタネとジェームズ・ダブスは有名な研究で、エレベーターに何百回も乗り、これを証明した。彼らが鉛筆や硬貨を落としたとき、誰かに拾ってもらえる確率は、乗り合わせた人が一人か二人のときのほうが混雑時よりもはるかに高かった［★20］。言い換えれば、周りにいる人の数は少ないほうが助けてもらいやすい。人数は多いほうが安全かもしれないが、援助を求めるときは別である。

傍観者効果の一つの理由は現実生活のなかにある。大きな集団には傍観者も大勢いて、困っているときはその人が大声で言うか、注目されないと、誰にも気付かれないままである。エレベーター内で別の方向を見ていれば、誰かが鉛筆を落としても目に入らないだろう。都会の混雑した通りで歩行者が気絶しても、道を急ぐ傍観者は気付かないかもしれない。実際、いくつかの研究によれば、人口密度の低い地域にくらべ、都会では助けてもらえる可能性が低い。この差は単純に「気付き《ノーティシング》」因子に由来する。混雑した場所は喧騒に満ち、困っている人が注目されるのは難しくなる。たとえば、ある研究では腕を骨折した人が本を落とした際、電動芝刈り機の音のせいでその人を助ける確率が下がることが示されている［★21］。芝刈り機の唸り音で感覚は妨害を受け、傍観者はその人のギブスが目に入らなかったようである。

傍観者がある出来事に気付いたとすると、次の段階はその解釈である。歩道でつまずいて倒れた人を目撃した場合、あなたが助けるか否かは、その光景の解釈に左右される。その人が握り締めているのがウィスキーの瓶なら、私たちは一通りの解釈しかしないはずだ。それが白杖であれば、まったく違う結論を下すだろう。人は高度に社会的な生き物だ。傍観者が多いと助けてもらいにくくなるもう一つの理由に、人が周囲の出来事を解釈する際、互いを頼りにしがちなことが挙げられる。私たちは、周囲の人の反応から、その場の深刻さを推し量る。別の実験で、ビブ・ラタネとジュディス・ロディンはコロンビア大学の女性研究者に参加してもらい、事故を演出した。実験目的は、隣室で質問紙に回答中の男子学生が助けに駆けつけるかを調べることにあった。女性研究者は男子学生に質問紙を手渡すと、隣の部屋へ行く。数分して彼女は、確実に隣室に聞こえるよう音量を最大にして再生ボタンを押す。緊急事態を明らかに告げる内容である。棚の最上段に手を伸ばそうと椅子の上に立った女性研究者が転落し、足をひねる。再生音声のなかで彼女は悲鳴をあげ、うめき声を出す。「あ、痛い、足が……。足が動かない」［★22］。

この演出された救急事態を耳にした男子学生が隣室で一人きりでいた場合には、多くが助けに走った。七割の男性が席を立ち、女性研究者に手を貸そうと向かった。しかし、初対面同士の男子学生が二人で部屋にいた場合、そのどちらかが助けに向かう確率はわずか四割と大きく下った。男子学生は状況の深刻さを解釈するため、相手のようすをうかがい、驚いているように見えない場合、さほど深刻な事態ではないと判断した。

実験者が部屋の通気孔に工作を施し、操作に応じて煙が出るようにした実験でも同様のことが見られた。一人きりで回答を記入している場合、七五％の男性が煙に気付いて、手を止め、あちらこちら調べ、臭気を確認して知らせに来た。二人一組の場合、明らかに傍観者効果が見られた。それぞれが平静を保とうとし、驚いていないか、互いの表情を観察する。部屋は煙で充満していく。こうした状況で有害ガスの発生を知らせてきた人は極端に少なかった。実験参加者たちは煙が目に染み、咳き込み、息苦しくなっても、互いに手がかりをうかがいながら、なんら異常なことではないという共通の錯覚をいだいていた。こうした状況で、彼らはもっともらしく思われる解釈を口にした。「化学実験室が同じ建物のなかにある」と一人が言うと、もう一人が「自白ガスだ」と言う。火事かもしれないと言った人は皆無だった［★23］。

大集団における責任の低下

傍観者の人数そのものが、困っている人への救援機会を左右する。集団の規模が大きくなると、人は手助けしなければという責任を感じにくくなる。たとえ異変に気付き、助ける必要があると解釈しても、誰か他の人が助けるかもしれないと考え、無視するかもしれない。もちろん、誰もが同じように考えるので、行動を起こす人はいなくなる。

ジョン・ダーリーとラタネは、他に人がいるように思わせた模擬緊急事態を作り、この現象を証明した。二人は、学生を集め、都市生活の問題に関する集団討論に参加してもらった。学生は一人ずつ小部屋に入り、対面ではなくインターホンで他の参加者と話しあう。実際にはどの「集団」も真の実験参加者は一人だけで、その人に顔を知られていない研究協力者が緊急事態を演じる。各参加者は、集団の規模についてさまざまに想像するよう誘導された。実験参加者のなかには、集団規模を二人と考える人もいれば、三人あるいは六人と考える人もいた。もちろん、実験参加者は他の参加者の姿を見ることができない。しかし、この方法で研究者は実験参加者に一定の集団規模を思い込ませたのである。

討論が始まるとすぐに、研究協力者はインターホンを介して、自分にはてんかんがあり、都市生活は発作を起こしやすくしているようだと口にする。これは、その後の伏線である。やがて、その人のむせる声や息切れ、嗚咽が聞こえてくる。そして最後に完全な沈黙が訪れる。この事態に至った時点で、ここにいるのは自分一人だけで助けに行けるのは自分しかいないと考えた実験参加者はみな救助に向かった。しかし、他に誰かいるのでなんとかなると考えた実験参加者は、救助への意欲が弱かった。救助に行ける人が数名いると考えていた実験参加者の場合、三分の一が、この異変を無視した［★24］。

救助に向かわなかった実験参加者は、事態の深刻さを誤って判断したのではなかった。彼らは、他者からの手がかりもなければ、他者の表情も見られない。しかし、周りにたくさん人がいると考えた場合には、そのぶん行動への責任感が弱まり、傍観者効果が働いた。大集団の一員になると、破壊行為に対する個人責任が弱まるように、他者を助けることへの責任感も弱まる。私たちは、責任の総量を計算し、その場にいる人の人数で割り算しているかのようである。

集団規模を上回るもの――時間的制約

集団の規模以上に、状況の他のいくつかの側面が私たちの援助意思を左右する。一つは時間そのものである。「大切なデートに遅れそう」で急ぐ人は、困っている人を助けるために立ち止まろうとはしない。

この現象を示した有名な研究で、ジョン・ダーリーとダニエル・バトソンは善きサマリア人の寓話に注目した。これは強盗に襲われて瀕死の重傷を負った旅人の話である。道を歩いていた司祭はその旅人を見ると、道の反対側を通り過ぎて行った。そのあとレビ人も、同様に旅人を助けないで道の反対側を通り過ぎた。最後に、サマリア人がその旅人に近づき、援助を申し出て、傷を包帯で縛り、宿に連れて行った。サマリア人は、司祭やレビ人よりも社会的地位がはるかに低いにもかかわらず、旅人を世話するために宿賃まで支払った。

向社会的行動に見られる大きな違いの理由として、傲慢さや特権意識といった性格をあげたくなるかもしれないが、ダーリーとバトソンは、時間的制約との関連に注目した[★25]。サマリア人にくらべ、司祭とレビ人は自分たちの社会で重要な役割を担い、多くの責任を押し付けられている。この仮説を実験的に証明しようとして、彼らは、プリンストン神学校の学生に短いスピーチを準備するよう要請した。そのスピーチは構内の別の建物で行われ、録画する予定であると言われる。学生たちは、神学校の学生に職業選択について話す条件と、善きサマリア人の喩え話をする条件とにランダムに割り当てられた。

ある学生に時間が切迫しているという気持ちを抱いてもらうため、研究者は撮影者が「あなたが来るのを数分前から待っています。……急いでください」と告げる。別の学生は「準備が整うまでに、まだ数分あります」と言われ、時間的制約を緩められた。「中程度の急ぎ」群の学生は「すぐ行くように」とだけ言われた。撮影場所へ行く途中の小路で「おとり」が床に倒れ込み、咳をしながらうめいていた。さて、助けるために立ち止まったのはどの条件の学生だろうか。

遅れていると思わされた学生は一〇％しか立ち止まって援助しなかった。それに対し、時間に余裕があると思っていた学生は六三％が助けた。中程度の急ぎ条件の学生は四五％が助けた。明らかに、駆け足人生はまったく他者援助の助けにならない。

プライミング

善きサマリア人のスピーチをする予定の学生は、職業に関するスピーチを練る学生より援助行動がわずかに多かったかもしれないが、その差は重要ではない。しかしながら、その後の研究では、向社会的テーマでプライミング〔先行刺激による非意識的促進効果〕をされた人には、援助意思を高める傾向が見られた。プライミングが他の多くの行動に影響を及ぼすのと同様である。プライミング効果は往々にして気付かれない。

たとえば、ある研究で、実験参加者は「スクランブル文章テスト」を完了させるように言われた。ランダムに並べられた一連の語を一つの文章に組み立てるテストである［★26］。ある実験参加者のテストには、「与える」「援助」「貸す」といった向社会的テーマにかかわる語が含まれていた。別の参加者のテストには中立的な語（「ピアノ」「読む」「風景」）が含まれていた。

テストのあと、無関係を装った研究協力者がやってきて、各実験参加者に、障害を持つ学生の教科書購入を手伝ってほしい、と頼んだ。向社会的な言葉で文章を組み立てた学生は八〇％が手伝ってくれ、他方、中立的な言葉で文章を作った対照群の学生で手伝ってくれたのは六三％だった。追試研究では、この「向社会的プライミング」をされた実験参加者は、廊下で一抱えもの本を落とした人に援助を差し伸べる人が多かった。

気分

人は、とてもいい気分のとき、他者を援助しやすいのだろうか。あるいは、落ち込んでいるとき、世の中の役に立つことをして自分の気持ちを楽にしようとするのだろうか。これに関する研究結果は入り混じっていて、両方の要因が作用しているようだ。

実験室での研究によると、人はお金を拾ったり、仕事をやり終えたり、景品をもらったり、といった気分が良くなる出来事を経験すると、援助しやすくなる。歩道にまだ公衆電話ボックスがあった時代に行われた有名な研究がある。研究者は、実験参加者の気分をよくしようとして、公衆電話ボックスの電話機の硬貨投入口に一〇セントコインを置いたままにした。合わせて、コインなし条件も設定された。実験参加者は「ロストレター」技法で援助志向を測定した。この技法では、誰か知らない人が偶然、宛名の書かれた封筒〔レター〕を置き忘れた〔ロスト〕ように見せかける。実験参加者は、封筒を拾いポストに投函するか、気付かないふりをするか、投げ捨てるか、のどれかを選ぶことになる。この技法の長所は、電話ボックスのような自然な日常場面で実施でき、投函された手紙が研究者のもとに返ってくることである。これを利用すれば、援助志向を高めやすい条件が分析できる。

この研究で、コインを手にいれた人は拾った手紙を投函することが多く見られた。彼らは（当時で八セント）切手を買わなければならなかったにもかかわらず、そうしたのである。研究者がいい気分を人工的に作り出す、こうした研究はけっこう有効である［★27］。

しかし、不機嫌な人も状況によっては援助することがある。オーストラリアで行われた「ロストレター」研究で、研究者は駐車中の自動車一〇〇台のワイパーの下に手紙を挟んだ。自動車は二つの町のラグビーチームによる優勝決定戦を見にきた人たちのもので、「あなたの車の近くで見つけました」という手書きメモが手紙に添えられた［★28］。研究者は、車の飾りやポスター、ステッカーで、どちらのチームのサポーターの車か特定した。試合は接戦となり、四万人ものファンが観戦した。驚いたことに、負けたチームの車に置いた手紙は五八％が郵送されてきたのに対し、優勝チームのサポーターから郵送された手紙はわずか三八％だった。おそらく、敗戦チームのサポーターは、何かいいことをして、落ち込んだ気分を穴埋めしようとしたのだろう。勝利チームのサポーターは、ロストレターに注意を払わないほど興奮していたのかもしれない。

誰が誰を助けるのか

困っているとき最も助けてもらえるのはどんな人だろう。そして最も助けるのはどんな人だろう。たとえば、ジェンダーは重要な要因だが、その関係は単純ではない。このテーマに関する初期の研究の大半は、男性のほうが女性よりも援助する人が多いことを示していた。とりわけ、緊急事態における介入では顕著だった。たとえば、地下鉄の階段で転んだ人や、路肩でタイヤがパンクした人を助けるのは、往々にして男性である。援助行動研究は、キティ・ジェノヴィーズ事件に端を発することから、これに類似した状況を多く扱ってきている。つまり、窮地に置かれた見知らぬ人を援助する機会が傍観者に与えられる。見知らぬ人を助けることは、しばしば傍観者を危険にさらす可能性がある。ほとんどの研究は、このような場合には男性がよく援助することを明らかにしている。

しかし、それ以外の状況、とりわけ心の支えや気遣いを要する状況では、女性のほうが援助行動に出やすい［★29］。援助したいという気持ちは、文化的に確立された性役割にも左右され、男性は身体的活動や体力を要する緊急場面で活躍し、他方、女性は気遣いや情緒的支援を求められる場面で活躍することが多い。

たとえばコインランドリーで行われた研究では、異なる援助パターンが見られた。研究者の仲間が利用客に近づき、洗濯ものの入った籠を運ぶか、衣類を畳むか、どちらかを手伝ってほしいと頼む。男性客は洗濯籠の運搬を選ぶ人が多く、女性客は衣類を畳む作業を手伝う人が多かった［★30］。もちろんこうしたジェンダー現象には細分化されたパターンがあり、伝統的性役割に固執しない人、中性的な人はやや異なる行動を示す。たとえばより中性的な女性は、伝統的に女性が援助するものとされる作業はあまりしないで、男性がするような援助をしようとする。援助される側のジェンダーも援助行動を左右する。男性は女性を援助する傾向にあり、なかでも魅力的女性を援助する人は多い。他方、女性はジェンダーに関係なく平等に援助する。女性は男性より援助を求める人も多い。

別の一致した知見として、年齢や人種、文化、態度、その他の特性において、自分と似た人を援助しようとする人の多さがある。前章で見たように、類似性は好意につながり、人は好きな人を援助しようとする。

リサ・デブリンが行った研究では、顔の類似度が操作された。具体的には、各実験参加者の顔写真と同性の見知らぬ人の顔写真をデジタル的に合成したり、「モーフィング」［ある画像を別の画像に少しずつ変える処理］をかけたりして行われた。こうして、自分のような他人のような顔写真ができあがった［★31］。次に実験参加者は「信頼ゲーム」に参加した。このゲームでは、合計額を分配する際、他のプレーヤーを信頼するかしないかを選ぶようになっている。実験参加者はコンピュータの前に一人で座り、何人か別の相手とゲームをする。ただし相手は実在の人間ではない。相手は自分と別の人の画像を合成したモーフィング写真か、別の人の原画像だった。実験参加者は、自分と似た顔の写真に対して向社会的に振る舞い、回を重ねるごとに信頼度が増した。

私たちは、内集団成員と認める人に対してもよく援助を行う。英国のサッカーファンの研究は、この過程を証明した［★32］。研究者は、マンチェスター・ユナイテッド・ファンにサッカーチームに関する研究に参加してほしいと頼み、彼らは一人で実験室に入る。実験参加者は、応援チームと応援理由、観戦頻度、さらにマンチェスター・ユナイテッドに対する忠誠心を聞く質問にも答えた。その後、実験参加者は、サッカーチームに関する短いビデオを見るために別の建物に歩いて行った。その途中で、シャツと短パン姿のランニングシューズで走る研究協力者が現れ、わざと転倒し、顔をしかめ、痛いふりをした。前述した、まさに善きサマリア人の実験のように、実験参加者は援助するか否かを迫られた。

マンチェスター・ユナイテッド・ファンは援助したのだろうか。それは、研究協力者の着ていたTシャツで異なった。マンチェスター・ユナイテッドのチームTシャツを着ていたときは、実験参加者の八割が救助を申し出た。しかし、それが無地のTシャツかライバルチーム（リバプール）のTシャツだったとき、実験参加者の救助は急減した。

オンラインにおける向社会的行動

人が対面場面で利他的に振る舞う場合と理由について、私たちは多くのことを見てきた。しかし、これらの関連要因はオンラインではどう働くのだろう。オンライン環境のある側面が思いやりや援助を促すように見える半面、別の側面はそれらを妨げるかもしれない。傍観者効果から見ていこう。

オンラインと傍観者効果

初期の研究に、別々の部屋に入れられた参加者同士がインターホンで会話する実験がある。その結果は、オンライン場面でも傍観者効果が発生する可能性を示す。確かに、ある環境で、その兆候は見られる。二〇〇八年、フロリダ州に住む一九歳の少年はオンライン上のボディビルディング・フォーラムで何度も自殺をほのめかし、ついに自殺のライブ映像を流すために自室のウェブカメラへのリンクを投稿した。一五〇〇人もの人がこの映像を見たが、インドに住む一七歳のフォーラムメンバーがマイアミの警察にようやく通報するまで介入する人はいなかった。結局、間に合わず、その間に少年は亡くなった。この事件はキティ・ジェノヴィーズの事例と驚くほどよく似ている。ただし傍観者は世界中にいて、自分のアパートから現場を見てはいない点が異なる。

画面を見た多くの人は、カメラを数分クリックしただけで、すぐに移動し、何か変なことが起きたことに気付かなかったのかもしれない。異様さに気付いた人も、彼が一芝居打っているとしか思わず、介入が必要な状況とは考えなかった。彼らは画面を見て、あざけるようなコメントを書き込みながらチャットをしていた。傍観者は互いに姿を見ることができなくても、他者の行動から状況の深刻さに関する一定の結論を出していたはずである。それは、通気孔から煙が出るのを見て何をすべきか、相手に手がかりを求めた状況と似ている［★33］。キティ・ジェノヴィーズの事例で叫び声を聞いた傍観者と違い、オンライン傍観者の多くはおそらく、その状況を、助けを求める叫びと見なすことはなかったのだろう。これは、傍観者効果が、曖昧さの高いオンラインではかなり違って働くことを示す一面である。

傍観者効果は、金融や娯楽、音楽といった話題を扱う知識共有型フォーラムのような、あまり劇的ではないオンライン環境でも見られる。研究者は、二〇万人もの［★34］メンバーを擁する三三三のヤフーグループそれぞれに、以下のような簡単な質問を書き込んだ。

> このグループがあってうれしく思います。一つ質問があります。一度に複数の写真をアップロードする方法を教えてくれませんか。よろしくお願いします。サム

各グループのメンバー数は、ほんの少数から一万超までさまざまであった。傍観者効果から予想されるように、返信が最も多かったのは一〇〇人未満の少人数集団だった。三分の一の人が回答してくれたのに対し、一〇〇人以上二五〇〇人までのグループでは回答者は一割未満だった。

この調査では、オンライン環境における傍観者効果のもう一つの興味深い特徴が得られた。それは極端に大き

なグループに関係することでもあった。大規模集団に投稿された照会事項は、速度こそ小規模集団並みではなかったものの、回答率が中規模集団よりもはるかに高かった。ただし、それが実際どの程度役立ったかとなると、回答自体の質はきわめて低かった。

対面場面と異なり、インターネットはこんな大規模な集団も容易に支援する。ここで、援助の性格が大規模集団では変容するという事実は重要で、とりわけ知識共有のためのオンラインコミュニティに頼るビジネスではなおのこと重要である。たとえば経営者は、参加する従業員の数が多いほど、知識共有の効果も高くなると単純に想定する。しかし、先の研究によれば、（少なくともオンラインの基準で）規模の小さいほうが人々は互いに有意義なやり方で助けあうかもしれない。

傍観者効果を逆手にとる

オンライン上で、傍観者は物理的距離や匿名性、自覚状態、可視性、その他の多くの特徴から、心理学的に見て異質な環境を経験する。ある興味深い研究は、こうした相違が、対面研究で一貫して見られる傍観者効果を実際に逆転させるやり方で、小さくできるか検討した［★35］。

実験参加者は「オンラインコミュニケーション」に関する研究計画に参加してほしいと依頼された。実験参加者は実験室に着くと、コンピュータのある小さな個室に通され、実際に進行中のディスカッション・フォーラムの投稿を見るように指示される。その画面にはまだ何の返答もない投稿が表示されている。彼らは、もしその気になれば返信してもいいし、あるいは「次のメッセージ」をクリックしてもいいと言われる。

事前に五つの投稿メッセージがプログラムされていた。つまり、実験参加者が見ている画面は実在の人間がいる現実のフォーラムではなく、架空のフォーラムである。メッセージはどれも、かなり悩んでいるように見える人物の個人的ストーリーを仕立てたもので、向社会的対応を引き出すように書かれている。たとえば、ある投稿は自殺念慮を含み、別の投稿には、夫のがん再発を知ったばかりのようすが書かれている。独立変数は、多くの傍観者研究と同様、集団規模であった。実験参加者は、このフォーラムの訪問者数の多少を知らされた。実験参加者は、コンピュータ画面の隅にある「ライブ」フォーラムで、オンラインにいる人の名前とともに、自分の名前も表示され、そこにはフォーラム参加者数もあった（小集団条件では一人、大集団条件では三〇人と設定された）。

傍観者効果から予測されるように、自分が唯一の傍観者と思った実験参加者は、三〇人いると思った実験参加者にくらべ、メッセージに返答する割合がはるかに高かった。さらに研究者は、二番目の独立変数として公的自覚状態を追加した。集団規模という明確な要因の操作に加え、非常に単純な技法で、各実験参加者の存在が他者に気付かれているような操作をした。実験参加者の公的自覚状態を高めるため、コンピュータ画面上に表示される名前を本人だけ赤くし、それ以外の人の名前を黒で表示させた。このねらいは、名前を際立たせることで、実験参加者がより目立つように感じさせることだった。

実験のこうした小さな変化、つまり参加者だけ氏名を赤くすることで、傍観者効果は消滅した。三〇人のフォーラムにいると思っている実験参加者は、自分しか見ていないと思っている実験参加者にくらべ、メッセージに返答する人が多かったのである。名前を赤く表示された実験参加者は、あたかも大勢のなかでひときわ目立っていると感じ、そのぶん責任感も強まったと言えよう。

研究者はこの実験を発展させ、実験参加者の公的自覚状態を高める手段を、氏名を赤字表示からウェブカメラに変えた。ウェブカメラ条件の実験参加者は、実際の画面を見ることはできなかったが、カメラは自分のほうを向き、ＬＥＤの表示ランプが点灯していた。結果は変わらなかった。実験参加者はフォーラムで多数のオーディエンスに見られているかもしれないと思ったとき、傍観者効果は消滅した。彼らは、あたかも自分が試されているかのように思い、それだけで責任を強く感じた。時として人はコストと報酬を天秤にかけ、向社会的に振る舞うか否かを決めるという理論と合致する結果である。

気分、援助、フェイスブック

気分は複雑なやり方で援助への意思を左右する。それについてはすでに見たが、オンライン環境ではどうなのだろうか。オンライン環境の多くは肯定的気分をもたらし、それゆえ訪問者も多い。ユーチューブの楽しいペット動画を見に何百万人もが訪れ、オンラインゲームは人をいい気分にさせる。

たとえば、ある研究で処置群の実験参加者は、評判のカジュアルゲームである「ビジュエルド2」か、「ブックワーム・アドベンチャー」、「ペグル」のどれか一つを二〇分間プレーした。プレーのあいだ、さまざまな生理指標が測定され、最後に実験参加者は自分の気分状態を評定した。同じ時間をネットサーフィンで過ごした対照群の実験参加者にくらべ、ゲームで過ごした人たちは気分がよいと答えた。彼らは脳波パターンも変化し、それは気分状態の改善を意味し、心拍変動の低下（ストレス減少の兆候）も見られた［★36］。

このように、ある種の環境には気分を改善する働きがあるが、反対の働きをする環境もある。ある研究によれば、全体として、インターネットの頻繁な利用がもたらす影響は功罪入り混じっている。たとえば初期の縦断研究の一つは、一九九〇年代半ば初めてネットにアクセスした人たちの変化を追った。時間とともに、インターネット利用で、抑うつ症状や孤独感、ストレスが高まった［★37］。これらの悪影響を受けた人に共通していた特徴は、強い対面の人間関係を軽んじていた点である。彼らは、ネットで知り合った遠くの人や面識のない人とのやりとりに費やす時間が増えていた。

大半の研究はフェイスブックに焦点をあて、その環境が気分に与える影響を争点とする。いくつかの研究によれば、フェイスブックのヘビーユーザーはしばしば抑うつ経験をしているという。ある研究は「経験サンプリング」法を用いた。具体的には、研究者は二週間のあいだ一日あたり五回、実験参加者にメールで通知をし、前回受けた通知以降のフェイスブック利用状況や、受信時の幸福感とストレス、孤独感についてオンラインで答えてもらった。その結果、前回の送信以降フェイスブックを利用している人は、気分が悪化していた［★38］。考えられる一つの解釈は、大半の人が近況アップデートで楽しいと強調するため、誰もが自分より陽気でうまくやっているように思って、落ち込むのかもしれない。

フェイスブックの研究者が二人の大学研究者と共同で、ある実験を行った。フェイスブック利用者七〇万人弱のニュースフィードに掲載される友達からの投稿を操作し、ある利用者の画面には、肯定的な言葉（大好き、うれしい、喜び）を含む投稿が表示されるようにし、別の利用者の画面には、否定的な言葉（悲しい、悩む、つまらない）を含む投稿が表示されるようにした［★39］。自分の近況をアップデートする際、友達からのニュースが肯定的だったとき利用者は肯定的な言葉を多く使うようになり、否定的ニュースを見た利用者では否定的な言葉の使用が増えた。彼らの実際の気分は調べられていないが、うれしそうなオーディエンスのためにうれしいふりを、悲しいオーディエンスのために悲しいふりをしたのかもしれない（この研究は、対象者がこうした実験の参加者になることを望みもしなければ、彼らの同意も取り付けていなかったため、多数のフェイスブック利用者のあいだで倫理的問題と怒りを引き起こした）。

気分がオンラインでの向社会的行動にどう影響を及ぼすのかはまだ明らかではないが、フェイスブックは利己心と自己中心的態度全般を高める。近況アップデートやウォール投稿は大半が一対多の独り言と化している。それ自体は自己に焦点を合わせる働きをし、他者援助には結びつきにくい。台湾で行われた研究では、フェイスブック利用者に実験室に来てもらい、直接これを検証した［★40］。最初に、一部の実験参加者は、自分のアカウントにログインしてウォール投稿を求められた。他方、残りの実験参加者はインターネットに不具合があり、ログインできないと聞かされた。実験参加者は全員「独裁者」ゲームに参加し、その際、口実として、意思決定に関する別々の研究に参加してもらうと言われた。

あなたは、別の部屋にもう一人の知らない人がいると言われたとします。実験者は、あなた方はすでにゲームの「開始役」か「受取人」のどちらかに割り当てられていると説明します。あなたには開始役をお願いします。実験者はあなたに、二〇〇台湾ドル［約三〇米ドル］を渡します。実験者は、あなたは好きなだけそのお金を手にすることができ、残りを受取人に渡してくださいと言います。受取人はその申し出を拒否できますが、あなたは気にする必要はありません。あなたがどう分配したかは誰にもわかりません。あなたはこの知らない受取人にいくら渡しますか。

一般に、独裁者ゲームで人は均等には分配しないものである。それでもフェイスブックに投稿したばかりの人は平均的な人よりはるかに出し惜しみをした。彼らの平均提供額は、フェイスブックへの投稿機会を持たなかった対照群の平均を二二％下回った。

このような結果は、少なくとも見知らぬ人にとって、フェイスブック利用が援助行動にとってとりわけ喜ばしくないことの兆候である。しかし、フェイスブックの他の機能は、向社会的行動に関して期待が持てそうである。たとえば、あなたが友達と見なす人は赤の他人ではない。多分あなたは彼らにすでに好意をいだき、後節で見るように、彼らはさまざまな点であなたと似ているはずである。たとえば、フェイスブックの友達は、住居探しや家具の移動、ペットの世話といった日常的な援助要請に応えてくれる。ウォール投稿は公的自覚状態を高めるかもしれない。それゆえ、あなたはいっそう援助を提供するようになるかもしれない。あなたがケニアで「引き取った」ばかりの身寄りのない仔象の写真を投稿することは、多くの「いいね！」をもたらすことにつながる。

オンラインでの時間的制約とマイクロボランティア

急いでいるとき人は目の前の人に手を差し伸べないかもしれないが、オンラインではどうなのだろう。いくつか興味深い違いはあるものの、オンラインでも事情は変わらないようである。まず、大半のインターネット環境は非同期であり、誰かが困っていることを知ったとき、こちらの都合に合わせて向社会的に振る舞える。善きサマリア人の講演録画に向かう途中の歩道で、咳をしてあえぐ人（研究協力者）の脇を素通りした学生も、オンラインでは異なったかもしれない。援助の必要な人に事情を聞き、録画を済ませてからスマートフォンでログインし、支援を申し出ればいいからである（もちろん、事態によっては手遅れかもしれない）。

考えられる別の相違は、スマートフォンやタブレット、実質的にどこでも使えるモバイル利用のおかげで、私たちがインターネット接続に使っているちょっとした時間《マイクロタイムスロット》と関係がある。ふだん人は、行動と行動のあいだにできるわずかな空き時間を常に埋めている。たとえば、バスが到着するまでの時間、授業開始までの時間、洗車が終わるまでの時間である。いくつかの組織は、こうした空き時間をゲームや動画で埋めようとする動機を、もっと価値のあるものに活用するよう、**マイクロボランティア**という機会を提供する。たとえば、ＢＯＩＮＣのプラットフォームには、スマートフォン向けの支援アプリがたくさん登録されていて、数分もあれば、そのなかのどれかのプロジェクトに参加できる。三〇分以下という非常に短期のプロジェクトを提供する団体を援助するために生まれたウェブサイトもある。たとえばヘルプ・フロム・ホーム（HelpFromHome.org）では、オープン・エルム・プロジェクトが、絶滅のおそれのあるオランダニレを救うため、ニレ立ち枯れ病を監視する自然保護主義者を助成する一環として、オランダニレの目撃記録を送るよう、英国マン島の一般の訪問者に呼びかける。

ボランティア研究所は、英国のオレンジ・テレコム・サービス提供の「何か良いことをする《ドゥ・サム・グッド》」というアプリをダウンロードした人たちに調査を行い、マイクロボランティアに関する動機を詳しく調べた［★41］。この調査から、マイクロボランティアをする人は、従来のボランティアにくらべ、ある特定の慈善団体を援助するという利他的動機ではなく、まとまった空き時間を生かす活動の融通性と喜びに動機づけられていることが明らかになった。こうした慈善団体は、マイクロボランティアをきっかけに、一人でも多くの人がボランティア活動に意義を見出し、本格的なボランティア活動につながることを望む。しかし次節で見るように、マイクロボランティアがそうなるかは不透明である。

スラックティビズム

インターネットは、気に入った対象を個人でも容易に支援できるようにした。団体のソーシャルメディアサイトで「いいね！」ボタンをクリックするだけのささやかな労力で済むからである。では、このようなトークン〔通貨のようなもの〕による援助は、より本格的な援助へとつながるのだろうか、あるいはそうならないのだろうか。

段階的要請現象の研究によると、人は事前に小さな要請がなされると、より大きな要請に同意しやすくなるという。有名な研究で、研究者はカリフォルニア州の安全運転キャンペーンのボランティアを装って、家々を回り、その家の住人に、「安全運転をしよう」と書かれた小さなシールを窓に貼ってくれないかと要請した。その二週間後、彼らは庭に大きく不恰好な看板を立ててくれないかと要請した。すると、七六％の人が同意した。それに対し、事前の小さな要請がなく、いきなり頼まれた住人は、わずか一七％しか同意しなかった〔★42〕。

多くの慈善団体は、オンラインで「いいね！」をクリックすることは、段階的要請の一部である事前の要請に相当すると確信している。しかし、それは**スラックティビズム**〔その場限りの社会運動〕で終わると考える人もいる。小さな努力で自分の役目を果たしたと思い、それが一種の免罪符となるからである。『サタデー・ナイト・ライブ』の寸劇で、セス・マイヤーズは辛辣な言葉を口にした。

いいかい。もし君がフェイスブックのページを作ったら、僕たちは「いいね！」をクリックする、それしかできないけど。でも、それがせいぜい僕らにできること。〔★43〕

オンラインのトークンによる支援が、そのあとの本格的な支援提供にどう影響するかを解明した研究によれば、トークンによる支援が公的になされるか私的になされるかが重要であるという。あなたの小さな支援行為が他者から見える形でなされ、その行為を友人に知られている場合は、その後さらに支援することはあまりないかもしれない。自分のねらいどおりの印象が相手のなかに形成されたからである。しかし、もしあなたの行為がひそかになされるのであれば、印象管理とは関係しない。その代わり、あなたは本格的支援をしようとするかもしれない。認知的不協和の低減、および信念と行動の一貫性を保ちたいという欲求ゆえである。

この仮説を検証した研究によると、他人の前で義援申請に署名した実験参加者は、私的に署名した人にくらべ、そのあとでより本格的な支援を要請したとき、自分の時間を出し惜しみした。その支援内容とは、慈善団体の郵便キャンペーンのための封筒詰め作業で、最初のトークン、つまり署名を私的に行った実験参加者は、ほぼ二倍の時間を提供した［★44］。この発見が意味するのは、もし、トークンによる支援、たとえば「いいね！」をクリックしたことが、ニュースフィードやツイートで友人や家族に広く知られないのであれば、慈善団体は本格的支援を後押しできるかもしれないということである。

オンラインでは誰が誰を助けるのか

オンライン環境で、あなたが最も積極的に援助したいと思うのはどのような人だろうか。そこには対面場面と同じように、ジェンダーや類似性が関係する。

ジェンダー効果

インターネットでの援助過程に見られる性差は、現実生活での援助に関する研究の結果とよく似ている。前述したように、男性は、伝統的に男性の出番とされてきた状況で援助に応じやすい。一例は、大勢のネット利用者が困っている問題への専門的アドバイスである。男性はこうした手助けをする人が多く、時間のあるとき相談窓口やディスカッショングループのスタッフを務める。技術支援は、ネット上で最も多い一般的な援助要請で、それに応じるのは大半が男性である。

こうした性的格差は、他のオンライン環境、たとえばウィキペディアでも見られる。ある調査によると編集者の八割が男性で、これによって百科事典の内容が男性寄りになる可能性があるため、組織にとっては懸念される事実である。しかし、女性も黙ったままではない。人数は少ないものの、ウィキペディアでとても活動的な女性は、同じように活動的な男性よりも編集済みの記事の修正を広範にしていた[★45]。

女性が援助しやすいインターネット上の状況で多いのは、個人的問題を共有する支援グループである。そのすばらしい例が、いまは亡きグレナ・トールマンの活動である。彼女はオンラインの自助支援グループをいくつか立ち上げた。彼女自身、後天性免疫不全症候群（エイズ）による死が迫るなか、とても積極的にグループにかかわり、自分自身の不安と経験を分かちあい、それを通じて他の人たちを援助しようとした。

自分と似た人

人は、人種や文化、態度、年齢、その他の特徴で自分自身と似た人を援助しようとする。半面、オンライン上の面識のない人について正確な情報をあまり持ち合わせない。助けを待つ人の属性特徴がはっきりとしないため、類似性の判断はもっぱら態度や関心の組み合わせによる。

しかしSNSでは、あなたの友達があなたとどのくらい似ているか、たとえば政治的価値観や音楽的嗜好がどの程度共通しているか、それを知る術はたくさんある。英国で、以下のようなフェイスブック利用者の調査が行われた。彼らに、毎週ないし毎月、毎年、連絡をとった人のなかから実際に会う人を選んでもらった。彼らは友達一人ひとりについて、信仰・宗教や政治的意見の共通度、共通の友達、応援するスポーツチームの共通度、その他の特徴における類似度を聞かれた。その結果、利用者は自分と似た人ほど気が合いやすく、多く接していた。類似度の高さは腎臓提供の意思とも関連が見られた［★46］。

人は、あなたがよく訪れるネット上の場所の名称だけでも、あなたの態度に関するなんらかの手がかりが得られる。たとえば、もしあなたがゴルフのディスカッショングループの人と交流するとすれば、その時点ですでに自分とのあいだに一定の共通点がある。あまり知られていないいくつかのインターネット空間では、地理的に離れていても、とても珍しい関心を持つ人に出会え、それによって向社会的行動が促されるかもしれない。

オンライン環境は、援助行動を左右する多くの変数を操作することで、興味をそそる可能性を提供する。非常に巧みな方法や徹底的な欺瞞による例を見てみよう。

偽装と欺瞞

感じの良い魅力的な印象を作り上げるために、オンライン人格の細部を微調整しない人はほとんどいない。友人や見知らぬ人の両方から多くの支援を得たいからである。しかし、微調整は、ときとして、とりわけ他者から大小さまざまな方法で援助を取り付ける操作として、詐欺にも使われる。欺瞞の戦術と動機は、以下の例で示されるようにかなり多様である。

アレックスとジョアンの奇想天外な事件

初期のしかも広く知られたオンライン欺瞞事件に、ジョアンとアレックスのキメラ［ギリシャ神話の怪物に由来、異なる遺伝子型や種の細胞から成る生命個体］がある。これは「電子恋人事件」としてもよく知られる［★47］。アレックスはニューヨークの精神科医で、「Shrink,Inc.」〔精神科医業の意〕というニックネームで掲示板のチャットに出入りした。彼は、自分を女性の精神科医と思い込んでいる女性と、オンライン会話を始めた。彼は、女性らしく見えるようにリアルで親しみを込めた会話でその気にさせ、「ジョアン」という名前でログインするようになり、その新しいニックネームにふさわしい人格を念入りかつ緻密に作り上げた。ジョアンは身体的ハンディキャップを負いつつも、人間関係を広げ、それらの障害を克服し、あらゆるハンディキャップを乗り越え、決断力のある女性モデルとして注目された。女性たちはジョアンと打ち解けてチャットし、彼女にあらゆる種類の援助を申し出た。しかし、多くの人たちが彼女に直接会いたいと言ってきたとき、アレックスはお芝居に終止符を打った。彼は最初、深刻な病気をほのめかし、そのうえで「彼女」は病院に行っていて、診察が終わったと書くつもりだった。不運にもアレックスは、詳しい時間と場所を添えて粉飾した。花を送ろうとしたオンラインの友人たちは、病院に「ジョアン」の記録がないことをつかんだ。

欺瞞を働いたアレックスへの怒りは彼本人に向けられたが、裏切られたという感情は複雑で多様だった。彼は同情を強く求めるだけではなく、女性という人格を実験するためにも嘘をついた。この特殊な欺瞞は、失敗に終わった仮面舞踏会の度を越した事件だったが、オンラインで嘘を通し続けるのは難しいことではない。インターネットは、ミュンヒハウゼン症候群と呼ばれる精神障害のような欺瞞動機を持つ人にとって魅力的な現場である。

インターネットとミュンヒハウゼン症候群

嫌な仕事を避けるため、あるいは仕事を一日休むため、病気のふりをすることは昔からあり、珍しいことではない。しかしながら**ミュンヒハウゼン症候群**は、それをはるかに上回る。この障害をかかえる人は、注目を集めるために、話をでっち上げたり、大袈裟に言ったり、身体的・心理的外傷を負ったりすることさえする。また何ヶ月も何年も「病気」のふりをする[★48]。対面場面で、しかも少しのあいだであれば、彼らは病気のふりをうまくやり通せるかもしれないが、明らかな症状がなければ、家族や友人はその病気にうんざりし、嘘だと思うかもしれない。

けれども、オンライン環境はミュンヒハウゼン症候群の人に、それらのふりをする格好の機会をもたらす。彼らは時間をかけて文章を練り上げ、オンライン支援グループに投稿する。そこには、衝撃的物語や、オンライン上の医療情報源から得た細かな医療情報が散りばめられている。彼らは、危機的出来事や奇跡的回復、死に至る最期の戦いまでもやり抜く。そして、彼らはフォーラムから姿を消すか、少なくとも現行のニックネームでは参加しない。

ある事例で、アンドレアという四〇歳の母親が、卵巣がん患者の支援グループで腹痛の悪化を訴えた。しばらくして、支援グループのメンバーが彼女にとても同情して返信したところ、アンドレアはステージ４のがんと診断されていると書いてきた。自分の話を盛り上げるため、彼女はフォーラムで自作自演をはかり、娘の「ブリトニー」と娘の恋人の「クリス」を演じた。「ブリトニー」は、結局、母親が亡くなり、今度は自分自身ががんにかかっていると投稿した。「ブリトニー」が亡くなると、「クリス」がその筋書きを引き継いだ。グループはさすがに疑い始め、いままでのことはすべて手の込んだ欺瞞であるとの確証を得た[★49]。

オンライン支援グループは、どうすればこうした欺瞞を見抜けられるのだろうか。これまでの研究によれば、投稿パターンからいくつか手がかりが得られるという。たとえば、書いている本人が長い時間、キーボードの前に座ることが難しい状態であるにもかかわらず、投稿がやたらと長く、詳しい場合である。危機的出来事と劇的回復を繰り返す投稿も怪しい。非同期のテキストによる匿名で参加できる支援グループは、ミュンヒハウゼン症候群の人にとって魅力的かつ居心地のよい環境であり、その結果、本当に支援を必要とする人たちが不利益を被る。

慈善詐欺

不実な詐欺師は、オンラインで人々の共感を悪用する。彼らは本章で見たような、人々の自発的援助の事由に関する多くの心理学研究を利用する。周知のように、大きな自然災害では、人々はとてつもなく寛大な気持ちになり、詐欺師はしばしばこれら出来事に便乗する。

たとえば、ハリケーン・カトリーナが二〇〇五年にメキシコ湾岸を襲ったとき、四千を上回るカトリーナ関連ウェブサイトが生まれた。その多くは、連邦捜査局（ＦＢＩ）によれば詐欺サイトだった。一般的手口は、アメリカ赤十字社のような合法慈善組織に酷似したウェブサイトやソーシャルメディアを立ち上げることである。詐欺師たちは、偽サイトへのリンクを張ったメールを、見込みのありそうな何千もの人に送りつける［★50］。こうした戦術は、被災者から寄付金を騙しとるだけでなく、信頼をも損ない、非営利団体のオンラインでの寄付金募集をさらに難しくさせる。

もう一つの戦術は、有名な災害や悲劇の被害者になりすまし、ソーシャルメディアを通じて、悲話を広めることである。コネチカット州ニュータウンの小学校で起きた悲惨な銃乱射事件〔二〇一二年〕のあと、ニューヨーク在住の詐欺師は、犠牲になった子供の叔母を装い、弔意を表するための葬儀費用を募ると強く訴えた。

こうした慈善詐欺の類にひっかからないようにするためにどうすればいいのか。慈善詐欺は、とりわけクラウドファンディングの波に乗って増える一方であり、ますます手の込んだものになっている。止めることも難しい。その一つの理由として、寄付者はお礼メール以上のものを望んでいないことが挙げられる。それゆえ彼らの大半は、援助先の慈善団体のことも、自分が詐欺にあったことももまったく知らないだろう。募金者は最初に必ず慈善団体をチェックすべきである。チェック基準は財務の状況と透明性である。メールに書かれたリンク先も警戒すべきである。リンク先では、本章で説明した手法を用いて詐欺師が待ち受けている。たとえばメールは、あなたが以前した寄付への感謝から始まるかもしれない。これは段階的要請法の応用である。詐欺師がオンラインで寄付を募るために使う手口をいくつか知れば、落とし穴を避けられる。

デジタルの偽装

オンライン世界は対面場面と異なり、いかようにも変えられる。この特徴から、向社会的行動に影響を及ぼすまったく新しい可能性が生まれる。たとえば、周知のように人は自分と似た他者を好きになり、その人たちを積極的に援助する傾向がある。そして対面場面での類似性は、ある方法でごまかせる。自分の応援チームがわかるように、そのチーム名がプリントされたTシャツを着ればよいからだ。オンラインにはそれを上回る多くの可能性がある。

顔のデジタルモーフィングは一例である。前述したモーフィング写真の実験で見られたように、人は自分と似た人には寛大に振る舞いがちである。

没入型仮想現実は、デジタル偽装《マニピュレーション》の機会も広げる。とりわけ人間行動の研究で人工環境を作りたいときは好都合である。たとえば研究者は、仮想現実環境を構築し、実験参加者にヘッドマウント・ディスプレーをかぶってもらった。すると、その人は店舗が並ぶ街頭のバス停にいるかのような状況に置かれる。実験参加者がそのなかであたりを見回すと、目の見えない人が通りを横切るところで車がぶつかるのを目にする。その男性は白杖を落とし、転んだ。「助けてください。私は目が見えません。誰か私の杖を探してくれませんか」と言う。何人かはこの仮想人物を無視、嘲笑したが、三六%の実験参加者がなんらかの手助けをした。彼らは思いやり尺度で「傷ついたり困ったりしている人を見かけると、すぐその人を手助けしたくなる」のような項目に同意し、高得点をとった。

追試研究では、仮想の歩道にいる実験参加者は、金をせがむ物乞いや携帯電話をかけているビジネスマンに気付かないようだった。ここでもやはり実験参加者の思いやり得点と、この没入型環境における行動とのあいだに関連が見られた。思いやり得点の高い実験参加者ほど、物乞いに近づき、彼のほうをじっと見た[★51]。

没入型仮想現実を用いた別の研究では、類似性判断は外見や態度にとどまらなかった。身体動作でも同様なことが見られた。実験参加者と顔がそっくりで、(四秒遅れで)頭の動きを真似した仮想人物が最も強い説得力を発揮した。実験参加者は自分が真似されていることにすぐに気付くと思うかもしれないが、そうではない[★52]。

このような機能を柔軟なデジタル世界に取り入れ、オンラインで資金調達キャンペーンを展開することはけっして空想物語ではない。調達したい側は、受け手に合わせたメッセージを送る。つまり、寄付してくれそうな人との共通点を強調し、そっくりな動きをし、あるチームのTシャツを着ればよい。ビッグデータと、アプリやオンラインサービスで得られた情報を組み合わせて分析すれば、組織は人の行動に影響を与える方法についてかなり知りうる。本章では、オンライン環境が向社会的行動を促す過程に焦点を当てたが、このような影響力は懇願しなくても援助が得られるように働く。

何かお困りですか?

心理学者のジョン・グロールはウェブ上に、サイキセントラル・コムを開設し、心理的問題に関する信頼できる情報を求める人がインターネット上の適切な場所で、さまざまな支援を得られるように手助けしている。利他的理由からウェブを用いる人はグロールに限らない。非常に大勢の人が、犬の写真や自作の詩を自慢するだけでなく、他人のためになんらかのサービスを提供する。そこにいる人々の助けになればとの願いから、何百時間も費やしてインターネット上にサイトや掲示板を作る人もいる。

心理学者たちは、利他主義がそもそも利己的行動にもとづくのではないかと議論している。援助する側は、援助することで高い自尊感情や他の人からの賞賛を手にし、心が温まり、困っている人を見たときに感じる苦痛から解放されるなど、さまざまな形の報酬を得る。真の共感にもとづく利他主義は存在すると主張する人もいるが、それは人が互いに援助する主な理由ではないかもしれない。なぜ人はある場面では向社会的に振る舞い、他の場面ではそうではないのかについて多くの知見が得られている。インターネットの持つ特徴は良くも悪くも両面で私たちに影響を及ぼす。私たちにとって幸いなのは、向社会的相互作用の文脈からすると、善人が悪人を上回るようである。

第7章
オンラインゲーム行動の心理学

私のキャラクターは私以上に私らしいし、少なくともそうありたいと思っている自分の姿です。私のエルフ〔妖精の意〕は気丈で体力もあり、意欲にあふれた人物です。

女性、三七歳、ワールド・オブ・ウォークラフトのプレーヤー

私はくつろぐために「キャンディークラッシュ」を始めたのですが、友達がやってきたら競い始めていました。いまは次のレベルに進むために闘っています。

男性、二二歳、キャンディークラッシュのプレーヤー

ゲームは何千年ものあいだ、技能を教え、報酬を得、競技し、退屈を紛らわすため、人間社会に欠かせないものだった。考古学の発見によれば、五千年あまり前、新世界〔メソアメリカ〕のいくつかの村で人々はサイコロ遊びに興じていた。ボードゲームとして今も遊ばれているウル王朝のロイヤル・ゲーム〔盤双六〕は、紀元前二六〇〇年に誕生した。

しかし、コンピュータとインターネットはゲームの本質を変えた。いまでは、コンピュータやスマートフォン、タブレット、ゲーム機で、昼夜問わず世界中の誰とでも、サイコロを振り、さらに何千種類ものゲームができる。敵のミサイルを撃ち落とし、トランプで遊び、都市を建設し、他のプレーヤーと協力して強力な権力者を倒せる。**ビデオゲーム**という用語は、コンピュータ上で動くあらゆるゲームをさし、インターネット接続の有無を問わない。ビデオゲームに共通する特性のうち、最も重要なものは双方向性であり、この点で、ビデオゲームはテレビや書籍、ウェブサーフィンといった受動的メディアと異なる。ゲームプレーヤーはルールに従い、その制約を知ったうえでゲームに参加する。しかし、それ以上にビデオゲームは、特に心理学的な観点から見ると、いくつかに分けられる。

ビデオゲームの分類

本や映画、歌の分類カテゴリーが必ずしも明確ではないように、ビデオゲームを体系的カテゴリーに分類するのは至難の技である［★1］。その映画はドラマだろうか、それともコメディだろうか。その歌はブルーグラス〔合衆国南西部のカントリー音楽〕だろうか、それともカントリーだろうか。ときどき意外な理由で、メディアがおかしなカテゴリーに入れられることもある。ネットフリックスは『オレンジ・イズ・ニュー・ブラック』というドラマをコメディとして分類した。女性刑務所を扱った暗い内容なのだが、同社が配信した劇的な大ヒットドラマ『ハウス・オブ・カード　野望の階段』とエミー賞を競わせたくなかったからである。

ビデオゲームのジャンル

ゲーム開発者によれば、ゲーム製品は表7・1のようないくつかのジャンルに分類される。この分類は、ゲー

表7.1　ビデオゲームのジャンルと例

ジャンル	説明	例
アクションゲーム	障害物をクリアするため、敏捷性と素早い反射、的確さが要求される。本人視点のシューティングやプラットフォーム・ゲーム、レース、戦闘ゲームが含まれる。	スーパーマリオブラザーズ、バーンアウト・パラダイス、ヘイロー
冒険ゲーム	ゆっくりしたテンポで、探検や問題解決、強力なストーリー展開が前面に押し出されたゲーム。	ミスト、アンチャーテッド、グリム・ファンダンゴ
アクション冒険ゲーム	アクションゲームと冒険ゲームの要素を組み合わせた混成ゲーム。	アサシンクリード、ゼルダの伝説、ゴッドオブウォーII 終焉への序曲
ロールプレイングゲーム	プレーヤーはある期間にわたって、あるキャラクターを制御し、そのアバターを成長させる。強力なストーリー展開。	ファイナルファンタジー、スカイリム、ディアブロ
戦略ゲーム	戦略的思考と資源管理が前面に打ち出されている。	シビライゼーション、スタークラフト、帝国の時代
シミュレーションゲーム	実際の経験を再現し、現実規則に従う。乗り物ゲームや建設・経営シナリオ、スポーツゲーム。訓練や教育の場でよく使われる。	シムズ、シムシティ、セカンドライフ、マッデンNFL、ファームビル、ビジネス・タイクーン・オンライン
多人数参加型ゲーム	何千人もが同時にプレーする。チームでの冒険、社会的相互作用、チーム競技、プレーヤー同士の対決、ギルド構造への支援を特徴とする。大半は多人数参加型オンライン・ロールプレイングゲーム(MMORPG)。	ワールド・オブ・ウォークラフト、エルダースクロール・オンライン、エバークエスト
カジュアルゲーム	ゲームに詳しくなくてもプレーできる、ストーリー展開は弱いかまったく見られない短時間のゲーム。パズルやカジノゲーム、ボードゲーム、単語ゲームが含まれる。	キャンディークラッシュ、ビジュエルド、ワーズ・ウィズ・フレンズ、テキサスホールデム・ポーカー

図7.1　「宇宙戦争」の画面例：MITのスティーヴ・ラッセル、マーティン・グレイツ、ウェイン・ウィルタネンが1962年に開発した初期のビデオゲーム（出典 http://commons.wikimedia.org/wiki/File:Spacewar1.png.）。

ムのテーマとゲームプレーの性質に関する判定の組み合わせからできている。たとえば、テンポの速い**アクションゲーム**では、プレーヤーは素早く反応することで勝てる。**戦略ゲーム**は反応時間ではなく、批判的思考力を駆使し、プレーヤーは時間をかけて意思決定ができる。

いくつかのゲームでは、プレーヤーはキャラクターを育て、資源を強化し、ゲーム世界を探索して征服するために、結束の固いチームに加わって、一回あたり数ヶ月から数年かけてプレーする。別のゲームはプレーヤーの的確さと反応時間を試す。「宇宙戦争」は、一九六〇年代初めＭＩＴで開発された初期のビデオゲームの一つである。限られたインターフェースで、プレーヤーは線画のような宇宙船を夢中になって追い落とした（図7・1）。

ゲームのできるスマートフォンやＳＮＳのおかげで爆発的に増えたのが**カジュアルゲーム**である。たとえば「キャンディークラッシュ」は、同じ色のキャンディーを縦か横に三つそろえるゲームである。次のレベルに進むと、フェイスブックの近況アップデートに成績が表示される。このゲームは、プレーヤーがフェイスブックの友達に遊ぶように勧めると、より早くレベルアップできるため、社交的利用を促す仕掛けになっている。

　ただし、これらのカテゴリーは流動的であり、多くのゲームは一つのジャンルに収まるものではなく、複数ジャンルの要素を含む。たとえば、冒険ゲームをやっていると、そのなかでプレーヤーはカジュアルゲームに似た操作を求められる。

ビデオゲームの心理学的要素

　心理学的観点からすると、ビデオゲームはいくつかの要素に分けられる。ビデオゲームの開発企業は、二つの目的を共有する。一つは、プレーヤーが何度でもゲームをやりたくなるように、できるだけ「魅力的」なゲームにすること、もう一つは、より多くのプレーヤーを引き付けることである。これらの方法で人間行動に影響を及ぼすために、ゲーム設計者は心理学の基本原理を活用する必要がある。

　たとえば、一つの重要な要素はゲームの複雑性そのものと、目標達成に必要な認知的努力である。この負担を軽くするために、休み時間やテレビを見ながら数分でプレーできるカジュアルゲームを選ぶプレーヤーがいるかもしれない。しかし上達は早いものの、実際にゲームで勝つためにはいっそうの努力を要する。たとえば「アングリー・バード」は遊び方が簡単で、説明も、緑色の豚をめがけ、パチンコで鳥を放って命中させる方法が画像で示されているだけである。しかし、レベルがあがると、豚が身を守ろうとしてコンクリートの土手や氷のシェルターに隠れるため、物理法則と材料科学の知識が少し必要になる。

　複雑性は新参者のハードルを高くする半面、長い年月をかけて粘り強くゲーム世界で遊び続けられるようにする要因でもある。「ワールド・オブ・ウォークラフト」のプレーヤーは巨大データベースを利用して、クエスト〔探求〕やギア〔所持品〕、プレーヤーの統計値、オークション価格、ゲームの他の機能に関するとても詳しい情報を入手できる。プレーヤーはこれらのデータ分析に夢中になり、ストーリー展開次第で込み入った無限におもしろいゲーム世界が作り出せる。この脚本を発展させ、ゲームの筋書きに重ね合わせた小説を出版した作家がいるほどである。

次の重要な心理学的要素は、社会的相互作用の程度とタイプである。一人で遊べるゲームがある一方で、多人数ゲームは、テキストチャットやアバターの身振り、声、その他の手段を介して相互作用を支える。**多人数参加型オンライン・ロールプレイング・ゲーム**（ＭＭＯＲＰＧ）で、プレーヤーは知らない人に出会い、アイテムを交換し、戦闘計画を相談できる。「セカンドライフ」のような「生活シミュレーション」ゲームでは、住民は踊り、握手を交わし、プログラム・スクリプトで自身のジェスチャーを作ることもでき、アニメーションやサウンド、テキストチャットも組み込める。たとえば、バナナの皮で滑るようすを真似たスクリプトがある。そのスクリプトはグチャッと踏んで滑る音に続いてキャラクターが床にバタッと倒れ、「しまった！」と声を上げる。

多人数プレーヤーゲームは、ソーシャルメディアのメッセージ・サービスを通じて非同期で社会的相互作用を培う。たとえば「ファームビル」のプレーヤーはフェイスブックの友達に対し、買ったばかりのグレープフルーツの木や小さな池のような仮想「ギフト」を、相手の農場用に送ることができる。このゲームの社交的様相は、プレーヤーが自分の近況アップデートにゲーム成績を投稿すると、それを見た人から評価してもらえるため、いっそう強まる。

三番目の心理学的要素は、プレーヤー間の競技レベルである。一人遊びゲームでは、この要素のレベルは低く、その主要な目標は次のレベルに進むことである。それ以外の目標として、プレーヤーは「順位表」の上位に来るよう競う。チームを支えるゲームでは、プレーヤーは相手チームではなく、ゲーム世界の課題に立ち向かおうとする。プレーヤー間対決（ＰｖＰ）や戦闘を支えるゲームは、競技レベルが最も高い。

成人向けのアクションや映像表現、暴力の多さは、別の重要な心理学的要素である。大多数の国の法環境は、業界の自主規制に拠って、親とプレーヤーがゲーム内容を評価し、適切な年齢範囲の目安になる分類を確立し

表7.2 合衆国で使用されているエンターテインメント・ソフトウェア格付け委員会（ESRB）の格付けシステム

ESRB格付け	対象年齢	解説
C	幼児期（Early childhood）	幼児向け。
E	全年齢（Everyone）	全体としてすべての年齢の人に適する。
E 10+	10歳以上（Everyone age 10 and up）	マンガ、ファンタジー、軽い暴力、軽い罵り言葉、やや挑発的なテーマも含みうる。
T	13−19歳（Teen）	全体として13歳以上に適する。暴力、挑発的テーマ、猥褻なユーモア、多少の流血場面、お金を賭けないギャンブル、多少の暴言を含みうる。
M	成人（Mature）	全体として17歳以上に適する。リアルな暴力や残虐場面、性的内容、多少の暴言を含みうる。
大人のみ	18歳以上の大人（Adults ages 18 and up）	リアルな暴力の長時間場面、性的内容を含む映像、現実のお金を賭けるギャンブルを含みうる。
RP	評価保留（Rating pending）	未評価のゲーム〔ESRBの発足以前に発売されたゲームも含まれる〕。

出典：エンターテインメント・ソフトウェア格付け委員会（ESRB）。ESRB格付け指針。[Online] www.esrb.org/ratings/ratings_guide.jsp.

ている。合衆国の場合、ゲーム制作会社はゲームの格付け指針として、エンターテインメント・ソフトウェア格付け委員会（ESRB）の基準を用いる（表7・2）。ヨーロッパの格付けシステム〔汎欧州ゲームインフォメーション（PEGI）〕はいくぶん異なるものの、リアルな暴力行為や残虐場面、性行為を連想させる内容を含むゲームから未成年者を全面的に保護しようとしている。

合衆国とヨーロッパの評価システムには、それぞれ文化的態度の違いが反映されていて興味深い。たとえば、性的内容を含む多くのゲームは、合衆国では成人向けの「M」と評価されるが、ヨーロッパはそうではない。暴力に関する判断も、とりわけマンガのような表現の場合、非常に主観的になる。「アングリー・バード」は年齢制限のない「E」と評価されているが、「きわどいユーモア」や「マンガっぽいキャラクターのソフトな暴力」の含まれたバージョンもある。「グランド・セフト・オート」に対する評価は「M」で、残虐場面や激しい暴力、薬物使用などの内容が含まれるからである。子供向けテレビアニメでは暴力が一般的であり、そうした先例がアングリー・バードを「E」評価とした理由の一つである。

誰がなぜプレーするのか?

業界レポートによると、アメリカ人の五八%がビデオゲームやコンピュータゲームをし、彼らの平均年齢は三〇歳である。プレーヤーの年齢に大きな偏りはなく、一八歳未満が三二%、一八歳から三五歳が三六%、三六歳以上が三二%である。五五%が男性で、四五%が女性である[★2]。

スマートフォン用モバイルゲームの普及も手伝って、ビデオゲームは爆発的成長を遂げている。世界中で五〇億あまりの人が少なくとも一日一時間はビデオゲームをしているという。これは、地球上の人々が、週三〇億時間をビデオゲームに費やしている勘定である[★3]。

ゲーム行動の動機づけ

人はなぜ長時間にわたってビデオゲームをするのだろうか。彼らの動機づけはゲームそのものと同じくらい多様である。第1章でふれた利用と満足の観点に立つ研究は、あらゆる種類のメディアを利用する理由を理解する有益なアプローチである。この理論は、人がテレビで夜のニュースを見、スポーツ放送にくぎづけになるのは人々の能動的選択の結果であると強調する。焦点となるのは、メディアが人に何をするかではなく、人はメディアで何をするのか、なぜそれらを利用するのかである。

研究者たちは、この理論をゲーム行動に適用して、テレビ視聴の動機づけを評価する尺度に似たものを開発した。さらにゲームプレーヤーにフォーカスグループでの話しあいと構造化インタビューを行った［★4］。そこから、次にかかげる六つの主要な動機づけが明らかになった。

1 挑戦
2 競技
3 気晴らし
4 興奮
5 空想
6 社会的相互作用

競技に動機づけられたある人は「隣にいる奴とか、［私の］きょうだいを負かすのが大好き」と話した。対照的に、気晴らしでゲームをする人は「このゲームが好きなのは、勉強をちょっと止めて、リラックスできるからだ」と答えた。6の社交志向プレーヤーは「私がそれを好きなのは単純に楽しいから、ということと、友人と一緒に遊べるからだ」と話した。ゲームをする理由として最も多く挙げられた回答は挑戦で、以下、右の箇条書きと同じ順番である。

ゲーム開発者のバートルは、多人数プレーヤー環境に影響を与える心理的変数に関する自説を提案した。それは概ね、初期のテキストベースのゲーム世界であるＭＵＤの一つでの管理経験がもとになっている［★5］。**達成者**タイプは、宝物を増やし技能を高めるといったゲーム関連の目標を重視する。典型的な達成者はゲーム内の謎解きに取り組み、とりわけ攻略の難しい怪物を倒すことに余念がない。**探検家**タイプは、ゲームの全体像を割り出し、隠れた秘密を探り出し、ゲームの実際の動きに関する高度な知識を集めるのが楽しい。第三のタイプは、主に他者との交流を目的に参加する**社交家**である。彼らの相互作用の焦点はゲームそのものかもしれないが、ある程度互いに親しくなると、ゲームと無関係な個人的話題もやりとりするようになる。最後のタイプは、他のプレーヤーに嫌がらせをすることで快感を見出す少数の人であり、そのためのツールも提供されている。プレーヤー殺人が可能なゲームで、彼らは文字通り**殺し屋**と呼ばれる。

バートルは自分は心理学者ではないと断りつつも、観察を続けてきた人たちの動機づけと相互作用を分析し、深い洞察を行っている。たとえば、集団間の緊張は、各プレーヤーの参加動機がかなり異なるため、いくつかのプレーヤータイプ間で日々高まっていく。なかでも社交家と殺し屋は最も注意すべき関係である。というのは、両者の参加動機が実践目的において相互排他的だからである。バートルは、**殺し屋**の社交家に対する接し方について、こう指摘する。「彼らはMUD内の臆病者である社交家を狙い撃ちにする。誰かが近づいて攻撃を仕掛けてきても(殺し屋が最も好む唯一の行動である)、社交家は武器の使い方を知らない。また社交家に嫌がらせをするのは非常に簡単で、殺し屋は、機会さえあれば社交家に嫌がらせをする」。

最新のMMORPGにおけるプレーヤーの動機づけに関する研究でも、バートルのようなゲーム名人の観察が概ね裏付けられている。三〇〇〇人のプレーヤーを対象に行った調査で、回答者は四〇の異なる動機づけ、たとえば上達や競技、社交、関係構築、チームワーク、発見、現実逃避、役割演技などの重要性を評価した[★6]。それらは次のような項目である。「自分のキャラクターレベルをできるだけ早く上げる」「他のプレーヤーを助ける」「他のプレーヤーに嫌がらせをする」「ゲーム世界のすべての地図やゾーンを調べる」。

分析の結果、三つの主要な動機が浮き彫りになった。第一の動機は達成で、ゲーム内で力と地位を積み上げ、早く先に進みたいという欲求だった。こうした理由でプレーする人は、ゲームの特徴分析を楽しむ傾向もある。社交は第二の主要動機であり、気楽なチャットや友達作り、他者援助、チームプレーが含まれる。第三の動機は没入である。この動機でプレーする人は、ゲーム世界を探索して、隠れているものを発見し、役割演技をし、現実逃避に価値を置く。

以上の動機は必ずしも相互排他的なものではなく、そのときどきで複数の理由でプレーされる。たとえば、達成に突き動かされて襲撃を果たしたプレーヤーは、そのあと仮想居酒屋でギルド仲間と社交を楽しむかもしれない。

ゲーム行動と性格

ゲームをする理由が多様であるように、当然ながらプレーヤーの性格も多様である。ビッグファイブ性格特性の測度は、プレーの動機やゲームの選択、ゲーム内での行動過程との関連を示唆する。

一四〇〇人を超す「ワールド・オブ・ウォークラフト」のプレーヤーを調べた調査がある。プレーヤーは、開放性や誠実性、外向性、協調性、情緒不安定性を測るための四四項目からなるビッグファイブ性格目録に回答した［★7］。彼らは、私が直前で紹介した研究で用いられた設問をプレー動機の測定用に直した項目にも回答した。ゲームの社交性を最も重視したプレーヤーは、外向性と協調性、開放性で高い得点を示した。ゲームでの達成を重視したプレーヤーは、外向性と情緒不安定性の得点が高かった半面、協調性と開放性、誠実性の得点が低かった。ゲームへの没入に動機づけられたプレーヤーは、他のプレーヤーより開放性で高い得点を示した。

性格は各人が選ぶキャラクターの種類にも影響を及ぼす。キャラクターの選択肢は多くのゲームでほぼ無限に近い。キャラクター選択が性格タイプによってどう異なるかを見るため、学生の実験参加者はプレーするキャラクターの種類を選択した［★8］。彼らは、まず多くのゲームに共通する種族の説明を読んだ。具体的にはエルフ、ドワーフ〔小妖精の意〕、人間、オーク〔怪物の意〕の四種類である。たとえばエルフはアーチェリーに秀で、自然界に詳しい。ドワーフは誠実でぶっきらぼう、まじめで勤勉である。学生たちはアバターの外見や知能、身体能力のような、キャラクターの最も重要な特性も評定した。最後に、ビッグファイブ性格目録に回答した。

学生たちは自分の現実自己に似たキャラクターを選んだ。たとえば、外向的な人は人付き合いのよい種族を選ぶ傾向にあり、他者を引き付ける「カリスマ」性を最も重視すると言った。協調性の高い人は牧師やドルイド僧のような他のプレーヤーを助け癒すことに長けたキャラクターを多く選んだ。真の自己と大きくかけ離れた特性を持つキャラクターを選ぶ人もいたが、ほとんどの人は自分に近いキャラクターを選んでいるように思われた。

実際のゲームにおけるゲーマーの行動と性格はどう関係しているのだろうか。バートルが分類した「殺し屋」のなかに、現実生活で実際に誠実で協調的で内向的な人はいるのだろうか。一般論として、そのようなことはない。他のオンライン行動で見てきたように、邪悪なエルフ、血に飢えたオーク、強力なヒーラー〔治療師の意〕に変身しても、人は真の自己を捨てることはないし、まったく新しい性格に変わることもない。

別の研究は、性格タイプと実際のゲーム内行動との関連を調べた。まず千人あまりの「ワールド・オブ・ウォークラフト」プレーヤーのビッグファイブ性格特性が調べられた［★9］。その後、四ヶ月間にわたるゲーム内活動の膨大なデータセットがダウンロードされた。結果は予想どおりで、外向的プレーヤーは、ゲーム内でも集団活動を好み、他方、内向的プレーヤーでは探検や料理、釣りのような、一人でもできる活動が多く見られた。誠実性の高いプレーヤーはヴァニティペットをたくさん集めた。これは戦闘の役には立たないが、飼育に一定の自己鍛錬を要する。釣りと料理は彼らの好きなレクリエーションで、これをするためには一定の準備と持続的な取り組みも欠かせない。開放的プレーヤーは、たくさんキャラクターを作り、変化を求めて、いろいろなサーバーでプレーする傾向が見られた。また彼らは戦闘より探検を多くした。

協調的プレーヤーはどう行動したのだろうか。彼らは、手を振り、抱きしめ、励ますといった、感情表現のためのゲームツールをうまく利用した人たちである。また彼らは戦闘に加わるよりも探検を選んだ。協調的でない、つまり協調得点の低いプレーヤーは、最も競争的かつ攻撃的で、他のプレーヤーを殺し、戦闘に多くの時間を費やした。グループクエストでは、彼らは戦利品の分け前を不当に多く要求し、他のメンバーの顰蹙を買うようなこともした。

ゲーム行動とジェンダー

孤独な一〇代《ティーンエイジ》の少年というゲーマー像のステレオタイプは、ゲーム産業の統計によって否定されている。少なくとも合衆国では、女性も男性と同じくらいゲームに参加していることが示されている。しかし男性と女性では、楽しむゲームの種類やプレー時間に若干の差が見られる。たとえば、学生対象の調査では、女性はオンラインカードゲームやパズル、トリビアクイズ、ボードゲーム、アーケードスタイルのゲームを好んでいた。一方、男性はスポーツや戦闘、射撃、レースのようなアクションゲームを好み、アクション冒険ゲームや戦略ゲームも好んでいた。また男性は女性にくらべ、一週間のプレー時間が長い［★10］。

ゲーム利用におけるこうした性差は何に起因するのだろうか。一つの理由として、そもそも男性が男性のために設計していることが挙げられる。そのためゲームのテーマや内容は、男性に訴え、男性の得意とするものになりがちである。たとえば、男性は一般に高得点を競い、多くのゲームも競技を前面に押し出す。男性は平均して、心的回転課題や迷路探索、標的をねらう運動技能も優れ、これらは多くのゲームで勝つのに必要な技能である。三次元仮想世界を通り抜け、レースカーを走らせ、いきなり現れる暴徒を撃つゲームは、こうした能力を活用する。

ＭＭＯＲＰＧのプレーヤーは、男性が全体の八割にのぼるという。ここでもゲーム設計のありようが女性を遠ざけていると言える。人間であれ、エルフであれ、トロール〔食人鬼〕であれ、男性アバターは、屈強な身体を持っているように見える。ゲームの進行とともに、プレーヤーは新しい衣服や鎧を手に入れるが、これらも強さを強調してあまりある。対照的に女性キャラクターは、大きな胸と細い腰、露出度の高い服装で、よりセクシーに見える。あるプレーヤーは「ワールド・オブ・ウォークラフト」を評して、こうした映像表現は「このゲームは一三歳の少年のために作られたものかもしれないし、いまでも自分のことを一三歳の少年かのように思っている大人のために作られたものかもしれない」、そのことを常に呼び起こさせると述べる［★11］。

二〇一四年、ビデオゲーム業界で、性差別をめぐる壮絶な戦いが、4chanやレディットといったサイトで激しく繰り広げられた。ある女性のゲーム開発者が自分の作ったゲームを公開しようとしたとき、ゲームコミュニティ内の何人かが彼女に対し、殺害予告や嫌がらせという悪質なやり方で攻撃し、そこから「#GamerGate」というハッシュタグとともに、ゲーマーゲート騒動が始まった。このスキャンダルは、倫理に反するジャーナリズムと他の苦情が入り混じった非難であふれかえったが、女性嫌悪が一貫したテーマだった。標的にされた女性たちは、身の安全のため家を出なければならなかった［★12］。

ロールプレイングゲームにおけるジェンダー交換

アバターを作成し、そのジェンダーを選択するゲームでは、ジェンダー交換は珍しいことではない。たとえば女性が男性アバターを演じるのは、性差別や、本気でゲームをしていないとか、プレーが上手ではないといった思い込みに代表される女性ゲームプレーヤーに対するステレオタイプを避けたいからである。男性は他のプレーヤーからより多くの援助を得るために女性アバターでプレーしようとするかもしれない。男性も女性も、多様なキャラクターをめざして、異なるジェンダーを演じようとするのかもしれない。しかし、ほとんどの場合、主人公のジェンダーは本人のジェンダーで設定される。

「ファイナルファンタジー」を反対のジェンダーでプレーした人に対する研究では、プレーヤー本人の考え方とジェンダー選択とのあいだに興味深い関連が見出された［★13］。研究参加者はベム性役割目録に回答した。この目録には、思いやりのある、やさしい、無邪気な、自己主張的、論理的、攻撃的のような伝統的性役割に関連する形容詞が含まれている。研究参加者は、これらの形容詞それぞれが自分の行動にどの程度あてはまるか答えた。男性性の高かった一人の女性回答者はこう語った。「私は［男性キャラクターを演じることで］、自分の素性を明らかにしたくありませんでした。私は……周りの人に、自分という存在を尊重してほしかったのです……女性のキャラクターでも尊重されたかもしれませんが、いまより難しかったと思います」。両性具有者と判断されたある男性プレーヤーは他者の反応に興味があった。「人が［男性プレーヤーの演じる女性キャラクターに］どう反応するかを見たかったのですが、多くの人も私がしたのと同じようにすることがわかりました」と述べた。

しかし、他者の反応を見るためにジェンダー交換したはずのプレーヤーが、その反応に驚くことは珍しくない。同じ研究で、女性アバターを演じていた男性がゲーム内でそのことを明らかにすると、他のプレーヤーは否定的に反応し、嘘つきと責めた。それまでの友情はそのとき終わった。

多くの人がゲーム内でジェンダー交換をし、多くの人はそれを問題視しないものの、キャラクターのジェンダー選択が大事なことに変わりはない。パヴェル・カーティスは初期のMUD世界の伝説的人物であり、ラムダMOOと呼ばれる社会的志向MUDの発案者である。彼は、プレーヤーのジェンダーが、他のプレーヤーとのやりとりを規定する最も重要な変数の一つであると認める［★14］。カーティスは、ジェンダーを交換したプレーヤーが、自分の本当のジェンダーを明らかにするよう圧力をかけられることがあったと述べている。ときには、自称するジェンダーの「証明」を求められることさえあったという。他のオンライン環境における他のインターネット利用者同様、ゲームプレーヤーは、ジェンダー不明の誰かとのやりとりにとまどう。

ゲーム機構と人間行動

ゲームにはルールがつきものであるが、ビデオゲームのルールはボードゲームの単純なルールにくらべ複雑である。ビデオゲームでは、プレーヤーにできることや達成目標は、大量のプログラムに依存する。こうした根底にあるゲーム機構はその心理学的様相に影響を及ぼし、わずかな微調整でも行動に影響を与えることがある。

ゲーム設計の根底にある心理学原理

ゲーム制作会社はしばしば行動科学者やデータ分析者を雇う。それは、ゲームの内部構造がゲーム内での人間行動に与える影響を分析するためである。具体的には、もっとプレーしたくなるようにさせる目標を置き、より多くの広告をクリックさせ、友達を連れて来させ、仮想グッズを（現実通貨で）購入させるためである。たとえば、「ファームビル」のようなソーシャルゲームでは、これらの目標を達成するために、贈答や分配、農場拡大という一定の流れを重視する。ペンシルベニア州に住む、ある三一歳の女性は母親、会計士、大学生としての責任を果たしながら、ゲームの時間をなんとか捻出する。「このゲームは私にとって目標を達成してみんなと付き合うささやかな楽しい場所です。私には「ファームビル」の友達が国内、そして中国にもいます」。

ゲーム開発者は自身の直感と経験に頼るが、本書全体でふれる何十年もの研究から明らかになった人間行動の原理もおおいに利用する。一例が**オペラント条件づけ**である。これはB・F・スキナーが白いラットで行った古典的研究で見出した原理である[★15]。生物は、行為と、それがもたらす結果との結びつきを学習し、正の強化をもたらす行動を繰り返す。スキナーは自身の考えたスキナー箱で、条件をさまざまに変えながら、この基本原理を検証した。スキナー箱とは、動物がレバーを押すと、固形飼料が小さな給餌皿にころがり出てくる装置の付いた箱である。ラットは報酬である飼料にレバー押し行動を関連づけ、この行動を幾度も繰り返す。

スキナーは、この単純な図式をさまざまな条件で試行した。最初に始めたのが**連続強化スケジュール**である。これは、ラットがレバーを押すごとに報酬がもらえるやり方である。このやり方は、初めての学習場面で最も早く行動を形成するのに向いていた。しかしスキナーは、その後、レバー押しがいったん確立されたあとでは、部分強化スケジュールのほうが効果的であることを見出した。ラットは愚かではない。もし毎回報酬がもらえるのであれば、空腹でないときはレバー押しでエネルギーを消耗させるようなことはわざわざしようとはしない。

スキナーは、さまざまな部分強化スケジュールで試したが、ラットが最もレバーを押し続ける決め手となったのは予測不能性だった。たとえば変率強化スケジュールでは、ラットがレバーを数回押したあとでチューブから固形飼料が落ちてくるようになっていたが、落ちてくるまでの回数が変えられた。五回押すと報酬が出る場合もあれば、八、九回押したら出てくる場合も実験された。これはスロットマシンの強化スケジュールに似ている。変間隔強化スケジュールは、報酬である飼料の出てくる時間が予測できないため、非常に効果的でもあった。

レバー押しはラットがふだんする行動ではないので、最初の段階で、ラットがレバーを嗅ぐか、レバーに足をかけたとき固形飼料が出るようにする必要があるとスキナーは気付いた。この過程は**シェイピング**と呼ばれ、期待する反応に近い反応が現れるたびに継続して報酬を与える技法であり、効果も高い。

時間が経ち、レバー押しと報酬の結びつきができあがるにつれ、高い確率でその行動は保たれるようになる。仮に行為と報酬の確率が一〇〇対一だとしよう。すると報酬が現れるまでにかなりの時間がかかるため、ラットのレバー押し行動は消え始める。しかし、ひとたび固形飼料が給餌皿に落とされると、ラットは古いパターンに戻り、忍耐強く幾度となくレバーを押し続ける。こうした各種の変化強化スケジュールで形成された行動を消去するのは実際、とても難しい。

オペラント条件づけはゲームでどのように働くのだろうか。「ワールド・オブ・ウォークラフト」では、プレーヤーはレベル1から始め、クエストもとても簡単で、誰もがいい報酬を手にし、次のレベルにジャンプする。敵がやっと反撃に転じると、プレーヤーはどのキーを押せばいいか、どの道をたどればいいか学習する。これはシェイピングと連続強化の期間に相当する。

しかし、時間が経つにつれ、ゲームをさらに進めるためには、より多くの作業と技能が必要になり、変率強化スケジュールがプレーに取り入れられる。モンスターは少し凶暴になり、プレーヤーがモンスターを倒すと、その遺骸の上に強力な武器を見つける可能性がいきなり変化する。この出現比率は、ゲーム会社の統計データベースでたどれるので、プレーヤーは実際の変率強化スケジュールがどうなっているかを確認できる。高いレベルのプレーヤーが必要とするとても便利な装備の出現率は非常に高くなる。そしてもちろん、カジノがスロットマシンの当たる確率を変えられるように、ゲームのプログラマーは出現率やゲーム機構の他の機能を変えられる。

正の強化に加えて負の強化を用いるゲーム機構にすると、「レバー押し」の頻度を高めることができる。スキナーは、ラットが電気ショックを止め、回避するためのレバー押しを容易に学習することも発見した。ファームビルはこれに似たことをしている。ゲーム設計者は、農民が作物を植え、その収穫までに戻ってこないと農作物を枯らす、という機能を導入した。

一九三〇年代から一九四〇年代に実験を行ったスキナーは、累積記録装置を使ってレバー押し行動を追跡した。この装置は、ペンの下をロール紙が一定速度で回っていて、ラットがレバーを押すか、固形飼料が落ちると印をつける。現在、ゲーム開発者はゲーム内のあらゆる行動を追跡したビッグデータの膨大な記録を利用する。たとえばゲーム開発者は、「ファームビル」プレーヤーが、普通の牛もカラフルな牛もどちらも同量の牛乳を出すにもかかわらず、すすんでカラフルな牛を買うことを知っている。このデータをもとに内部構造を少しいじるだけで、開発者は自分たちの目的をほとんど気付かれることなく達成できる。

迷信行動

オペラント条件づけが成立するためには、その行動に報酬が伴わなければならない。しかし、その行動が必ずしも報酬をもたらす必要はない。ある行動をしたあとでたまたま報酬を手にすると、それだけで生物は、その行動と報酬のあいだに結びつきを見出そうとする。固形飼料が給餌皿に届く直前に鼻を掻いていたラットは、その掻く行動を迷信のように繰り返すかもしれない。

ゲームでは、実際の内部構造が理解しにくいこともあって、迷信行動の発生は珍しくない。実際偶然による結びつきは多く見られる。あるプレーヤーは偶然、つば広帽をかぶって釣りをしたら、高価な魚が大量に釣れたとしよう。乱数発生器がアルゴリズムにもとづいて釣り糸にかかるものを魚にしようかガラクタにしようか決めているだけなのだが、思いがけない結びつきが生まれ、このような「当たり」はときどき出る。現実生活であれば、合理的根拠がないので「つば広帽」の迷信はうまく振り払える。しかしゲームの場合、開発者が何をしているのかわかっている人はいるだろうか。彼らは容易にただコードを加えるだけで、つば広帽がプレーヤーにささやかな「幸運」をもたらすようにできる。

ゲーム作者は、もしゲームに口出しすれば、迷信を消すこともできる。たとえば、「ダンジョンズ&ドラゴンズ」では、「交渉」はモンスター撃退の可能性を減らす重要な技能である。しかし、ある思いがけない結びつきのおかげで、最高の交渉技能を持つプレーヤーは、他のプレーヤーが宝箱に触れる前に、その交渉技能を使うべきであるとの迷信が広がった。迷信は強まる一方で、誰か交渉技能の高い人が参加しないのであれば、集団への参加を見送るプレーヤーさえ出てきそうだった。ゲーム開発者は、宝箱のような効き目のない標的に交渉技能を使えないようにするコードを書くことでこの迷信行動を止めた［★16］。

ゲームでの報酬は何か?

スキナーは固形飼料を用いたが、心理学者とゲーム設計者は、前にも見たようにゲームの動機づけが多様であることを理解しているため、ゲーム内で報酬が得られる行動を繰り返すだけのようなことはしない。人には内なる目的から行動し、自分の欲求を満たす方法を追求する内発的動機づけがある。オペラント条件づけの原理だけでは、必ずしも良いゲーム機構は実現しない。

たとえばプレーヤーは、ゲームをする主な理由として挑戦をよく引き合いに出し、かなり粘り強く、挑戦を追求する。ある人たちにとって、魔法の武器という気まぐれな報酬は、挑戦の持続には物足りない。その代わり、作業それ自体の楽しみと、挑戦を克服して得られる達成感がゲーム継続の源泉となる。設計者は、ゲームの各レベルが魅力的なものになるように、レベルをきめ細かく作り上げなければならない。しかし、挑戦を求めて来るプレーヤーのやる気をくじくほど難しくても困る。

実際、内発的動機づけでプレーする人は、ゲームをやり遂げることに伴う挑戦やチームワーク、スリルそのものを楽しむため、過大な外的報酬が与えられると、実際には興味を損ないかねない。外発的動機づけと内発的動機づけに関する有名な研究を見てみよう。この研究で実験参加者はチェス問題を解いてもらうと言われて実験室にやって来て、半数はがんばりに見合った支払いを受ける。彼らは全員、一週間後にやってきて、自由時間のあいだいくつかのパズルを与えられたが、解いても報酬はもらえなかった。前回の実験で報酬を受けなかった参加者にくらべ、報酬を受けた参加者は、このパズルにあまり興味を示さなかった。どうやら外的報酬が、楽しさと熟達からチェスに取り組むという内発的動機づけを削いでしまったようだ［★17］。

ゲーム設計者は内発的動機づけを満たすために、さまざまな種類の機能を追加する。たとえば、ゲーム内で交流を促進するツールはとても工夫されている。ギルドに参加するプレーヤーに対する特別な機能は、彼らが再びゲームに戻ってくるように、交流やチームワーク、団結心を支援する。

この他のゲーム機構は、ファンタジーや興奮、競技、気晴らしに関心のあるプレーヤーを意識している。たとえばMMORPGでは、プレーヤーはプレーするサーバーを選べるが、複数のサーバー上の機構は異なる動機づけに対応している。あるサーバーは、競技が主な動機であるプレーヤーを引き付け、彼らは決着がつくまでとことん対決できる。別のサーバーは、特にファンタジー・ロールプレイングを楽しむプレーヤー向けに設計され、このゲーム世界で、人々は「キャラクター」になりきり、ゲームの筋に忠実であろうとする。

ゲーム機構の予想外の結果

心理学と人間行動に関する確かな知識があっても、ゲーム作者は予想外の結果をもたらすような機構を組み込むため、ゲームとプレーヤーの双方にとって厄介なことになる。たとえば多くのゲーム世界では、誰もが空気でできているかのように、互いのあいだをすり抜けて歩き回れる。プレーヤーは画面上に実際に存在するかのように見えても、誰かの行く手を阻み、ぶつかるのではないかと心配する必要もない。別のゲームでは、プレーヤーのアバターが進路をふさぎ、他のキャラクターは別のルートを見つけなければならない。たとえば初期の「エバークエスト」では、「殺し屋」プレーヤーはこの機能を使って、モンスターで埋め尽くされた危険ゾーンを必死に抜け出そうとする他のプレーヤーを妨害できた。「エバークエスト」のフォーラムで、ある投稿者は、そのようすを見ながら説明した。

私はオーガ〔巨人族〕とトロールが図って、人々が危険ゾーンから脱出するのを妨害したときを思い出します。……危険ゾーンにやって来るトレイン〔モンスター〕とともに。人々が皆殺しにあったあと、オーガとトロールは引き下がって危険ゾーンからなんなく脱出し、少ししたらまた同じことをするのです。とてもいらいらします。――ニンジャフォックス〔★18〕

ゲームの内部構造が予想外の行動結果をもたらす別の例に、ゲーム作者による死の値踏みがある。プレーヤーはゲーム内で死亡すると、装備を失い、その他のペナルティを被るため、その負担はとても高くつく。「スーパーマリオ」のようなゲームでは、死はほとんど問題にならない。プレーヤーはまったくと言っていいほどペナルティなしで蘇生するからである。

初期の「エバークエスト」では、プレーヤーが死骸を回収できないと、その死に高いコストがかけられた。だが、その後のバージョンで、ゲーム設計者はコードを書き換えた。多くのプレーヤーはその変更にがっかりした。高いコストはゲーム内でさらにいっそうの協力と関係構築をもたらし、ひいては友情や向社会的行動につながるからである。あるプレーヤーは次のように書く。

死はいまや大したことではない……人は［ダンジョンの］ロビーにある［自分の］死骸を召喚して、そこで簡単に生きさせ［蘇生させ］られる……何年も前のことを覚えている……［私たちのギルドは］完全装備されたゾーンで掃討された……その一六時間後、多くが死に、その後自分たちの死骸を取り戻すために、別のギルドに助けを求めた……ああ、あの日のことはけっして忘れないだろう。——卜占官《オーガ》［★19］

ゲーム作者は、これらの機構に微妙な調整を施し、新しいプレーヤーを引き付け、さまざまな動機づけを利用して彼らをとどまらせるために要素間のバランスを追求する。それぞれの要素はゲームの心理学的様相において、意図した影響と意図しなかった影響を及ぼす可能性がある。

ビデオゲームの心理学的影響

ビデオゲームには、本章後半で見るように多くの利点がある。しかし、行動科学の研究の多くは、とりわけ二つの領域に絞ってビデオゲームの有害性を研究対象とする。一つの関心領域は「インターネット依存障害」と呼ばれる強迫的過剰利用である。ビデオゲームに没頭するあまり、プレーヤーは十分な食事や睡眠も取らず、死に至る例も起きていて、こうした悲惨な話は話題をさらう。たとえば、韓国のある若い夫婦は、「仮想の娘」をオンラインで養育するのに夢中になりすぎて、現実の娘を餓死させてしまった。中国の女の子は「ワールド・オブ・ウォークラフト」を数日間ぶっとおしでプレーし、そのあげくに亡くなった。所属していたオンラインコミュニティでは彼女の仮想葬儀が行われた。

こうした例はまれであり、溺れる人は、ゲーム利用とは別に、以前から精神障害をかかえていたのかもしれない。しかし、ビデオゲームはとても魅力的で、やりすぎる可能性のある人は、自分たちのゲーム利用が事実上、物質乱用や病的ギャンブルに近く、現実生活に悪影響を及ぼしていることを承知しているかもしれない。ゲームの悪影響や問題のあるインターネット利用全般については第11章で検討するので、ここでは細部に立ち入らない。

第二の大きな関心領域は、ビデオゲーム内の暴力が人間行動にもたらす影響である。最高の売り上げを示すゲームを一瞥しただけでも、それらには残虐場面と殺害がとても多いことに気付く。成人向けのM指定を受けている「グランド・セフト・オートV」は、その典型例である。プレーヤーは犯罪者となって、ロサンゼルスに酷似した都市で車を盗み、人を銃撃する。物語の進行にともなって、暴力や薬物、セックス、悪党が数多く登場する。ゲーム開発費として一〇億ドルあまりを要したが、発売後わずか三日でその投資額を回収する売り上げを記録した［★20］。これらのゲームは人をより攻撃的にさせるのだろうか。

ビデオゲームの暴力——攻撃におよぼす影響

研究者たちは数十年にわたって、さまざまな暴力メディアが人間行動に及ぼす影響を研究してきた。議論に決着はついていないが、ほぼ共通して負の影響、なかでも攻撃性への影響が指摘されている。多くの研究が、ビデオゲーム暴力との接触を細かく調べた。その結果、過剰な暴力接触は、いくつかのタイプの攻撃レベル、たとえば他者に対する報復感情や実際の攻撃行動を高めるとの結論に達した。暴力的ビデオゲームを多くプレーする人には暴力に鈍感になり、困っている人への共感を持ちにくいという特徴も見られる。この研究は、簡単な調査から長期的影響を調べる縦断研究、そして実験参加者をランダムに割り当てた実験まで広範囲に行われた［★21］。

たとえば相関研究では、大学生は易刺激性や衝動性、闘争心、怒り、攻撃行動、非行といった攻撃性の諸側面の評価、およびビデオゲーム接触に関する設問からなる質問紙に回答した。暴力的ビデオゲームをする学生は、「他の学生を叩いたり、そう脅したことがある」「重傷を負わせたり殺すつもりで、誰かを襲ったことがある」といった攻撃行動を経験したと書く人が多かった。

もちろん、もともと攻撃的な性向の人は、より暴力的なビデオゲームを好む傾向にある。そのため、ビデオゲーム内の実際の暴力による影響を抜き出して調べる実験が必要になる。追跡実験で、大学生は実験室で一五分間、暴力的ビデオゲームか非暴力的ビデオゲームのどちらかにランダムに割り当てられ、プレーした（研究者は、ビデオゲームのような課題に必要な運動技能の発達に関する研究である、という虚偽の説明をした）。一五分後、学生たちは攻撃的な思考と行動を測る相関研究の設問と同じ項目に回答した。その後、学生はさらに一五分間、同じタイプのゲームを行い、攻撃的思考を測るため反応時間による認知テストを受けた。

一週間後、彼らは再び実験室に来て、また一五分間ゲームを行った。その後、学生は他の人に対する実際の攻撃行動を測るため、別の競技ゲームをプレーした。このゲームでは、彼らは他者と反応時間を競い、負けた人はそのつど罰として爆発音を聞かされることになっていた。実は、ゲーム相手は人ではなく、コンピュータであるが、彼らは知る由もない。その相手は、どの実験参加者にも等しく二五試行のうち一二回勝ち、一三回負けるように設定されていた。与える罰のレベルはランダムに決められた。

暴力的ゲームをした学生は、「競技相手」にどのように振る舞っただろうか。各試行の前に学生は、爆発音の強さと長さを決めた。学生の選択は、直前の勝敗結果に左右された。「勝った」あとでは、学生は非暴力ビデオゲームをした学生とほぼ同等の音を選んだ。しかし負けたあとでは、怒りが沸き起こったように見えた。負けた学生は、次の競技で自分が勝つと、相手に対して明らかに長い爆発音を与えた［★22］。この場面設定で暴力的ビデオゲームをすると、敗戦経験は勝った相手に対してより攻撃的に振る舞うように働いた。

それは競技？　それとも興奮？　暴力？

暴力的ビデオゲームの何が攻撃行動を左右するのだろうか。これらのゲームは、暴力を含むのは当然ながら、多くの点で非暴力的ゲームと異なる。暴力的ゲームは、より刺激的で競技的なのかもしれない。

この疑問を解くためには、刺激と競技のレベルは同一で、暴力レベルのみ異なるゲームが必要になる。この条件を満たすのはスポーツゲームである。実験で参加者は暴力的スポーツゲームか非暴力的スポーツゲームのどちらかをプレーした。どちらも競技レベルはほぼ同一だった〔★23〕。ここで用いられた暴力的ゲームは「MLBスラグフェスト」〔大リーグ乱打戦〕と、「NFLブリッツ」〔全米プロフットボールリーグ猛攻戦〕である。どちらのゲームも、プレーヤーたちは大乱闘を引き起こし、危害を加えることができる。たとえば、怒りを感じた打者は一気に炎に包まれ、投手に襲いかかれる。走者は、アウトになりそうなとき一塁手の顔を殴ることもできる。非暴力的ゲームとしては、「MVPベースボール」と「マッデンNFL」が用いられた。試合は競技場で行われるが、プレーヤーはルールを破って互いに相手を襲うことはできない。

実験参加者はゲーム中、心拍数と血圧のモニターによって生理的覚醒水準が測定された。二〇分間プレーしたあと、参加者はさまざまな調査に応じ、直前のプレーで登場した「相手」との反応時間競争のような攻撃性を測定するテストも受けた。一つの重要な発見は、ゲームが暴力的か非暴力的かにかかわりなく、すべての人が同じ覚醒水準を示したことであった。しかし、暴力的ゲームをプレーした人は、より激しい爆発音でコンピュータプログラムを罰した。この研究は、ビデオゲームでの暴力経験が攻撃的な判断や行為に実際の影響を与え、他方、競争や興奮には影響しないことを示唆する。

脱感作

暴力的ビデオゲームは、苦しみ困っている人への共感能力を低下させるのだろうか、人の痛みに対して鈍感にさせるのだろうか。暴力的なテレビ番組や映画に関する研究によれば、残虐場面や暴力に繰り返し接することで脱感作［ある刺激に対する感じ方が弱まること］が生じる。同じことはビデオゲームにもあてはまりそうだ。

学生を対象にしたある研究では、「モータルコンバット」や、「デューク・ニューケム」のような暴力的ビデオゲーム、あるいは「ピンボール」や「テトラ・マッドネス」のような非暴力的ゲームが使われた［★24］。プレーの二〇分後、彼らは、射撃や刑務所の乱闘などを含む実際の暴力場面をビデオで見た。この研究では、基準心拍数と皮膚電気反応（GSR）が取得された。

ビデオゲームをしたあと、ゲーム内容にかかわりなく、すべての学生で心拍数とGSRが増え、これらのアクションゲームは生理的覚醒水準を高めた。しかし、両者は実際の暴力場面を見ているときの反応が異なった。非暴力的ゲームをプレーした学生では、実際の暴力を見て心拍数とGSRが増加したが、暴力的ビデオゲームをプレーした学生では、心拍数とGSRが減少した。暴力的ビデオゲームをプレーした学生は明らかに、ふつうであれば生理的興奮を引き起こすような苦痛場面に対する脱感作が進んでいた。

脱感作は、人々の共感性を低下させ、より攻撃的な行動へとつながる。別の研究では、脱感作が覚醒の低下に加え、実際の攻撃性を高めていた。この研究では、暴力的ゲームを頻繁にする人と、ほとんどしない人が実験参加者として選ばれた［★25］。彼らは暴力的ビデオゲームをやる条件と非暴力的ビデオゲームをやる条件とにランダムに割り振られた。頭皮に電極を装着され、脳波が観察された。プレー後、全員が一連の暴力画像と中立画像を見た。その後、彼らは反応時間を競うゲームを行った。競争相手は人を装ったコンピュータである。

これまで暴力的ビデオゲーム経験がほとんどない参加者は、脱感作状態の脳反応を示し、「相手」に大きな爆発音を与えた。しかし、暴力的ゲームを頻繁にプレーする参加者では、実験で数分間、暴力的ゲームをしても非暴力的ゲームをしても反応に違いは見られなかった。暴力的ゲームを頻繁にする人はすでに暴力画像に慣れているようすだった。

暴力的ビデオゲームをすることで実験室外の現実生活での攻撃性がおおいに高まると、誰もが確信しているわけではない。この傾向は概して弱く、ときに解釈の難しい実際の結果や、両者の関係性を検出できていない研究でも指摘されている［★26］。暴力的ゲームの人気が高く、広く普及している国で必ずしも犯罪率が高いわけでもなく、日本はその好例である。しかし、強力な証拠は増え続ける一方である。ビデオゲーム業界の新製品開発の速さやゲーム世界の広大な広がり、人間行動の実際の複雑さを考えると、研究結果はともあれ、この議論はすぐには決着しないかもしれない。いずれにしても、すぐ見るように、ビデオゲームには効用も多くある。

ビデオゲームの効用

ビデオゲームに関する多くの研究が悪影響の可能性に焦点を当てる一方で、最近の研究は、認知や動機づけ、人間行動のその他の様相で多くの重要な効用を見出している［★27］。

認知的効用

先に進みたいプレーヤーにとって、空間知覚や心的回転、視覚的注意のような認知・知覚能力は欠かせない。これは特に、モンスターが薮から飛び出てきたり、敵の狙撃兵が屋上から覗いているような予期しない出来事に素早く反応しなければならない、テンポの速いアクションゲームにあてはまる。こうしたビデオゲームをよく利用する人は、これらの技能を使うのが楽しい人たちだろう。翻って、これらのゲームは各種認知能力を培う機会となり、そこでの訓練で能力が向上する。

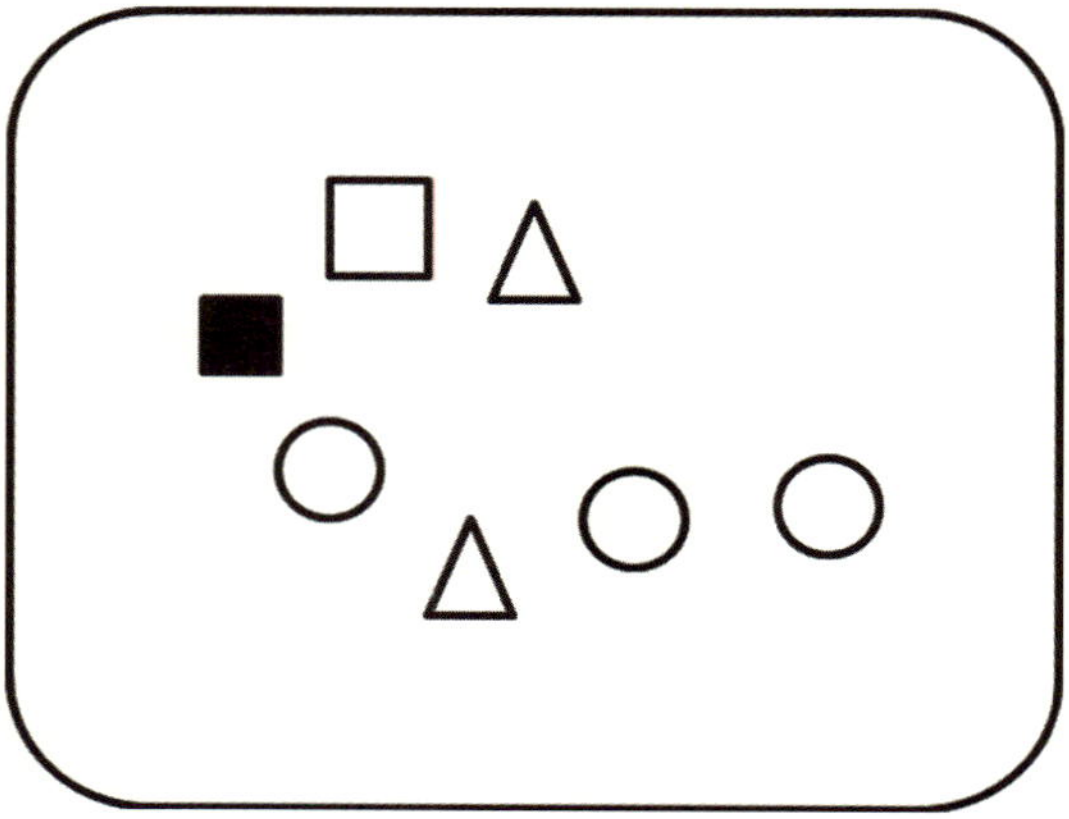

図7.2　アクションゲームのプレーヤーは視覚的注意検査で好成績を示す。この検査例では、枠内の図形群から黒の標的図形と同じ形の図形を探し出す。

たとえば、アクション・ビデオゲームのプレーヤーは、視野内にある対象を識別するといった、さまざまな視覚的注意課題で（図7・2）、プレーしない人より成績が良い。プレー経験の有無による違いを正確に測定する一連の研究で、実験参加者は画面のふちに短時間提示される図形が正方形か菱形かを判断した［★28］。別の試行では、画面に多少の乱れを発生させた。その乱れのせいで図形が見にくくなり、課題の困難度は一気に増した。それでも、彼らは引き続き好成績を示した。彼らは、課題に割くことのできる注意資源をとても豊富に持っているかのようだった。アクションゲームをしない人にくらべ、彼らは視野が広く、視野の中心からはずれた目標でも識別できる。

アクションゲームには、次々と不規則に飛び出す不意打ちの標的が含まれ、次に現れる標的に絶えず注意を払うためには一定の技能が欠かせない。人は、最初の標的が現れてから数百ミリ秒後に現れる標的を確認しようとすると、**注意の瞬き**が起き、視覚的注意が一瞬弱まる。予想どおり、アクションゲームのプレーヤーは注意の瞬き時間がとても短い。

アクションゲームのプレーヤーは、もともとこうした課題に秀でているため、アクションゲームをする可能性が高い。しかし、アクションゲームをプレーすることで能力が向上する可能性もある。追跡研究で、ビデオゲームの未経験者が、ファーストパーソンズ・シューターゲームである「メダル・オブ・オナー」〔MOH〕か、パズルゲームの「テトリス」を一日一時間プレーした。「テトリス」は空間認識技能と運動技能を要求されるものの、プレーヤーは一度に一つの図形しか操作しない。これはMOHの速いテンポのアクションとまったく異なる。

一〇日後の時点で、MOHプレーヤーは、いくつかの認知課題で「テトリス」プレーヤーよりもはるかに良い成績を示した。彼らは、乱れた画面から目標図形を見分け、より広い視野のなかでその図形を特定し、より早く注意の瞬きから回復できた。

性差に焦点を当てた空間認識能力の研究がいくつかある。平均すると、男性は対象の心的回転能力のような課題で良い成績を示す傾向にあるが、性差の見られない課題も多い。興味深いことに、いくつかのゲーム行動研究によると、空間認識能力は多くの人が思っていたより順応性も高く、訓練によって向上する。訓練はそれほど長く行う必要はなく、成績も持続し、数日ぐらいで効果が消えるようなことはない〔★29〕。訓練には性差を縮小する効果もありそうだ。ある研究では、ビデオゲーム経験のない男女に、有効視野と心的回転能力を測定する検査を受けてもらった。予想どおり、どちらの課題も男性のほうが平均点は高かった。そのあと、男女それぞれの半数が一〇日間、MOHを一日最低一時間は行い、残り半数が三次元パズルゲームに取り組んだ。

MOH群の女性は、男性よりも大幅に能力が向上し、三次元パズルゲーム群のプレーヤーよりもはるかに向上した。有効視野では性差は実質的に消え、心的回転能力の性差は大幅に縮小した。五ヶ月後の追跡研究では、MOH群の女性はゲーム直後の検査結果と同水準かそれ以上の値を示し、訓練効果の持続性が確認された〔★30〕。

アクションゲームは、認知的効用に関する研究でよく取り上げられるジャンルである。他方、戦略ゲームは問題解決の手腕を磨いてくれるかもしれない。戦略ゲームで成果を収めるには、プレーヤーは問題をじっくりと考え、代案を検討し、選択肢を比較し、行動する必要がある。ロールプレイング冒険ゲームでは、問題解決能力も問われる。プレーヤーはある特定の支配者の特徴や戦闘様式を調べ、最適の装備を選び、最高のプレーヤー集団を構成し、襲撃計画を立てなければならないからである。

問題解決を扱ったある縦断研究は、中学三年時に用いた設問を、高校一年、二年、三年と続けて尋ねた。設問はゲーム活動と問題解決戦略を尋ねる内容で、具体的には「私はどんな行動をとるべきか真剣に考える」「何かする前は、ありそうな選択肢を検討する」といった文章である。戦略ゲームをプレーした生徒は、問題解決能力の自己評定が四年間で著しく上がった。もう一つの興味深い発見は、問題解決能力を高く評定した生徒ほど成績が良く、戦略ゲーム利用と学業成績とのあいだに間接的関係が見られたことである。実際、これは貴重な発見である。これまでの多くの研究は、特にプレーのしすぎを含め、ゲーム利用と学業成績の低下とを関連づけていたからである［★31］。

動機づけと粘り強さ

ゲーム開発者はプレーヤーを動機づけることに長けているので、ゲームでしくじっても、プレーヤーのレベルに難易度を合わせながら、根気強く続けられるような目標を提供する。こうした粘り強さは、学校や科学的革新、スポーツ、他のいかなる分野でも人間の持つ貴重な特質である。プレーヤーがゲーム世界で身につけた粘り強さは、他の分野での粘り強さにもつながるのだろうか。彼らはつまづいても、そのあと一生懸命取り組み、再試行するのだろうか。

失敗に直面したときのその人の粘り強さを測る一つの方法に、コンピュータによるアナグラム・パズル課題がある。これは画面上に一度に一つ、難易度の異なるアナグラムやパズルを表示する。フィードバックはその都度なされ、プレーヤーは間違えた問題を飛ばしてもいいし、やり直してもいい。各プレーヤーの取り組み時間と問題解答後の行動選択はコンピュータに記録される。

その研究で、プレーヤーはビデオゲーム利用に関する調査に回答した。そこには、「難しい問題でも根気強く取り組む」といった、その人の粘り強さを主観的に測る項目も含まれていた。一週間あたりのビデオゲームプレー量と、粘り強さや間違えたあとの行動とのあいだに有意な相関が見られた。長時間プレーする人ほど、解けなかったパズル、つまり最も難しかったゲームに多くの時間を割く可能性が高い［★32］。

この研究は、ふだんゲームをしない人に一週間プレーしてもらうことで、粘り強さを高めようとしたものではなかった。彼らはアナグラム・パズル課題に取り組んだだけである。つまり、既に粘り強い人がゲームをするのかもしれない。しかし教育者は、ゲームには困難な状況での粘り強さを促す働きがあるはずと考え、ゲームの強い魅力のいくつかを引き出そうととても熱心に取り組んでいる。

感情的効用と「フロー」

一つの感情的効用は、「楽しみ」の三文字に尽きる。プレーヤーはそのゲームを楽しむためにプレーする。前で見たように、彼らの動機はさまざまかもしれないが、より良い気分になりたいという動機は共通に見られる。人はしばしば、リラックスし、気分を明るくし、ストレスを減らすために、操作が簡単ですぐできるカジュアルゲームに興じる。たとえば、三つの同じ模様をタテかヨコに並べるとポイントがもらえる「ビジュエルド2」はプレーヤーをリラックスさせる。ある研究で、実験参加者は二〇分間のゲームプレーかネットサーフィンのどちらかにランダムに割り当てられた。その間、研究者は彼らの心拍数および、脳波パターンを脳波記録装置（EEG）で、それぞれ記録した。「ビジュエルド2」をプレーした人は心拍数の変動が小さく、アルファ波が多く見られ、くつろいでいるようすや気分のいい状態が見られた。本人たちも疲れが取れ、元気になったと答えた［★33］。

プレーヤーはしばしば**フロー**経験を報告する。これは、ある活動に完全に没入し時間が飛ぶようにすぎる精神状態をさす。フローを生み出す活動には共通点がいくつもある。たとえば、それらの活動は人の能力と取り組み課題とのあいだに絶妙なバランスを作り出し、強い集中と関心を要求する。それは明確な目標や適切なフィードバック、出来事の制御感ももたらす。フロー状態に置かれると、人は自己意識の喪失と時間感覚の歪みを経験する。

ピアニストは、以前取り組んだ曲より少し難しい新しい楽譜を練習しているあいだ、フローを経験するかもしれない。日曜大工は、アンティーク家具の修理に夢中なとき、この精神状態になるかもしれない。フローの特徴と、これを生み出しそうな活動の種類を考えると、ビデオゲームがその傑出した候補になると容易に推測できる。

ベッドに入るまで六時間あまりもゲームをしていたなんて信じられませんでした。ほんの一時間としか感じなかったのです。

——女性、二八歳

フローはとても積極的で動機づけの高い精神状態であり、脳の特定部位の変化と結びついている。機能的磁気共鳴画像法（ｆＭＲＩ）を用いた研究で、「タクティカルオプス　テロの恐怖」というテンポの速いアクションゲームをプレーする男性の脳活動が記録された。敵を打ち負かしたときのような、能力と課題のバランスが釣り合ったプレーをしたとき、脳の特定部位が活性化していた。ゲーム内で死ぬときや、自分の能力を上回る課題に取り組んだときフローは見られず、こうした瞬間の脳活動は活性化しなかった［★34］。このような研究は、フローやその構成要素のより深い理解につながる。

社会的効用

初期のコンピュータゲームは、ほとんど個人内で完結する出来事だったが、インターネットはゲームをまさに社会的な経験へと変えた。離れた場所にいる友達とブリッジゲームをし、同じロールプレイングゲームを楽しむ新しい人に出会える。巨大なMMORPGでは、いろいろな職業を持つ世界中のプレーヤーと出会い、プレー方法を一緒に模索する。ハイテク起業家でMITメディアラボ所長の伊藤穰一は「ワールド・オブ・ウォークラフト」の常連であり、その社会的側面に注目し、特に価値の高いゲームであると言う。ある意味で、技術志向の先駆者が出会い、ビジネスにつなげる「初対面のゴルフ」のようなものである。しかし、それは多様性を極める集団のなかで、新しいリーダーシップとチームワークの技能を磨くための無限の機会にもなっている。たとえば襲撃場面で、襲撃リーダーは、あらゆる年齢のさまざまな背景を持つ大人数の動きを調整し、そのつど決定を下し、協力を推し進め、もめごとを解決し、対立を解消しなければならない。伊藤は「『ウォークラフト』は、リアルタイムで大勢の人にその場で一気に協力体制を整え、うまく対処させる、実に見事に設計されたUI［ユーザーインターフェース］のようなものである」と述べる［★35］。

協力的なゲーム行動と向社会的行動との関係を指摘した研究がある［★36］。たとえば、シンガポールの若者の研究では、好きなゲームと、ゲーム内で他者を助けたり傷つけたりした頻度が尋ねられた。向社会的行動は「自分のものを他者と分かちあうと幸せな気持ちになる」「困っている学生を見かけると、とても気になる」といった項目で測定された。ゲームで相互に助けあう経験をした学生は、現実生活で、向社会的行動を多くすると答える傾向にあった。

同じ研究者たちが日本で縦断研究を行い、その結果、ゲームでの協力行動は、長期間にわたって向社会的行動を高めることがわかった。この研究は、シンガポールの研究で使用したものと似た調査項目を用い、数ヶ月後に再び同じ調査を行った。初回の調査においてゲーム内で協力的に振る舞うと答えた学生は、向社会的行動の上昇螺旋が見られた。他方、反社会的ニュアンスのゲームをした学生は下方螺旋を示した。

一連の最後の研究では、因果関係を明らかにするため、合衆国の大学生が向社会的ゲームと暴力的ゲーム、中立的ゲームのどれかにランダムに割り振られた。それぞれ二〇分間ゲームをした後、学生は相手と協力して、自分の選んだ一一のタングラムパズル〔七枚の板を組みあわせて正方形にする〕を完成させる。パズルは全部で三〇あり、難しいもの、やさしいもの、中ぐらいのものが混ざっていた。学生は相手が一〇分以内に一一個中一〇個を完成させれば、その相手は一〇ドルを手にすると聞かされた。

どの難しさのパズルを相手に与えるのだろうか。学生は、やさしいパズルを選び、つまり向社会的なやり方で相手を手助けするのか、それとも妨害するため、難しいパズルを与え、相手が何も手に入らないようにするのだろうか。予想どおり、最も援助的に振る舞った人は協力的ビデオゲームを終えたばかりの学生で、相手を最も妨害した人は暴力的ビデオゲームを二〇分間する条件に割り当てられた学生だった。

プロテウス効果

アバターとは不可解なものである。それは自分の仮想自己であり、外見や能力、行動様式をかなり制御できるゲームもある。驚くほど魅力的にも醜悪にもでき、現実離れしたものにすることもできる。髪型や肌の色、服装、目の形、ピアス、タトゥーなど、プレーヤーが辟易するくらい選択肢がたくさんある。ある観点では、人は自分のアバターの支配者であるが、自分が選んだ、あるいは自分に割り当てられたアバターは、自分の行動の支配者とも言える。

ニック・イーとジェレミー・ベイレンソンは、このようすをホメロスの『オデュッセイア』に出てくる海神にちなんで**プロテウス効果**と呼んだ。プロテウスは変身術に長け、獅子や野猪、大蛇、高い樹木に姿を変えることができた〔★37〕。二人の研究者は、まずアバターの魅力がアバター所有者の行動にどのように影響するかを、仮想ミラーを備えた実験室に仮想現実を組み立てて検証した。表向きは、仮想環境における社会的相互作用の実験であると研究者たちは説明した。その後、実験参加者は仮想ルームが映るヘッドギアをかぶり、その部屋の仮想ミラーで、ランダムに割り当てられた自分のアバターを確認した。参加者が向きを変えると、異性の別の仮想人物が現れた。この人物は実験協力者である。協力者が目にするのは、参加者の無表情な顔だけで、参加者が実際に使っているアバターを知らない。そこで、協力者は参加者に近づき、自己紹介してくれるように頼む。別の仮想人物が自分の魅力的なアバターを見ていると思い込んでいる参加者は、まったく違う行動をとった。彼らは仮想ルームで協力者に一メートルぐらいのところまで近づいて、かなり個人的な情報まで開示したのである。

第2章で見たように、外見は重要である。誰かがあなたの外見を良いと思うと、その人はあなたに丁寧に接するだろう。するとあなたは、より自信を持ちその人と親しくなる。しかし、この実験で協力者は実際のアバターを見られず、その人がどんなアバターなのかわからなかった。魅力的なアバターを持つ人が異なる行動をした唯一の理由は、別の仮想人物が自分のアバターを見ていると思ったからである。

同じ研究者たちによって追跡研究がなされた。彼らは他の人が背の高いアバターを見ていると思い込んでいるときの行動の仕方を調べた。そのため身長が操作された。今回、参加者は四回、実験協力者とお金を分配した。一方が仮の一〇〇ドルの分配方法を決め、もう一方はその分配額を受け取るか否かを決めた。その結果、仮想身長による違いが見られた。背の高いアバターの人は、大胆かつ自信を持って交渉し、背の低いアバターの人と比較して、協力者に不利な分配をしようとした。

ゲームでは、ふつうプレーヤーは自分のアバターを選べるので、プロテウス効果をいろいろと制御できる。結局のところ、背の高い魅力的なアバターは「ワールド・オブ・ウォークラフト」で、より高いレベルに達する傾向にあり、プレーして最も成功した人は、正のプロテウス効果をもたらすアバターを選択する傾向が見られた［★38］。ある人間戦士《ヒューマンウォリアー》は、「僕はリアル世界では一三歳のチビだけど、ここでは大男さ！　最高だね」と語った。おそらくプロテウス効果は、やりすぎて罠にさえ落ちなければ、学校でも、卒業してからでも自信獲得に貢献するだろう。

シリアスゲーム——教育、訓練、健康のゲーム化

ゲームがいかに魅力的かを考えれば、誰しも教育や訓練、健康といった領域で、よりまじめなアプリケーションとして活用したくなるかもしれない。実際、こうした**シリアスゲーム**は学習や技能向上、リハビリテーションなどの実用目的に役立てることを意図し、市場はゲームの持つ強力な特徴を引き出そうと試みる研究者やサイト運営者であふれている。

シリアスゲームには、双方向性、ルールと制約、わかりやすい目標と課題、フィードバックといった、コンピュータゲームやビデオゲームと同等の特徴が求められる。多くのゲームは、コンピュータや人間、そして自分を相手とする競技性を加える。さらに、ゲームの進行とともに展開するとてもおもしろいドラマでプレーヤーを没入させるようなストーリー性や筋書きを持つゲームもある。

教育と訓練のためのアプリケーション

ゲームはとても早い段階から教育と訓練の世界に参入し始め、それらは「エデュテインメント」〔教育娯楽〕作品として扱われている。なかでも「カルメン・サンディエゴを追え」は、その謎めいたテーマと悪党狩りで、いまなお評判のゲームである。教育・訓練向けソフトは、教師が無料で使えるオンラインソフトも含め、急増している。その背景として、ゲームの魅力が生徒の認知的能力や動機づけ、協力を高めるという強い信念を持つ教育者が多くいることが挙げられる。

教育の伝統的な流れは教授、練習、評価である。たとえば数学では、教師が分数の掛け算法を説明する。その後、生徒はいくつか問題を解き、最後にその概念の習得状況を評価するための試験を受ける。ゲームはこの順序

に従わないし、教授という要素をほとんどあるいはまったく含まない。その代わり、プレーヤーが、手に入る限りの資源を利用して、自らものごとを把握するのに委ねる。

企業は企業で、社員に必要な知識と技能を迅速かつ効率的に習得してもらうための訓練プログラムを一部ゲーム化している。このような訓練のゲーム化は最先端技術の潮流の一つであり、企業はこのアプローチを革新的方法で導入している。たとえば、サン・マイクロシステムズの新入社員は「ライズ・オブ・ザ・シャドウ・スペクターズ」〔影の亡霊の復活〕という三次元世界で訓練を受ける。新入社員たちは迷子になった入植者としてプレーし、自分たちが再び迷子にならないようにするため、情報網と知識基盤の構築をめざして、この世界での生活を送り始める。彼らはゲームを進めるなかで、同社の企業文化や価値、組織構成を学ぶ。

軍隊は安全な訓練のために、何十年ものあいだシミュレーションゲームを開発、利用してきた。実際、ペンタゴンは前で紹介した宇宙戦争というゲームの開発に資金提供した。飛行シミュレーターはパイロット訓練に欠かせない装置である。市街地を模した臨場感あふれるゲームインターフェースは、市街戦での効果的戦術を習得するための、はるかに安全な方法である。兵士が今日行う戦闘は、第二次世界大戦での戦いとは大きく異なる。「バーチャルバトルスペース2」のようなゲームを使えば、兵士は簡易手製爆弾（ＩＥＤ）や奇襲、退避、他のテンポの速い動きを疑似体験できるため、戦闘に必要な一瞬での意思決定や視覚的注意能力の向上がはかれる［★39］。

健康アプリケーション

まだ初期段階にあるものの、人々の健康向上につながるゲーム利用は期待も高く、急速に伸びている。いままで見てきたように、テンポの速いアクションゲームは患者のある種の認知能力を向上させ、カジュアルゲームはストレスや不安の軽減につながる。バイオフィードバックを組み込んだゲームは、患者の不安管理にも役立つ。シミュレーションゲームは企業や軍隊で役立つように、医療従事者の訓練にも役立つ。

特定の問題に対処するためのオーダーメイドのゲームが開発されつつあり、顕著な成果を収めるものもある。たとえば、医療における難しい課題の一つは、吐き気のような不快な副作用を引き起こす可能性があっても、患者が投薬治療プログラムに従うように促す方法を発見することである。生物学者や看護師、がん専門医、心理学者からなるチームが、がん患者の子供と協力して「リ・ミッション」〔寛解〕というゲームを開発した。これはロキシーと呼ばれるナノボット〔極小ロボット〕が売りのゲームである。この三次元ファーストパーソン・シューターゲームは二〇レベルあり、子供たちはボットを操縦して架空のがん患者のがん細胞を打ち負かし、免疫力を高め、副作用を抑えて、任務《ミッション》を完了し、患者は寛解する。このゲームの有効性を検証するため、数ヶ国の医療センターのがん患者に小型コンピュータが配られ、「リ・ミッション」か、商用ゲームである「インディ・ジョーンズと皇帝の墓」のどちらかをするようランダムに割り当てられた〔★40〕。その結果、「リ・ミッション」の有効性が見出された。このゲームをした子供たちは、治療プログラムをきちんと守るようになり、自己効力感やがん関連知識でも高得点を得た。

シリアスゲームを評価する

シリアスゲームの「働き」を評価する際、まず「働き」が何をさすのかを定義し、「何と比較するのか」という疑問への答え方を考えなければならない。多くの研究は、しばしば褒め言葉を含めて、そのゲームの影響過程を説明するが、これらの研究は、対照群や比較群を設定していない。「リ・ミッション」を検証した研究のように、厳格な方法を用いた別の研究がある。実験参加者は処置群と対照群にランダムに割り振られ、各群の活動は慎重に選ばれた。そうすることで、シリアスゲームの効果と従来のアプローチとの比較が可能になる。したがって、非常に多くのゲームや別のアプローチでは、結果が混在するのは当然である。

たとえば、シリアスゲームが学生たちの説得的文章術の向上に役立つかを調べた研究がある。ゲーム群に割り当てられた学生は、街がペストの脅威に直面しているというインタラクティブな映像世界でプレーした［★41］。彼らは医者やその他のキャラクターに出会い、交流する。倫理的ジレンマに取り組む場面で、学生は自分の考えに同意するよう彼らを説得しなければならない。彼らはここで信頼に足る議論を投げかけ、いろいろなキャラクターからさまざまな諾否のフィードバックを受け取る。他方、比較群の学生は小説を読み、そのあとで説得的文章術を向上させるための講義を受け、課題を与えられた。どちらの群も説得的文章術は向上したが、ゲーム群の学生のほうが向上幅は大きく、課題にも熱心に取り組んだ。何か他のことをしたいと思ったかと尋ねると、ゲーム群の七一％は「まったくない」と答えたのに対し、比較群の七〇％が「まったくそのとおり」と答えた。

しかし、相反する結果を示す研究もあれば、ほとんど違わないか、むしろ従来のアプローチのほうが効果的であることを示した研究もある。シリアスゲームが認知と動機づけの両面に及ぼす効果を比較した三九件の研究を概観した論文があり、それを見ると、結果は雑多であるものの、ゲームプレーヤーはより多くの内容を学習し保持しているように思われた。しかし、ゲームが動機づけに影響を与えるという確証は得られていない［★42］。

私は「デカルト・コーブ」〔デカルトの入江〕という数学冒険ゲームの開発研究プロジェクトのリーダーを務めている［★43］。その仕事は、シリアスゲームの開発者が直面するいくつかの課題を含む。ゲームが始まると、プレーヤーである中学生たちは、かつてルネ・デカルトが住んだという島に置き去りにされ、彼らは地下トンネルやジャングル、火山、洞穴を通り抜けながら、数学の謎や難問を解かなければならない。初期の試作版では、かなりの部分が教師の入力した説明で占められ、言葉による詳しい説明でゲームは始まり、ゲームの各ポイントで必要なことがらを説明したポップアップ画面が表示される。教師は、教授、練習、評価という通常の手順をここでも踏もうとしたが、生徒の評判は散々だった。

私は、戦略・ロールプレイングゲーム環境に合わせて全体の流れや画面展開を書き直した。教授と講義を削除し、クエストや上級レベル、報酬、ヒント、最終局面に近づくにつれ難しくなる課題、脱出するための乗り物を組み立てる最終クエストを追加した。プレーヤーはバックパックのなかに地図と数枚の硬貨、デカルトのメモを挟んだ本を入れ、行き詰まったときにはそれらで調べられるようにした。生徒たちは我々の最終版でプレーしたとき、迷わずに始められたが、ゲーム経験のない教師は「次は何をすればいいの？」と尋ねてきた。

いわゆる教育用ゲームの多くは魅力的でやる気にさせるような特徴を満たしていないため、ゲームの体をなしていない。その代わり、これらはブロッコリーを甘いチョコレートで覆っただけのようなものとして、プレーヤーは教育用ゲームと一般的ゲームの違いを認識している。我々はゲーム機能のすべてをよく理解していないかもしれないが、それらは追求する価値のあることを示す刺激的証拠が数多くある。

第8章

子供の発達とインターネット――オンラインで成長すること

いつもの夜、一二歳になるジェイソンは友人とテキストをやりとりし、数学の宿題を終わらせると、ユーチューブの動画にコメントし、ビデオゲームに興じ、音楽を聴くというように、自分の時間にさまざまな行動をあてる。親の要望で、彼は両親や妹と一緒に夕食をとる。しかし、食事のあいだ、彼はたびたびスマートフォンを見やり、画面を確認してはメッセージに返信した。

もし、あなたが一九八〇年代あるいは九〇年代初めの生まれであれば、**デジタル先住民**の第一世代〔第一デジタル世代〕と言えるだろう［★1］。その人たちのなかには、家のコンピュータで「リーダーラビット」〔学習ソフト〕をプレーし、高校に入る前すでにタイプ練習の授業を受けた人がいるかもしれない。一九九三年に最初のウェブブラウザーが突如として現れ、その後それはあなたにとって、ネットで友達と交流したり、個性を誇示したり、情報検索や気晴らし、宿題をしたりするのに格好の新しい手段となった。

あなたは大学に行くと、教授から君はまるで異人類のようだと驚かれたかもしれない。教授は大人になってから、こうした機器の一端を経験した、いわば**デジタル移民**である。しかし、あなたはこれらの機器が出始めたころに育ち、あなたの下のきょうだい、つまり一九九〇年代半ば以降に生まれた第二デジタル世代は、あなたよりはるかに頻繁で、しかも上手に使う。一歳の女の子が自信たっぷりにｉＰａｄの画面上で指をさっと滑らせたかと思うと、次の場面では、同じ指の動きで、紙の雑誌のページを次々と繰る短い動画がユーチューブに登録されている。明らかに印刷物は壊れたｉＰａｄであると見られている［★2］。

それぞれの新世代の子供に見られるさまざまな欠点を嘆くのは、確かに上の世代にはよくあることだが、子供の育つ文脈としつけとは別の話である。たとえば、子供にスマートフォンを買い与えたことを強く後悔しても、それへの心理的愛着はとても強く、もはや親は取り上げられない。親がルールを作ろうとすれば、両者の溝を深める綱引きの繰り返しにしか見えない。

次々と登場するこれらのメディア機器は子供の発達にどのような影響を与えるのだろうか。あの女の子が雑誌も指の動きに反応するものだと思うようになっても、良書を楽しく読むようになるのだろうか。青年は、仮想世界に距離を置いて、誰にも邪魔されない家族との夕食を楽しむだけの時間を持てるようになるのだろうか。技術が進歩し続けるいまも、サイバースペースが子供の発達に及ぼす影響力の研究は広がり続けている。そこで私たちも、光と影、そして答えの出ていない問いを見ていこう。

人間発達の生態系

子供は互いに絡みあう交差環境の網の目のなかで成長し、子供は、その網の目に影響を及ぼす存在である。ユリー・ブロンフェンブレンナーは、人間発達を一体化した生態系と見るべきだと初めて強調し、さまざまな文脈と、それらの相互関係を判別するシステムアプローチを採用した［★3］。

たとえば**マイクロシステム**は、両親やきょうだい、家庭生活、学校、友人のような、直接的環境である。**メゾシステム**はマイクロシステムのシステム、つまりマイクロシステム間の関係をさす。たとえば、子供の通う学校と親との関係は子供の発達に影響を及ぼす。**エクソシステム**は、複数のマイクロシステムが存在するもっと大きな文脈をさす。そこには地域やマスメディア、交通網、主要な社会制度が該当する。**マクロシステム**は子供が育つ包括的文化であり、そこには政治・法制度、社会的・教育的・経済的機会が含まれる。たとえば、家庭は温かいのに、内戦で四分五裂している国で育つ子供を考えてみよう。この子のマイクロシステムはとても良い方向に働いているが、それはきわめて危険なマクロシステムという文脈内にある。最後に、生態系の外側を構成する要素として時間がある。それは、歴史のなかで過ごす子供の時間であり、生涯のあいだ移り変わる要素である。

さまざまな機器はこうした生態系にどう適合するのだろうか。マイクロシステムの一部に、ネット端末としてのコンピュータやノートパソコン、インターネット接続を前提としたスマートフォンやタブレット、ビデオゲーム機、電子書籍がある。これらはまったく「技術」のように見えない。それどころか、これらは家具や玩具、電化製品のように、子供の環境に溶け込んでいる。これらがマクロシステムで果たす役割もあまり明確ではない。企業はさらに「衆目」を引き付けようと互いに競い、行政はコンテンツを検閲し、ハッキングや電子監視はプライバシーを侵害し、議員は自由を制限しないで子供を守るにはどうしたらいいのか対策に取り組む。

認知的、社会的、情緒的、身体的、これらの発達はすべてこの生態系内で起きるため、一つの要素が果たす役割だけを抜き出すのは容易ではない。技術階層での目まぐるしい変化は、これをいっそう難しくし、研究者は今日明日ではなく、昨日の動向について報告しているように感じる。そうは言っても、私たちが人間発達におけるインターネットをはじめとするデジタル環境の役割をより深く理解できるのは、インターネットやコンピュータの全般的利用を大まかに調べるのではなく、そのときどきの特定のアプリケーションやオンライン空間の研究がなされているおかげである。

子供や青年は実際にどんなことをしているのか

さまざまな選択肢のなかから、スマートフォンを手に取り、タブレット画面をスクロールし、キーボードで入力するとき、若者は実際、何をしているのだろうか。二千人あまりのM世代[2]〔二〇一〇年時点の八歳から一八歳〕の子供と青年を対象とした調査によれば、テレビや音楽、印刷物、映画といったあらゆる他のメディアもこうしたデジタル機器で利用されていた〔★4〕。それら全体の平均利用時間は一日あたり七・五時間を超し、五年前にくらべ二〇%増しである。多重処理〔ながら利用〕、および複数画面の同時使用のせいで、彼らの全メディア平均接触時間は一〇時間四五分に跳ね上がる。

それらの時間の大半はまだテレビ視聴と音楽聴取で占められるが、コンピュータやビデオゲームに費やす時間は急増している。八四%の人が家でインターネットにアクセスし、その三分の一の人が寝室で利用する。敗者は印刷メディアで、接触時間は過去五年間で四三分から三八分に減っている。利用パターンは年齢集団によって異なり、一一歳から一四歳の中学生はさまざまなメディアを利用し、とりわけテレビやコンピュータ、ビデオゲームの利用時間が長い。高校生は音楽の一大消費者である。

この研究には携帯電話の通話やテキストメッセージの送信は含まれなかった。これらは大量の時間をとる活動であり、特に中学生以上で顕著である。テキストのやりとりは中学一年生から高校三年生で一日あたり一時間半という驚くべき数字である〔★5〕。

実際の利用内容まで掘り下げると、モバイル機器で青年が頻繁に訪れるオンライン空間はコミュニケーションとソーシャルメディアに偏っている。なかでも微信やヴァイン、フリッカー、スナップチャット、ワッツアップ、インスタグラムといった、テキストメッセージ交換や写真共有を担うモバイルアプリが好まれている。たとえば七〇〇〇人の青年を対象にした調査では、八七%が毎日テキストを交わし、フェイスブック利用者の六一%を上回った〔★6〕。

八歳から一二歳の子供の調査では、彼らのお気に入りサイトは年齢相応ではなかった〔★7〕。最も人気が高かったのは、NPO「コモンセンス・メディア」の格付けで一三歳以上向けとされたユーチューブだった。第二位はフェイスブックで、ここは登録要件として一三歳以上であることを要求する。一三歳未満の子供が登録するためには、年齢を偽るか、ときには親の同意を得なければならない。親への調査では、フェイスブックのアカウントを持つ子供の三八％が一三歳未満で、四％はなんと七歳未満だった〔★8〕。これ以外の人気サイトは年齢相応で、「ウェブキンズ」〔仮想ペット〕とディズニーの「クラブペンギン」〔仮想世界〕が挙げられた。

どの活動が本当に「オンライン」なのかを判断することは、ますます難しくなっている。オンラインとオフラインとの線引きが曖昧だからである。たとえば、子供がよく使うある数学ソフトウェア・プログラムはインターネットに接続しなくても利用できるが、結果の報告でデータが自動的にアップロードされるようになっている。我々は子供や青年があらゆるデジタルメディアをどう利用しているかに関する研究結果を手にしている。たとえば、教育ソフトの入ったパッケージCDや、ビデオゲーム機、ふつうのテレビやネットフリックスで見られる映画の利用状況である。

まず認知発達から見ていこう。この領域の調査研究結果には、功罪両面の可能性が混在する。

認知発達

ほぼ世界中で、親や校長、政策立案者、行政府は、子供の教育成果の向上に取り組んでいる。そして多くの人々が、目標達成にはコンピュータとインターネット接続が不可欠であると知っている。インターネットは無限とも言うべき情報資源と新しい道具を届けてくれ、これらの機器を導入することで明らかに認知発達が促されるように見える。多くの国では、とりわけ学校や図書館、低所得層に高速接続を広めようと政府による実質的な財政援助が行われている。

コンピュータとインターネット利用、学業成績

コンピュータとインターネットが学業成績の向上にどれほど役立っているかの検証研究では、成績の測度に標準テスト得点がよく用いられる。たとえば、英国政府主導の二年がかりの研究では、一〇歳から一六歳までの生徒を対象に、学校内外でのコンピュータやインターネットの利用、英語、数学、科学の全国テストの成績との関連が調べられた［★9］。その結果、コンピュータとインターネットを最も頻繁に利用した生徒が、その二年間で最も成績が向上した。

他の研究も、恵まれない生徒たちにとってそれらは特別な価値を持つと指摘する。大きな成果が見込まれるからである。ネブラスカ州の学校は、生徒一人に「一台のノートパソコン」を与えるという方針を打ち出し、家に高速接続できるパソコンのない多くの貧しい生徒に配布した。一年後、彼らの標準テスト得点の増加はめざましく、その伸びは高所得の家庭の生徒にくらべて大きく、それ以前の接続環境とは無関係だった［★10］。

しかし、バラ色の研究結果ばかりではない。特にコンピュータを最も頻繁に利用している生徒で、ごくわずかかゼロに近い効果、あるいは負の効果さえ見られたという研究もある。経済協力開発機構（OECD）は、加盟国の生徒に学力テストを定期的に実施し、国同士の学力向上を比較し、各国の生徒の年ごとの成績変化も把握している。二〇〇三年、学習到達度調査（PISA）という名称で知られるテストが、数学リテラシー、読解力、科学リテラシー、問題解決能力に絞って実施された。一五歳と一六歳の生徒にはコンピュータとインターネットの利用状況に関する、以下のような質問もなされた。「あなたは、人や事物、概念に関する情報をどのくらいインターネットで検索しますか」「あなたはコンピュータでどのくらいゲームをしますか」。この研究で得られた一つの重要な結論は、インターネットをとてもよく使っていると答えた生徒の成績は「ほどほどに」使っている生

徒より低かったことである[★11]。

オハイオ州の高校一年生を対象にした研究は、ある一週間のコンピュータ利用とインターネット利用に関する日誌調査を行った。その結果、生徒のインターネット利用時間と成績平均点(GPA)とのあいだに関連は見られなかった。ネット利用内容とGPAとの関連も見られなかった。利用内容とは、ゲームや宿題、友人とのやりとり、ネットサーフィンである[★12]。別の研究によると、インターネットを適度に利用している生徒が最も学業成績は高く、ネットの長時間利用者は、ネットをほとんど利用しない生徒より学業成績が低かった。

ブラジルで行われた研究は、コンピュータやインターネットの利用が増えると、必然的に学業成績も上がるという、一般的に支持されている見解にも警鐘を鳴らす。ブラジルでは二年ごとに、無作為抽出された小学四年生と中学二年生、高校二年生が、読解と数学の学力テストを受験する[★13]。ある調査では、一二万五千人あまりの生徒が家庭と学校におけるコンピュータとインターネットの利用について回答した。テスト得点との関連はほとんど見られず、むしろ負の関連がいくつか見られた。たとえば、家でインターネットを利用している低所得層の小学四年生と中学二年生は、利用していない生徒より著しく成績が低かった。

子供が利用する教育ソフトやオンライン情報資源を限定し、より統制した研究でも一貫した結果は得られていない。たとえば、四千人あまりの小中学生に行った調査では、数学の最終テストの成績は対照群より有意に高かった。この研究では、コンピュータ操作を楽にするためFlash仕様の「マスファクト」が使われた[★14]。しかし、一三二校で使われている読解と数学のソフトウェア製品の有効性を評価した合衆国政府の調査によれば、それらの製品ソフトを使った群は、無作為に分けられた小学一年と小学四年の生徒は期末テストで、対照群にくらべ好成績を収めるという証拠は得られなかった[★15]。翌年、同じクラスで行った追跡研究では、教師がそのソフトに習熟しているだろうと仮定された[★16]。調査結果はより相反する実態を表した。数学ソフトウェアの利用はテスト得点にやはり影響を与えなかったが、読解パッケージの一つは小学四年生の読解得点向上に役立っていた。

以上の錯綜した結果をどう解釈すればよいのだろうか。ここまで見てきた研究は、調査対象となった生徒の学年や国、製品ソフト、研究計画が異なり、非常に多様である。相関分析に依拠した研究や、コンピュータやインターネットの全体的利用に関する一般的設問に頼った大まかなアプローチの研究では、インターネットのある環境のなかで子供や青年が実際にどんな活動をしているのか、その微妙な違いは見逃されるだろう。これらの研究も主に自己報告に頼っているため、回答者は自分に都合の良い種類の行動を誇張し、ゲームやメッセージ交換に費やす時間を過小評価しがちである。たとえばインターネットを頻繁に使う人はより少なめに答えるかもしれない。彼らは宿題をする代わりにオンラインゲームに多くの時間を割いているように見られたくないからである。

教育的成果の可能性を否定できないもう一つの理由は、これが新しい分野だということである。そのため、教育者もソフトウェア会社も親も、試行錯誤しながら使っている。初期の教育ソフトは退屈で、コンピュータ画面に練習問題を再現しただけのようなものも少なくなかった。しかし、子供を引き付けるような革新的でおもしろい製品が登場してきている。たとえばカーンアカデミーのビデオや、子供向けのモバイル学習アプリは、その例である［★17］。

学業成績を向上させるのみならず、新しい技能を学ぶ機会をも提供するようなやり方で生徒を引き付ける方法がわかるにつれ、成功事例は増えている。このような取り組みを深く理解するのにとりわけ役立ちそうな領域の一つがデジタルゲームの吸引力である。ゲームは私たちが子供やコンピュータ、インターネットに対して抱く主な懸念材料の一つとなっているが、第7章で見たように、ゲームには認知発達を促す効果もある。

オンライン学習

インターネットが認知発達で果たす重要な貢献にオンライン学習がある。この動きは大学生相当の年齢層のあいだで急速に強まっているが、高校以下の生徒のあいだでも本格化しつつある。すでに合衆国の多くの州で仮想スクールが発足し、小学校段階も含むあらゆる年齢の生徒と学生向けにたくさんのオンライン講義が広く提供されている。

彼らはなぜオンライン授業を受講するのだろうか。ほとんどの人は単位の取り直し、正規の教育課程にない勉強、長期休暇中の勉強といった目的で登録する。オンライン学習は、科目を広範に提供できない学校の生徒たちにとっても格好の学習機会である。たとえば、飛び級科目〔優秀な高校生が履修できる大学レベルの科目〕は、大学出願書類を有利にしたい高校生にとって最も人気のあるオンライン登録である。

何十万人もの生徒がさまざまな理由で正規のオンライン課程に登録している。自宅学習の人もいれば、病気や仕事の都合で普通の学校に通えない人もいる。たとえば子役は、在学したまま芸能活動を続けられる。

オンライン学習と対面授業はどう違うのだろうか。この問いはかなりの議論を巻き起こした。とりわけ、その答えは教育システム全体、つまりこれまでリアルな学校で教師主導によって行われてきた対面授業にとって非常に重要な意味を持つ。何百もの研究が何年にもわたって行われてきたが、オンライン学習はきわめて多様で、両者を比較するのは難しい。対面授業を真似たものでは、生徒はウェブ会議ソフトを介した「ライブ」授業に参加する。それらの授業は録画されることが多く、出席できない生徒はあとからその講義を視聴できる。

多くの**大規模公開オンライン講義**（MOOC）が、このカテゴリーに含まれる。これらは無料のオンライン課程で、世界中の多くの人々に提供される。講義テーマに関心がある人ならば、登録するだけで受講できる。受講者の多い大人数授業では、教員からの個別フィードバックは少ないか皆無で、実際に課程を終える生徒は少ない。しかしながら、こうした授業の多くは修了が目標ではなく、特定の選択科目から、いくつかの講義を試しに聞いてみたかったという人が多い。

教師は「脇にいる指導者で、舞台にいる賢者ではない」と考えるオンライン学習モデルもある。このモデルでは、生徒はビデオを視聴し、教科書を読み、研究課題や宿題をこなし、他の生徒と共同作業をし、試験を受ける。教師の役割は、指針を示し、励まし、広範なフィードバックを与えることである。自分に合ったペースで進められるオンライン学習では、教師すら不在のまま進む。その代わり、生徒は自力で取り組みながらオンライン授業を進める。彼らはオンライン・ディスカッション・フォーラムで質問し、他の生徒や、そのテーマに詳しい人に教えを請う場合もある。その答えの質の判断材料にするため、サイトの参加者は最も良かった答えに一票を投じたり、役に立たなかった答えに低評価ボタンをクリックしたりした。

合衆国教育省はオンライン学習と対面授業の成果を比較した千あまりの研究を集約し、オンライン学習環境で学ぶ生徒は対面授業で学ぶ生徒より成績が少し良かったことを見出した[★18]。教師が講義を主導し、生徒が実質的に協同する機会を持てれば、オンライン学習の利点はとても大きなものになる。オンラインのみで学習した生徒の成績は、対面授業で学習した生徒とほとんど変わらなかった。

これらの研究のほとんどで対象となったのは大学レベルの生徒だが、もっと下の学年でも利点は見られる。たとえば、科学を受講する中学一年生の学習成果が、対面授業とバーチャルイベント、つまり「セカンドライフ」のような環境でアバターを用いる仮想世界とで比較された[★19]。仮想世界で教師に教わった生徒の成績は、実際の教室で同じ教師に教わった生徒とまったく変わらなかった。オンラインで教わった生徒は授業を楽しんでもいた。

生徒からすると、オンライン学習はとりわけ通常の授業になじめない一定数の子供たちにとって、ありがたい存在ではないだろうか。おそらく、彼らはある科目でとびぬけて優秀か、反対にもっと多くの時間と助けを要する。私は、幼稚園年長から高校三年までの優秀な子供向けのオンライン学習の内容を調査した。その結果、課程がこうした子供たち一人ひとりの学究的な欲求と関心に応じていたことが明らかになった[★20]。オンラインであれば、このような子はクラスの他の子ができるまで待つ必要はない。オンライン上の指導者に従って、自分の能力に合ったペースで、夢中になっている科目でさらに先へ進め、既習事項を飛ばすこともできる[★21]。

オンライン学習には、受講者にとって独自の心理的利点がある。たとえば、一般の学級では恥ずかしがりで人とうまくかかわれない子供が、仮想学級では見ちがえるように社交的で自信に満ちあふれるようになる。こうした状況が生まれるのは、子供たちはどうすればディスカッション・フォーラムに貢献できるかに集中でき、あまり自意識過剰にならないで済むからである。子供たちは自分の外見や服装を気にする必要もなければ、自ら提案したアイデアに対して周りの子供が示すあきれた表情を見なくて済む。そのような場面に置かれれば、子供は斬新なアイデアを出そうという気になり、教室や他の子供が押し付ける規範に従わなくて済む。第7章でゲームについて論じたように、そのような経験で得た自信は子供の現実生活にまで及ぶというプロテウス効果を生む。オンライン学級は、通っている学校にとどまらず、世界中の子供と交流する機会をもたらし、彼らの視野をいっそう広げる［★22］。

オンライン学習には優れた特徴がたくさんあるものの、関連研究によれば、最良の学習環境はオンラインと対面学習をほどよく組み合わせた形態であるという。オンライン課程を履修する人の大半は全日制ではなく、学校での通常授業を補完するためにオンライン授業を受講する。この形態は両者の得意とする特徴を組み合わせることで、同年代の仲間とかかわるという社会的かつ情緒的な利点を享受できるようにする。

ゲームと子供の認知発達

子供や青年はどのぐらいデジタルゲームをしているのだろうか。前に見たM世代[2]の研究によれば、彼らは平均して一日あたり九〇分をゲームに費やす［★23］。全体として、彼らのメディア利用は、ここ数年かなり増えている。その理由の大半は、彼らの多くが一日中スマートフォンを手元に置いていることによる。ゲーム利用も同様に増えていて、それも大勢の若者がモバイル機器でゲームをしているからである。

一部の若者のあいだで、ゲームをやめたくてもやめられない強迫状況が生まれ、悪影響が出始めている。たとえば、彼らは一定時間インターネットにアクセスできないと、引きこもりの兆候を見せ、オンラインで過ごす時間を減らそうと努力しても元の状態に戻ってしまうことを繰り返す。彼らの成績は下がっているかもしれないし、インターネット利用は家族や友人との関係に深刻な影響をもたらしているかもしれない。ゲームは、そうした場合によく登場するインターネット空間の一つだが、これだけではない。ソーシャルメディアやチャットルーム、メールも関係している。第11章で、私は問題のあるインターネット利用を取り上げるので、ここでは主に子供たちのゲーム利用と認知発達との関係を見ていこう。

前章で見たように、ある種のデジタルゲームには認知能力を高める可能性があると指摘する研究は多い。たとえば、テンポの速いアクションゲームでは、プレーヤーは予期せぬ事態に素早く反応し、大画面のあちらこちらに出現する小さな標的に命中させせなければならない。そのため、視覚的注意や空間認知能力、関連する認知能力が向上する。こうした研究の多くは、子供ではなく大人を対象としているため、アクションゲーム利用が認知発達に与える影響はまだはっきりしない［★24］。それでも、得られた知見は期待させ、その方向を支持する。

空間認知能力を要するゲームを行うと、一〇歳児の空間認知能力も、大人と同じように向上するのかを調べた研究がある。研究者は、まず子供たちにこれまでのビデオゲーム経験を尋ね、コンピュータを使ったテストで空間認知能力を測定した。女子と男子は「マーブルマッドネス」を数日間プレーする実験群と、空間認知能力を要さない言語ゲームをプレーする対照群とに無作為に分けられた。「マーブルマッドネス」では、プレーヤーはビー玉の速度と距離を判断しながら、仕掛けや罠を避けながら画面上の迷路をうまく通り抜けて、ビー玉をゴールさせる。実験の最後に、すべての子供たちが再び、空間認知能力テストを受けた［★25］。

「マーブルマッドネス」をする前は実験群と対照群に差は見られなかったが、ゲーム後では顕著な差が見られた。実験群の空間認知能力は平均して有意に向上し、とりわけ空間認知能力の低かった子供たちで著しかった。もともと空間認知能力の高い子供では、ほとんど向上は見られなかった。

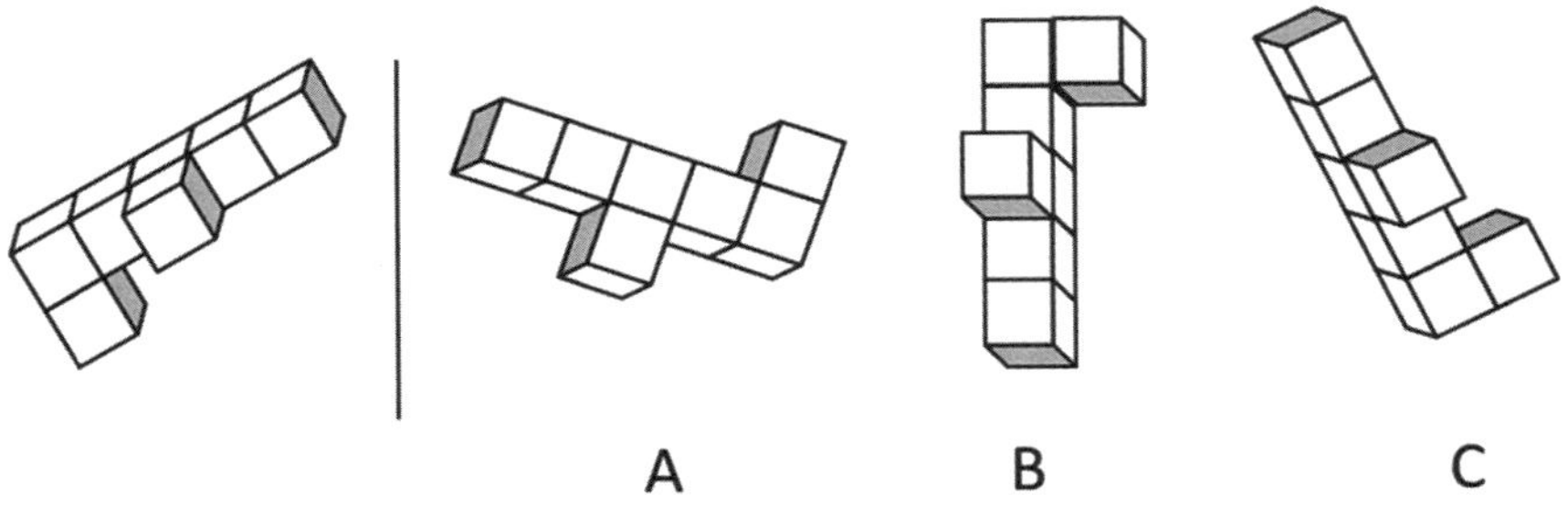

図8.1　心的回転能力を測る質問の例。左端の図形を回転したものと同じものを、A、B、Cのなかから選ぶ。

「テトリス」を用いた研究でも、青年期後期〔二〇代後半〕の人たちで同様の結果が得られている［★26］。「テトリス」は、画面上部から落ちてくる幾何学図形をプレーヤーがキー操作で回転・移動させて、すでに画面底部にできている形に収まるようにするゲームである。プレーヤーは図形ピースが隙間を埋め、かつ新しいピースを埋め込みやすい土台を想像できなければならない。ゲーム前後における空間認知能力を測るため、研究者は「テトリス」に似た図形を心的回転させるテストを使った。言語ゲーム群の参加者と比較すると、テトリス群の参加者でゲーム終了後の空間認知能力テストで著しい向上が見られた。図8・1は、心的回転能力を測るテストの一例である。

子供たちは「テトリス」をプレーすることで、特に心的回転の空間認知能力が向上した［★27］。小学三年の男女が事前に簡易版の心的回転テストを受け、そのあとで「テトリス」をする群と、地理学習ミステリーゲームの「カルメン・サンディエゴを追え」を行う群とに無作為で分けられた。ゲーム終了後に行った心的回転の事後テストで、テトリス群の子供の成績は著しく向上し、なかでも心的回転能力がとても低かった子供の向上ぶりが著しかった。この研究で興味深いのは当初心的回転テストの成績とテトリス技能とのあいだに相関は見られなかったことである。これは心的回転とプレーとで異なる戦略が用いられていたことを意味する。しかし、数週間テトリスをしたあとでは、テスト成績とプレー技能のあいだにはとても強い関連が見られた。子供たちは「テトリス」で、テストの問題に応用可能な何かを学んだのかもしれない。

男子は特に心的回転のような空間認知テストで良い成績を示し、これらの研究では性差が見られた。しかしゲーム経験には性差を無視できるほどに小さくする効果がある。小学三年生では、男子と同じ成績を上げた女子もいたが、男子の平均は女子の平均より一五％ほど高かった。しかし「テトリス」をした女子は男子と肩を並べ、実験群では事後テストで性差は見られなかった。

空間認知能力を要するゲームは年齢に関係なく、その技能を向上させる訓練の場となっていると言える。しかし、最も恩恵を受けるのは、苦手な子供たちである。

戦略ゲームは、推理能力や問題解決のような領域の認知発達に別の効果をもたらす。「鉄道補修」というオンラインの数学パズルゲームを用いた研究で、子供の問題解決法が単純なものから徐々に高度なものへと変化することが見出された［★28］。このゲームで、子供は適切な長さのレールを選んで、レールの欠落部分を補修する。ただし、同一画面内で同じ長さのレールは一度しか使えない。初めのうちは、たとえば０・８と書かれた部分の補修には長さ０・８のレールというように、欠落部分を一本のレールでつなごうとする。そのうち一対一の組み合わせが使えなくなると、子供は二種類以上のレールを組み合わせて欠落部分を補修するという複雑な方法を考え出さなくてはならない。最終的にこうした方法も使えなくなると、子供は解決できないことに気付く。残った部分をつなぐための短いレールがもうないからである。ゲームをやり直す際、子供は事前に計画を立て、ぴったりの長さのレールを早々に使い果たさないようにするといった、もっと進んだ戦略を探る。

デジタルゲームは子供を魅了するために、彼らの抗し難い気持ちを利用した教育ゲームの開発努力があちこちで進められている。ゲームの章でふれた、これらの**シリアスゲーム**には、子供向けにさまざまな形のものがあり、熱中する要素が前面に押し出されている。たとえば「ラーンメム１」はギリシャで開発された冒険ゲームで、生徒がコンピュータ科学の用語を学べるようになっている。このゲームにはゲームの最も重要な特徴、つまり、ルールや、明確でやりがいのある目標、空想物語、徐々に高まる難易度、双方向性、高度な制御、予測できない結末、即時のフィードバック、これらすべてが盛り込まれている。生徒はさまざまな部屋で旗を集め、障害を克服し、壁を爆破し、ロボットを避け、さらには質問に答えるために必要な用語の情報やヒントを集め、ポイントを稼がなければならない。ネットでコンピュータ用語を学んでからテストに臨んだ対照群にくらべ、ゲームで学んだ生徒はテストの点が良かったばかりか、ゲーム環境でいっそう意欲的になった〔★29〕。

就学前の子供とデジタルメディア

発達研究の多くは学齢期の子供を対象としているが、それ以下の子供に対するデジタルメディアの影響に絞って注目する研究者もいる。学齢前の子供でもマウスはもちろんタッチパネルも使える。これまでのところ、学齢直前の子供についての研究結果は肯定的である。入学前にコンピュータにふれたことのある子供は、入学に向けた準備がそれなりにできるようだ。

たとえば、一五〇〇人あまりの就学前の子供を対象にしたカナダの調査では、家庭で子供がどのくらいコンピュータを使っているか、子供に読解能力をつけさせるために親がどのようなことをしているかが報告されている。アルファベット文字の読み方のような読解学習の進度を的確に判定するため、四歳児の子供たちがさまざまな認知テストを受けた。収入や他の変数を統制して計算した結果、コンピュータ使用頻度とアルファベット文字の理解とのあいだに相関関係が見出された〔★30〕。

年齢に応じたデジタルメディア利用は、とりわけ低所得で恵まれない就学前の子供に有効とされる。ヘッドスタート計画〔合衆国の就学援助プログラム〕での比較研究では、子供たちは通常のヘッドスタート課程を受ける対照群と、「ドクタースースのABC」や、「ミリーの数学ハウス」といった教育ソフトのインストールされたコンピュータを毎日使う実験群とに無作為に分けられた〔★31〕。研究開始に先立って子供たちはさまざまな認知テストを受け、ヘッドスタートプログラムを終えた時点で再びテストを受けた。実験群の子供はいくつかの認知テストで対照群の子供より高い成績を収めた。

しかし、これまでの研究の限界を考えると、年少児のコンピュータ利用に警鐘が鳴らされるのはきわめて当然のことである。アメリカ小児科学会は、接触時間にかかわらず二歳未満の子供にはコンピュータ画面を見せないよう勧告する。質の良いソフトウェアにふれることで、就学前の子供は確実に学んでいるように見えるが、親は教材選択や使用時間量に深くかかわるべきである。とりわけ年少児には、生身の人間や実物にふれることでしか得られない刺激が欠かせない。

子供と青年におけるメディアの多重処理

人間は日々の決まった仕事をする際、危険な兆候に絶えず注意を払ってきたように、一度に二つ以上のことをこなす能力を常に持ってきた。しかし、インターネット、なかでもモバイル機器の台頭で、まったく新しいやり方の多重処理が可能になった。子供はコンピュータで複数のウィンドウを開き、一つは宿題用、二つめはチャット用、さらに別のウィンドウでウェブ検索をしているかもしれない。同時に、彼らは音楽を聴き、数分おきにスマートフォンを見やり、入ってくるテキストメッセージやツイート、スナップチャットの写真を確認する。

中学生と高校生の多重処理を観察した研究によれば、それはごくふつうに見られる。研究者が二五〇人ほどの子供の家庭を訪ね、一五分の学習中における行動を記録した［★32］。平均して一五分のうち六五％ほどしか勉強にあてられず、少なくとも数分は、ソーシャルメディアの確認やテキスト送信、勉強以外のことにあてられていた。

本章の冒頭で紹介したジェイソンは、意識して同時に二つ以上の活動をなんなくこなし、そのほうがはかどってもいた。学力の高い子供を対象にした私の研究でも同じような知見が見られ、とりわけ宿題中に多重処理をよくする青年で顕著だった。

実際のところ、歩行や運動、編み物のように習熟し、ほぼ自動化された作業であれば、人間はかなり上手に多重処理をこなせる。あまり複雑でない作業であれば、刺激を受けられ、退屈しないで済むので、多重処理のほうが成績は向上する。しかし、より認知能力を要する作業では、実際には多重処理はなされず、**作業切替**がなされる。私たちはある作業から別の作業に交互に切り替え、そのたびに少しずつ効率を下げていく。

ある作業から別の作業への瞬時の切替は、作業の内容によっては、とても高い認知負荷を伴う。二つの複雑な作業を交互に切り替えながら、どちらもこなそうとすると、一度に一つの作業をこなすときと比較して、二倍もの時間がかかりかねない。

ある研究で、実験参加者は画面に数字が表示されたら、それが奇数か偶数か判断し、それに応じてキーを押すように指示された［★33］。この課題にはもう一つの課題が混入していて、実験参加者はその数字の大小によって違うキーを押さなければならない。この作業は一見、とても簡単に見えるが、別の作業を処理するための認知的切替にかかる負荷はかなりのものだった。作業を切り替えるたびに実験参加者の反応時間は遅くなり、誤りも増えた。

注意分散は、ある一つのことに集中できないようにもするため、たとえ注意分散が実際にはどんな対応をも求めていないにもかかわらず、多重処理につながりやすい。イタリアのある研究で、実験参加者の子供は、電話をする少女や、財布からお金を盗む少年の写った五分のビデオクリップを見せられ、そのあと、できるだけたくさん思い出すように言われた［★34］。その際、注意分散がその想起能力にどれほど影響するかを見るため、子供たちは四群に分けられた。ビデオを思い出しながら、何も映っていないテレビ画面を見る第一群、目を閉じる第二群、画面上で点滅する外国語の単語を見る第三群、その単語が大声で読み上げられるのを聞く第四群である。最も成績が良かったのは、目を閉じていたか、何も映っていない画面を見ていた、つまり視覚的な注意分散が起きなかった群である。絶え間ない着信音やどんどん入るメッセージが、外国語の単語と同様に、いかに宿題やテスト勉強の遂行を妨げ、注意分散に一役買っているか想像できよう。

青年が音楽を聴きながら宿題をし、実際にはその他のことも同時に行う場面は一見ありきたりに見える。こうした多重処理の研究結果は多様で、結論は出ていない。好きな音楽を聴くことで作業の認知遂行が向上するという研究もあれば、低下を示唆する研究もある。このような結果は、子供の性格や年齢、子供がやろうとしている主たる作業の性質に左右される。たとえば内省的な子供は、音楽が流れていると、邪魔されたように感じるかもしれない。影響度は音楽の種類にも左右されると考えられる。

ある研究で、実験参加者は四群のどれかに無作為に割り振られ、四種類の短文を読み、それに関する質問に答えた。その設問は大学協会のＳＡＴ〔大学能力評価試験〕に似たものである。第一群は彼らの好きな歌詞付きの曲、第二群は彼らが好きではないと答えた歌詞付きの曲を聴いた。第三群は器楽曲を聴いた。彼らの「好きな」曲とは、ワン・ダイレクションやケイティ・ペリーといったアーティストのものだった。第四群は対照群で、音楽も雑音もなしで短文を読んだ[★35]。最も成績が良かったのは第四群で、器楽曲の流れた第三群がそれに続いた。歌詞付きの曲は青年がよく聴く類の音楽であるが、これは読解力を著しく低下させた。

機能的磁気共鳴画像法（ｆＭＲＩ）や脳活動の測度を用いた研究によれば、多重処理は人々の学習法に影響を与える可能性があり、これは認知発達にとってきわめて重要な発見と言える。ある研究で実験参加者は、高音と低音が聞こえる状況のなか、異なる手がかりで二都市の天気（雨か晴れ）を予測する方法を試行錯誤しながら学んだ。実験参加者は音を無視するように指示される群と、音を聞いて高音の出現頻度を数えるように指示される群とに分けられた。多重処理をしなかった実験参加者は作業に慣れるとともに、成績も少し良かった。しかし、その後、多重処理の影響力ははるかに大きいことが明らかになった。彼らは自分が学んだこと——与えられた手がかりから予測するのではなく、雨か晴れを最も的確に予測する手がかりを選ぶこと——の応用力を見極めるテストを受けた。その結果、学習段階で多重処理をしなかった実験参加者は、知識の応用でとても良い成績を示した。しかし学習段階で高音の出現頻度を数えるよう指示された実験参加者は、学んだことを正しく応用する手立てに長けていなかった［★36］。

多重処理をする人は、学習段階ではかなりいい成績をあげるのに、その知識を応用しようとする段階になると、なぜうまくいかないのだろう。脳スキャンの結果がヒントになる。多重処理の有無で画像が異なっていたからである。注意分散状態にないとき、記憶と想起をつかさどる側頭葉内側部が最も活動していた。その重要な組織の一つが海馬であり、記憶形成に欠かせない領域としてよく知られる。しかし、多重処理を行っているとき、彼らの脳でいっそう活発になったのは線条体であり、この部位は習慣形成にかかわる。一つの仮説は、多重処理を行っているあいだの学習は、我々が習慣を獲得する方法とよく似ていて、新しい文脈で知識を応用する柔軟性はほとんどないということである。

デジタル世代の子供や青年にとって、学習成果の内実はまったく明らかではない。多重処理の学習スタイルは、彼らが情報は獲得しても、それを応用する柔軟性に欠けることを意味しているかもしれない。おそらくこれが意味するのは、いっそうの批判的思考や応用を問われない多肢選択試験で合格する可能性だ。こうしたわずかな影響を識別することはかなり難しいかもしれないが、その長期にわたる重大性を考えると、深く追求すべき重要な問題である。

身体発達

メディア機器に囲まれ、多くの時間をネットで過ごすデジタル世代は、いくぶん異なる身体発達をたどるかもしれない。最も懸念される領域は、睡眠パターンと肥満である。

睡眠パターン

ジェイソンの就寝時刻と思われる午後一〇時の彼の寝室を想像してみよう。サイドテーブル上にある彼のスマートフォンは充電中で、ノートパソコンは床の上に置かれている。部屋の反対側にある鏡台には液晶テレビが置かれ、そのそばにビデオゲーム機が置かれている。こうした魅惑的な機器に囲まれて、彼は眠れるのだろうか。

フィンランドでの縦断研究から推測すると、メディア機器が手近にある環境は、ジェイソンの睡眠パターンを大きく変えるかもしれない［★37］。小学四年生と五年生が一八ヶ月の継続的研究に参加した。そのなかで彼らの睡眠パターンと機器利用が調べられた。最もよくコンピュータを使いテレビを見る子供は、そうでない子供より睡眠時間が少なく、就寝時刻も遅かった。

スウェーデンの六歳から一六歳までの二千人を超す子供を対象にした別の研究では、睡眠時間の少ない子供ほどコンピュータやテレビの利用時間が長く、学校があまり楽しくないと答える傾向が見られた［★38］。最年少の子供は夜眠ることにさほど苦労しないが、青年は寝つきがよくない。彼らは起きるのもたいへんつらければ、学校で長い時間疲れを感じていた。

睡眠の足りない子供や青年は、学校の成績だけでなく、さまざまな点で危険にさらされる。睡眠不足は、彼らの注意力を減退させ、それによって彼らの安全をも脅かしかねない。ある実験で、仮想現実を使って睡眠不足が若者に及ぼす影響が調べられた。実験参加者は仮想現実の世界に歩行者として入って、交通量の多い道路を横切ろうとした［★39］。前日よく眠れなかった実験参加者は、交差点に入るのに手間取り、走ってくる仮想自動車に危うくぶつかりそうになる目に何度も遭った。

これらの過程は明らかではないが、この研究によれば、コンピュータやインターネットの過剰利用が子供の睡眠パターンをいっそう悪化させていると言える。寝室でいつでも誘惑的な機器が使えることが、考えられる大きな理由である。青色光を発する明るいコンピュータ画面と、睡眠周期を調節する化学物質であるメラトニンとの関係をほのめかす研究もある。通常、メラトニンは夕方に増加するが、明るいディスプレーによって分泌が抑制されるという研究結果もある［★40］。すでにかなりの睡眠不足に陥っている子供にとって、これは問題を悪化させるだけだろう。これを知れば、子供たちのためだけでなく、親も一定時間後には画面を見るのを禁じたくなるかもしれない。そうすれば、親も同様によく眠れるかもしれない。

子供の肥満と運動

コンピュータに長時間向かっている子供は太りすぎになり、肥満の拡大に一役買うのだろうか。小児肥満の爆発的増加は、コンピュータやスマートフォンの利用増と対応するが、因果関係の決定的証拠はない。テレビの視聴時間と子供の肥満とのあいだには強い関係が見られるものの、コンピュータ利用も応分のかかわりを持つという証拠はそれほど明確ではない。

就学前の子供を対象にした大規模な横断研究で、テレビ視聴習慣やコンピュータ利用とともに、子供たちの体重、および腕の皮下脂肪厚といった肥満の指標も調べられた［★41］。コンピュータ利用と子供の体重とのあいだに関係はなかったが、その関係をうかがわせる兆しは見られた。ただでさえ就学前の子供はコンピュータ利用で皮下脂肪は厚くなり、それは子供の活動性の低さと、過体重への途上にあることをうかがわせた。

より年長の子供や青年の結果も示唆的である。米国青年を対象にした研究によると、女子ではコンピュータ利用と肥満とのあいだに関連が見られたものの、男子では見出せなかった。フィンランドの子供を対象とした大規模研究は一一歳から一七歳半までの男女を追跡調査し、複数の時点で彼らとその親からデータを得た［★42］。コンピュータの使用頻度が高い人ほど、太りすぎの危険性が高まることが見出され、この事実は女子にも男子にもあてはまった。携帯電話の利用額が大きいほど、その子供のＢＭＩが高くなる関係も認められた。

コンピュータ利用が肥満につながる理由は、おそらく一般にそれが座りっ放しの活動であり、身体活動を伴わないからだろう。それはテレビ視聴の場合と同じで、おやつをとりやすくもさせる。しかし、ある種のコンピュータ利用は、それと反対方向の働きをすることもある。任天堂のＷｉｉや、身体活動を促す革新的ソフトのような技術で「ゲームで身体を動かす」ように仕向け、子供をソファから立ち上がらせる方法である。

運動ゲームは認知発達にも良い。六歳から九歳の子供が数日にわたって毎日、四種類の活動の一つをするという研究がなされた[★43]。その数日間、子供たちのやった「運動ゲーム」は、決まった位置でゆっくりと走って画面上のキャラクターを動かし、穴や丸太その他の障害物を避けながらジグザグ走行するものである。別の日は「マラソン」で遊んだ。これはマット上をゆっくりと走ってキャラクターを前進させる運動ゲームである。第三の活動は楽しいビデオゲーム（スーパーマリオワールド）で、体を動かす必要はなかった。第四の活動は健康的生活習慣におけるビデオ視聴だった。

それぞれの活動を終えると、子供たちは児童版「フランカー」検査を受けた。この検査は、画面中央に現れる黄色い魚の向きを素早く答えさせるものである。その魚と周りの魚が同じ方向を向いている場合と、向かい合っている場合がある。「逆」向きの魚を判断するのは時間がかかり、認知障害を持つ子供ではもっと時間がかかる。この検査は**実行機能**を測定するもので、目標に向かって制御されたやり方で考え、行動できるようにする認知過程が含まれる。運動ゲームをする子供は座ってばかりの子供にくらべ、フランカーフィッシュ検査の成績が良かった。運動は肥満予防だけでなく、認知発達にとって重要な要素となっていることを示す。このようなソフトで運動量が増えれば、認知発達も促されるだろう。

ソフィアは下校のスクールバスに乗るとすぐ、別れたばかりの友人とメッセージ交換を始めた。彼女は「omg dg 53xe」と送った。これは「やばっ（Oh my god）、DGってセクシー！」（DGはバスで乗り合わせる男子の名前〔5はS、3はe、xeはクシー〕）という意味である。中学二年生のソフィアは毎日七五通程度のメッセージを送る。そのなかには就寝前、先ほどの友人におやすみなさいと言うためのメッセージも数通含まれる、ピュー研究所の報告によれば、ソフィアの送信メッセージ数は一四歳から一七歳の大半の青年より少ない。彼らの平均メッセージ数は一日一〇〇通である〔★44〕。

友情のパターン

インターネットや携帯電話、その関連機器が、社会性の発達や社会関係に重要な影響を与えていることは明らかである。とりわけ、青年期への移行期にあり、仲間との友情が家族関係を凌駕する時期にある子供にあてはまる。子供が足を踏み入れる技術環境は変化も激しく、親や教育者、研究者は後れをとらないように必死である。たとえば、青年は優先するコミュニケーション手段としてテキストメッセージを驚く速さで取り入れ、たちまち通話とメールに取って代わった。ソフィアは、親からどんなアプリを使っているのかと聞かれるたびにやれやれといった表情で、自分や友人が試しているカッコいい新しいツールをしぶしぶ説明する。

インターネットが登場したばかりのころ、多くの人はオンラインで見ず知らずの人に会うことを恐れ、オンライン上の希薄な友情関係が広がり、現実生活の周囲との関係に悪影響を及ぼすのではないかと懸念した。こうした懸念が払拭されるまもなく、ソフィアのように、大多数の子供や青年は自分たちの絶え間ないやりとりを通じて、すでに面識のある人たちとコミュニケーションをはかる。

確かに、**富める者はさらに富む**という仮説からは、社交上手で強い対面の結びつきを持つ積極的で外向的な青年は、友人とのコミュニケーションにもインターネットをよく使い、その結びつきをさらに強めていると予測される。一〇歳から一六歳までのオランダ人青年を対象とした研究では、友人や見知らぬ人とのコミュニケーションでインターネットがどのくらい使われ、友人との親しさはどうかが調べられた。以下が、その設問例である。「友人は、私が自分の悩みを打ち明けると、それについて尋ねてくる」「友人は、私が自分自身をよりよく理解するための手助けをしてくれる」[★45]。友人への親密さを尋ねた設問で「とても親しい」と回答した青年は、互いのコミュニケーションにインターネットを最もよく使う人たちでもあった。

それでは、社交不安が強く、対面場面で引っ込み思案な「貧しい」若者はどうなのだろう。彼らは不利なのだろうか。**社会的補償仮説**によると、社交不安の強い青年は対面相互作用に困難を感じるため、仲間とのコミュニケーションにインターネットを使おうとする。孤独と不安を感じると答えたオランダの青年、とりわけ外向的な男性はインターネットを使わないが、インターネットはいっそう深い親密な自己開示や愛情表現に適した場であると答えた。こうした若者にとってインターネットは、たくさんの交友関係を維持する手段としてそれほど重要ではなく、オフラインで話しあえない深い話ができる場として重要である。彼らは、対面コミュニケーションにくらべ、オンラインコミュニケーションをそれほど「危険」とは見なさない。オンラインでは自分の言うことを制御でき、面倒な過ちを犯さないで済むからである。

オンライン環境は、現実世界で孤立し除け者にされていると思っている青年にとって、心地よい居場所である。第6章で見たように、オンライン支援グループは、特殊事情をかかえる人たちにとってとても重要な存在となっている。妊娠し母親になった一〇代の女性がそうしたオンラインフォーラムをどのように利用しているかを調べた研究では、情緒的支援や情報共有によって彼女たちが救われ、自分たちの人生満足度を向上させた実例がたくさん得られている。ある投稿者はこう書いた。

他の人たちが私と同じ境遇にあることを知って、うれしい気持ちでいっぱいです。これまで何回も書いてきましたが、あらためて書こうと思います。このサイトがなかったら私はどうなっていたかわかりません。ここは人生の救世主です。［★46］

表8.1　青年のアイデンティティ探求の帰結

		選んだアイデンティティへの取り組み	
積極的探索		あり	なし
	あり	アイデンティティ達成	モラトリアム
	なし	早期完了	アイデンティティ拡散

アイデンティティの発達

友人間のオンラインコミュニケーションの急増に加え、青年はアイデンティティ問題、つまり自分は何者か、何を信じているのか、自分の適職は何か、家族や友人、自分を取り巻く文化とどうかかわればいいのか、それらの問題に取り組み始める。エリク・エリクソンは、発達心理学の有名な研究で、アイデンティティの達成は生涯にわたる課題だが、なかでも青年期の主要課題であり、この時期に彼らは感情や社会、性の諸側面で成熟し、大人になっていくと強調した。この課題は何年も続き、そのあいだ青年はいろいろと試み、探求をし、自分にふさわしい結論を手にする。ジェームス・マーシャは、人生のこの道程における二つの重要な要素と、それによってもたらされる帰結を明らかにした（表8・1）［★47］。探求する機会のなかった子供は「アイデンティティ拡散」に陥り、何事もそこそこのかかわりにとどめる。「政治？　えっ、ほとんど関心ないね。いや、まったくないね」。こうした子供のなかには、いろいろな選択肢を考えずに受け入れてしまうアイデンティティの早期完了に陥る人もいる。たとえばジャックは、両親とも医者で、自分もそうなりたいと思っていると語った。

さまざまな選択肢を積極的に探求する子供は、その手段としてインターネットを用い、結果として自分自身や信条について学んだことをふまえて全力で取り組み、安定した納得のいくアイデンティティを達成するようになる。探求はするものの、全力での取り組みをためらう子供は「モラトリアム」に陥り、決定を先延ばしにする。

デジタル世代にとって、この過程はオンライン世界と固く結びついている。青年はチャットルームやメール用のニックネームを考え、SNSサイトでプロフィールを作り、その実験の場がたっぷりある。確かに、オンライン世界はアイデンティティ実験室となり、そこで年齢に関係なく別の人格を試すことができ、それを自分がどのように感じ、他の人がどのように反応するかを知ることができる。

英国のチルドレン・ゴーオンライン・プロジェクトを主導したソニア・リビングストンは、女子は特にプロフィールをいろいろいじるのが大好きなことを見出した。たとえばダニエル〔女性名〕は次のように語る。一番楽しいのは「人が自分の別の面を見せようと思えば、いつでもそれができることです」。思うようにいかなくても、誰でも最初からやり直せる。レオはマイスペース上の自分のプロフィールにふれて次のように語った。「僕が以前に作ったプロフィールを気に入らなければ、最初からやり直せばいい。新しいプロフィールにするんだ。嫌いな人にアドレスを知られたら、やり直せばいいと思った」［★48］。

入れ墨をしたバイク乗りというアイデンティティで実験しようと思った青年が、一年後、そのアイデンティティがネットにふさわしくないことに気付いた例をちょっと考えてみよう。入れ墨を消すよりプロフィールを新しくするほうがはるかに簡単である。しかしデジタル足跡は残り、若者のアイデンティティ探求は、求人市場における青年のように、本人につけが回ってくる。『ウォール・ストリート・ジャーナル』の記事によると、グーグルの前最高経営責任者であるエリック・シュミットは次のように予測する。「いつの日か、すべての若者は成人に達した時点で、自分の名前を変える権利を自動的に与えられる。その結果、友人のサイトに蓄積された若いころのどんちゃん騒ぎと縁を切れる」［★49］。

ほとんどの大手ウェブサイトは、利用者が自分の投稿を削除できるようにしている。二〇一三年に可決されたカリフォルニア州法は、未成年者のためにすべてのウェブサイトに「消去ボタン」を装備するよう義務づけ、彼らは気持ちが変わっても対処できる。フェイスブックの投稿を自動消滅させ、インスタントメッセージを削除することをうたうソフトもある。こうした手段はそれなりに役立つものの、それによって、青年が自分のデジタル痕は簡単に消去できると思い込むことにもつながる。投稿や写真はひとたびオンラインにあがると、基本的に「野放し」となり、その画像をとられたり、リツイートされ、転送され、どこかのウェブサイトにアップロードされたりする。受信者がファイルを開いて見た一〇秒後には消滅するスナップチャットの写真さえも、機転を利かした受信者によって簡単に保存される。

大半の青年はオンラインでやりとりする人とはすでに面識があるので、オンライン人格を作る際、現実とかけ離れた内容にはしない。しかし、まったく新しいキャラクターを作り出し、それに成りすますこともある。（後述する）サイバーブリングという行為の一環として作られるキャラクターもあれば、さまざまなアイデンティティを試す架空キャラクターもある。しばらくすると、彼らはたいていそうしたことをやめる。このことを理解すれば、偽のプロフィールや放置されたプロフィールの多い理由も納得がいく。

オンライン環境の自己開示効果や脱抑制効果は、アイデンティティの発達にも影響を与える。ある研究によると、青年期後期にある人の多くはモラトリアム状態にあり、フェイスブック上で「自己開示の文化」を体現しているという。フェイスブックはモラトリアム状態の青年にとって特に魅力的な場なのかもしれない。安全に試せるアイデンティティ実験室となっているからである［★50］。彼らは、おそらく本当の「自分」が変わり続けるので、オンラインのプロフィールや投稿で本当の「自分」をあまり見せないように意識しているのかもしれない。ある人はこのように説明した。「いつも自分は自分であるという言い方は正しくない。それは自分の全体像を示していないからだ」。

青年のアイデンティティ発達にSNSが重要な役割を果たしていることは明らかである。研究参加者の一人は次のように語った。「私の現実生活とデジタル生活をどう切り離せばいいのか、わからない」。おそらく、切り離すことはもはや不可能だろう。

文脈崩壊のかじ取り

SNSにおける**文脈崩壊**は、第2章の印象形成でも見たように、しばしば混乱を招く。大勢の「友達」のなかに親しい人もいればそうでない人も、また雇い主もいるとき、あなたはオーディエンスを楽しませ、あなたの性格を反映し、誰かの怒りにふれないようなうまい投稿を書けるだろうか。それに答えるのはとても難しい。対面であれば、目の前にどんな人がいて、あなたの発言や振る舞いにどう反応するかが明確にわかる。何百というあなたの友達やフォロワーを振り分ける手段はあるものの、その作業にはとても手間がかかり、間違いやすい。

一一歳のスージーが祖父母と友達それぞれにふさわしいメッセージを書いている場面を考えてみよう。そのようすを研究者が見ている。

> おばあさん、おじいさん、私たちは無事、家に着きました。ヘレンはいただいたネックレスがとても気に入っていて、よろしくと言っています。呼んでくれて、ありがとうございました。とても楽しかったです。お礼申し上げます。スージーより。XXXX〔大好き〕

> ごきげんいかが？　新しい家2《に》いつ来てくれるの？　待てないわ!!　デビルダックより。〔★51〕

もしスージーがSNSに投稿するとしたら、彼女はどう書くべきだろうか。受け手に応じた文章にするためには、かなりの認知的資質を要するため、小さな間違いは珍しくない。青年のあいだでフェイスブック利用が減少し、それどころか急減しているとの報告には、こうした理由で合点がいく。二〇一一年から二〇一四年にかけて、フェイスブックを利用する一三歳から一七歳までの青年人口は、一三一〇万人から九八〇万人と、二五%強の減少を示した。フェイスブック・ネットワーク上で急速に増えている利用者層は中年以上である。この同じ期間、五五歳以上の利用者数は八〇%あまり増えた［★52］。

サイバーブリング

フロリダ州に住む一二歳の少女は、サイバーブリングによるひどい虐待を受け、廃墟となったセメント工場の塔から飛び降り自殺した。加害者である一二歳と一四歳の少女は、少女の腕にカミソリの刃を押しつけた写真を添えて、自殺を促すメッセージを頻繁に送りつけた。加害者の少女に自分たちの行為を悔いる素ぶりは見られなかった。一人の投稿にはこうあった。「そうよ、わかっているわ、私があの子をいじめたの。それで彼女は自殺した。けど、それがどうかしたというの」［★53］。

デジタル時代のいじめは、世界中の学校で起きている面と向かってのいじめとはまったく様相が異なる。大きな違いの一つは、被害者がどこにいようが関係なく、加害者は執拗に被害者を苦しめ続けられることである。かつてのいじめは、たいていは学校かスクールバスにとどまったが、サイバーブリングは片時も休むことのない事件である。いじめる側は、テキストメッセージを送りつけ、屈辱的なウェブサイトを作り、写真をアップロードし、何ヶ月も昼夜問わず不利な情報を拡散させることができる。

第二の大きな違いは、サイバーブリングのオーディエンスは膨大な数にのぼる可能性があることだ。いじめる側が相手の屈辱的な写真をオンラインに投稿すると、一夜にして何千いや何百万人もの人の目にふれる。それはけっして削除されることなく、何ヶ月も、それどころか何年にもわたって被害者を苦しめる。校庭であれば、ほんの一握りの人が現場を目撃するだけなので、その場に居合わせた傍観者がそのようすを携帯電話で撮影して、それをオンラインに流さない限り、被害者がさらされ続けることはない。

第三に、サイバーブリングはオンラインコミュニケーションという文脈で起き、一般にオンラインでの我々の行動様式に影響を及ぼす多くの心理学的要因がかかわることである。加害者は匿名性を高く見積もり、実際にもそのとおりであることが多い。中学生を対象とした大規模調査では、一一%が過去二ヶ月のあいだに少なくとも一度はサイバーブリングの被害者になったと回答し、そのほぼ半数が加害者に心当たりはないという［★54］。

ある縦断研究によると、匿名性に対する青年の態度と、彼らがサイバーブリングにかかわる可能性や、実際のいじめとのあいだに関連が見られた。彼らは年度内に四回、調査に答えた。設問は以下のようなものだった。「会ったこともない知らない人に、意地悪なメールやテキストメッセージを送るのは造作ない」「その人が意地悪なメールを受け取るに値するのであれば、そうしてもかまわない」。調査の結果、オンライン上で匿名性を高く感じている人ほど、サイバーブリングを肯定し、しかも実際にもサイバーブリングを行っていた［★55］。

匿名メッセージを交換するためのモバイルアプリは、送信者が特定されにくいこともあり、サイバーブリングに使われてきた。このような物議を醸すアプリは人気の変動が激しく、完全に禁止した国もある。

匿名効果を増幅させるのは、物理的距離そのものである。報復の観点からすると、サイバーブリングはより安全であると感じられ、その結果、脱抑制は強度の嫌がらせ行動を引き起こす。加害者は被害者の反応を直接見ないで済むため、苦しむ人に共感することはまずない。被害者のようすがわからないのは傍観者も同じである。彼らは被害者に及ぼす影響もわからないので、あまり介入しようとしないのかもしれない。実際、鼻への一撃と一連のデジタルメッセージとはまったく別物であると考え、その影響は過小評価されがちである。

サイバーブリングはどれほど広まっているのだろうか。いくつかの研究を概観すると、若者の一〇%から四〇%はいじめられたことがあると答え、七%から一〇%がオンラインで誰かをいじめたことがあると答えている。この数値は研究間でばらつきが大きく、その一つの理由はいじめの定義と聞き方による。たいてい男子は従来のやり方でいじめをする傾向にあるが、サイバーブリングは間接的攻撃の一つであり、女子に好まれる。女子も男子もサイバーブリングをするのは同数であるという研究もあれば、女子はサイバーブリングのほうを好むという研究もある。サイバーブリングは中学校で頂点を迎え、高校、大学と次第に減少していく［★56］。

オンライン環境は、ある特定の性格特徴、特に共感性の乏しい子供にとっていじめの引き金となっているようである。フロリダ州で起きた少女の自殺を加害者がぞんざいに一蹴したことは、サイバーブリングがいかに思いやりを欠くものかを物語る。彼らは、被害者が自分たちを怒らせ、その報いを受けるべきだと信じる。サイバーブリングをする人は自己愛得点が高めで、自己を過大評価しがちで、個人的利益のために他者を利用しようとする。当然ながら、被害者は抑うつと不安が高めで、自尊感情が低めである。実際、サイバーブリングを受けたことによる代償は長期に及び、深刻である。

どうすれば大人はサイバーブリングから若者を守れるのだろうか。多くの場合、親はサイバーブリングに気付きもしない。子供や若者がそのことを口にしないからである。なかには、コミュニケーションメディアは自分の責任で管理すべきだと考える若者もいる。とりわけ親が使い方を知らなさそうなメディアほど、その傾向が強い。彼らは、訴えるのは幼稚な行為で、さもなければ親はメディアの利用をいっそう制限しかねないと考えているのかもしれない。携帯電話を取り上げ、プライバシー設定を強めることが被害者を守る思い切った方法ではあるが、そうしてもサイバーブリングは止まないだろう。被害者は悪意に満ちたメッセージをもう見ることはないとしても、他の人がそれを見て、屈辱的な写真や動画とともにいじめは拡散する。他の人が何を見ているのかわからないだけに、被害者の不安はますます募る。

自分たちの子供がオンラインで何をしているか、どんなサービスを利用しているか、プライバシー設定をどうしているか、他の人たちとどんなコミュニケーションをしているかを親がもっとよく知れば、それはサイバーブリングに立ち向かうときの役に立つ。親は、共感を促し、サイバーブリングの深刻さを力説しながら、この大きくなる一方の問題について若者に助言もできる。若者は、親からだけではなく、学校や警察から、問題の重要性を自覚するべきである。それらが最新技術に対して素早く対応できないでいるあいだに、多くの州議会は、電子装置による学校外での嫌がらせに対して、学校側が生徒を処分できる法律を可決している。

性的発達

事実上、発達の他のどの領域でも、青年の性的成熟とともに、インターネットは彼らに良い影響と悪い影響の両方をもたらす。利点として、性的成熟や生殖、妊娠、同性愛、性感染症、そのほか親に話しにくい話題について、事実を学ぶことができる。もちろん間違った情報はたくさんあるが、学校では、生徒がオンライン情報の質と正確さを判断できるだけの情報リテラシーにいっそう力点を置く。

青年はコミュニケーションメディアを用いて恋愛関係を追い求めることもできる。それらのメディア経由であれば恥ずかしい思いをしないで済むと思っている。一五歳のジャーロッドは、少女をダンスに誘い、メッセージを送るより、なんらかの興味を示すために彼女の休暇中の写真に「いいね！」をするほうがずっと楽だと言う。少女が「いいね！」を無視すれば、おそらく先に進める気持ちはないのだろう。ジャーロッドは惨めな気持ちを味わうかもしれないが、少なくとも、面と向かって、あるいは友人の前で拒否されたわけではない。

オンライン環境における恋愛感情の表現には厄介な面があり、青年は、微妙な意味の変化にいつも頭を悩ませる。「彼が送って来たの《ヒー・テキステッド》」というウェブサイトでは、テキストメッセージの解釈の仕方について質問できる。ある少女が心配そうにこんな悩みをつづった。それによれば、彼女がやりとりしている相手の男子が、テキストメッセージをピリオドで終わらせるようになったが、どうしてだろうか。彼女は、それを彼が怒っているかむかっとしているからと考え、他の利用者に助言を求めた。なぜ彼はウインク代わりの ;) や、感嘆符で終わらせなかったのか、あるいは何もつけないままにしないで、ピリオドで終わらせたのだろうか。この質問はかなりの議論を呼んだが、意見の一致には至らなかった。

インターネットは子供や青年を新たな誘惑にもさらす。それはサイバーブリング同様、脱抑制効果のあるオンライン環境によって促される。その主な例にセクスティングがある。

セクスティング

「セックス」と「テキスティング」を組み合わせた造語である**セクスティング**が出現したのは二〇〇〇年代初めで、二〇一二年にはメリアム・ウェブスターカレッジ辞典に加えられた。これはきわどい性的メッセージを送ることを意味し、自撮り写真も添えられ、一般に携帯電話同士でなされる。きわどい自撮り《リスケ・セルフィ》は特に人気があり、一人で簡単に作れる。特に伸長機能の付いた「自撮り棒」を使えば、どんな角度でも自撮り写真が撮れる。モバイルアプリを使えば、写真を飾り立てて「送信」を押すところまで簡単にできる。

セクスティングの流行を抑えるのは難しいが、いくつかの調査を合わせた結果を見ると、合衆国の未成年者の二・五％から二一％が少なくとも一回は性的テキストを送ったことがあるという。特に年長の青年で性的テキストを受け取ったことがあるとの報告が多い。一七歳では三〇％があからさまな性的メッセージを少なくとも一通は受け取ったことがあるという。大人のあいだではセクスティングはもっと一般的でさえあり、女性はどの年齢でも男性よりセクスティング経験が多い［★57］。

セクスティングに関するほとんどの研究は、それがきわめて悪い帰結をもたらす逸脱行動として深刻な危険に注目する。一つの危険はサイバーブリングであり、性的テキストを受け取った人がよく考えないまま写真や動画を他の人に送ってしまうことでいじめにつながる。オハイオ州の女子中学生が自分のきわどい写真をボーイフレンドに送った。しかし二人の関係が破綻すると、彼はメールでこの写真を拡散させた。彼女は同級生から「スラット・シェイミング」〔ある性行動をとった女性への差別的恥辱〕を受け、娼婦呼ばわりされた。うつ病を患い、同級生のあざけりを恐れて、登校拒否を起こし、ついに首つり自殺をした。

もう一つの危険は法偏重や、セクスティングをまるごと犯罪と見なす法律に由来する。セクスティングは非常によく見られるため、法律は最新技術や若者の動きについていけず、彼らのセクスティングに対応する法整備がなされていない。多くの事件は児童ポルノの送信を扱う法のもとで裁かれる。そのため、当事者はきわめて厳しい刑罰と懲役を科せられ、性犯罪者として登録される。若者のセクスティングに特化した法律を成立させようとしている州もある。児童ポルノ法はまったく現実にそぐわず、罰則が厳しすぎるという国会議員や教育者による議論も影響している。罰を軽減し、教育を課すことで、セクスティングで捕まった青年を、オンライン上で子供を搾取する犯罪者と一緒くたにしないような方策を考えている州もある。そうは言っても、州法は急速に修正され、連邦法では、セクスティングにかかわった未成年者は違反者として、厳しい罰を受ける。

こうした危険があるにもかかわらず、なぜ青年はセクスティングをするのだろうか。未成年の大学生に、セクスティングをする理由を尋ねると、四四%が「もっぱら恋人同士だけの相互利益」であると回答した。性的成熟とともに、親密さや恋愛への欲求が強まり、恋人同士が相互に危険な自己開示を悪用しないと信頼して、セクスティングがなされているように見える。

彼らが挙げるもう一つの動機は「恋愛感情を抱いている相手に嫌われないように、いちゃつくこと」である。仲間からの圧力も指摘されるが、それを重要な原動力と考える人は、回答者のわずか一%だった。しかし、彼らは誰かから性的テキストが届くと「返信しなければ」と思うという。この調査でのもう一つの発見は、青年のセクスティングから悪い影響を受けた記憶のある人はほとんどいないものの、七一%の回答者が、屈辱を受け、評判を傷つけられ、いじめられた人を知っていると答えた。彼らの多くは被害にも遭っていなければ、セクスティングが児童ポルノ法によって起訴されうることも知らないが、セクスティングが危険な行動であることは認識していた[★58]。

同意にもとづくセクスティングは、青年であることを考慮しても、デジタル時代の親密表現の一つにすぎないと主張する人もいる。しかし、とても厳しい法的罰則やサイバーブリングの可能性を考えると、この種の表現は、若者の予想をはるかに上回る極めて深刻な危険をもたらす。

ポルノグラフィとオンライン犯罪者

ポルノから子供を守ることは社会の最優先課題であり、たいてい骨の折れる戦いである。ポルノサイトはたくさんあり、そこへのリンクは広告やスパムメール、ツイート、SNSの投稿、テキストメッセージ、モバイルアプリに広がっている。多くの若者は親に言っていないが、一、二度はオンラインポルノを見に行ったことがあると、さまざまな研究で示されている。たとえば、英国のチルドレン・ゴーオンラインは九歳から一九歳までの未成年者とその親に調査を行い、それによれば若者たちの五七%は少なくとも一度はオンラインポルノを見たことがあるという。このうち、かなりの人数がしばしばオンラインで嫌がらせを受けている。そこに含まれるのは、一方的な性的誘惑やチャットルームでのコメント、メールやインスタントメッセージ、テキストメッセージである。少なくとも週に一度はインターネットに接続する英国の子供のうち三分の一が、それらの否定的経験をしたと回答した。

しかし親は、こうした出来事の経験を過小評価していた。自分の子供がポルノにふれたことがあると思う親は一六%しかいなかった。子供がオンラインで性的誘惑を受けたことがあると思う親は、わずか七%だった［★59］。

合衆国の若者についても、同様の結果が得られている。一〇歳から一七歳までの未成年層サンプルに行った電話調査では、四二%が過去一年のあいだにネットポルノを目にしたことがあると答えた［★60］。もちろん、そのすべてが一方的というわけではない。この電話調査では、ポルノを目にした若者のほとんどは男子であり、その三分の一あまりが、意図して成人向けウェブサイトに行っていた。

ポルノにさらされることで、若者はどんな影響を受けるのだろうか。ヨーロッパでの研究では、九歳から一六歳までの子供数千人がインタビューを受け、次のような質問がなされた。「インターネットについて、あなたと同年代の人はどんなことで困っていると思いますか」。子供ができるだけ正直に答えられるように、回答は紙に記入してもらい、見られないように封入してもらって回収した。そのため、親もインタビュアーもコメントの書き主を特定できない。三八％はなんらかの危険を認識していて、五人に一人はポルノに言及した。この数字は他のどのカテゴリーよりも大きかった。彼らの記入例を次にかかげよう［★61］。

醜い写真、醜い映像、どれもセックスをほのめかしていて、ドキドキする。

一一歳、少年、スロベニア

私と同じ年頃の子供が、女性の裸の写真を見るのはよくないと思います。私が探してもいないのにポップアップ広告が現れ、勝手に表示されるのです。私がメールをチェックしているウェブサイトでのことです。

一五歳、少女、イタリア

この研究での注目すべき結果は、寄せられた危険の多様性である。サイバーブリングや卑猥な言葉、ウイルス、詐欺、オンライン追跡、ユーチューブ上の暴力的でむごたらしい動画、虐待された動物の写真、と枚挙にいとまがない。明らかに彼らは、オンライン上の危険、自分たちを実際に惑わすものを広くとらえていて、それは多くの大人が考えているものよりもはるかに広い。

良いニュースとしては、フィルタリングソフトのおかげで、子供たちの一方的なポルノ接触が減少していることが挙げられる。また、一方的なオンライン誘惑の件数も表示頻度も減っている。これは若者のインターネット安全調査（ＹＩＳＳ）のデータであり、一〇歳から一七歳までの子供を対象に定期的に実施されているものである。二〇〇〇年の調査では、一方的にセックスについて語るよう誰かに強要されたり、答えたくない性的報告を誰かに求められたり、といった経験をしたという人が一九％にのぼった。この数字は二〇〇五年で一三％に減り、二〇一〇年では九％に減少した。

総じて、子供や青年にこのように接してくる人、つまり孤独な子供たちのたまり場に釣り糸を垂らす「インターネット捕捉者」は、公開チャットルームで出会う見知らぬ人ではない。声をかけてくる人は、その子がじかに知っている人、つまり、同年代の若い友人や知人なのである。たいていの誘惑は、ＳＮＳサイトで起きる。子供の友人ネットワークには、厳密には「友達」ではない人が一人や二人は含まれている。これは親が心にとどめておかなければいけないことである［★62］。

子供の発達とインターネット——良いことを促し、悪いことを避ける

大衆もマスメディアも、インターネット、および子供の発達に及ぼすインターネットの影響をめぐって揺れている。サイバーブリングの悲劇的事件や児童ポルノ組織の逮捕がニュースの話題をさらい、休みなくニュースを送り続けるマスメディアは、あらゆる角度から取材をする。我々は、ひどい被害にあった子供の家族に同情し、子供や青年にとって大きくなるばかりのオンラインの危険に教育者や政策立案者が注意を払うよう要求する。

しかし、我々は子供の発達に及ぼすインターネットの危険性に対して道徳的恐怖状態に陥っているのではないだろうか。人間はよく**利用可能性バイアス**を示す。これは、出来事の起こりやすさを、思い出しやすさで判断する現象である。サイバーブリングによる悲劇的な自殺の記事を読んだあとでは、我々は、その発生頻度や実際の危険の大きさを過大に見積もる傾向がある。

子供がインターネットに接続しているとき、危険がまったくないとは言えない。本章でみた危険以外に、インターネット利用者が直面する危険はさまざまにある。現在、ウイルスやスパム〔大量の一方的メール送信〕、フィッシング〔偽装詐欺〕、トラッキング〔ネット利用の追跡〕はすべてオンラインで経験するものであり、子供は自分自身とコンピュータを守る方法を早く学ぶべきである。インターネットはいまや一九九〇年代当時の「開拓時代の西部地方」的ネットではなく、人使いの荒い商業的利益や高度に洗練されたビジネス戦略にますます支配されている。フェイスブックやツイッターからキャンディークラッシュ・サーガ〔パズルゲーム〕に至る「無料」サービスはどれも、引き換えに利用者自身のプライバシーを求める。

子供は仮想生活のさまざまな側面も愛するようになる。それが「クラブペンギン」でのキャラクターであれ、仮想ペットであれ関係ない。ジンガは、自社の無料ゲームである「ペットヴィル」を終了するという経営判断を下したとき、二週間にわたって終了告知を行った。何年もこのサイトで自分の仮想ペットを世話してきたプレーヤーが激怒し、自分たちの苦しみを吐き出した。ある母親は次のように書いた。

自閉症の息子と私は二年間、「ペットヴィル」で一緒に遊んできました。これは私たちが一緒に遊べるもので、とても幸せでした。私たちが最後のセッションを終えたとき、二人の頬を伝わり落ちた涙を「あなたがた」に見てほしいと思いました。写真も撮りました。お金がすべてなのですね。〔★63〕

それでも、インターネットへの接続機会を子供に与えないことは、それが持つ多くの大きな効用を子供から奪い、発達における効用をも奪う。無制限のアクセスと厳しい制限をかけたアクセスとのあいだで適正なバランスを見つけることは親や教師の役目である。彼らは、フィルタリングソフトやパスワード、その他の技術的制御を含め、多くの手段を手にしているからである。たとえば、学校のコンピュータでユーチューブにアクセスすることを禁止する学校は多いが、研究によれば、ひとたび家に帰れば、ユーチューブは、気晴らしや勉強用のお気に入りサイトの一つである。ユーチューブの親会社であるグーグルは、学校での禁止措置を受け、「学校向けユーチューブ」の運用を始めた。この運用により、学校ではユーチューブ上の教育素材にはアクセスできるものの、それ以外のコンテンツにはアクセスできないようになった。

子供は、危険な場所に侵入させない技術的設定をすり抜ける方法をよく見つけるので、教育や自覚、単純なルールが常に欠かせない。たとえば、就寝時刻の「入眠」ルールを決める親がいる。寝る時間になったら、携帯電話やノートパソコンを寝室から追い出す。

最後に、親は子供がどのようにインターネットを使っているか、どのようなサイトに行き、誰とやりとりしているかを、早くから知っておくべきである。子供の成長とともに、親は危険について教えていけばいい。子供が危険への対処能力を徐々に高め、いずれ親に知らせるべきときがわかるはずと信じることである。それでも危険はなくならない。しかし少しでも減らせれば、インターネットは子供の発達の良い味方であり続ける。

第9章
ネットにおけるジェンダー問題とセクシュアリティ

ジェンダーはサイバースペースのなかで消えることもなければ、性役割《ジェンダーロール》やジェンダー・ステレオタイプにかかわる問題は、オンライン人口の増加とともに、いろいろな点で好ましくない方向に進んでいる。ジェンダー問題は印象形成やSNS、攻撃、援助行動といったインターネット心理学のさまざまな様相にかかわるため、すでに各章でふれてきた。なぜジェンダーが人々のオンライン行動に影響を及ぼすのか、なぜオンライン環境がこの問題を悪化させるのか、それらを理解するために、我々はまず人々が男性や女性に抱いているステレオタイプ、とりわけ、それらが生み出される背景と、現実世界の行動に及ぼす影響を詳しく見ておくべきだろう。

男性と女性――異性ではない

男性と女性を「異」性と見なすことは、性役割に関する我々の考え方を歪めてきたのではないだろうか。実際、両者は相違点よりも類似点のほうがはるかに多い。性差研究の主要な概観研究によれば、性差は見られるものの、その差異の大半は微々たるものであるという［★1］。

いくつかの測度で統計的差異が見出されても、実際には群内変動のほうがはるかに大きい。たとえば、ある研究で空間認識能力テストの平均得点で男性が女性を上回ると、この結果はえてして「研究によると、男性は空間認識能力で女性よりすぐれている」という見出しで報じられる。得点分布を見ると両者はかなり重なっていて、男性をしのぐ女性が大勢いるにもかかわらず、マスメディアはそのことにふれない。人はものごとを単純化することを好む。いろいろな人間行動に潜む複雑性に取り組むよりも、人々にレッテルを貼るほうがはるかに楽だからである。

あなたは大胆、それともやさしい?

たとえば、二人の異なる人物描写を用いた大規模な国際研究を見てみよう[★2]。一人の人物像は「大胆、荒々しい、支配的、力強い、自主性がある、たくましい」で、もう一人は「やさしい、依存的、夢見がち、感情的、従順、弱々しい」である。どの国でも、調査対象者は同じ結論に至り、「一人目の人物は男性で、二人目は女性です」と答えた。それぞれのジェンダーの根底にある現実ははるかに交錯しているにもかかわらず、我々は二つのジェンダーを対照的にとらえがちである。

異なる人口集団間の行動的差異を扱う研究はよく論争の種になる。研究結果が単純化されて誤って報告され解釈され、濫用される可能性があるからだ。集団間差異はきわめて移ろいやすく、ある研究で見られた差異が、その次の研究ではもう見られない可能性もある。そのうえ、学力テスト得点や性格測度、脳機能などの差異に関する新たなニュースは誇張して伝えられ、特に詳しい内容は小さな字で書かれ、ステレオタイプや差別を助長させる材料となる。政治問題や過度の単純化は別として、研究者はさまざまな行動に男女差を見出してきた。こうした差異のなかには、その後の研究では再現されず無視してよいものもある。重なる部分は常にあるものの、広範で安定した差異もある。

性差のなかにはステレオタイプに合致する差異もあれば、ほとんど合致しない差異もある。たとえば性格テストで、男性なかでも若者は、平均して攻撃性や競争心、支配性、課題志向で高得点を示す。女性は、人と人とのつながりや関係性への志向、共感性、他者の情動や感情に対する感受性でより高得点を示す［★3］。多くの研究によれば、ある感情を表現している人物の写真を見せると、平均して女性はその情動を正しく解釈できる。しかし、こうした場合でも微妙な違いが見られる。たとえば、怒りは男女ともに認識しやすい感情であるが、男性の怒り顔のほうが認識されやすい。

ジェンダーとソーシャルネットワーク

女性は、SNSで人と人のつながりや関係性への志向を前面に出し、利用状況が男性と若干異なる。世界中の千人あまりのフェイスブック利用者を対象にした研究では、女性は男性よりフェイスブックの利用時間が長く、友達が多く、家族や友人との関係構築によく利用していた［★4］。年齢の若い女性ほど、積極的に利用し、他人の交際ステータスのチェックに余念がない。

関係性志向は、友情やつながりを強める点で多くの利益をもたらすが、SNS利用者に不利益をもたらすこともある。ネットワーク上ではいろいろなことが起き、自分たちが見たくないものや誤解しそうなものを目にする。私は第5章で、フェイスブック利用が嫉妬を掻き立てる可能性にふれた。人は自分が見たものを解釈するための信頼できる文脈を持っていないからだった。ある女性は、自分のボーイフレンドの友達に女性の新しい友人が加わったことに気付くかもしれないし、その二人の関係に注意が向かって不安と嫉妬が増すかもしれない。

恋愛中の学部生を対象にした調査で、以下のような行動評定で彼らの嫉妬感情が尋ねられた。「いまの交際相手が、フェイスブックで以前の相手と再び連絡を取りあうのではないか心配である」「交際相手の私的メッセージに疑心暗鬼になる」「交際相手のウォールに届くメッセージにやきもきする」［★5］。そのあとで、彼らは再び同じ質問に回答するよう求められたが、今度は自分自身についてではなく交際相手がどのように答えると思うかを尋ねられた。

最初の調査で、女性では想像であれ現実であれ、フェイスブックでの出来事が嫉妬の引き金になっていた。「伴侶監視」が特に顕著で、女性は時間を割いて、交際相手のフェイスブック活動を監視し、それによって不安を募らせる。二回目の回答を見ると、女性は自分より相手のほうが嫉妬深いと見ているが、男性は女性のほうがより嫉妬深いと見ていた。

では、人が実際にオンラインで話したり書いたりする言葉、それとジェンダーとの関連を見てみよう。

ジェンダーと言語

僕はときどきガールフレンドが送ってくるテキストに手を焼いている。彼女ときたら風変わりな略語を使うから、ついていけないよ。一日に一つは新しい言葉が生まれる感じだね。

――男性、大学二年生［★6］

男性と女性では使う言葉が違うのだろうか。言語使用とジェンダーとの関係は、オンライン上で見られる違いを理解するうえでとても重要であり、この大学二年生が話しているテキストメッセージの例にとどまらない［★7］。

人はいろいろな理由で言葉を使い分け、誰もが社会的文脈やオーディエンスに応じて、そのつど自分の言語表現を変える。私は友人には「明日、お昼を食べに行かない？」と声をかけ、同僚の教授には「明日、お昼をご一緒しながら打ち合わせをしたいのですが、ご都合はいかがですか？」と尋ねる。そこには仕事の話をしたいという意味合いが込められている。娘には「中華料理でも食べに行こうか」と言えば良い。このように文脈は重要な役割を果たし、たとえば文化や仕事場面のような他の多くの因子がその役割を果たす。だが性差も同様の役割を果たし、けっして無視できない。

対面場面のジェンダー言語

いくつかの文脈で、一般に男性は女性より長く話し、女性は男性より、「あのねえ」のようなつなぎ言葉を多く用いる。また女性は、「とても」や「ひどく」「すごく」「本当に」のような強意語もよく使う傾向にある。断定を避ける言い回しや修飾語句は意見を和らげ、女性の発話でよく見られる。「私には〜に見えます」や「おそらくそれは〜」という句は、「〜は事実である」や「明らかに〜」と比べると控えめで、断定性が弱まる。アーネスト・ヘミングウェイの小説を扱った研究によれば、女性の対話を書く際、確かに彼はこのような性向を採用しているという［★8］。

会話で女性は男性より多く質問を投げかけ、相手に同意を示す傾向も多い。女性は発話のなかで弁明表現もよく使い、意見を言ってから理由を述べる傾向がある。「我々はこのやり方ですべきです」と「我々はこのやり方ですべきです。それが最も理にかなっていると思うからです」を比較してみよう。この違いがもたらす印象は、全体として女性は自信なさそうにためらいがちな言い方をする場合もあれば、課題志向的な言い方ではなく社会環境の関係的様相を強調するような言い方をする場合もあることだ［★9］。

場合に応じて、男女で異なる軟化表現《ソフナー》が言語自体の文法構造に組み込まれる。たとえば日本語には女性しか用いない表現形式がある。文の最後に付く「わ」という終助詞は軟化表現の役割をする形式である。

同性ペアないし異性ペアの対面会話を扱った研究によれば、発話パターンのわずかな差異に加え、相手の特徴に応じて会話が進められることが示された［★10］。各会話ペアは大学の財政危機に関する緊急問題について五分間話しあい、研究者はその会話の文字記録を分析した。

会話相手のジェンダーに関係なく、女性は男性より弁明表現や強意語を多く用い、相手への賛同を表明した。男性は「あー」や「えー」「うーん」のような音声休止をよく用いる傾向にあった。ペア構成が同性か異性かで、中断と会話重複で興味深い差が見られた。中断とは、話し手の発話を遮って聞き手が話し始める同時発話をさし、異性ペアでよく見られた。同じことは、相手の発話が終わるか終わらないうちに話し始める状況、つまり会話重複にもあてはまる。おそらく異性ペアは議論にいっそうのめりこんで、お互い話したくなるのだろう。

ジェンダー言語と権力

言語使用に見られる違いはジェンダーよりも権力と深く関連していて、権力を手にした女性は「男性のような」発話パターンを身につけるのかもしれない。ある研究で研究者は、一方が他方に車を売ろうとする複数のシナリオで役割演技実験を行い、ペア内の力関係を操作した［★11］。各シナリオは、売り手はすでにディーラーからオファーが得られているという設定になっていた。したがって、ディーラーという予備の買取先を確保しているため、個人の買い手の値引き要求を断ることができる。しかし、ディーラーのオファー買取額が高いシナリオもあれば、買取額が安いシナリオもある。ディーラーの買取額が高ければ、売り手は、個人の買い手との交渉で有利な立場にあり、原則として利益をあげるために妥協する必要がない。ディーラーの買取額が低い場合、個人の買い手との交渉において売り手の権力は低下する。

会話分析は、直接的ないし暗示的な脅しの使用に絞られた。脅しは、明らかに権力志向の言語戦略である。権力をほとんど持たない人は、はったりを利かせるのが得意でない限り、まず脅し手法を使わない。このような商取引場面では、「もしあなたがオファー金額を上げないのであれば、取引はなかったことにします」という発言に見られるように、脅しは少し顔を出すかもしれない。それほどあからさまではない脅しは「いま現在、他の人から良い金額のオファーがあります」という言い方だろう。ここで明らかな特徴は、人は権力を行使するために脅しを用いることである。

分析の結果、言語戦略を選ぶ際、人はジェンダーより権力を重視するという見方が支持された。性差も権力差も脅しの使用に影響を与えるが、重要視されたのは権力のほうである。権力を持つ女性は男性と同じくらいよく脅しを用い、権力を持たない男性はそれほど脅しを用いない。ただし、より高地位にある人が用いる脅しの種類には性差が見られた。男性は直接的で露骨な脅しを用いる傾向があり、女性は少し曖昧な脅しを用いる傾向があった。

この研究は、ジェンダーにかかわらず、状況、そして異なる場面での人間行動に及ぼす状況の影響を強調している点でとても興味深い。行動環境による影響は我々全員に及ぶのに、男女間に存在する差をあれこれ主張することはもともと問題である。

相互作用スタイル

相互作用スタイルにも性差は見られる。全体として、女性は集団内のまとまりや協力を維持するために果たす言葉の社会情緒的役割を重視する。他方、男性は課題志向的な発話を重視する。たとえば、前でふれたように、女性は男性より賛同を多く示し、かたや男性は課題志向的内容を多く話す。「ええ、それはいい考えです」のように、賛同を表明する単純な発話行為は集団の凝集性を高める働きをする。この発言は、集団場面で女性をいっそう親しみやすく見せる効果がある。女性は自分自身の権威と無関係な行動や、円滑に機能するチームとして集団を維持することにかかわろうとするように見える。男性に見られる強い課題志向は「本腰を入れて仕事しよう」という雰囲気を作り出す。

研究によると、どちらのスタイルも生産的結果をもたらすが、その内容は必ずしも同一ではない。ある研究で、同性集団に、成功しそうな人が備えるべき個人的特徴を特定するという課題が与えられた［★12］。ただし、作業方法について集団で異なる説明がなされた。ある集団はブレインストーミングで課題に取り組み、答えをできるだけ多く出すように指示された。しかし別の集団は、最善の答えを一つに絞り、その答えを正当化する根拠を文章でまとめるよう指示された。この二種類の指示によって、集団成員は別々の方法でやりとりすることとなった。ブレインストーミング条件では、集団として一致した意見を出す必要がないので、ひたすら課題志向に走ってもよかった。しかし、「最善解」を導き出す条件では、課題を達成するために集団としての一体感と協力関係が求められた。

実験では課題志向的発言が会話の大半を占め、それは男性集団で顕著だった。他方、肯定的な社会情緒的発言は、女性集団でわずかに多く見られた。性差は見られたものの僅差であることに留意してほしい。前述したように、男性と女性は異性ではなく、集団作業への取り組み方にはかなりの共通点がある。男女は別々の存在ではないし、火星《マルス》と金星《ビーナス》からやって来た異星人同士でもない。

結果を見ると、意見の一致を要する課題では女性のほうがうまくこなし、たくさんのアイデアを出しあうブレインストーミング条件では男性のほうが良い仕事をした。念を押すと、違いは大きくなかったが、集団作業の内容に応じて、男性と女性の相互作用スタイルが集団の生産性に影響を及ぼすことが示された。

多くの集団作業は、ブレインストーミングよりも時間どおりにプロジェクトを進めることが多く、そのぶん男性だけのチームは現実場面で不利な立場に置かれるかもしれない。英国の大学でビジネスを専攻する学生に行った研究で、この仮説をいくぶん支持する結果が得られた。五年間にわたって千人あまりの学生が、女性のみ、男性のみ、男女混合の小人数チームで作業に取り組んだ。男性チームの作業成績は、他の二種類のチームよりわずかながら低かった［★13］。

同性集団の相互作用スタイルに見られたもう一つの微妙な違いは、会話のテンポとタイミングだった［★14］。

会話記録から明らかになったのは「会話権限」で、男女でその使い方が少し異なっていた。男性はふだん話す機会が多く、発話重複はほとんど見られなかった。男性は各自が自分の番になってから意見を言うか、相手の話を引き取ってから話し始めた。しかし、女性では、発言権の共有が多く見られ、彼女たちは同時に話したり、相手の話を区切ったり、誰かが話している最中に助言を加えたりした。討議中に男性は交替しながら話し、女性はあたかも全員でダンスか即興演奏をしているように見えた。会話スタイルの分析で予期しなかった結果の一つは、男性と女性で発話の重複と中断の解釈が違っていたことである。男性はこれらを力ずくの失礼なやり方と考えるが、女性は、おしゃべりの分かちあいに有効な行為と見なしていた。

オンライン言語――ピンクやブルーで入力している？

男性と女性がサイバースペースに姿をあらわしたとき、書く内容や書き方から、その人のジェンダーを言い当てることができるだろうか。たいていは実名が使われ、写真が掲載されるので、ジェンダーを間違えることはない。ときには、「BadDude」〔下衆野郎〕や「Eliza129」〔イライザ〕のように男性か女性かはっきりわかるようなニックネームを選ぶ人もいる。しかし、こうした明確な手がかりがなくても、投稿内容で男性か女性か区別できるかもしれない。

自動プロファイリング

人々がオンラインで使う言葉の言語学的要素を抽出できるソフトウェア・プログラムがあり、なかには、ジェンダーを含む個人属性を予測するソフトもある。そのソフトは、基本的に機械学習を何度も繰り返し、まず書き手のジェンダーが判明している膨大な数の文書を精査し、男性の投稿と女性の投稿を弁別する特徴を特定する。

これらの特徴には見てわかるものもあればそうでないものもあるが、このソフトは人々の先入見やステレオタイプの影響を受けることなく、男性の語り方と女性の語り方を弁別できた。

書き手のジェンダーが判明している一万九三二〇人のブログをソフトウェアで分析し、その正確さを裏付けた研究がある。文体特徴で分析したところ、七二％の確率で的中した〔★15〕。男性は「the」や「of」のような定冠詞や前置詞を女性より頻繁に用い、女性は人称代名詞をよく用いる。主題内容を追加すると、ソフトウェアによる的中率は七六％に向上した。男性は「システム」「ソフトウェア」「ゲーム」「サイト」のような語をよく使い、女性は「愛」「ボーイフレンド」「ママ」「感じる」「かわいい」といった関係にかかわる言葉をよく使う。このプログラムはブロガーの年齢層でも一定の的中率を示した。有効な手がかりは、青年では「あはは」と「lol」〔laughing out loud の頭字語で、大笑いの意〕、高齢者では「職場」「仕事」「妻」「子供」といった言葉である。

ツイッターのジェンダー言語

たった一四〇字の文章で、ツイートした人のジェンダーを判別できるのだろうか。カーネギーメロン大学のデイヴィッド・バーマンたちは、使用頻度の少ない利用者や匿名の利用者のツイート、有名人宛ての返信のないツイートを除く一万四四六四人の利用者による九百万件あまりのツイートを収集した〔★16〕。彼らのプログラム分析で明らかになったことは、女性は代名詞や「lol」のような頭字語を非常によく使い、男性は「the」のような冠詞を使い、数字や技術をよく話題にすることだった。今回対象となったツイートサンプルでは、女性は顔文字を付け加えたり、「いやーーーっ」とか「わーーーい」のように、文字をたくさん重ねて言葉を伸ばしたり、「vacay」〔本来は vacation〕のような標準的でない綴りをよく使う現象も見られた。男性のツイートでは下品な言葉がよく見られた。

オンラインの相互作用様式

あまり自由気ままにできない業務的な場面ではどんなことが起きるのだろうか。オンライン相互作用に見られる性差のわかりやすい例として、大学職員から学生に届いた架空メールを扱った研究がある。メールには「学生のみなさん。記録によると、あなたは前回の課題が未提出です。……そのため、あなたはその理由を書面で提出しなければなりません」と書かれていた。その際、回答先が「総務責任者 Miss ジェーン・クック」となっている学生たちと、「総務責任者 Mr. マーク・クック」となっている学生たちがいた［★17］。

その結果、返信の仕方に明確な性差が見出された。それは、学生のジェンダーだけではなく、差出人のジェンダーでも異なった。「マーク・クック」からのメールに返信する男子学生は、助言と寛大な処置を懇願する傾向にあった。女子学生は「マーク」に感謝を述べ、心境を書いた。「ジェーン・クック」への返信では、男子学生は別の方略をとり、それまでの勤勉さを訴えた。女子学生は愛想のいい署名を加え、問題解決の助言を求める傾向にあった。意識しているかどうかにかかわりなく、人はオーディエンスのジェンダーを考慮し、オンラインでも異なったスタイルをとる。この研究では偶然、地位の影響力も明らかになった。「マーク・クック博士」「ジェーン・クック博士」と署名されたメールに対して、学生は個人的な事情や身体疾患を訴える人が多かった。

メーリングリストやディスカッショングループのようなオンラインでの集団相互作用でも、同様の傾向が見られる。スーザン・C・ヘリングは、男女双方が参加する二つの専門家メーリングリストへの投稿の構造を分析した。分析では、まず投稿メッセージの構成が調べられ、ついでその内容が調べられた［★18］。分析対象となったメーリングリストの一つは、言語学研究を中心とする研究者向けディスカッション・フォーラムであるリンギスト〔言語研究者〕であり、もう一つは、女性学に関心を持つ人向けの学術メーリングリストのWMSTである。WMSTの登録者は大半が女性で、リンギストは大半が男性である。リンギストのメーリングリストでの話題は、言語学者のあいだで論争中の「認知言語学」に焦点があてられ、WMSTでは脳における性差が話題にのぼっていた。

最初にヘリングはメッセージに共通して現れる五つのセクションを特定した。うち二つは手紙でも見られる慣習で、冒頭の挨拶（たとえば「ジョーへ」）および署名ファイルないし結びの言葉である。第三セクションはメッセージの導入部で、先行投稿の内容にリンクを張るといったさまざまな目的に使われる。第四セクションにあたるメッセージ本体もさまざまなことに使われ、投稿者への意見表明や、情報の要請と提供、感情表出、解決策の提案が含まれる。多くのメッセージで締めの発言も添えられる。これが第五セクションにあたり、基本的に形式的結語ではなく、メッセージの終わりを意識しつつ、他の人の意見を聞きたいと書き、長文を詫び、おそらく嫌味な発言も含む、気軽な終わり方になっている。

表面的には、メッセージ構造はどちらのメーリングリストもよく似ている。たとえば、挨拶はほとんど見られず、どちらも、多くの投稿者が冒頭で他の人の投稿にリンクを張る。しかし、その内容は多様である。女性は情報交換に関心が強く、質問をたくさんするが、男性は自分の意見表明が多く見られた。

ヘリングの研究結果に見られたもう一つの性差は、女性が関係志向的なやり方でオンラインディスカッションに参加するという知見である。WMSTで、女性は他の人の投稿にリンクを張ることで始め、それに結びつけて書き、なんらかの形でそれを展開しようとする。男性中心のリンギストでは、こうしたことはあまり見られない。その代わり、投稿者は他の人の投稿にリンクを張るが、それは賛同するからではなく、反論するためである。「J・Kの発言を読んで、驚いた。その裏付けとなるデータがまったくないからだ」。こうしたあからさまな反論は、このような専門家フォーラムでは礼儀にかなっているが、他の人をやり込めることになりかねない。

多数派に合わせる

ヘリングの研究では他の成果も得られている。リンギストにいる女性はWMSTにいる女性と比べ、対立的コメントを多く投稿していたことである。女性の言語学者は女性学講座を担当する女性より短気で議論好きという解釈が成り立つかもしれない。しかし、別のもっともらしい解釈は、女性はリンギスト内の少数派ジェンダーであり、多数派である男性のスタイルに合わせて投稿をしている可能性である。ＷＭＳＴ内の少数派ジェンダーである男性も女性たちのスタイルに合わせている。たとえば、ある男性は、ある種の性差について生物学的根拠は考慮されるべきであると投稿したが、「私が思うに」とか「おそらく」といった間接的でぼかした表現を使っていた。このようなやわらかい表現は男性より女性の発話で一般的だったことを思い出してほしい。

私が前にふれたツイッター研究では、人々は所属するネットワークの構成員を基準に、言語パターンを合わせているように見えた。分析ソフトによって女性の投稿であると判別された投稿主の女性は、女性比率のとても高いネットワークに参加していた。それにひきかえ、「女性」標識の希薄なツイートをする女性は、フォロワーの男女比が半々に近かった。同様の傾向は男性でも見られた。男性のネットワークは平均して六七％を男性が占めるが、「男性」標識の濃厚な言葉を使う男性では、男性比率が七八％に上昇した。妥当な解釈は、我々は自分が所属するネットワークの規範にもとづいて、使う言葉を選び、その際、ネットワーク参加者の構成比が少なからず影響することである。

ジェンダーの手がかり、ジェンダー歪曲、チューリングゲーム

オンライン上で使われる言葉に何らかの男女差が見られるという事実は、ジェンダーが不明でも推測可能であることを示唆する。「ジェンダー固有言語」の知識で、自分たちがやりとりしている人物のジェンダーを推測できるのだろうか。

ニュージーランドの大学生が数日おきにネットに接続して、「ネット仲間」に返信した［★19］。予想どおり、他の研究と同様、学生たちの言語使用にわずかながら性差が見られた。たとえば、男性は語数が多めで、女性は感

情表現が多めで、やや激しい副詞を使った。追跡研究では、先の研究で大学生男女が書いたメッセージのうち一六通が、別の学生集団に提示され、彼らは各メッセージの書き手のジェンダーを推測するように求められた。特に書き手が女性だったとき、学生は偶然確率よりも正しく答えた。

しかし、他の研究を見ると、事態ははっきりしない。ひどい場合には、オンラインで別の性になりすまし、何人もの交流相手を何ヶ月も騙し続けていた例がある。この場合、なりすましの程度が誤った推測をさせるよう意図的に仕向けられていた（第6章のアレックスと「ジョアン」の事例を参照されたい）。

それでもなお、人々が**ジェンダー歪曲**を図るとき、ステレオタイプと一致するように過剰に振る舞うため、その疑いが生じる。たとえばチャットルームやMMORPGでいかにもセクシーに振る舞う「女性」キャラクターは、一般に女性のふりをした男性とされる。ジェンダーを誇張した表現に関する実験的研究でも同様の傾向が見られる。メールコミュニケーションの研究で、実験参加者は自分の性が別の性であることを「ネット仲間」の相手に納得させようと試みた。実験の結果、ステレオタイプをもとに、それぞれのジェンダーに一番関心を持たれそうな議論の話題を選ぶことに躍起だった。彼らは言語的手がかりをほとんど用いず、なりすましでも成功したようには見えなかった。ネット仲間の友人は疑いを持ち、送り手は「あまりに男臭くて、男性のはずがない」とか、「本当に男性［あるいは女性］なら、そんな言い方はしない」と主張した［★20］。

チューリングゲームを用いた実験では、ジェンダー歪曲を見分けるのが難しい場面もあるという結果が得られた。ジョシュア・バーマンとエイミー・ブラックマンの開発したオンラインゲームはアラン・チューリングの模倣ゲーム、いわゆるチューリングテストをなぞっている。これは、観察者が本物の人間とコンピュータの両方に文章で質問して、その回答からどちらが回答主かを当てるものである。チューリングゲームは「人間らしさ」ではなく、どうすればアイデンティティを特定できるか、つまり、オンライン環境にあってアイデンティティはどのように明らかになるのか、自分の真のアイデンティティではないものをどうしたら本物であるように見せかけられるのかを教えてくれる。

実際のゲームでは、出場者である一群の男女が、オーディエンスである判定者に対して、自分たちはみな男性か女性なのだが、どちらかの集団であることを納得させる。判定者の面々は文章で質問し、返ってきた文章を分析して、その人たちのジェンダーを特定する［★21］。たとえば、四八歳の女性であるフランは男性のふりをして、「私は身長六フィート三インチ〔約一・九メートル〕で、体重二二〇ポンド〔約一〇〇キログラム〕です」と書き始める。同様に、三四歳の男性であるロジャーは「こんにちは、セミノールズ〔フットボールチーム〕、頑張れ！」で書き始める。

この数ヶ月に及ぶオンラインゲームのログは公開され、性別コンテンツや言語様式、真のジェンダー、その他の変数がコード化されている。出場者はジェンダーを偽る際、ステレオタイプに合致するように自分をわかりやすく表現した。男性を装っているときはスポーツ関連の内容で返し、女性を装っているときはショッピングや人間関係に関する内容で返した。また出場者は言い回しに真のジェンダーを反映させたが、判定者はもっぱら手がかりを文章の内容に頼り、言い回しに注意を払わなかった。その結果、彼らは言語上の手がかりを見逃し、出場者の真のジェンダーをほとんど言い当てられなかった［★22］。私たちは男女の話し方、あるいは少なくとも話す内容についてステレオタイプを持っているが、コミュニケーション様式の微妙な性差に気付かないままなのかもしれない。

インターネットとLGBT問題

インターネットはレズビアン女性やゲイ男性、両性具有者、性転換者にとってとても有益な場となっている。それは、同性愛者や無性者、またセクシュアリティが流動的で特定のラベルを貼られたくない人たちを含む他の非異性愛者にとっても同様に有益な場となっている。地理的境界を越えて、人に会い、社会的支援を受け、情報収集を可能にするインターネットの力は、とりわけ役に立つ。

オンライン・ソーシャルネットワーク

なかでもLGBTの若者にとって、オンライン上の資源と社会的支援は不可欠である。彼らはアイデンティティを探し求める只中にいて、地元の学校外の情報やつながりはとても価値あるものをもたらしてくれる。同性関係が受け入れられ、LGBTアイデンティティがメディアで広く知られている社会でさえも、大人への移行に際してインターネットは大きな役割を果たす。

リーディング大学のギャリー・ダウニングは、英国在住の一六歳から二五歳までのLGBTの若者にインタビューを行い、彼らがアイデンティティを求めて積極的に人生を築いているようすや、インターネットの果たしている役割を明らかにした［★23］。専用のSNSサイトは、LGBTコミュニティの多くの人にとって重宝されている。そこは若者にとって、面と向かっては聞きにくい質問をし、自分と関心を分かちあう人から答えを得られる安全な場所だからである。性教育の授業でも、性多様性に関する話題はめったに取り上げられない。一八歳のハンナは不満をこう語る。「私は、何時間もかけてセックスについて教えられてきました。（そして、私はそうすべきだと思うのですが）誰かがゲイである可能性を考えることさえありませんでした。ほとんどがまったく無駄な授業でした」。

あるSNSサイトについて、二三歳のフィリップは語った。

正直にカムアウトすることは、私の最も重要な部分の一つです。自分のセクシュアリティについて何か知りたくなったら、インターネット検索をします。……そうやって調べないと、いつまでも気になるのです。

……大きな疑問符がいつまでも離れません。「若いからこそ」考え、……「男性のように振る舞うからこそ」考えるのです。

ＬＧＢＴコミュニティ向けに設計されたＳＮＳは固有の規範と実践、評判において多様である。ライフスタイルや安全な行為に関する情報を分かちあい、政治活動に向けて組織化を図る人々を主な対象とするサイトもある。他方、出会いやデートのためのサイトも多く、他のデートサイトに関する多種多様な評価と同様にさまざまなレビューや評判も掲載されている。

いくつかのサイトは医療関係者によって組織、運営されている。そこには、彼らはヒト免疫不全ウイルス（ＨＩＶ）にかかりやすく、その危険を教育や情報で減らしたいとの思惑もある［★24］。医療関係者が進行役を務めるオンライン・フォーカスグループでは、一四歳から一八歳の男性が一日二回ログインして質問に対する回答を進行役の人に返信し、相互の議論に加わる［★25］。こうした経験は、なかでもまだ性経験のない参加者に好評だった。ある参加者は「これはとてもすばらしい経験で、思っていた以上に多くのことを学びました」と語った。他方、性経験のある参加者は、それほど感情を吐露しなかったが、新しいスレッドを立ち上げ、そこでは健康問題以外に、音楽や友人、家族、学校といった個人的関心も語れるようにしてほしいとこぞって要望した。確かに、参加者たちはオンライングループを情報源として利用するだけではなく、人生経験を分かちあう場として喜んで受け入れた。

オンライン遂行戦略

インターネット上で、人々はペルソナを練り上げ、キーボードから入力する言葉や写真、動画、ニックネーム、さらに第2章でふれたその他のオンライン上の行動痕も用いて印象を作る。ＬＧＢＴの人たちへのインタビューによると、彼らはただ一つの人格ではなく、複数の人格を作るためにさまざまな方法でＳＮＳを使う。これは利用と満足理論から解釈できよう。その人のプロフィールがない場合、ゲイ・コムのようなサイトへの参加は、かなり確実な性的指向に関する信号となる。フェイスブックへの参加には、そうした働きはない。多くのゲイ男性は、少なくとも家族や友人、同僚には知られているので、フェイスブック上のプロフィールには、たとえば「男性に興味がある」とリストにかかげたり、パートナーの名前や写真を加えたりすることで、自分のステータスを強調する。

フェアフィールド大学のデイヴィッド・グデルナスがインタビュー研究で明らかにしたように、フェイスブックを違ったやり方で使わなければならない人がいる。ある三五歳の男性はオーディエンスの管理の仕方について、次のように説明した。

> 私は男性に興味があると書くようにしています。なぜなら、フェイスブックは私が付き合いたくなるような男性に出会える良い場であると思うからです。しかし、私の家族やいとこ、彼女にはバレていないので、実際知られたくありません。だから、フェイスブックを通じてとにかく知られたくないと思っているので、断じて友達にはしません。彼らの申請を無視するのは申し訳ないと思うのですが、人はしたくないことはしないものです。［★26］

この研究でインタビューを受けた別の男性は、フェイスブック上の自分の名前の綴りを変えた。そのため、知りたがり屋の親戚でも彼を見つけられないだろう。このように、オーディエンスを分割するために境界線を設けることは、文脈崩壊の可能性を回避するための常套手段である。

この研究でインタビューを受けたほとんどすべての人が、別のサイトで別のプロフィールを作っていた。なかには一二もの最新プロフィールを持つ人もいた。このように、多重アイデンティティ方略は、さまざまなオーディエンスに対して自己呈示を管理する一般的方法である。いきなり頭を剃った男性は、誰かに意図的偽装であると思われる前に、自分のプロフィール写真をすべて大急ぎで変えなければならないことに気付かされる。

ＬＧＢＴの人たちはインターネット資源からとても多くの利益を得るが、危機や危険を免れるものではない。次節で考察するように、セクシャルハラスメントはその鍵となる例である。

オンライン・セクシャルハラスメント

サイバーブリングの場合と同じように、多くのインターネット環境の性質がセクシャルハラスメントを助長しかねない。その性質とは、匿名知覚や物理的距離、合法・非合法は別にして仕返しから逃れられる相対的安全性である。こうした推進要因の役割を知るため、セクシャルハラスメントのタイプから見ていこう［★27］。

セクシャルハラスメントのタイプ

ジェンダーハラスメントは、ジェンダーや性的指向を理由にその人の体面を傷つける侮辱的コメントで起きる。職場で女性に見下した発言をしたり、車の窓にポルノ写真を貼りつけたりすることは、このカテゴリーに含まれる。**一方的な性的接近**は二つ目のハラスメントであり、誰かに対する性的欲望を示す、一方的で不快な行動が含まれる。**性行為の強制**が第三のタイプである。これは、加害者が相手に脅迫か報酬で圧力をかけ、性行為を要求することをさす。

ジェンダーハラスメントと一方的な性的接近はオンライン世界で最も広く見られるタイプである。たとえば、オンラインの雑誌や新聞の記事のあとに続くコメント欄には、節度や自制が微塵も感じられない、ジェンダーハラスメント的な性差別発言がいつも決まって書かれる。コメント行動に関する実際のデータを集めるため、研究者は『ニューヨークタイムズ』『ディスカバーマガジン』『IFLサイエンス』三紙誌のオンライン記事に対する読者コメント八三一件を分析した［★28］。これらの記事は学術研究に関する報告であり、そのなかに、自然科学系の教授たちは履歴書で両者とも申し分ないとき、女性応募者よりも男性応募者を主席研究員の地位にふさわしいと高く評価したことが書かれていた［★29］。

これら特定のオンライン雑誌は、インターネットの奥まった場所にはないので、評者は一定の礼儀をわきまえたコメントをすると期待するかもしれない。多くの人はそのようにしたものの、コメントにはきわめて悪質な性差別的意見がかなりたくさんある。一例を挙げよう。「なぜジェンダーバイアスが存在するのか。それは台所で行える実験があまりにも少ないからだ」。このようなコメントを職場で行ったら、その人は苦境に立たされるはずだ。職場では雇用法が適用されるからである。

オンライン環境はジェンダーハラスメントをいっそう長引かせるのだろうか。もちろん、投稿者のこうしたコメントは現実の意見を反映しているが、職場や学校では公にできないこともある。しかし、他の章で私がふれたように、オンライン環境の脱抑制効果は、隠れた性差別を助長し、問題行動を増大させる。

一方的な性的接近も多くのインターネット空間でよく見られる。たとえばチャットルームでは、男性にも女性にも、性的で卑猥な言葉で書かれた、あるいはポルノ写真付きの私的メッセージが届いたりする。このような性的接近はゲーム内、とりわけMMORPGでもよく見られる。プレーヤーは大半が男性で、女性アバターでプレーする女性は、色目を使われ、下品な冷やかしを受けるかもしれない。そうした接近を避けるために、男性アバターをわざと選ぶ女性もいる。皮肉にも、男性は別の理由で女性アバターを選ぶ。そのほうが助けてもらいやすかったり、違う性を経験できたりするからである。MMORPGで女性アバターを選んだ男性は「一方的な口説き文句にじっと耐えることがこんなに辛いとは思いもしなかった」と述べた［★30］。

セクシャルハラスメントは、ストレス亢進や抑うつ、無力感、作業能力の低下、キャリアの中断、と広範で深刻な影響を被害者にもたらす。ある研究によると、ハラスメントが就職面接を不利にすることは珍しくない［★31］。五〇人の女性が研究助手として就職面接に応じた。半数は実験群に割り当てられ、男性面接者から巧妙なセクシャルハラスメントを受けた。面接者は「あなたはボーイフレンドがいますか？」「あなたは人から魅力的と思われていますか？」といった質問を行った。残り半数の対照群の女性への質問にはセクシャルハラスメントは含まれていなかった。質問の一例は「あなたは人々が神の存在を信じることは重要だと思いますか？」である。

巧妙なハラスメント質問を受けた女性たちは、面接でうまく対応できず、声が詰まり、いい答えを返せなかった。一見なんでもなさそうなハラスメントは悪影響を及ぼし、それが就職面接のような文脈でなされると、キャリアそのものに被害をもたらす。

オンライン上で発生するセクシャルハラスメントの標的は大半が女性であるが、男性も例外ではない。男性は同性、つまり他の男性から嫌がらせを受ける人が多く見られる。嫌がらせの特徴とタイプは、男性では多少異なる。ピュー研究所が成人を対象に行った調査によると、女性では三七％だったのに対し、男性の四四％がなんらかのオンライン・ハラスメントを受けたと答えた。しかし、男性が受けたハラスメントの内容はいやな名前で呼ばれるといった、つきまといやセクシャルハラスメントに比べると深刻そうには見えない［★32］。

男性間でよく見られるハラスメントに共通する特徴は、恥をかかせること、男性のステレオタイプに沿った振る舞いをしなかったことへの嘲笑である。ステレオタイプからはみ出た女性がセクシャルハラスメントの標的になるように、あまりにも「女の子」っぽく振る舞う男性も嫌がらせを受ける。

この種のハラスメントに対する男性の反応を知るため、男性に参加を呼びかけ「学業成績における筋力トレーニング効果」を調べる研究が行われた［★33］。研究では最初に握力テストが行われ、この結果が基準値となった。男性参加者の半数はランダムに「ハラスメント」条件に割り当てられ、握力は女性の結果に近く、「おかしい」

と偽りの成績を告げられた。女性の実験者は、少しバカにするような口調で、実際の結果と関係なく、「あなたは「女性なみ」の力である」と嘘をついた。対照群の男性は自分たちの握力についてなんらフィードバックを受けなかった。

握力テストのあと、全員が五分間でできるだけ多くアナグラムを解くという認知能力テストを受けた。つづいてストループテストが実施された。このテストは注意能力を測るもので、参加者はカードに印刷された言葉の色名を答える。ただし、いくつかの言葉は色名と印刷色が違う。たとえば、カードには「緑」と書かれているのに、それが赤で印刷されている[★34]。最後に全員がもう一度、握力テストを受けた。最初の成績とくらべるためである。

ハラスメントは男性参加者を心理的に消耗させ、自分の握力テストの成績が女性と同程度であると思わされた男性は、対照群よりアナグラムの成績が悪く、ストループテストの成績も良くなかった。ところが二回目の握力テストで、彼らは対照群より「高い」成績を収めた。これは自分たちに証明したいことがあって、あらん限りの力が課題に投入されたことをうかがわせる。

セクシャルハラスメントは女性に良くない影響を与えることが知られているけれども、この結果は男性もそれから逃れられないことを物語る。

ミスター・バングル事件

性行為の強制は、オンラインでは不可能のように思えるが、初期のある事件は仮想生活とオンライン・セクシャルハラスメントに一石を投じた過激な例である。ミスター・バングル事件は、MMORPGの原型の一つであるラムダMOOで起こった。ラムダMOOのプレーヤーは同期チャットでコミュニケーションを行う[★35]。

これは、ミスター・バングル〔不器用の意〕という名前のキャラクターに関する事件であり、彼の犯罪はサイバーレイプだった。ミスター・バングルは男性の姿をした道化師のようなキャラクターで、その描写には女性に対する猥褻で忌まわしい悪口が並んでいた。ある晩、彼は数名のプレーヤーと一緒にMUDの混雑したリビングルームにいた。午後一〇時ごろ、ミスター・バングルは呪いの人形と呼ばれるプログラムを仕掛け、彼の被害者の一人であるレグバ〔中性のアバター〕が人前であたかも彼と性行為をしているかのように見せかけた。リビングルームに居合わせたプレーヤーの画面には、レグバの行為を記述した文章が表示される。呪いの人形によって、まるでレグバが自発的に行為をしているかのように見える。ミスター・バングルは退室したあとも、ラムダマンションの別の場所で暴行を続けた。プログラムのトリックで、スターシンガー〔人気歌手の意〕という別のプレーヤーが、まだその部屋にいる他の人と性行為をしているかのように見せかけた。やがて、あるプレーヤーが他のプログラムでミスター・バングルを沈黙させた。彼を檻に入れ、呪いの人形を使えなくする特別な力を持った仮想拳銃を使ったのである。

レグバやスターシンガーというキャラクターで参加していた生の人間は自分が犯されたように感じ、激怒し、動転した。その翌日、現実生活で博士論文に取り組む女子大学院生のレグバは、ミスター・バングルを公然と非難し、「トーディング」〔ヒキガエル化〕刑を要求した。これはキャラクターの死刑宣告に等しい。

ほとんどのプレーヤーは激しく怒り、同情的だった。そして、オンライン上に一つの大きなグループができ、とるべき行動を話しあった。この議論は、仮想性や発言の自由、性暴力、適正手続きといった関連するさまざまな話題に及んだ。グループは全員一致でミスター・バングルを糾弾したが、発言の自由や適正手続きの影響を考慮した何人かがトーディングの承認に消極的だった。参加者たちは徐々にまとまりを欠くようになり、ゲームから離れ、それぞれ現実世界に戻ってしまった。意見の一致は得られず、行動計画も承認されなかった。しかし、ウィザード〔魔法使い〕の一人が自分の手で事件の始末を付けようと決断し、その日の深夜、ミスター・バングルをデータベースから永久削除した。

この事件を最初に取り上げたジャーナリストのジュリアン・ディベルは「以前、私はサイバーレイプをまじめに考えることは難しいと考えていたが、いまでは、どうして真剣に考えられなかったのかを思い出すほうが難しい」と書いた。言葉には言葉以上の力がある。

インターネットにおけるセクシュアリティ

「セックス」はネットで最もよく入力される検索語の一つであり、性を扱うインターネット空間はネット初期から賑わっていた。セクシュアリティのオンライン上での展開は、インターネットに関する善や悪、卑劣さとともに、それらの多くの場所にいる人の行動をわかりやすく見せてくれる。

情報資源としてのインターネット

人が検索語として「セックス」を指定するとき、その動機はきわめて多様である。多くの人は対面場面では入手し難い情報をオンラインで探す。ある人はそれを特定の質問をすることで恥ずかしい思いをするかもしれないし、質問そのものがデリケートすぎて多くの個人情報が暴露されるのではと恐れるからである。ある調査で、回答者がよく言及した動機は、知識欲求や好奇心、単なる気恥ずかしさだった。つまり、ある性的話題についてはあえてオフラインでは語られない［★36］。

成人期への移行における安定したアイデンティティの形成過程でオンライン情報は特に重要な働きをする。多くの青年は性的健康に関する情報、つまり高校の性教育の授業でふれられたり、ふれられなかったりする話題を探す。ある女性は、オンラインで広範に調べたことがきっかけで、若くしてその分野の専門家になった経緯を、次のように説明した。

セックスについて学んだり、関心があって気になることが頭に浮かんだりすると、ネットでわかりそうなことはすぐ検索するようにしていました。セックスや性感染症、妊娠、それと避妊や子宮外妊娠がもとで起きる良くないことがらです。セックスが原因で起こりそうなことであればなんでも知りたかったのです。そのうち私は情報の泉になりました。友人たちが私のところにやってきてこう聞くのです。「私、妊娠したのかなあ？」［★37］

セクシュアリティに関する情報源としてのインターネットがかかえる一つの主要な欠点は、たくさんあるネット資源の質の疑わしさである。若者が情報を得るために訪れる一七七のウェブサイトを分析したところ、掲載情報の質と正確さにかなりの差が見られた［★38］。避妊法の話題を扱うウェブサイトのほぼ半数で、それぞれなんらかの間違いが見つかった。性感染症やＨＩＶを扱う各ウェブサイトでは二五％あまりでなんらかの誤りが見つかった。間違いの割合が最も高かったのは、サイトの運営組織が非営利の、おそらく大半は医療機関と思われる「.org」で終わるサイトだった。「.edu」「.gov」と違い、「.org」というトップレベルドメインは「.com」のような商業組織と同様に、どんな組織でも使えるからだろう。

これらのウェブサイトは、サイト情報の質を判断するために使われる多くの手がかりも欠いていた。たとえば、情報を提供する個人や組織の名前が表示されていたサイトはわずか二六％で、認証情報を含むものはごくわずかだった。情報の作成日や最終更新日のないサイトが半数ほどあり、多くの情報が期限切れになっている可能性が高い。

ほとんどの人は、性的話題を扱うウェブサイトはもちろんのこと、ウェブサイトの質や正確さを判断することに長けていないので、質の判断手がかりをあえて確認するようなことはしない。もし自分が訪れるサイトを的確に評価できれば、インターネットが性に関する最良の情報源となるのは間違いないだろう。

仮想激情とサイバーセックス

インターネット上の対人関係で一番理解されにくい領域は、おそらくサイバーセックスだろう。それは、二人がインターネットできわどいメッセージを送りあうことで性的興奮状態になることをさす。それに使われるのは、同期チャットルームやインスタントメッセージ、ビデオチャット、三次元仮想世界のなかである。サイバースペースでの性行為にはいろいろな名前が使われ、多くの指標によれば、さまざまな仮想激情はとても人気がある。その一つの理由に、サイバースペースというメディアがいい具合に超個人的コミュニケーションを支え、促すことが挙げられる。

どんな人がサイバーセックスをするのだろうか。かつて「サイバーセックス」という用語は、主に見知らぬ人同士のオンラインセックスを意味し、ネット草創期は確かにそのとおりだった。しかし、インターネット上のほとんどすべての活動と同じように、サイバーセックスも変化し、いまや多数を占めるのは現実生活ですでに配偶関係にある者同士である。サイバーセックス経験を持つ男女に尋ねた結果では、回答者の八二%が少なくとも一回は本来の配偶者と行ったと答えた。それに対し、見知らぬ人とのサイバーセックス経験を持つ人は三七%にとどまり、見知らぬ人としかサイバーセックスはしたことがないと答えた人はもっと少なく、六・五%だった［★39］。

サイバーセックスに熱中する人は女性より男性が多いのではと思われるかもしれないが、少なくとも男性も女性も、とりわけ中年で同じぐらいサイバーセックスをしているとの報告がある。数百人のスウェーデン成人を対象とした調査によると、最も若い集団（一八歳から二四歳）では、女性の三四%、男性の三八%がそれぞれサイバーセックスを経験していた。しかし女性では、年齢とともに経験者の割合は増え、五〇歳を境に減少する。男性は二四歳がピークで、それ以降、経験者の割合は減り続ける〔★40〕。

サイバーセックスは良い結果も悪い結果ももたらしうる。良い面としては、現実生活の出会いにくらべ、はるかに安全で、インターネットはセクシュアリティの探求を促す格好の機会となっている。女性参加者の増加は、危険の低減とあいまって、オンライン世界の脱抑制効果によっていっそう促され、彼女たちの多くがまさにそれを経験しつつある証なのかもしれない。

「セカンドライフ」でサイバーセックスに参加した人を対象とした面接調査では、面接者もアバターとなって、「研究者」役にふさわしい容貌とアクセサリーで現れた〔★41〕。大学院生のデイヴィッド・スミスは博士論文を書くため、仮想世界のなかに小さな島を購入し、トラウト・ファーム〔養鱒場〕と呼ぶ「研究拠点」を作った。この名称はウィリアム・シェイクスピアの『尺には尺を』に由来する。彼はその小島で事務所ではなく、カモメや波止場、デッキチェア、養鱒槽を配置し、くつろげる場にした。

彼が見出したのは、参加者が「セカンドライフ」でのサイバーセックスをきわめて多様に考えていること、そしてそれを現実生活にどう統合しているか（あるいは、いないか）だった。サイバーセックスは基本的にその場限りの楽しみであるという人がいた一方で、気持ちの通った深い結びつきであるという人もいた。ある人は次のように語った。「サイバーセックスは、私にとって性行為そのものです。本気なのです。それはまったく個人的で心も通い、いつも恋愛関係の意味合いが含まれています」。

何人かの被面接者は「セカンドライフ」でのサイバーセックスを、現実生活ではありえない、というより不可能なファンタジーを演じる一つの方法として利用していた。オンライン上で支配ないし服従の関係にある人が次のように答えた。「現実生活では、いつも本当の自分でいられるわけでもなく、専門職を続けられるわけでもありません。そこ［「セカンドライフ」］にいると、私は本当の自分でいられ、私が思う幸せな人になれます」。

「セカンドライフ」は「性労働者アバター」も提供する。彼女たちはサービス内容と料金の書かれたメニューを携えてプレーヤーに近づく。支払いはすべて「セカンドライフ」の仮想通貨であるリンデンドルで行われる。たとえば、二〇代後半の医療従事者であるサリナは仮想世界で性労働者として夜のアルバイトをしている。彼女はオンラインで実験しながら学んだおかげで、現実生活でのセクシュアリティが高まったと強く思っている。彼女は音声チャットでこう話す。「私はここで、とても官能的な声の出し方を学び、現実生活も変わったと感じています。現実生活の性的パートナーとも、そうした言葉や声を気軽に表出できるようになったのです」。

サイバーセックスの参加者は、オンラインでの性行為がなぜ不義と呼ばれるのか、また現実生活の相手がなぜ当然のように嫉妬するのかについて異なる見方をする。しかし、パートナーがサイバーセックスしていることを知った人に尋ねた調査によれば、たとえ交際がコンピュータ画面の外に発展しなくても、サイバーセックスは浮気であるとの合意が広く持たれている[★42]。回答者の三分の二は相手がコンピュータやスマートフォン、その他の機器で行っていた証拠を摑み、八七％の人が、自分たちの関係から、とりわけ信頼が損なわれ、良くない結果がもたらされたと答えた。ある人は「信頼は粉々に砕け散りました」と言った。

第5章で見たように、インターネットは対人魅力に関して絶好の環境となっている。そこで人は、たとえ現実生活で会わなくても、愛しあうようになる。またインターネットは新しいやり方で自分たちの激情を解放する場所でもある。しかしサイバーセックスにも、インターネット上のその他の空間と同じように、落とし穴と危険が存在する。

インターネット・ポルノグラフィ

露骨な性的表現物は、成人向け書店で、九〇〇番電話［有料情報サービス］を通じて、さらに、インターネットで大量に手に入れられる。ポルノはオンラインでどのように発展し、そして、人間行動にどのような影響を与えているのだろうか。

ポルノグラフィの心理学的側面

社会科学者のなかには、露骨な性的表現物の利用は害がなく、文脈によって実用的かつ健全で心を解放すると主張する人がいる。なぜなら、それらは教育や性欲増進、探索手段、気晴らしをもたらすからだと言う。ポルノは性的機能不全の治療プログラムに使われる場合もある。しかし、そこには倫理的・道徳的問題、とりわけ女性の搾取や非人格化という問題が絡むと指摘する人もいる。ポルノの主な利用者は男性で、大きな懸念は、そうした表現物の多くが女性を非人間的に描くことである。

ほとんどの国がさまざまな方法でポルノ利用を制限しているという事実は、世界中の多くの人がポルノにはなんらかの有害な影響があると認識していることの証である。しかしデンマークの経験は、ポルノの合法化は社会に良い結果をもたらす可能性を示唆する。デンマークでは一九六〇年代に関連法規が改正され、ポルノの制作や流通に関するすべての制限が撤廃された。大方の予想に反し、露出症や窃視症、性的児童虐待のような性犯罪は急減した。この事実は、ある種のポルノは無害で、役に立つことさえあるという仮説を支持する。こうした性向の人は、官能的表現物の入手が容易になったことで、現実生活でそうした行動をする必要がなくなったのかもしれない。

ポルノの心理的影響に関する行動研究は一九七〇年代までほとんど見られなかったが、それ以降、研究はいくつかの側面を明らかにしてきた。一貫した予想どおりの発見は、官能的表現物は男性も女性も性的に興奮させるという結果である。露骨な写真を見て、小説を読み、映画を見て、音楽テープを聴くと、人は性的興奮を示すとの報告が多数あり、生理学的測定はこのことを裏付ける。

実験室での実証研究によれば、とりわけ女性をものとして描くポルノで、悪い影響が見られるという。たとえばポルノに長く接するほど、性差別的態度が強まり、レイプ被害者を咎める俗説を積極的に肯定するようになる。これは婚前交渉や婚外交渉に関する態度にもあてはまる［★43］。

別の研究によれば、グラビアページの超セクシーモデルの写真をながめ、合意にもとづく情熱的なセックスを動画で見る男性は、現実生活のパートナーに魅力をあまり感じなくなるという［★44］。おそらく対比効果が生じ、露骨な性的場面の美しいモデルを見ることで、人生満足度が下がり、現実生活の相手に満足しなくなるのだろう。写真や動画は一時的に刺激をもたらすかもしれないが、そうした男性にとって相手との関係を改善する効果は期待できそうもない。

意図しない接触

たとえば、スパムメールや入力ミスで、オンライン上のポルノ表現物に出くわすことは珍しくない。かつて「ホワイトハウス・コム」は、その持ち主が名前の譲渡を決断するまで、とても儲かる成人向けコンテンツを売りにしていた。持ち主は譲渡するにあたって、たくさんの訪問者が偶然にこのサイトを訪れるので、この名前をポルノサイトに使わないよう強く買主に要望した。若者がこのようなポルノ表現物に偶然さらされることは常に深刻な問題である。いい話としては、ポルノ表現物に偶然さらされる割合が、二〇〇五年の三四％から、つい最近になって二三％に低下したという報告がある。フィルタリングソフトが広く使われるようになったことが、低下の大きな要因だろう［★45］。

若者がオンライン上で露骨な表現物に偶然出くわしたときの反応はさまざまである。ある調査によれば、そのことを誰かに話した人は半数に満たない。もしかすると親はインターネットの危険について子供にはっきりと話しているかもしれないが、親に話した人の割合はさらに少ない。大半の子供は、ログアウトするかサイトを離れるといった受動的な対処戦略をとっていた。しかし四分の一の子供は、その不快な出来事で気分が悪くなり、恥ずかしくなり、怖くなったという。幸いなことに子供たちの多くはその出来事を忘れていたが、二割の子供はそのことが気になって仕方がないと答えた［★46］。

うっかりポルノ表現物にさらされることで大人も別の影響を受ける。たとえば、ある研究によると、こうした意図しない接触は、そのとき男性が匿名状態にいると感じると、とりわけハードコア・ポルノに対する興味を高めるという［★47］。ある実験で男子学生たちは、オンライン新聞のキーワード検索に関する研究であると偽りの説明を受け、参加した。彼らは簡単な調査票に記入してから、ポップアップ画面が一見偶然のように一〇秒間だけ表示される画面を見た。彼らの半分は、女性が貶められた短いポルノ動画を目にし、他方、対照群はアメリカの鉄道に関する歴史学者の解説動画を見た。それぞれの群は、さらにウェブカメラや追跡ソフトで彼らの検索行動を記録する非匿名条件と、そうした記録を行わない匿名条件とに振り分けられた。

露骨な性的動画を見たことで男性の性差別的態度は強まり、匿名条件の男性は、それ以外の条件の男性に比べ、ハードコア・ポルノを見ることに強い関心を示した。この種の偶発的接触が持続効果を持つかはわかっていないが、一〇秒間の不意の宣伝動画がポルノや女性全般に対する態度に影響を及ぼすという事実は、たとえ短時間でもうっかりポルノにさらされると重大な問題につながることを示す。

暴力ポルノグラフィの影響

一九七〇年、猥褻とポルノに関する合衆国諮問委員会が、ポルノは有害であるという見解には科学的根拠がないと裁定した当時、市場に出回る官能的表現物の大半は暴力的でも一方的なものでもなかった。しかし、一九七〇年代に入ってから女性に対する攻撃や性暴力を描いた映像や小説が頻繁かつ広く手に入るようになった。おそらく、あらゆるポルノに対する態度がゆるやかになったためだろう。いまやオンラインでは、きわめて暴力的で悪意に満ちたひどいポルノのすさまじい実例を目にする。

心理学的に見ると、暴力ポルノは深刻な影響をもたらすため、危険度はきわめて高い。ウィスコンシン大学のエドワード・ドナースタインが行った一連の有名な実験研究では、男性に見せる映画の種類を変えて女性に対する攻撃が操作された［★48］。このなかのある研究で、彼は男性参加者を、中立的な映画を見る群、扇情的だが暴力的でない映画を見る群、レイプを含む暴力映画を見る群に割り当てた。見たあと、男性たちは、まったく別の実験であるように見せかけた実験に参加した。そこで男性たちは「教師」役を演じ、生徒役の参加者が無意味つづり学習で間違えたら任意の強さで電気ショックを与えるように言われた。実は生徒役の「参加者」は実験協力者で、この研究の本当の目的は、それぞれの映画を見ることで女性に対する行動が影響を受けるかどうかを明らかにすることだった。研究目的は達成された。

中立的な映画を見た男性は最も処罰度が低く、男性であれ女性であれ「参加者」に与えたショックは弱いものだった。扇情的だが暴力的でない映画を見た男性は男の「生徒」にはいくぶん攻撃的に振る舞ったが、女性にはそうではなかった。しかし、暴力的なレイプ場面を見た参加者の反応は違っていた。男性参加者は電気ショックレベルを徐々に高めたが、それは女性に対してだけで、男性に対してはそうしなかった。男性参加者たちはランダムに割り当てられたことを思い出してほしい。露骨な性的暴力刺激を目にすると、男性はそれに影響され、女性への攻撃を強めることが立証された。

世間の攻撃的ポルノの多くは、レイプ神話、つまり女性の「いや」は、言葉どおりの意味ではなく、性行為の強要を楽しんでいるという見方を存続させる。ドナースタインは、攻撃的ポルノ映画の種類によって女性「生徒」に対する振る舞いが異なるかに絞って検討した。彼は、レイプ場面を含む結末の異なる二種類のポルノ映画を作った。一つは最後に女性が微笑む場面で、もう一つは、女性がその経験を屈辱的で頭にくると答える場面で終わる。結末の違いにかかわらず、映画を見た男性は、中立的あるいは非暴力的なポルノを見た男性に比べ、ここでも生徒役の女性に強い電気ショックを与え、男性の生徒役にはそうではなかった。しかしレイプ神話を描いた映画を見せられた参加者は最も強い電気ショックを女性に与えた。

どうやら暴力ポルノ、なかでもレイプ神話を支持する内容のポルノはきわめて有害である。確かに、個々の男性の性格と感受性がポルノ表現物の影響を緩和させるかもしれない［★49］。しかし、これまでの実験的証拠によれば、態度や行動にきわめて悪い影響を及ぼす可能性が高い。

開拓時代におけるジェンダー問題とセクシュアリティ

私たちはオンラインでのセクシュアリティやジェンダーの問題、またそれらの問題が数回キーを打つだけで参加できる世界でどう展開するのかについて、学ぶべきことはたくさんある。私は、インターネットがアメリカの「開拓時代の西部地方」になぞらえられるのを何度も耳にしたし、私自身もその比喩を使う。米国史のこの時期をめぐる伝説や神話は、いかに男性と勇気ある数人の女性が最初にそこへ行き、富と名声を追い求めたかを強調する。そこは、人もまばらで、法はないに等しく、あったとしてもそれを執行する人はほとんどいなかった。少数派だった女性が多く西部に移り住むようになり、彼女たちの存在によって安心して子育てのできる安全な環境、そして秩序と品行がもたらされた。インターネットは男性支配の無法地帯として始まり、それから町や都市、ショッピングモールができた現在も、「開拓時代」を彷彿させる特徴がインターネットには残っている。

多くの比喩と同様に、表面的なことがら以上のことにもこの比喩を適用すると、破綻をきたす。サイバースペースそれ自体はまったく危険なものではなく、書いたりタイプしたりするのが得意で、機器操作に秀でていることはそれ以上の強さを意味する。もはやインターネットは開拓者だけのものではない。通り過ぎるバンの車体にwww.pizzahut.comと書かれているのを目にし、就学前の子供たちが一緒にゲームを楽しんでいるのを見て、私たちは都市文明の波が到達したことを知る。ただし、そうした「開拓時代」のいくつかの要素は、インターネットのある空間で他の空間より生きながらえ、盛んになる可能性さえある。ジェンダー・ステレオタイプや性差別、セクシュアリティの冒険、奔放で過激なポルノグラフィは、その例である。

第10章

オンラインプライバシーと監視の心理学

あなたがスマートフォンにアプリをインストールする前に、ソフトウェア利用許諾契約（ＥＵＬＡ）を最後に読んだのはいつごろだろうか。ＥＵＬＡは何千語もの法律用語で書かれ、そのアプリの利用にあたって、かなりのプライバシーを放棄するよう利用者に求める。そこに極小文字で書かれているのは、あなたの利用パターン、つまり現在地や移動、購入履歴、メッセージの利用習慣などに関するデータを企業が収集できるようにする条項である。

人はオンラインプライバシーについてどう考え、それを守るためにどのような手立てを講じているのだろうか。我々の多くはおそらく諦めているのではないだろうか。そこで、サン・マイクロシステムズの共同設立者で前最高経営責任者だったスコット・マクニーリーの助言を紹介しよう。フェイスブックの違反〔二〇一一年〕や、エドワード・スノーデンによる暴露〔二〇一三年〕、人事管理局の個人記録流出〔二〇一五年〕よりはるか以前の一九九九年、マクニーリーは「あなたにプライバシーはいっさいありません。あきらめなさい」と発言した〔★1〕。

頭ではサイバースペースでのプライバシーはいわば絶滅危惧種であると思っても、それに対応した行動はほとんどとられていない。人は、職場ではけっしてしないような方法で、オンライン上で自分の上司をどなりつける。人はテキストメッセージに恥ずかしい写真を添付しても、同じ写真をＡ４サイズの封筒に同封して投函することはまずしないだろう。私たちはプライバシーを重んじると口にしても、小さな文字を読まないまま「インストール」をクリックする。

本章では、オンラインプライバシーと監視が進んでいる経緯、そうした変化に対する人々の対応、プライバシーの包括的侵害による心理学的影響に焦点を当てる。まずは、プライバシーという用語の実際の意味と、プライバシー理解の変化から見ていこう。

「プライバシー」の歴史と意義

「プライバシー」概念について多くのことが書かれるようになったのは比較的新しいが、人類学者によれば、あることがらを秘匿しようとする衝動は何百万年も前にさかのぼるという。狩猟・採集集団にあって人は、あるときは付き合いを避けたいと思い、ある行動を他のメンバーから隠したいと思ったことだろう。しかし人類が定住し、より大規模な農業共同体ができあがると、人々はもはやメンバー全員のことをいろいろと知る機会はなくなり、集団内の全員と強固な信頼の絆を築く機会も次第に減っていった。こうした変化によって、侵害の構成要素を規定する社会規範とともに、プライバシーへの関心も高まっていったと言えよう。

プライバシーの法的起源

合衆国におけるプライバシーの性質とプライバシー権に関する近代的概念の多くは、一八九〇年にサミュエル・ウォーレンとルイス・ブランダイスが『ハーバード法学レビュー』で発表した画期的論文をきっかけに法学分野から注目されるようになった。プライバシーは法的問題であると同時に心理学的概念でもあることを彼らはよく理解していた。まず生活権を守るために、ついで自由と所有の権利を守るために法がどのように発展してきたかを述べつつ、ウォーレンとブランダイスは、いまや新たな権利、つまりプライバシー権が認められるときであると論じた。プライバシーの心理学に対する二人の関心は明確だった。

プライバシーにかかわる法の発展は必然だった。知的かつ感情的な生活の希求、そして文明の進展にともなう感覚の高まりは、人生の苦悩や喜び、そして潤沢の一部のみが物質的なもののなかにあることを我々に明らかにした。思考や感情、感覚は法的認知を求めた。……［★2］

法学者たちはプライバシーを「一人にしておかれる権利」と定義し、いかなる侵害も、民事法制度による審理がありうる不法行為であり、損害賠償に関する裁定がなされるべきであると主張した。彼らはそれらが新たな法律の領域を切り開き、この新たな権利は制限を要するとも理解していた。たとえば彼らは、プライバシー権は「公益や一般的関心にかかわる問題のいかなる公表も妨げない……。立ち居振る舞いや人柄といった、一般の個人であれば論評を免れるはずの特異性も、それが政治家候補に見られる場合は公共的重要性が生じる」と警告した。この警告は、政治家のスキャンダルを取材するジャーナリストにとって支えとなった。別の警告では、プライバシー侵害者による公表内容の真偽をまったく問わないことが付記された。被害者のプライバシー侵害だけが問題となる。

ウォーレンとブランダイスはその根拠として興味深い動機を示唆した。それは十分なプライバシー保護を要求する「最近の発明」である。その発明とは写真術のことであり、その悪名高い事件では、あるブロードウェイ女優が巻き込まれた。彼女は写真家に舞台上のタイツ姿を無断で撮影されたと訴えた。彼女は写真が公になることを望まず、公表の仮差し止め命令を勝ち取った。先見の明がある学者たちは、新たな技術は新たなプライバシー侵害手段を生み出し続けるだろうと認識していた。そんな彼らでもインターネットがプライバシーに与える影響の範囲には驚くことだろう。

法律用語としてのプライバシー

「一人にしておかれる権利」は「プライバシー」の暫定的定義だったが、とりわけ法的文脈において、正確さを欠いていた。法制度は、そのような曖昧なものを整理する際、判例法に依拠する。しかし、ウォーレンとブランダイスが持説を表明してから一二〇年あまりたった現在も、その全体はいまだに混乱状態にあり、矛盾が見られる［★3］。

裁判に持ち込まれる多くのプライバシー侵害事件には、警察が令状なしに捜索を行い、それらの押収物は証拠に使えないはずであると訴える犯罪容疑者も含まれる。合衆国憲法は実はプライバシーに言及していない。しかし修正第四条は、市民がプライバシーは当然保護されるものと期待している場合、政府による「理不尽な捜索や押収」から市民は守られると規定する。これは一見わかりやすく見えるが、「プライバシーの当然の期待」を構成する要素はそれほど明確ではない。たとえば、裁判の審理がなかなか進まない事件があった。それは、男が非合法の賭博請負業に使った公衆電話ボックスで警察が盗聴していたという事件だった。裁判所は警察を支持した。それはプライバシーを期待できない公衆電話だったからである。しかし、上級裁判所は以下の理由で異議を唱えた。その男性はガラス張りの電話ボックスのなかにいて見られていると思っていても、ドアを閉めてお金を投入したあとは通話を聞かれているとは思わなかったと判断したのである。もちろん、二一世紀に入って公衆電話ボックスはほぼ消えたが、大声で話す携帯電話利用者にとって、こうした場合にどうなるかは想像できるだろう。もし容疑者が、通話終了時であればともかく、ずっと腹立たしいほどの大声で話していたにもかかわらずプライバシーはあるはずだと主張しても、裁判所は疑わしきは罰せずという原則を彼らには認めないだろう。

この「ごみ」訴訟も、プライバシーの定義がいかに不確実で流動的であるかを示す。警察は人のごみを捜索できるのだろうか。それは時と場合次第である。ある訴訟では、麻薬密売容疑者が客に拾わせるため歩道沿いにポリ袋を置いたところ、ごみ収集作業員がその袋を警察に届けた。第一審裁判所〔地方裁判所〕は、警察が令状なしでごみを捜索したとの理由からこの訴訟をすぐさま却下した。しかし、この事件が合衆国最高裁判所に持ち込まれると、裁判官は異議を唱えた。つまり多くの裁判官は、ごみ収集場所に置かれたごみ袋に関してはプライバシーが保障されず、捜査の格好の標的だったと結論づけた。しかし、別の訴訟では、容疑者のごみはポリ袋ではなく蓋付きゴミバケツに入れられ、車道の縁石から数フィート離れて置かれていた。裁判所は、この場合に関しては逆に、容疑者が自分のごみについてプライバシーが守られると期待するのは当然であると裁定した。

政府が被告として関与しないとき、修正第四条は適用されない。多くの場合、プライバシー侵害事件は次のようなカテゴリーに分けられる〔★4〕。

■**侵入**　ずかずかと他者の私生活に介入したり、その人の私事に侵入すること。
■**私的事実**　恥ずかしくなるような他者に関する私的なことがらを公にし、公共的価値や公益にまつわる判断に委ねること。
■**誤印象**　他者に関する屈辱的なことがらを公にし、その人の誤った印象を広めること。
■**無断使用**　無断で相手の名前や肖像を利用すること。

ここでも詳細は曖昧なままである。たとえば「ドキシング」という用語は「ドキュメント」と「ドロッピング」〔投下〕の合成語で、当の人物が知られたくないと思っている私的事実をさらすことを意味する。ハッカーはドキシングを用い、その人の携帯電話番号や自宅住所、純資産、信用報告書、メールアドレス、その他の個人情報を投稿して復讐を企てる。ドキシングは被害者にかなりの大損害を与える可能性があるが、それらの情報が合法的に取得されたものであれば一般に非合法ではなく、ハッカーはそうした情報を嫌がらせやつきまといのような目的には用いない。

訴訟に持ち込まれる事件は、プライバシー概念の捉え難さも見せてくれる。グーグルを訴えたペンシルベニアのある事件で、裁判所はいくらか当惑するような決定を下した。ボーリング夫妻の家は私道の先にあり、その入り口に「私道につき立入禁止」の掲示を出していた。グーグルカーの運転手はその掲示を無視してそのまま進入し、敷地内のようすをストリートビューのアプリケーション用に撮影した。その画像はインターネットに上げられた。ボーリング夫妻は侵入を含む他の不当行為とともに、プライバシーへの侵入と私的事実の公表でグーグルを訴えた。これはありふれた事件のように見えるが、ペンシルベニアの裁判所は侵入の嫌疑のみ認め、同社に一ドルという賠償額を科した［★5］。しかし、それ以来、合衆国はじめ多くの国の裁判所は、プライバシーへの懸念から、グーグルのストリートビューに一層厳しく対応するようになった。

プライバシーの心理学的側面

ほとんどの人は法律の素人であり、プライバシーに関する人々の見方は心理学的に重要な意味を持つ。私たちがプライバシーについて考えるとき、きわめて不快な侵入以上のものを頭に浮かべる。私たちは確かに一人にしておかれる権利とプライバシーとを結びつけるが、制御とりわけ情報の制御も重視する。他者はどんな私的情報を入手しているのか、その他者とはどんな人か、どんな方法で入手するのか、入手した情報はどう利用されるのか、それらを制御できればと欲する。たとえばボーリング夫妻は、たとえ裁判所がプライバシー侵害と考えなくても、自分たちのプライバシーが侵害されたと感じていた。夫妻が自分たちで制御できないまま、家の写真はインターネットで一気に広まってしまった。

制御の重視は、ほとんどの人がプライバシーは保たれれば保たれるほどいいと考えることを意味するわけではない。たとえば、人がオンラインですることの大半は情報共有であり、それはしばしばきわめて私的な情報であり、SNS利用者が制御できないと感じたときに激怒するのは制御願望ゆえである。

プライバシーのもう一つの心理学的側面は自律性感覚である。私たちは選択の自由を欲し、自分の意思で選択肢を選びたいと願う。若者がこのことによくふれるのは、おそらく選択の自由が年齢で制限されているからだろう。たとえば、四歳から一九歳を対象にした研究で、彼らはしばしば自立とプライバシーを結びつけていることが明らかになった[★6]。プライバシーがあると思う状況の理由を尋ねると、彼らは「自立していると感じたから」とか「自分の意見を持てたから」と答えたのである。

この研究からプライバシー概念の四つの重要な意味が浮き彫りになった。それは「情報へのアクセスを制御すること」「一人でいられること」「誰にも自分が邪魔されないこと」「自分の空間へのアクセスを制御すること」である。ある意味で、プライバシーとは流入、すなわち嫌な他人の侵入を制御し、そして流出、すなわち自分に関する情報の漏洩を制御することである。

プライバシーの考慮されるべきもう一つの心理学的要素は、それが単に個人レベルにとどまらないことである。その多くは法的文脈で考えられるからである。そこで法は個人のプライバシーを保護し、プライバシー訴訟は人のプライバシー権の有無にかかわらず、それを軸に争われる。しかし人間社会にあって、プライバシーは、その個人だけの問題ではない。つまり、それは集団現象だからである。プライバシーという考えは、社会関係や文化、その集団の受容する社会規範に強く規定される変わりやすいものである。

たとえば、あらゆる文化がプライバシーに価値を置くように見えても、まったく同じようにプライバシーを扱うわけではない[★7]。なかには、プライバシーの最低水準しか保障しない文化がある。それは「一人にしておかれる権利」を保障できる環境にないこともある。〔旧〕ザイールのピグミー族はこのカテゴリーに含まれる。

彼らは小さな狩猟採集社会で暮らし、葉と枝で作られた小屋に住む。集団として、彼らは相互の交流が盛んでプライバシーがほとんどなく、「私有地につき立入禁止」という看板を立てるようなことは考えられない。しかし集団内で、彼らは文化的戦略を用いて関係を調整する。たとえば、彼らは小屋の入口を隣人と鉢合わせしないように再配置し、ときには小屋と小屋とのあいだに「目隠しの」高い塀を築く。彼らは同時に数週間、小さな家族集団に分かれて住み、一人の時間を十分に過ごしてから、共同野営地に戻る。

これから見るように、プライバシーの社会的側面はインターネット上でとりわけ重要であり、それは制御においても同様である。

オンラインプライバシー

オンライン世界の性格からして、プライバシーは「私有地」の看板や蓋付きゴミバケツをめぐる混乱をはるかに上回る、新たな紆余曲折を持ち込む一触即発の話題である。第一に、インターネットにアップロードされたものは、ネット利用者は誰でも閲覧でき、その数は何十億にものぼる。第二に、その情報はほとんど確実に残り続ける。すでに見たように、デジタルコピーは超高速で作られ、世界中のさまざまなサーバーに転送され、いくつもの端末装置に保存されるため、いったんできたデジタル足跡を消去するのは困難である。重要他者にとってのみ意味のあるどきっとする写真は、ツイッター上で数分で一気に拡散し、送り手にその流出や閲覧を管理する手立てはない。

制御の喪失

送り手は情報を制御できないばかりか、誰がそれを見ているのか、それがどのように利用されているのかもわからない。無断で不法にあなたの写真が転送されたことに対して何百万もの人を訴えられるか考えてみよう。

自分の情報の使われ方が制御できない状態は、とりわけ危険に満ちている。二〇〇三年、カナダの一四歳の少年が、ジェダイの騎士をまねてライトセーバーを振り回す動画を作り、それを同級生がネットに流した。この動画は拡散され、殺害の脅迫も含め、少年は何年にもわたってサイバーブリングと嫌がらせに苦しんだ。彼は結局退学し、深刻なうつを来たし、心理療法を受けた。学校の職員はかかわりあいになることを避け、警察は何もできなかった。彼の両親は、動画を流した子供たちの家族を告訴したが、動画はすでにあちらこちらに広まっていた。

それから何年か経ち成長した少年は、またたく間に広まったありがたくない名声を慎重に振り返り、次のように語った。

北米でのさまざまな対談番組に、私はゲストとして呼ばれました。……けれども、彼らはなぜ私を招いたのでしょうか。彼らは私をサーカスの芸人にしたかったようです。同じ一五分の名声を享受する場合でも、何か本当に価値のあることをしようとするときと、屈辱的なことのためにするときとでは、まったく違うのです。[★8]

プライバシー・パラドックス

インターネットはたやすく情報を広められる性格を持つため、プライバシー管理を難しくし、世界中のオーディエンスにプライバシーをさらす点でも強力である。本書の他章で見るように、こうした特徴は我々の行動様式にも影響を与える。オンライン世界はただでさえ脱抑制を促す。人は自分自身についてではなく、他者のデリケートな情報をオンラインでためらうことなく暴露しがちである。物理的距離は、多くのインターネット空間における匿名知覚の高まりとあいまって、私たちがもはやオンラインプライバシーを気にかけないかのように行動するよう作用する。

私たちは、プライバシー乱用という物議を醸した過去を持つ企業であるにもかかわらず、フェイスブックのようなサービスを使い続けてもいる。たとえば二〇〇七年、フェイスブックは利用者から「気味が悪い」と非難されたサービスを開始した。これは、別のウェブサイトにおける利用者の活動を追跡して、その情報を彼らの友達に広めるものである。フェイスブックはこの運用を中止した。しかし二〇一〇年、同社は利用者のプライバシーの基本設定を「友達」から「全員」に変更した。これによって、誰もが利用者のサイトを閲覧できるようになった。フェイスブックは元の設定に戻したが、利用者が自分の情報を制御できないようにする運用がこれ以外にも多くあり、激しい怒りと集団訴訟が相次いでいる［★9］。

それでも人は投稿し続ける。そして、ほとんど見ず知らずの人を「友達」に追加し続ける。ミズーリ大学の学生はある実験を行い、人は自発的にどのぐらい「友達」を増やすかを検証した。彼は自分を友達として加えるように求めるプログラムを作り、友達リクエストを二五万人に送った。彼のことを知らないにもかかわらず、ほぼ三分の一がリクエストに応じた。多くのフェイスブック利用者は彼の実験に腹を立て、憎悪メッセージや卑猥な言葉を送りつけた［★10］。しかし彼の実験で、いかに大勢の人が自分の「友達」を増やしたがっているかが明らかになった。

プライバシー・パラドックスは、この問題に対する人々の懸念の強さと同時に、人々がプライバシー設定に関する知識を持っていることを示す。半面、彼らの行動にはこうした懸念が反映されていないように見えることもある。人は詳しい個人情報を大勢の人に明かし、これまでになく多くの情報が共有されている。たしかに「共有」はウェブ2・0の中核的な構成要素であり、共有を後押しするツールソフトの開発は一大産業である。プライバシーに対する懸念は、人がどのくらい自分のことを明らかにするかとはじかに関係しないように見える。そして、そうした懸念を抱いても、実質的な方向にプライバシー設定を調整しようとする継続的努力にはつながらない。

たとえば、ある研究は大学生を対象に調査を行い、自分のプロフィール公開に制限を加え、個人的でデリケートな詳しい情報が見られるのは「友達のみ」としている学生は半数程度にとどまることを明らかにした。表面上、それは賢明な一歩に見える。しかし、どれだけ多くのフェイスブック利用者が、ほとんど知らない人、つまり友達の友達と漫然と考えているような人、ミズーリ大学の実験で見たような赤の他人を、自分の「友達」に加えているかを考えてみてほしい［★11］。

このパラドックスはどう説明できるのだろうか。一つの可能性は、ほとんどの人が少なからずプライバシーに関する知識を持っていると公言するものの、実際には人はオンラインプライバシーの管理方法を知らないという解釈である。プライバシー設定は複雑をきわめ、企業は方針を絶えず見直す。方針そのものは読むのが煩わしく、理解するのが難しく、多くの場合、とにかく強制するものではない。たとえば、フェイスブックとインスタグラムは他人になりすますことを禁じているが、実際にはなりすましは起きている。たとえば警察官は、裁判官の承認の有無にかかわりなく、犯罪者を捕まえるためにそれらのサイトで市民になりすます［★12］。

別の解釈として、人はプライバシーに関して漠然と懸念を抱いても、それを自身のオンライン活動といつも結びつけるとは限らない可能性がある。実際、ある研究によれば、人は自分より他の人たちのほうがプライバシーの危険に弱いと考えているふしがある［★13］。全国サンプルを使った韓国での研究で、核となる二つの質問がされた。一つは「オンラインにおける個人情報の不適切利用によって、あなたが被害者となる可能性はどのくらいありますか？」である。もう一つは同じ質問の「あなた」を「他の人」に置き替え、さらに、その「他の人」の年齢層を青年層から五〇歳あまりまで広げた。全体として、人は自分の危険には楽観的で、他者が被る危険を高く見積もった。これはとりわけ青年層に対して顕著だった。

第三の可能性として、心理的にも技術的にも、プライバシーにとってSNSは特に危ういオンライン環境であることが考えられる。人は、自分の投稿は自ら招待したオーディエンス、主に「友達」にしか読まれないと思い込んでいる。彼らは自分に関する雑多な事実をいっそう広い世界にさらしているかもしれないのに、参加しているSNSサイトを私的サークルと見なし、デリケートな情報をためらうことなく書く。確かに自己開示はネットワークを始める中核的理由であり、関係を発展させ維持する基盤である。あなたが天候のことしかふれなければ、より強い結びつきや親交を築き上げるというSNSサイトの利点を活用しないことになる。

しかし、個人のネットワークが大きくなるにつれ、それとともにプライバシーの危険が高まる。かつては大学仲間の結束の固いサークルだったものが、第2章で論じたような文脈崩壊に苛まれている。もし、その人が特に用心してオーディエンスを区分しなければ、親や同僚、上司、おじ・おば、友人の友人、たまたま知り合った人たちが同じ開示内容を見ることになる。たとえ区分しても大失敗は起きる。ある友人が、あなたが親友だけに見せようとした写真を、無断で知らないうちに広く流すかもしれない。そのことを、ツイッターで話題になって初めて知るはめになる。あなたの友人はその写真がとてもおかしくて、何も辱めるものではないと考え、あなたもそうだろうと考えた。あなたが異を唱えても、もう遅すぎる。

最後に、以下で論じるように、プライバシーを懸念する利用者と、これらのとても魅惑的な「無料」サービスを手がける企業とのあいだには利害の対立が存在する。

収益モデルと「ビッグデータ」

一般的なSNSサイトのほとんどで、人は無料でアカウントを作れ、個人情報を入力し、写真や動画をアップし、友達を招待することで、オンライン人格を作り始められる。サイトの開発・運営会社は、サーバーや人件費、回線使用にかかる経費を負担し、サイト登録者が増えると、そのぶん出費がかさむ。たとえばユーチューブは、二〇〇五年春、一ヶ月あたり数千ドルの見積もりでスタートした。同年末まで「予想外の成長」が進んだ。利用者は日々数千もの動画をアップし、二〇〇六年半ばには一日あたり数百万件に達した。同社の社員はまだ少なかったが、ウェブサイト運営費だけで月額一〇〇万ドルを超えた［★14］。しばしばベンチャー投資家は、それらの支払いを肩代わりし、新しいアプリケーションは一大勝者となり、大金を動かすハイテク産業の一巨人が相当額で買い上げるはずであると確信していた。それがユーチューブに起こった。二〇〇六年、グーグルはこの動画共有会社を一六億五〇〇〇万ドルでいちはやく手に入れ、その結果、サイト創設者はとても裕福になった。

無料サイトは、リンクトインのようにプレミアムサービスを有料にしたり、セカンドライフのように仮想商品を販売したりすることで収益を得る。しかし、最大の収入源はマーケティングによるものである。しかし、これらのSNSはマーケティング担当者に、公共ウェブサイトの上部にあってもほとんどクリックされることのないバナー広告よりはるかに多くのものを提供する。それはあなたのデータへのアクセスであり、これが最大の価値を持つ。

ターゲット・マーケティング

あなたが競技用シューズ・メーカーのマーケティング部長だとしたら、マーケティング予算をどのように配分するだろうか。新聞に全面カラー広告を載せるための紙面を買うだろうか。ESPNで三〇秒のテレビ広告を流す時間を買うだろうか。スポーツチャンネルは運動競技に関心があるオーディエンスを引き付ける可能性が高く、これは良い選択かもしれない。しかしインターネットのおかげで、文字どおり適切なメッセージとともに、適切なオーディエンスに働きかけるための無数の選択肢が手元にある。あなたは自分が狙うSNSに人々が自ら提供するデータ、たとえばジムに通いジョギングが趣味であると書かれた自己紹介を利用して二〇代の独身女性に迫れる。あなたは、ターゲット層の好む色のシューズの紹介広告を表示させる。

SNSの利用者が増え、彼らが有用なマーケティングデータを提供するほど、サイトは広告主からますます多くの収入を得る。これが、プライバシー懸念とSNSサイトの目標とのあいだで起こる利害衝突の中核的理由である。利用者はこれらのサイトの顧客ではない。他方、利用者および彼らの利用データは、サイトの資産すなわち収益を生み出す商品である。そして、そのデータは、利用者がウェブサイトを訪問し、ある店にチェックインし、買い物をし、コメントを投稿するといった、利用者が残した他のデジタル痕跡と結びつけられる。

SNS利用者は自分の画面に表示される広告が、ジョギング嫌いで座りっぱなしの友人がログイン中に見る広告と異なることに気付いていないかもしれないし、そもそも気に留めていないかもしれない。ターゲット・マーケティングを評価する人もいて、彼らはもしかすると実際に購入しそうな類の特別なお買い得品を見る。しかしプライバシー擁護者は、利用者に関する膨大なデータを企業や政府が集めている事実に強い不安を抱く。それは**ビッグデータ**と呼ばれる。しかし、「ビッグ」は単なる大きさを表現する言葉ではない。

急速な拡散

ターゲット・マーケティングに加え、SNSは口コミ広告の活用という無比の機会をもたらし、誰もが納得するような意見を書く影響力の強い人々を見出す。立派な新しいレストランに関する友達の投稿は、とりわけ信頼の置ける友人であれば、なおのこと、レストランが出すどんな有料広告よりも、はるかに影響力が大きい。

SNS上のこうした活動を数学的に分析する、本格的取り組みが進められている。最も影響力のある「インフルエンサー」を特定するためである。たとえば、ある研究は利用者自身による投稿評価や利用者間の支持・対立関係の件数の分析から、この影響関係を検討した。たとえばネットワーク上で多くのさまざまな人から、頻繁に

「いいね！」が押され、リツイートされる投稿をした人はインフルエンサーの一人と言える。そして、ネットワーク内にはとても強力なオピニオンリーダーとなりそうな鍵ともいうべき人たちの仲間がしばしば存在する。彼らはそこの規範を作り、他の人が追従するような「先頭集団」である［★15］。

急速な拡散に関する心理学は、研究としてもますます多くの注目を集めている。この種の、経費のかからない口コミ広告は、市場担当者や有名人、政治家、そして大勢の支持的オーディエンスを欲する人たちにとって、とても価値があるからである。インターネット・ミームは、同じテーマに膨大な数の人を巻き込みながら、驚異的速さで一気に広がる可能性を持つ。

どのような特徴が、人々に自分のネットワーク内外にそのネタを広めたいと思わせるのだろうか。ある一連の研究で、研究者たちは赤外線視線追跡装置を使って、人がさまざまな動画広告を見せられたとき実際にどこを見ているのかを追跡した。合わせて、感情表出に応じて示す実験参加者の表情も分析された［★16］。研究のねらいは、人が最後まで見続ける広告や、自分のネットワークで広める可能性の高い広告を見極めることだった。

一つの発見は、うれしさと驚きという二つの中核的感情が、視聴者が見続けるための最も重要な役割を果たしていることである。オンラインでは、人はすぐに飽き、見なくなるので、テレビコマーシャルで過去に使われた手法、つまり劇的で意外な終わり方で構成する手法はうまくいかない。テレビ視聴者はクリックで広告を止められないが、オンライン視聴者はそれができる。冒頭でうれしさや驚きを引き起こすことが彼らの注意を引き付ける最良の方法である。たとえば、バドワイザー・ライトの「Swear Jar」という広告は、社員たちが汚い言葉(swear)を発するたびに二五セント硬貨を募金箱(jar)に入れる場面で始まる。ある社員は、そのお金がオフィスでのバドワイザー・ライトの購入に充てられることを知ると、すぐに乱暴な口をきき、うれしそうに二五セント硬貨を募金箱に入れ、共同出資に寄与した。

氷山の一角

ＳＮＳサイトは、利用者が自ら提供する情報をどのくらい認識しているか、そして実際に何が収集、蓄積されているると思っているのかという観点で見ると、氷山のようなものである。利用者が目にし、共有するものは、その一部にすぎない。海面下には、利用者本人が自発的に入力したものはもとより、訪問ウェブサイトや、「いいね！」のクリック、投稿コメント、位置情報アプリへのチェックインからもたらされる利用者ごとの膨大な個人データが隠れている。ビッグデータは、婚姻や死亡、離婚、純資産、居住地、慈善寄付、犯罪、その他に関する記録も利用できる。モノのインターネット（ＩｏＴ）が広がるにつれ、手首のスマートウォッチはあなたの心拍数を追加し、冷蔵庫はあなたの真夜中の間食習慣を伝えるかもしれない。

これらのビッグデータすべてを収集、蓄積、分析する技術は急速に発展し、ＳＮＳ会社は、人々がデータを提供し続けてくれるような誘因をたくさん用意する。この目的に向けて、会社はプライバシー懸念を掻き立てないソフトウェアを設計する。プライバシーを意識させることなく「アップデート」をクリックさせる仕組みは驚くほど容易である。撮ったばかりの写真をインスタグラムに上げ、動画をヴァインに上げるといった半ば自動的な共有もわけなくできる。

その一方で、ソフトウェア開発者は、デリケートな情報をオンラインに投稿するのをためらう人たちに対してそれを許さないように設計する。ＳＮＳは、近況をアップデートし、自分の所在を友達に知らせ、ネットワーク上の誰かに仮想プレゼントを贈ることをあなたが忘れないように促す。友達が増え、ネットワークが豊かになるとうたい、プロフィールの全項目を埋めるよういつまでも催促し続ける。私が試しに使っていたあるサービスで、自分の「名前」をイニシャルといくつかの数字だけにしたら、ソフトウェアはそれを見抜き、「修正」するよう指示してきた。

それでも、プライバシー懸念から利用者がアカウントを削除しないよう会社は慎重に対応しなければならない。

そこで、利用者の関心を氷山の一角に集中させ、海面下で広大かつ急速に成長しているビッグデータに注目しないようにさせることが企業の利益につながる。一つのつまずきが利用者の激しい憤りを買い、そのせいで競合相手のサービスに移行し、抗議する人もなかにはいるだろう。しかし、ネットワーク効果のおかげで、この危険性は大手のSNSにとって大した問題ではない。ネットワーク上のすべての友達に呼びかけて、すべてのデジタル資産や歴史を捨て去るよう説得し、乗り換えにかかるコストは、その利用者にとってとても高くつくからである。

監視

モノのインターネットで、センサーやカメラ、チップは増える一方で、それとともに監視も増えていくと予想される。だが、監視をするのは誰なのだろうか。

監視機関

オンラインサービスの収益モデルはデータ収集と監視に依存する。けれども、こうした追跡に関心を持つ者は彼らだけではない。政府も、別の理由で膨大なデータを収集する計画に着手している。政府の関心は広範囲にわたり、政敵や反体制派の追跡から、テロリストの襲撃防止や犯罪者の逮捕まで含まれる。

ソーシャルメディアは政府にとって垂涎の的とも言うべき監視対象である。たとえばエジプト当局は、新しい監視システムの入札を募った。それは、ワッツアップのような評判のモバイルアプリと連携して、フェイスブックやツイッター、スカイプ、ユーチューブでの活動を組織的に監視する仕組みである。このシステムは宗教的中傷や非合法デモ、ストライキ、座り込み、暴動を示唆するやりとりを知らせるものだった。

監視主体は企業や政府に限られない。相互監視も含まれる。ソーシャルメディアはすべての人に、演じるための舞台と、それを誰もが観られるように双眼鏡を用意する。これは、人々の相互監視による、いわばインターネットの「オムノプティコン」というべきシステムである。我々の行為に関心を持つのは友人と家族の範囲にとどまると思うかもしれないが、それがオンラインに上がると、はるか先にまで広がる。

私たちはしばしば積極的に監視を受け入れるため、驚くほど大量の監視がなされている。無料サービスはとても便利なので、私たちは利用規約を読まないまま、オンライン監視の基盤となるさまざまな無料サービスに登録する。私たちはアマゾンがどこでそれらの情報を入手したかを気にすることなく、同社の推薦システムによる提案を参考にする。

割引券や値引き、景品も、この種の「自分からする」監視に関与している。たとえばプログレッシブ保険は、自分の運転習慣を記録する装置を車に取りつけることに同意した顧客向けに、マイレート・プランという商品を発表した。装置の記録から安全運転と認められたドライバーは最大三〇％の割引を受けられる。しかし、スピード違反や急発進、急停車の記録があると割増しになる。

モノのインターネット

我々の周りにあるすべての物がインターネットに接続される時代がそこまでやってきた。しかし、プログレッシブ保険の顧客が勧められたように、私たちはこうしたすべての「モノ」による監視を承諾しているのかどうかわからないままである。モノのインターネットは次の一兆円ビジネスであり、何十億もの接続に対応するためにインターネット固有のアドレス方式を大幅更新しなければならない。

スマートフォンやタブレットは当然として、これ以外のどんな物が「モノ」に含まれるのだろうか。電柱に設置されたカメラや車道に埋め込まれたセンサー、フロントガラスの料金収受センサー、膨大な数の新車に設置済みのイベントデータレコーダーや「ブラックボックス」は、運転動作を追跡するモノである。家庭では、テレビに監視カメラがすでに接続され、エネルギー使用を監視するサーモスタットが急速に普及している。ゼネラル・エレクトリック社は、ネットを介して使う新型のオーブンと冷蔵庫を発表した。これがあれば、スマートフォンでオーブンを予熱でき、冷蔵庫のドアをうっかり開けっ放しにすると、冷蔵庫から注意メールが届く。

運動時の心拍数や酸素飽和度を監視する装置、紫外線被曝量を測定するブレスレットといった、オンライン機器による健康管理はモノのインターネットの主要な部類に入る。たとえば、スマートフォンに接続されたある機器には、呼気から血中アルコール濃度を推定するセンサーが組み込まれている。この機器とアプリケーションによって、人はその詳しい情報をもとに運転してもよいか判断でき、同時にオンラインサービスがあなたの行動データを追跡する。

こうした技術革新の多くは我々すべての役に立つが、子供の玩具や家電製品にチップを埋め込むのを急ぐあまり、監視可能性とプライバシー脅威にあまり注意が向かなくなっている。ある法学者はプライバシー問題を研究しようとして呼気検査装置を購入し、そこで大きな困難に直面した［★17］。取扱説明書には、企業が収集するデータに関するプライバシーポリシーがまったく書かれていないだけでなく、彼が自分のスマートフォンにアプリをダウンロードする際も、プライバシーへの言及は皆無だった。この会社のウェブページの最下部に「プライバシーポリシー」へのリンクをようやく見つけ、それを読むと、このデリケートなデータがいつまでもクラウドに蓄積され、それを削除し修正することはできないように書かれていた。

人間に関するあらゆる種類の情報を収集、蓄積する物に囲まれると、多くのプライバシー問題が顕在化する。さて監視は人間行動にどう影響を及ぼすのだろうか。

見られている——監視の心理学的影響

多くの行動科学研究によれば、人は、「見られている」と行動の仕方が確実に変わる。第3章で見たように、他者存在そのものが変化をもたらす。一般に、我々の作業の出来具合は、他者がその場にいるとき、よくなる傾向にある。それは少なくともあまり集中しないですむ自動化された課題によくあてはまる。気を抜けない状態は覚醒を高めるからである。たとえば、ある初期の研究で実験参加者は回転追跡課題を行った。彼らは円盤上にある標的を棒で押さえて追跡するように指示される。課題目標はできるだけ長い時間、標的から棒を離さないようにすることである［★18］。その際、実験群の実験参加者は、もう一人の人が実験参加者の視界に入らない場所でじっと座っている部屋で課題に取り組んだ。彼らの成績は、無人の部屋で課題をこなした対照群の実験参加者にくらべ、かなり良かった［★19］。

　他者に見られていると、人は向社会的行動も多く見せる。ロンドンのさまざまな地区で実施された調査では、戸別訪問で慈善事業への寄付を募り、その際アイコンタクトの効果が検討された。応対してくれた相手の目を見て依頼した人は、どの地区でも、相手の目を見なかった人にくらべ、かなり多くの額を集めた［★20］。

　他人がその場にいないときでも、見られているという感覚は、慈善事業への寄付にも影響を与える。英国の研究者が「見つめる目《ウォッチング・アイ》」効果を立証するため、性格と信仰心が向社会的行動に及ぼす影響を調べるという名目で実験参加者を募り、研究を行った。実験参加者は小さな個室に案内され、コンピュータ上でさまざまな性格検査に回答した。机上には、救急車サービスを提供する有名な団体を援助するための募金箱があり、自由意志で募金できるようになっていた。実験参加者の目の前の壁には、「個室での飲食はご遠慮ください」と書かれた紙が貼られていた。さらに実験参加者の半数には、この貼り紙の真上に、まっすぐ見つめる男性の目の写真が貼りつけられていた。対照群に対しては、実験会場である神経科学研究所のロゴが壁に貼られた。「見つめる目」は結果を左右した。自分を「ジロジロ見る」目を前にした実験参加者は、募金箱により多くのお金を入れ、慈善事業に対して有意に多くの寄付を行った。

　カメラは世界中の大都市の公共空間ではほぼどこでも設置されつつあり、これらの「目」が四六時中市民を見張っている。監視カメラの設置で、犯罪活動やその他の反社会的行動が抑止されると多くの人が主張する。シンシナティでの四ヶ月あまりにわたる調査によれば、少なくとも最初の二、三ヶ月は効果が見られたという［★21］。その後、カメラの効果は徐々に弱まり、あたかも人はそれを無視するか、そこにカメラがあることを忘れているかのようだった。カメラの付近に両「目」を張るか、最低でも監視されていることを気付かせるような標識をつければ、カメラの効果はより持続するだろう。

カメラは、学校のような不特定多数が出入りしない場所でも急増している。英国の学校での研究によると、教師の大部分は監視を評価し、盗みや器物損壊の防止に効果があると考えていた。しかし、生徒はカメラを不信の象徴と見なし、怒りをあらわにした。

私はプライバシーの侵害だと思います。生徒が責任を持って行動することを望むのであれば、生徒を信頼していることを示さなければなりません。あなたたちは生徒に大人として接し、少しは敬意も払うべきです。人によっては、それは自己達成的予言と化します。あなたたちが生徒は良からぬことを企んでいると常に思っていると、自分たちはどうでもいいように扱われているのだからと、そのとおりに無作法に振る舞うようになるのです。——サラ、都会の高校生［★22］

こうした生徒たちにとって、監視は逆効果で、教師や管理者との関係を悪化させ、悪い行為を増やしかねない。化粧室にカメラを設置すると、彼らの怒りは特に高まる。ある生徒はカメラの存在を認めつつ、「私は好きではありません。カメラにはもう慣れました。あなたたちはそうしなければならないとしても、私はいまでも嫌です……」と言った。

人は見られていると感じると、違った行動をとるようである。では、その部屋に「目」ないしカメラレンズがないとき、どんなことが起きるのだろうか。私たちは企業や政府が膨大な量のデータを収集していることを知っているが、でなければ知るべきなのだが、キーボードから入力し、動画を投稿する際、彼らの目を見ることも存在を意識することさえもできない。知識のみが、我々の行動を左右するのだろうか。プライバシー・パラドックスによれば、その答えは「あまり左右しない」となる。しかし、研究によれば監視タイプによってはプライバシー懸念を生じさせ、我々の行動に影響を与えることがある。

監視の目がないとき、オンライン監視に対する我々の反応を規定する一つの要因は、監視意図をどう判断するかである。あの組織はなぜ私のデータを追跡しているのか。私のためなのか、それとも親切心ではないのか。二千人ものフィンランド人に行った興味深い研究で、明確な同意がないまま自分のデータが収集されているという一連のシナリオを提示して、プライバシーの観点からどう感じるか、自分の行動を変えるかが尋ねられた［★23］。たとえば、あるシナリオは次のような内容である。

あなた専用のコンピュータには、キーボードからの入力記録をすべてデータファイルとして保存する装置がついていています。あなたは、雇い主がそのファイルを見られることを知っています。あなたは、自分の業務にかかわる秘密情報を社外の人間と共有しているかどうかを雇い主が監視したがっているらしいと気付きました。

この例にあるように、シナリオには、あなたが会社の秘密を盗んでいる、仕事中サボっている、何か嘘をついているといった否定的意図が込められていた。別のシナリオには、緊急事態あるいは自然災害の発生に備えて、自分のデータを記録しておくといった、中立的ないし肯定的な意図が含まれていた。動機にふれていないシナリオもいくつかあり、実験参加者は、なぜデータを収集するのかわからなかった。

予想どおり、悪意のないデータ収集におけるプライバシー懸念は最も小さく、否定的意図によるデータ収集は最も大きいプライバシー懸念を引き起こした。しかし、監視理由が不明のシナリオは、否定的意図を含むシナリオとほぼ同程度のプライバシー懸念を引き起こした。私たちは監視する側を信頼しないように見える。彼らが自らの動機を明かさないと、彼らは我々に利益をもたらすようには思えないと疑う。

オンラインプライバシーの管理戦略

オンラインプライバシーを管理し保護するために個人ができることは限られるが、特にデータを収集する側が手にする利益を考えると、いくつかの独自戦略が浮かびあがる。それらのなかにはある程度うまく機能するものもあれば、そうでないものもある。実際にオンラインに投稿する内容を慎重に判断することに関する最も基本的な戦略から始めよう。

開示の管理

おそらく、最も効果的な戦略は開示の管理である。しかし、これは言うは易く行うは難しである。それは、私たちが信頼している他者と情報を共有したいと望み、私たちが使いたい、あるいは使わざるをえない多くのアプリケーションが開示を求めるからである。たとえば、ヘルスケア〔healthcare.gov、米政府が運用する医療保険サイト〕に登録するために、申請者はかなり詳しい個人情報を多く入力しなければならない。

オンライン登録画面で個人データを入力しても安全かどうかを、人はどのようにして判断するのだろうか。その文脈に応じて、私たちは暗号化送信を表すブラウザー上の「鍵」マークやＵＲＬそのものといったさまざまな手がかりを頼りにする。しかし、我々の文脈評価が正しくない場合もあり、不適切な手がかりで危険判断を行うこともある。

たとえば、ある研究は、デリケートな情報の開示意思にオンラインの文脈がどのように影響を与えるかを調べた[★24]。実験者は「あなたはコカインを試したことがありますか?」「交際相手がいながら「浮気した」ことがありますか?」のような立ち入った質問を含むオンライン調査画面を作成した。その際、三種類の画面を設定した。一つは「カーネギーメロン大学・倫理行動に関する評議会の調査」という表題をつけ、専門的調査に見せかけたものである。二つ目は、プライバシー懸念にあまり配慮していないようなデザインで、「なんてアンタはダメなの??」と銘打たれ、その隣に悪魔の絵が書かれていた。三つ目は「学生行動調査」と書かれただけの中立的な基準画面だった。

意外にも、学生は「なんてアンタはダメなの??」という表題のついた倫理性の乏しそうな調査サイトで悪いことに手を染めたことを認めた。専門的サイトの背後にある組織は私的情報をきちんと管理してくれそうに見える。しかし、専門的ではないサイトでは、明らかに学生たちはプライバシー懸念を軽んじているように感じた。

追跡研究がなされ、学生は回答にさきだって、研究者によってプライバシー懸念を喚起させられた。その事前課題は二種類あり、学生たちは絶滅の恐れのある魚の写真を見つけ出す条件(絶滅危惧種の魚を探す)か、「偽装」可能性の高いメールを見つけ出す条件(「フィッシング」メールを探す)のどちらかに割り当てられた。課題が魚に関するものでプライバシーと関係ないと、学生たちは最初の研究と同じように、非専門的サイトでデリケートな情報を白状した。しかし、「フィッシング」課題はプライバシー懸念を喚起し、この条件の学生たちは、デリケートな情報を非専門的サイトで開示することをしぶった。結論として、我々はプライバシーを気にかけるものの、開示するか否かは環境に左右される。場面によっては、私たちは誤った方向に誘導する手がかりに気付かないままで、衆目にさらされる危険も増幅させる。

SNSにおいて、利用者はさまざまな手法を考え出して、プライバシー問題をうまく乗り切り、「ふさわしくない」人には情報を開示しないようにする。たとえば、青年はプライバシーをあまり気にかけないと思われがちであるが、あるタイプの監視を実際おおいに気にする。彼らは政府による監視をあまり気に留めないが、親や他の大人の侵入をとても気にする。

自分たちにとって重大な懸念に対処するため、彼らは革新的なプライバシー管理戦略を考え出す。研究者が一八歳のミカラにインタビューをした。彼女は国の監視下にある身で、フェイスブック上のプライバシーを管理する特別な方法を見出した。彼女は政府機関の職員がチェックしている昼間の時間帯は身を潜め、友達がフェイスブックにログインしている夜間になってから動き出した。彼女は昼間、一種の「透明人間になるためのマント」を身につけ、大人たちは彼女がフェイスブックのページを持っていることを知らなかった[★25]。

青年は、フェイスブックでの文脈崩壊を管理するため、**社会的迷彩**も活用する。これは誰もが見られる場所に隠しメッセージを埋め込む技法である。同じ研究でインタビューに応じたラテン系女性の一七歳のカルメンは、母親がウォールに飛び込んできて不適切なコメントをするので、みんな驚いて去ってしまうとこぼした。「母が投稿すると、みんなネットから消えるのです。自分のウォールで母親が幅をきかせているのは野暮で、退屈なだけだって」。彼女が恋人と別れたとき、友達に同情してほしいと思ったが、母親に過剰反応してほしくなかった。そこで彼女は「いつも前向きでいこう」と投稿した。彼女の母親はそれを良い兆しだと思った。しかし友達はすぐ、これがモンティ・パイソンの『ライフ・オブ・ブライアン』に出てくる歌の一節であると気付いた。このコメディ映画のなかで、十字架にかけられた男が、この歌詞を口にするのだ。その結果、彼女を慰めようと友達が個人的に連絡をとってきた。

自分のオーディエンスをカテゴリー別に分けられるSNSであれば、利用者は適宜、グループを構成でき、グループに応じたメッセージを書くことができる。カルメンは、母親と他の家族を「家族」グループに登録し、特定のアップデートしか見られないようにした。既述したように、多くの学生はわざわざそうはしない。それをするには時間と手間がかかるからである。しかし、そうする学生はいる。ある研究によれば、大きく多様なネットワークを持つ大学生は、区分機能を利用して、同級生、幼なじみ、家族、教員といったグループを作るかもしれない〔★26〕。学生たちは、オーディエンスを限定することで、もっと正直で親密な具体的なやりとりができるだろうとも答えた。

プライバシーを管理する別の方法は、異なる場所に複数のアイデンティティを作ることである。あるサイトで極端な政治的意見を書く人でも、賛同しない友達や家族との際限のない議論になりそうな意見はフェイスブックには投稿しない。

いっそう安全な道を望む人、特にプライバシーに強い懸念を抱く人は、しばしばSNS上で当たり障りのないことを書く方向に傾く〔★27〕。彼らは、雇い主か教師、親、子供、重要他者を問わず誰が見ても差し支えないきわめて無難な情報に固執する。ソーシャルメディアは、グランピー・キャット〔不機嫌そうな表情で知られるネコ〕や、アンリ・ル・シャノワール〔哲学者風情のネコ〕に関する投稿のような、誰が見ても不快に思わないようなユーモアのある一般向け投稿であふれている。

ある人たちが自分たちに関するデリケートで恥ずかしくなるような情報の広がりを制御しようとして用いるいっそう危険な戦略は、それらの情報をインターネットから削除するよう法的対応を求めることである。これは奏功することもあるが、裏目に出る可能性も高い。ストライサンド効果はインターネット上の有名な事件である。〔歌手の〕バーブラ・ストライサンドがマリブ海岸の自邸を空撮されたとして、ある写真家を告訴したことに端を発する。写真家は政府の依頼でカリフォルニア海岸地帯の浸食状況を写真に記録し、それらの画像を、何千枚もの海岸線画像とともにオンライン上に公開した。彼女が五〇〇〇万ドルの損害賠償訴訟を起こすまで、その画像のダウンロード回数は彼女の弁護士チーム分も含め数回だけだった。しかしその後、何十万もの人がこの訴訟を知ると、画像のダウンロード回数は急増し、広範囲に拡散した。この効果は何度も繰り返され、いったんアップロードされたものを封じ込めようとする戦略が裏目に出やすいことの証明になっている。

技術的対策

少しでも技術に詳しい利用者はプライバシーの設定を規定値のままにしない。彼らは設定をいろいろいじり、文脈崩壊や公開、不法侵入そのものといった被害を減らそうとする。彼らは時間を割いて写真から自分の名前のタグを外し、友達にタグ付けしないように求めることもする。

それらの設定はしばしば複雑を極めるため、設定内容や、誰が何を見られるようにしたかを覚えておくだけでもけっこう苦労する。なかには一歩踏み込んで、「インターネット羞恥保険」のような商品で、プライバシーが気になるSNS利用者を手助けする革新的起業家もいる。このソフトウェアを使えば、自分の書いた投稿が指定した人以外に見られていないかを教えてくれるため、当惑するような開示を避けられる。

スナップチャットは、プライバシーを保護し、意図しない開示を避けられるように技術サポートする別のスマートフォン用アプリである。このサービスを経由して送られる写真や動画はすべて、受け手がそれを開封して数秒すると自動的に消去される。このアプリは、特に青年を中心にとてもよく使われているが、誤った安心感を与えている。受け手は二次装置を使えば、その写真を簡単に残せ、インターネットに上げられる。利用者はプライバシーポリシーの遵守を信じているようだが、連邦取引委員会は同社が利用者の位置情報を収集しないと誓約したにもかかわらず、それを行っているとして告発した[★28]。さらに悪いことに、スナップチャットのサーバーは他のサービスと同じように不法侵入に対して脆弱だった。ハッカーは送り手が「消滅した」と思っていた何千もの画像を流出させる「スナップニング」をちらつかせて脅しにかかる。これは、送り手が「消滅した」と思っていた何千もの画像を流出させることである。

不正アクセスを防止するための技術的対策は、表10・1にあるように三つの戦略を採用する。ウェブサイトやアプリケーションによっては、少なくとも現時点では利用できないものがある。パスワードや秘密の質問は最も

表10.1　ユーザー認証の戦略

認証戦略	例
利用者の知識	パスワード、暗証番号、秘密の質問への答え
利用者の所有物	IDカード、記章、クレジットカード、パスポート、携帯電話
利用者の本人性	指紋、網膜パターン、声紋、DNA

よく使われるが、プライバシーや不正アクセスに対する懸念から、組織はもっと安全な方法を講じようとしている。

たとえば二要素認証を用いるサイトがある。この認証は、パスワード入力だけでなく、第二検査を通過しないとサイトに入れない仕組みである。新たな装置からログインしようとすると、そのたびにウェブサイトから本人の電話に届くコードをパスワードと合わせて入力しなければならない。このように、サイトは利用者の知識だけで認証するのではなく、利用者の所有物、この場合であればその人の携帯電話も要求する。

オンラインプライバシーの最も強力な防御の一つは、もともと政府の通信を保護するために開発されたトーアである。トーアは、人々が匿名で通信し、ウェブサイトに自分の活動や場所を追跡されないようにするためのコンピュータと付属ソフトウェアからなる分散ネットワークである。トーアを使えば、利用者にサイトの物理的位置を隠したままウェブサイトも公開できる。

トーアは、ジャーナリストや活動家、政治的反体制派、内部通報者、匿名環境で極秘の話題について話しあいたい人たちのような、プライバシーと匿名を強く欲する人々に広く利用されている。しかし、匿名は犯罪組織やテロリスト、麻薬密売人、その他、法の目をくぐり抜けたい人のプライバシーも守る。トーアとその開発者コミュニティは、プライバシーと安全のバランスをとる必要性に関する多くの議論の中心にいることが多い。

プライバシーの今後

技術進歩もかつて確かに変化を引き起こしたが、プライバシーに関する規範は人類史上これまでにない速さで変わっている。たとえば電話の普及当初、裕福なロンドン市民は、電話機を使用人の部屋に置いた。誰かからの予告なしの電話は乱暴なプライバシー侵害だと見なされたからである。事前に訪問予告の伝言を手渡さないのはなんて失礼なことでしょう！　サイバースペースという絶えず発展と拡大を遂げる世界は、プライバシーについていっそうの混乱と論争、不透明感に拍車をかける。先のロンドン市民は、メールやテキスト、近況アップデートという、スマートフォンに流れ込む果てしない流入をどのように考えるだろうか。

こうした大混乱はインターネットが地球規模の技術であるだけに深刻である。プライバシー規範は文化や年齢、そのほか社会人口学的特徴においてきわめて地域差が大きいからである。我々のプライバシー理解が変わりつつあるなかで、法制度はかなりの後れをとり、心理的、社会的、経済的にきわめて大きな影響を持ちうる重要な訴訟があいついでいる。

「忘れられる権利」

グーグルの前最高経営責任者、エリック・シュミットはかつて、第8章の子供の発達でふれたように、青年は成人に達した時点で自分の名前を変えられるようにすべきであり、そうすれば、そのときどきのデジタル記録と縁が切れ、新たにやり直せると提言した。欧州連合（EU）ではプライバシーは人間の権利と考えられ、データプライバシー法は合衆国より厳格で、「忘れられる権利」が確保された。これによって、青年も他の誰もがシュミットの提案に近いことを行えるようになった。しかも名前を変える必要はない。基本的に、忘れられる権利は人々に、ある一定の条件のもと、自分に関するデータを消去する権利を与えた。

きっかけとなった事件は、一九九〇年代に経済的に困っていたスペイン人弁護士が資産を売却しなければならなかったことである。新聞がその取引を、当時はもちろん印刷された紙で報じた。その後、この記事はオンラインにあがり、過去の分が見られるようになった。弁護士は既にこの金銭問題を解決していたが、二〇一〇年、誰かがグーグルで彼の名前を検索し、結果一覧に当時の記事が表示された。新聞社は当該記事の削除を拒否したため、弁護士はグーグル社に索引データから検索結果を削除するよう求めた。その結果、この不利な記事は容易には見られないようになった［★29］。

同社は、グーグルは単なる検索エンジン、つまり媒体にすぎず、情報を管理しているわけではないと主張した。しかし、スペインの裁判所はそれを受け入れず、検索結果を「索引データから外す」ようグーグル社に言い渡した。

この裁判も含め、類似の判決は、どこまでが自分の情報として管理できるのかに関する多くの議論を巻き起こした。情報管理はプライバシーの定義そのものにかかわる中心要素だからである。言論の自由を支持する人は、行きすぎた管理は公益のためにならないと危惧する。たとえば議員立候補者は、一〇年前のスキャンダルに関する情報はインターネット上で「忘れられる」べきであると要求するかもしれない。法学者のウォーレンとブランダイスが初めてプライバシーの法的枠組を提案した一八九〇年当時、彼らもこの同じ問題を心配していた。忘れられる権利は、歴史が書き換えられるという予期しない結果をもたらしかねないからである。

プライバシー擁護派は、急増している監視や公開、プライバシー侵害の危険を引き合いに出す。同様に、大手のテクノロジー系企業がこうした個人データをすべて吸い上げ、それを利用して生み出された収益が、それに寄与した人に還元されないと、結果として不公平が生じる［★30］。合衆国の大半のテクノロジー系企業は、この権利によって地域ごとにさまざまなプライバシーポリシーが作られ、インターネットのさらなるバルカン化が進むとの立場から、忘れられる権利に強く反対する。どんな規模であれ、権利の履行は困難を極めるだろう。といいつつも予想どおり、起業家は忘れられる権利と無関係に、顧客のオンラインデータの確実な削除を可能にする新サービスの提供機会を確実に検討している。

予言

忘れられる権利、そしてプライバシー全般をめぐる議論は多くの問題を提起したが、答えはまだ出ていないし、そもそも合意に達するのは難しそうである。インターネットはいまや完全に幼年期を脱し、青年期に入ったとはいえ、変化し続け、我々すべてに新たな課題をつきつける。

ピュー研究所は、インターネットの発展にかかわる何千もの人が、オンラインプライバシーについてどのような未来を想定しているか、信頼できる確実なプライバシー基盤が出現するかについて、どう考えるか、関係者の声を集めた[★31]。彼らの予測は、プライバシーの消滅というとても暗い見通しから、プライバシー保護と競合する利害関係とのあいだでうまくバランスをとれるようになるという楽観的見通しまで、あらゆる範囲にわたった。

悲観的立場として、政府省庁のある顧問は「ビッグブラザー」を念頭に置きつつ、「ジョージ・オーウェルは楽観主義者だったかもしれない」と語った。多くの回答者は、ちょっとした利便性や無料の景品、インターネットで名声を得る一五分と引き換えに、オンラインで個人情報を快く開示してしまうことを嘆いた。世界中の注目を集め、大きな損害をもたらすような大惨事が起きない限り、プライバシーは失われ続けるだろう。企業と政府は、監視とデータ収集をいっそう進め、熱狂的で技術に詳しい、富める者は時間と知識、持てる資源を生かして、自分たちのプライバシーを守れるかもしれない。企業も政府も、大もめするまでデータ収集活動をあきらめないだろう。「すべての関係者にとって、個人データは手近にあって大きな収益をもたらす」と、ある教授は語った。モノのインターネットは、監視の遍在とプライバシーの葬儀への行進速度をあげる。

対照的に、楽観主義者はトーアのような監視妨害技術の急速な進展にふれる。政府の極秘情報を漏らしたエドワード・スノーデンによる暴露は、確固としたプライバシー基盤がいずれは作られるだろうと期待している多くの人たちの目を覚ました。人事管理局の何百万件もの職員記録が盗まれた大量ハッキングによって、強固なプライバシー基盤の重要性はさらに重みを増した。人々はインターネットの使い方や何を情報として提供するかについて、いろいろ学んできていると考える人もいる。ピュー研究所の調査に加わったある政策アナリストは「人々は、規範をどこまで発展させるか、その落し所に気付きつつある。人々はいっそう綿密に、きめ細かく制御しながら、適切な開示ができるようになるだろう。その制御の一部は技術支援の進展も関係しよう」と述べた［★32］。

私は楽観主義者の見方に傾く。その一因は本章で見た研究にある。確かに私たちは誰もが大失敗をするが、研究によれば、私たちは失敗から学ぶ方法と自分たちのニーズに合ったプライバシー戦略の取り方、つまり俗世間の関心に見合う内容をＳＮＳに投稿するか、それともデジタル足跡を追跡し、消去してくれるサービスを契約するか、そのどちらかにすべきか知っている。

多くの人はオンラインの危険に関して多くの知識を持つようになり、ひどいプライバシー侵害が発覚すると、積極的に抵抗する。電子プライバシー情報センターのようなプライバシー擁護団体は悪質なプライバシー侵害を公表し、立法やその他の圧力を通じて、いっそう適切な保護に向けた支援を取り付ける。

今後何年かのうちに現れるプライバシー基盤は陳腐化するかもしれないし、依然として不備もたくさんあるだろう。プライバシーに関して言えばインターネットは危険に満ちた場所であることを認めた上で、それでも私たちは自らの問題解決能力を信頼するしかない。我々自身のオンライン行動は、最大の危険の一つであると同時に、デジタル世界でもっとうまくやっていくために我々が学ぶ機会にもなっている。

第11章 時間つぶしとしてのインターネット

一年前、私はインターネットを止めました。インターネットは私に何も生み出していないと思ったからです。意義も感じませんでした。私は魂が乗っ取られたように思いました。

ポール・ミラー［★1］

技術記者のミラーは二〇一二年、本人曰くメールの回し車とウェブ上の情報洪水で燃え尽き、「技術を排除する」と決めた。彼は『ザ・ヴァージ』〔オンラインマガジン〕で働き続けたが、それは上司がこの計画に賛同し、すばらしいネタになるだろうと思ったことも少し関係している。ミラーはメールやウェブ、ソーシャルメディア、そのほかネット上にあるものをまったく使わないで記事を書き続けた。

自分の生活がインターネットを中心に回り、そして多大の時間をネットに費やしていることに不安を募らせたのはミラーに限らない。本章を読んでいる人の多くは彼の不安に共感するはずである。それは、私たちがおもしろい小道具とつながり放しの状態に浸っているという虚脱感である。友人が私に「目覚めるとすぐスマホをチェックする？」と尋ねた。さらに彼女は「私は起きてチェックすると、そのあと眠れなくなるの」と続けた。

個人のインターネット利用状況に関心のある研究者は「一週間あたり何時間オンラインを使っているか?」とよく尋ねる。しかし、スマートフォンや時計、グーグルグラス・ヘッドギアによるネット利用を考えると、我々はずっとオンライン上にいる状態が進行している。したがって、そうした質問はいまや意味をなさない。もちろん、Ｗｉ－Ｆｉを装備した電車の長時間通勤で仕事を仕上げることから、横断しようとしている道路に鉄砲水が迫っていることをただちに知らせてくれることまで、利点は数多くある。しかし、インターネットでの時間つぶし《タイムシンク》は我々の生活を脅かすようになるとともに、問題も起こしている。まずは、いわゆる**ワークライフ・バランス**から見ていこう。いまや「バランス」よりも「併合《マージャー》」のほうがふさわしく、新しい呼称が必要かもしれない。

年中無休

同僚は、あなたが夜間でも週末でもメールをチェックすることを期待するだろうか。上司はそれを望むだろうか。あなたは自分や同僚にそれを望むだろうか。特に不動産や営業、ジャーナリズム、コンサルティング、金融、保守安全のような業務についている場合、多くの人はそうする。雇い主が細かな方針をわざわざ書くまでもなく、あなたは、たとえば昇進をものにするとか、来たる一時解雇の対象にならないよう、たえず連絡を取り続けなければいけないと感じるのではないだろうか［★2］。

一九三〇年代、ジョン・メイナード・ケインズは、技術発展のおかげで、我々はほどなく週一五時間労働を享受するようになるだろうと予言した。しかし、そのようにうまくはいかなかった。その代わり、合衆国の人々はもっと多くの時間、ある調査によれば平均して週四七時間、働いている［★3］。彼らの休暇日数の利用はますます減っている。

ワークライフ・バランス

人々の職責と個人生活をやり繰りするようすに関する研究は、家庭でのインターネット接続が進んで一変した。とりわけモバイル機器が一般的になって、労働と個人生活がいっそう分かち難くなったからである。私の知りあいのある女性は仕事中もずっとブルートゥース・イヤホンを着けたまま、コンピュータに向かって仕事をし、コーヒーメーカーのある場所まで歩いて行く間もかなりの時間をおしゃべりに割いているらしい。彼女はコンピュータ画面の一角にウィンドウを開いて、友人や家族からのインスタントメッセージを受けられるようにもしている。複数のメディア機器を使っているにもかかわらず、あるいは、それがあるからか、彼女は仕事で好成績をあげている。彼女は、仕事をしているあいだも家族と絶えずこのように接触できないと、彼らと一緒に過ごすためにかなり休むことになるだろうと話した。

リンクトインは世界二七ヶ国の一万八千人あまりの専門家に調査し、より良いワークライフ・バランスは、人が新しい職に移る際の（給料に次いで）二番目に重要な理由であることを見出した［★4］。しかし、ワークライフ・バランスを改善することへの関心は年齢によって異なった。四〇代以上に比べると、ミレニアル世代はそのことにあまり関心がない。おそらく、それは彼らがまだ家族を持っていないか、仕事と個人生活が絡み合う「合併」モデルに満足しているからだろう。

境界を管理する

境界理論は、人々が職場生活と家庭生活の境界をどのように管理するのか、ある特定の境界の透過性をどう決めるのか、境界が交差する場面における役割移行を探求する。仕事と家庭生活の境界をうまく設定する一つの方法は、時間と空間、あるいはその両方で役割を分かつことである。たとえば、玄関に入った親は「ただいま」と挨拶する。それは、その声が聞こえる範囲の人全員に、仕事と家庭の境界を越えたことを告げる。この人は、まさに敷居をまたぐことで、自分の役割を仕事から家庭へと移行させる。

一九五〇年代を髣髴とさせるが、それは確かに『パパは何でも知っている』や『ビーバーちゃん』のようなテレビ番組で見られたような単純な境界である。しかし、どこでもインターネットに接続でき、モバイル機器があれば、時間と空間だけで仕切られた簡単な境界は消滅する。境界はいまやますます素通し状態になり、帰宅しても上司からテキストメッセージが届く。生活領域にいて親や配偶者の役割を担っているにもかかわらず、心理的には、そのテキストを読むことで一瞬にして仕事領域に引き戻される。

移動性は境界をいかに曖昧にするか

スマートフォンは一種のポータルである。インターネットが提供しているあらゆるものへの入り口であると同時に機器のサイズや可搬性から、多彩を極めるアプリへの入り口でもある。あなたに次回のドライブを促すカーサービス・アプリから、モバイル対応のオンライン大学講座まで、あなたのポータルはいつでも使え、すぐ手の届くところにある。携帯電話は同時にあなたの仕事上の役割ともつながっている。メールやテキストメッセージ、音声に加え、会社は社員にさまざまなアプリを提供し、彼らは外出中でも得意先を調べ、取引をし、売り上げにつながる情報を追いかけるために、会社のデータベースや他の資源を利用できる。

おそらくスマートフォンは、他のどの機器よりも勤務時間と非勤務時間との境界を曖昧にさせる。研究によれば、それは家庭生活に悪影響をもたらす。たとえば、ある縦断研究はニューヨークに住む複数の夫婦を二年間追跡し、家族生活や悩みの程度、メディア技術の利用量に関するデータを集めた。携帯電話の絶え間ない利用は「副次的」影響と密接に結びつき、仕事は家庭生活に悪影響をもたらすように入り込み、悩みをいっそう深め、家庭満足度を低下させた［★5］。

スマートフォンをいつも仕事とつながる状態にしていると答えた人たちは、スマートフォンが割り込んでくることに配偶者が不満を募らせると否定的側面を認めていた。彼らは、とりわけ運転中のスマートフォン利用は気が散ると答えた。ただし、こうした人たちにとって、スマートフォンは職場の「枷」どころか反対に解放者でもある。職場にいなくても、彼らは何か緊急事態が生じたら会社と連絡をとりあえばいいとわかっているので、それは彼らに制御感をもたらしている［★6］。

多くの場合、人は電話の呼び出し音を切り、テキスト受信を非通知にし、電話に応答しないようにしているはずであり、仕事と家族の時間との境界はたとえ曖昧だとしても、両者の境界をうまく管理できているように見える人もいる。別の縦断研究は、重圧のかかる製薬業界で働く高学歴の販売員を主な対象に調査を行い、携帯電話利用者の境界管理法と、その方略がもたらす副次的影響とのあいだに興味深い違いを見出した。「分節型」の人は、仕事と家庭の時間を厳密に区別し、仕事以外の時間でのスマートフォン利用を拒否していた。ある人は「仕事以外ではスマートフォンを使いません」と答え、「それだけのことです」と付け加えた。

二つ目は「統合型」である。この人たちは、はじめ家族の軋轢をいっそう深めるようなスマートフォンの使い方をしていた。しかし、やがて使いこなせるようになると、それに振り回されることはなくなった。ある人は次のように語った。

人はブラックベリー〔スマートフォン〕が職場に縛り付けるとこぼします。彼らはそれを電子枷と呼びます。私からすれば、自分自身の行動に責任を持てと言いたい気持ちです。ブラックベリーを持っているからと言って、二四時間待機しているわけではありません。誰かが夜の一〇時にメールを送ってきても、それを私が一〇時に読んでいるわけではないのです。［★7］

最も難渋している人、つまり「分節失敗型」の人はメディア技術を制御できない状態に陥っている。彼らは技術による作業負荷の増加を過小評価していたのである。彼らはいついかなる状況でも対応できるようにとの圧力にも抗しきれない。「いま文化全体に変化が起きている。昨日ようやく追い付いたと思ったのに、ブラックベリーのせいで、あらゆるものがどこまでも追ってくるようになった」。分節に失敗した人たちはいっそうブラックベリーに熱中し、衝動を抑えきれないように見えた。彼らはスマートフォンを絶えず確認しないではいられなかったり、それが手元にないといかに切り離されていると感じたりするかを語った。当然ながら、彼らの家庭生活が最も痛手を被った。明らかにメディア技術の使い方は個人差が大きく、自らの役割を分節する境界の管理に困難を覚える人たちがいる。彼らはスマートフォンを支給される前よりはうまく境界を管理できるようになったかもしれないが、この機器の魅惑的特徴には抗えていない。

分節に失敗した人の多くは「ネットの虜」である可能性も高い。すなわち自らの行動で生活に支障が生じているにもかかわらず、携帯電話やインターネットの利用を制御できない状態にある。彼らにとって時間つぶしは巨大な洞窟と化しつつあり、次節で見るように、彼らの行動は病的な姿を見せ始める。

インターネットの依存的特性

インターネット上のある心理的空間は非常に魅力的で、人を夢中にさせるため、長時間利用に走り、過剰利用を止められなくなる場合さえある。一九九〇年代半ば、人がインターネットに「溺れる」という見方はよく一笑に付された。しかし、逸話や調査から、ますます多くの事例が明らかになるにつれ、専門家の支援を求める人が現れ始め、大勢の人が詳しく知りたがるようになった。家庭や学校、図書館、企業でネット接続が一気に進むなか、水面下で現れつつあった行動上の問題を指摘するかすかな声が聞こえてきたのである。

いつものことながら、インターネットがらみのことがらや、インターネットと我々との関係は、どんなことであれ話が大げさになり、激しい議論と誇張の標的となっている。確かに「インターネット依存障害」という用語は、精神科医アイヴァン・ゴールドバーグが冗談のつもりで提唱した言葉で、そこには人々が日々の行動をすぐに病気扱いするようすをからかう意味合いが込められていた。

それにもかかわらず世間をにぎわせる話題となったのは、非常に長い時間をオンラインで過ごし、離れられそうにない、深刻な困難をかかえる人が存在するからである。後述するように、インターネットという場が持つある種の特徴には、こうした行動パターンを促す可能性がある。この現象をどう呼ぶかという問題にはあとで戻ろう。さしあたり、研究者が「インターネット依存」という用語を使う限り、こう呼ぶことにする。ただし、この用語が適切か否かにはかなりの論争がある。

この問題を診断する

キンバリー・ヤングは、インターネット依存に関する初期の研究を行い、その際、それを病的ギャンブルに似た性格を有するものとして扱った［★8］。彼女は、インターネット「依存者」と見なされる人と「非依存者」と見なされる人を分けるため、強迫性ギャンブル診断用の質問票を修正して用いた。依存者を抽出するための質問は八つからなり、五つ以上の項目に「はい」と答えた人が依存者とされた。質問を例示しよう。

■あなたは、インターネット利用を制限したり、減らしたり、止めようとして無駄に終わったことが何度もありますか？

■あなたはインターネット利用を減らしたり止めたりしようとすると、落ち着きがなくなったり、塞ぎ込んだり、落ち込んだり、怒りっぽくなったりしますか？

■あなたは思っていたより長い時間、オンラインにいることがありますか？
■あなたはインターネットのせいで、大切な人間関係や仕事、教育や昇進の機会を損なったり、逃したりしたことがありますか？

この調査の目標は、ギャンブル依存や、アルコールや薬物のような物質への依存を診断するために用いられる基準との関連を見ることだった。その主要な基準は、耐性、離脱症状、再発、制御欠如、仕事や学校、社会関係における否定的結果、明らかに有害であるにもかかわらずその活動を止めたり減らしたりできない状態の有無である。

回答者は、新聞広告や大学構内でのチラシ配布、インターネット依存専門の電子支援グループへの投稿、その他の手段を通じて募集された。調査には電話やウェブが用いられた。約六〇〇人の回答者の三分の二が「依存」基準を満たした。一見すると、この数字はとても大きく見えるが、回答者の内訳を考えると納得がいく。募集広告に応じた人は、おそらく本人ないし誰かがこの種の問題を痛感し、なんらかの理由でこの問題を気にしている人たちだったからである。

属性別で見ると、この調査に応じてくれた依存者は、一般に思われがちな人物像、つまりヘビーユーザーは一〇代か二〇代前半のだらしない男子というステレオタイプにあてはまる人ではなかった。彼らの六〇％あまりは平均年齢が四〇代の女性だった。さらに職業別に分析すると、四二％は主婦や障害者、退職者、学生といった「無職」カテゴリーに属し、三九％はホワイトカラーや非専門職だったのに対し、高度先端技術職の人は八％しかいなかった。しかし、非依存者は主に男性で、平均年齢は二〇代の後半だった。一般に、この種の調査にはなんらかの問題が見られるが、すべての問題が対象者に起因するわけではない。たとえば、きわめて多くの女性が依存者に分類されたが、この事実は一般に女性のほうがさまざまな心理的問題に対して支援を求める傾向が強く、自己開示をためらわないことも関係しているはずである。依存者と判定された人の大部分が女性で占められたという結果は、そもそも女性がそうした問題の影響を受けやすく、臆することなく自分たちの問題を認め、援助を求めているからだろう。

依存者と判定された人は、平均して週に三八・五時間をインターネットで過ごし、勉強とも仕事とも関係のない活動にあてていると語った。この数値は非依存群の平均利用時間である四・九時間のほぼ八倍に相当し、常勤職の仕事時間に匹敵する、とても長い時間である。

初期のこの研究はインターネットの依存特性に対する関心を掻き立て、その後多くの研究があいついだ。ヤングをはじめとする研究者は、技術変化や人間行動の変化に後れをとらないよう、質問票を見直し、新版を開発した。たとえばヤングの作成した拡張版はインターネット依存テストと命名され、二〇項目からなる［★9］。

他の調査はやや異なる行動を取り上げる。しかし、ほとんどが人々の日常生活を壊しかねない問題に注目する［★10］。表11・1は、これらの各種調査で評定される要素を見本項目とともに示したものである。最も重要な基準は、インターネット利用が学校や仕事、家庭に否定的影響をもたらす程度に関することがらである。ネット接続は実質的にどこでもできるため、オンラインで過ごす時間の長さはほとんど問題ではない。多くの人は「一日中ずっと」と答えるからである。あなたがオンラインで何をしているのか、つまりあなたが離れることのできない、使わないではいられないようなインターネット空間は何なのか、それが重要であり、たとえ長時間利用が深刻な問題を引き起こしていたとしても、それにくらべれば大きな問題ではない。

依存の有病状況は？

言うまでもなく、有病率は調査対象者や設問、「依存者」と「非依存者」の線引き次第で大きく変動する。たとえば、イタリアの高校生を対象とした研究では、重篤と区分された人は一％未満で、中程度の依存とされた

表 11.1　インターネット依存の判定調査で実際に測定されるもの

	要素＊	項目例
1	否定的帰結	私はネットをすることで、学校の勉強や仕事の成果に支障が出ている。
2	強迫的利用	私はネットをする時間を減らそうとしても、できないままである。
3	突出性	あなたは直前のネット活動について考えたり、次のネット接続が楽しみだったりと、インターネットのことで頭がいっぱいになっていると感じるか。
4	気分の調整	私は落ち込んだり不安だったりしたとき、ネットを利用することで気分を良くすることがある。
5	社会的快適	私は対面よりネットのほうが安心して付き合える。
6	引きこもりの兆候	私はしばらくインターネットをしないと、憂うつになったり、気分が落ち込んだりする。
7	現実逃避傾向	あなたは悲しみから心をそらし、否定的感情から解放されるためにインターネットを利用するか。

＊　要素は、標本調査の項目とともに、重要度の高いものから並べられている。

人は五％と、発生率はきわめて低かった［★11］。香港の青年を対象にした縦断研究では、発生率はもっと高く、二六％あまりの人がインターネット依存者と診断された［★12］。確かに中国や他の東アジア諸国では、とりわけ青年男子で依存者の割合が高いようである。成人でも依存者率は変動的である。ノルウェーの研究で依存者とされた人はわずか一％で［★13］、イランの成人を対象にした研究では、発生率は二二％にのぼった［★14］。

これらの数字をどう考えればよいだろうか。研究によって調査対象者は異なり、さまざまな欠陥をかかえる多様な測定手段が使われているため、単純には比較できない。ヤングの最初の調査に回答した人と異なり、最近の調査結果ほど、青年とりわけ青年男子は影響を受けやすいように見える。たとえば、中国の男子に対する影響は特に深刻で、小学生でも驚くべき速さで依存が進んでいる。中国では、「インターネット依存」はきわめて深刻な臨床的障害に分類されている。最近の傾向からうかがえるのは、ヤングが初期に得た結果は、当時のインターネット利用者の大半は一〇代後半の若者で、ネット接続できる若者は限られていたという事実に影響されている可能性が高い。次に見るように、青年男子を引き付けるオンライン活動、なかでもゲームは、当時はまだ始まったばかりだった。

インターネットの依存的空間

ギャンブラーにとってのブラックジャック、衝動買いする人にとってのブルーミングデールズ百貨店の特売、依存者にとってのコカインのように、人の欲求を抑えきれない様相がインターネットにもあるのだろうか。インターネット内には、現実世界でも強迫行為を起こしやすい脆弱な人が問題を引き起こすほど魅惑的な空間がふんだんにあるのかもしれない。しかし、有病率を査定した研究を精査すると、共通する環境が浮き彫りになる。インターネット依存検査で高得点をとる人は、ＣＮＮコムとかヤフースポーツにふれることはめったにない。代わりに、彼らは強迫的な過剰利用を起こしやすい一握りの環境を指摘する。

本質的に、こうした環境の多くは、オフラインで容易に利用できる依存環境をオンラインで利用できるようにしただけであり、ネットは単なる配送装置にすぎない。たとえば、強迫的ギャンブラーは現実のカジノを利用し、衝動的な買い物客は現実のショッピングモールに行ける。ポルノもオフラインの成人向け書店で簡単に入手できる。確かにインターネットは、携帯機器からいつでも入手できるようにしたことで、これらの行動を促すきっかけをもたらした。そして、ネットのおかげで人々は、他者に知られることなく、こっそりと好きなだけ没頭できるようになった。しかし、ネットはオフラインに対応するものが見当たらない空間も支える。たとえばゲーム利用は、依存テストで高得点をとる人たちが最もよく挙げる活動の一つである。

オンラインゲーム

オンラインゲームとファンタジー仮想世界が時間つぶしになる可能性を示す手がかりは、ラムダMOOのようなテキスト型MUDが世界中の人を引き付けていたネット草創期にある。色鮮やかな画像が使えるようになり、プレーヤーが急増すると、いっそう多くの社会科学者がこの現象を研究し始めた。たとえばライダー大学の心理学者ジョン・スーラーは、「ザ・パレス」と呼ばれる初期の双方向ゲーム世界における仮想生活を観察し、強迫的過剰利用に至るようすを記録に残した[★15]。利用者は参加費を払って、自分で選んだアバターを分身とする。彼らは葉巻やシルクハットのような小道具とともに、鮮やかに装飾された部屋を探索するために歩き回り、キーボードを使って他の住民とチャットする。

「ザ・パレス」のプログラマーたちも、プレーヤーの過剰利用を認識していて、パレスの住民にそれに気付くように何度も注意を促した。住民がチャット場面で、たとえば「「ザ・パレス」の最新版ソフトはどこで手に入るの?」と、「ザ・パレス」のことにふれると、プログラマーは愉快な変換をするように組んだ。プレーヤーが実際に入力した文の代わりに、「私の人生を食い尽くす、こいつの最新版はどこで手に入るの?」と表示するようにしたのである。ジョン・スーラーは、こう指摘する。「利用者は「ザ・パレス」のプログラムが他愛のない言葉に変換することに気付くと、彼の混乱は喜びに変わり、次には、おそらく人の目が気になり、問題を自覚するかもしれない」。

今日の多人数同時参加型オンラインゲーム(MMO)、なかでもロールプレイング版(MMORPG)は、人々が思った以上に長時間オンラインに没頭してしまうと語る活動の一位によく挙げられる。ゲーム利用に関する章で見たように、人々はさまざまな理由でゲームをする。ある人たちは達成感、つまりゲームの進み方を分析し、適切な装備や統計値を増やし、敵を打ち負かす戦法を考えることに引き付けられる。こうした没入型世界には、現実生活のストレスを忘れさせ、魔法にかけられたようなオンライン環境に逃避したい人たちを引き付ける別の強迫的特徴がある。プレーヤーがゲームに夢中になり、疲労や空腹、他者の存在を忘れるほどのフロー感覚の背景には、こうした没入性が存在する。

ゲームの社会的側面は、自由に振る舞えるリアルな空想世界でチームプレーやオンラインでの社交を楽しみたい人たちを引き寄せる。この要因は、現実生活での不適応が原因でゲームに走る孤独なはみ出し者というステレオタイプと相容れない。実際、ある研究によると、ゲームがいっそう社会性を帯び、利用者がいっそう社会的動機でプレーするようになると、依存行動の危険が高まるという。

こうしたよりリアルな仮想コミュニティでは、長寿番組であるシチュエーション・ドラマ『チアーズ』の熱心な視聴者のように、誰もがあなたの役名を知っていて、温かく迎え入れてくれることが魅力の一部になっている。あなたがそうした世界の一つで人気者となり、自分の自己呈示の仕方に満足すれば、あなたは懸命にそのペルソナを維持しようとするだろう。オンライン人格の形成には、時間と想像力、創造性が欠かせない。第2章の印象形成の心理学でふれたように、インターネット上でこの楽しい作業を達成するための独自の道具を手にし、とても見事にやってのける人もいる。容貌や他の外見を気にしなくて済めば、人はオンライン人格の外見や性格を思いどおりに設定し、修正できる。もしチャット画面の激しい流れについていける入力速度と機転、見事なプレー技能とユーモア感覚があれば、みんなから認められ、好かれ、尊敬されるだろう。

大半の多人数ゲームにはアバターの選択肢が無数にあるにもかかわらず、多くの人は魅力的なアバターを選ぶ傾向にあり、髪型やアクセサリーを選び抜いて、アバターを魅力的に仕立てようとする。たとえば「ワールド・オブ・ウォークラフト」で、プレーヤーは異なる敵対勢力に所属する一二あまりの「種族」、すなわちアライアンス側ではドワーフや人間、夜の妖精、ノームが、ホード側ではオークやアンデッド、トロール、ゴブリンのなかからアバターが選べる。限られた選択肢を見て、プレーヤーはそうした醜いアバターを選ぶのではなく、ホード側を避けた。その後、ゲーム会社が新たな種族として血の妖精を追加した。この魅力的アバターはたちまち人気を博し、多くのプレーヤーがホード側になびいた。データによると、最も魅力的な三つの種族である、アライアンス側に属する人間と夜の妖精、ホード側に属する血の妖精のどれかを選ぶプレーヤーが約四〇%を占めるという[★16]。

ゲームによって強迫的過剰利用をもたらす程度は異なるのだろうか。この疑問に答える研究は少ないものの、MMORPGは過剰利用をもたらす可能性の高い最有力候補である。MMORPGはとても強迫作用が強く、鮮やかな画像とチームプレー、実行可能だが困難な任務、レベルアップにともなって増える報酬を含むフローを生み出す特徴を持つ。十分な装備を身につけた経験豊富なチームしか対応できない高度な任務も過剰利用に拍車をかける。プレーヤーたちはオンライン上に集まり、任務を立案し、それを遂行するために一定の時間を確保するからである。奇襲の真っ只中にあって「ごめん、行かなくちゃ」とプレーヤーが言うと、仰天し、怒りの声が湧き上がる。チームの他のプレーヤーが攻撃にさらされやすくなるからである。

ソーシャルネットワーク

人を虜にする別のインターネット空間はSNSである。人々はSNSサイトでどのくらい時間を費やすのだろうか。多くの人にとって、実態は実際以上に長い。なかにはスマートフォン上でずっとアプリを開いたままという人もいる。ノートパソコンにあるウェブブラウザーに、いつもお気に入りのネットワークにログインするためのタブを設定している人もいる。

青年からベビーブーム世代までのアメリカ人を対象にした横断調査で、SNSのチェック頻度が尋ねられた。青年と若い成人の約三分の一が少なくとも一五分に一回はフェイスブックをチェックすると回答した[★17]。この数字から、学校の授業や家族の夕食の最中に、数回はSNSをチェックしているようすが浮かびあがる。

ツイートや通常のテキスト送信を含むテキストメッセージ全般については、はるかに多くの人が自分を高頻度チェッカーと見なしていた。スマートフォンをベルトに付けたり大型財布に入れたりするのではなく、手で持ったまま歩き回る人たちがますます増えているのは驚くに当たらない。そのため、画面を見ながら熱中することになる。メルボルンを訪れていた台湾の旅行者がフェイスブックアプリをチェックしているあいだに桟橋を踏み外して、海に落ち、警察に救助してもらう騒ぎになった。さらに、彼女は救出を待つあいだ携帯電話を持ったままだったこともあり、まともに泳ぐことさえできなかった［★18］。

女性たちは自分の仲間内でコミュニケーションするためにＳＮＳサイトを使用し、かたや男性たちは日常の少ないリアルな付き合いを補う手段としてＳＮＳを使用する。ＳＮＳ利用が生活や仕事で悪影響をもたらすか否かは、これらのサイトを長時間使う理由にかかっている。たとえば、外向的な人はＳＮＳの社交的側面を重視し、現在の関係を強めるために使う。それに対して、より内向的な人は、どちらかといえば少ない現実生活での交友を補う手段としてＳＮＳを頼るかもしれない。オンラインであれば、緊張しないで交流が図れるからである［★19］。

取り残される不安（ＦＯＭＯ）

少なくとも一五分に一回ＳＮＳをチェックすることは、「機会を逸する」ことへの強い不安、つまり、自分だけが取り残され、自分の社会集団で起きている重要なことに追い付けていないのではという恐怖心を意味する。「ＦＯＭＯ」はFear of Missing Out（取り残される不安）の頭字語で、一九九〇年代に現れ、オックスフォード英語大辞典にも掲載された。

ＦＯＭＯ「刺激的あるいはおもしろい出来事がいまどこかで起きているのではないかという不安。これの多くはソーシャルメディア・ウェブサイトの投稿によって引き起こされる」。

FOMOの研究では、世界中の多くの人に調査に答えてもらった。設問は以下のとおりである。「私は他の人が自分より充実した経験をしているのではないかと心配になる」「私は休暇に出かけているあいだも、友達が何をしているか、定期的にチェックする」「私は友達が何をしているかわからないと気になる」。その結果、年少者とりわけ男子は年長者と比較して、置き去りにされないかとの不安を感じやすかった[★20]。FOMO得点の高い人は、周りとつながったままでいようとして多くの時間を費やすが、それにもかかわらず、自分に自信がなく、つながりも弱かった。当然ながら、彼らはソーシャルメディアに熱中し、大学の授業中にフェイスブックをチェックし、運転中にテキストメッセージやメールもチェックしていた。

そこから浮き彫りになるのは、ソーシャルメディアにいることに振り回され、「輪の中に」いるか気にかける人の姿である。第7章でふれたように変率報酬スケジュールは強力で、メールやテキストメッセージ、SNSサイトをいっそう頻繁にチェックする習慣にすべての人を引きずり込む要因である。実際多くの人にとって、この傾向は極まりつつある。人々がずっと「スイッチの入った状態」を保つのはとても疲れるが、ネットから切り離され、自分が気付いていないことがあるのではと心配するほうがはるかに不安は大きいからである。

FOMOは、チームでプレーするゲーマー同士の過剰利用にもつながる。ゲーマーは参加している仮想世界で名声を獲得するが、それを維持し続けるためには頻繁に姿を見せなければならない。彼らは数週間、いや数日間でも姿を見せないと、重要任務から外され、人々の記憶から名声が消え去るかもしれない。ゲーム運営者は順位掲示板に各種の統計を載せるが、プレーヤーが離れているあいだに、その順位はすぐ下がってしまう。

オンラインオークション

意外にも、オンラインオークションは強迫的過剰利用につながりやすい別のインターネット空間であり、イーベイはこの空間の主役である。何か売りたいものがあれば、そのサイトに無料で登録し、品物の説明と、もしあれば写真も送り、競売期間や最低落札価格といった競売の詳細を決める。登録した品物はリストに載り、買いそうな人は、カテゴリーやキーワードで仮想オークション棚を探し回り、競売にかけられている品物を知る。競売品リストには、現時点の最高入札価格と入札者数、オークション終了までの残り時間が表示される。終了間際になると、残り時間は赤字で強調される。おそらく注目を集め、最後の瞬間のスリルを高めるのだろう。

「サイバースペース」という造語の考案者とされる小説家のウィリアム・ギブソンは、何年ものあいだネットを避け、メールアドレスさえ持たなかった。しかし彼はその後イーベイの虫になり、執着するようになった。ギブソンはアンティーク時計を収集していて、オンラインオークションが気分を爽快にする宝探しの手段であると気付いた。その興奮を、彼は次のように書く。

イーベイは、これまで私が見つけたもののなかでもいつでも戻ってきたくなるウェブ上の唯一無二のものだ。それは、とにかく私にとって初の「リアルな」仮想環境である。……

私はまだ実物を見ていないが、いまはこの時計を落札したくてたまらない。もし、この時計を他の誰かが落札したらどうしよう。私はオークションが持つある種の心理的吸引力を感じ始めた。これまで経験したことのない何かだ。[★21]

オークションがインターネットに登場し、終日営業で、ネットに接続できる人であれば誰もが参加できるようになり、ギブソンの言う吸引力はとても増幅されている。彼はイーベイへの没入を自制できなくなったことに気付き、「憂さ晴らし」のための悪癖を断とうと決心した。彼は数ヶ月間、逸品の獲得に没頭したが、結果として利用するオンラインサービスを厳選するようになった。

オンラインオークション利用者に関するある研究は、次のような質問を用いた。「イーベイ・ウェブサイトが利用できないと、私は不安になったり落ち込んだりする」「私はイーベイのオークションに参加すると、付き合いや学校、仕事、日々の役割に支障をきたす」[★22]。研究から、イーベイでの競りに駆られる人たちは、オークションサイトと自分自身の行動に関する認知も歪んでいるようすが明らかになった。オンラインギャンブルに長時間興じていることを認めなかったり、過去の損失を無視し過小評価したりするギャンブラーと同じように、オークションにはまっている人も自分の行動をいろいろと正当化した。たとえば、彼らはそのアンティーク時計が本当に必要だった。さもなければ、自分がいかに巧みに最後の数秒でささやかな装身具を競り落としたかをひけらかした。

オークションで取り憑かれたように競り合い、悲惨な結末を迎えた人は枚挙にいとまがない。ある人は、仕事時間中にオークションサイトで多くの時間を使っていたことが雇い主に発覚し、解雇された。注ぎ込める以上の出費をする人も多い。感情の揺れ幅も大きい。入札者は競り勝つと舞い上がるが、土壇場で競り負けると、多くの場合、怒りを爆発させる。三七歳の弁護士補助職の女性は、イーベイでアンティークの鏡を落札しそこなったときの嘆きを次のように書く[★23]。

私はオークションが終わる時間に合わせて帰宅しました。……終了まで二五秒ほどありました。再読み込みボタンを押しては画面を更新していました。残り二秒という時点で競り勝っていたので、私はとても満足し、幸せな気持ちでした。……再読み込みボタンを押した次の瞬間、その画面で私は負けていました。誰かが最後の一秒で高値を入れたのです。私は本当に気が動転して、「うそ、うそ、うそ」と叫び始めていました。……自分を落ち着かせることができませんでした。……

原因と治療

自分の仕事や家族、はては自身の人生までも危険にさらし犠牲を強いるインターネット空間に、人はどうして引き付けられるのだろうか。

インターネット利用にかかわる依存行動の原因に関する研究では、低自尊感情や抑うつ、敵意、情緒不安定といった心理的問題がよく指摘される［★24］。しかし、原因と結果は複雑に絡みあい、こうした問題が原因となって人々に問題のあるインターネット利用がどのように起こるかは定かではない。これらの問題のいくつかは結果でもありうるからだ。たとえば、抑うつや低自尊感情が原因で、オンラインゲームの生き生きとした空想世界に逃避するのかもしれない。その世界で、彼らは力強い人格を作り、自らの仮想アイデンティティをうまく制御できる。他方、なかには、懸命にオンラインでの活動を制御しようと試みるものの、うまくいかなくて落ち込む人もいるかもしれない。こうした否定感情は原因にも結果にも十分なりうる。

脳の変化

研究者は、脳のさまざまな変化と過度のインターネット利用とのあいだに関連が見られることを明らかにしてきた。たとえば強迫的インターネット利用者の脳は、報酬や感情処理にかかわるとされる部位で特異な活動パターンを示す。認知障害と関連する大脳白質の統合性が劣っていることを見出した研究もある。高依存の重篤なゲーマーでは、脳のいくつかの部位で灰白質の量が少ない［★25］。機能的磁気共鳴画像法（ｆＭＲＩ）による研究では、依存的と診断された成人で結合性の減少が見られた。インターネット依存と診断された人と健康な人とのあいだには神経化学的な違いも見られ、とりわけ報酬や感情にかかわるとされる神経伝達物質であるドーパミンを含む神経系で顕著だった［★26］。

ギャンブル障害者と薬物・アルコール依存者では、似たような脳内変化パターンが見られる。興味をそそられる仮説は、さまざまなタイプの依存行動の背後には、それらが特に脳内の報酬系にかかわる際、同じメカニズムが進行するというものである［★27］。もしこうした類似性が確認されれば、ギャンブル行為とインターネットの過剰利用は、依存行動全般の基盤を研究する上で大きな意義を持つだろう。なぜなら、物質乱用と異なり、こうした「行動的」依存は、それ自体が神経生理学に影響を及ぼす有毒化学物質を含まないからである。

苦しむ人を治療する

問題のあるインターネット利用に特別な援助を提供する治療センターが、合衆国やオランダ、中国、韓国、台湾、英国を含む多くの国々で開設されつつある。インターネット依存が何百万もの若者に影響をもたらす深刻な臨床的障害と見なされる中国では、軍隊式の基礎訓練キャンプが治療センターとして誕生している。心配した親が、一〇代のわが子を、たいていは本人の意思に反して、キャンプに連れてくる。彼らはそこで厳しい教練研修と運動訓練を受ける。若者は質素な環境で生活しながら、キャンプで数ヶ月を過ごし、料理や清掃、いろいろな生活技能を学ぶ。映画監督のヒラ・メダリアはこれらのキャンプに関するドキュメンタリー作品『ウェブジャンキー』を共同制作し、こう語った。「大半の子供たちは、どこへ行くのか知らされないまま無理やり連れてこられる。なかには薬物中毒者もいて、子供たちの一人はスキーに行くと思っていたら、センターの鉄格子のなかにいた」［★28］。

ほとんどの治療センターは、あまり過酷な管理を敷かない。たとえばペンシルベニアのあるセンターでは、患者は本人の意思で一〇日間滞在できた。このあいだに患者はさまざまなタイプの治療を受け、それによってインターネットの利用を制御できるようになる。彼らは治療に先立って、インターネット利用を止めるように言われることはなかった。仕事や対人関係、一般的な楽しみにおけるネットの重要性を考えると、完全な遮断はほとんどど不可能に近い。しかし彼らは、ネット内外の活動のバランスをうまくとれるようになるまでのあいだ「デジタルデトックス」に耐える。

有望な心理学的治療法に**認知行動療法**（CBT）があり、これは他のタイプの依存の治療にもよく用いられる［★29］。この治療法の焦点は、インターネット利用を自律的に減らすための具体的目標を設定し、その達成への動機づけを高め、現実生活で交流を広げ、自由時間のいっそう建設的な利用法を考え、バランスのとれた日課を回復することにある。患者は、再発を予防し、対処技能を高める方法も学ぶ。

この種の療法のいくつかの要素は、コンピュータ画面の上部に目覚まし時計を貼りつけるのと同じくらい単純である。問題のあるインターネット利用に見られる共通症状は、長時間のオンライン利用を認識していなかったり、何時間も費やしたことを認めようとしなかったりすることである。時間はあっという間に過ぎ、人は「あと三〇分ぐらいプレーしたら、仕事に戻ろう」と言いながら夢中になり、結局長い時間を無駄にする。目覚まし時計は頑固な審判となり、「時間切れ！」と叫ぶ。

ソフトウェアツールも有効である。「ステイフォーカスト」と呼ばれる、グーグルクローム・ウェブブラウザー用の拡張機能は、利用者の設定した時間が経つと、長時間利用したウェブサイトへの接続を断ってくれる。スマートフォンのチェックを止められない人は、「ブレイクフリー」のようなアプリを試すとよい。このソフトウエアは、さまざまなスマートフォンアプリでの実質的な利用時間を計算して、詳細な統計を表示してくれる。そして、家族と一緒に時間を過ごしたい夜の六時から九時までのあいだ、そのスマートフォンでのインターネット接続を遮断する。

衝動の制御や依存を含むさまざまな問題の治療には薬物療法も用いられる。たとえば、物質乱用や病的ギャンブルの治療には抗うつ剤ブプロピオンが使われる。ドーパミンの経路にブプロピオンが及ぼす効果と同じように、強い欲望を鎮めてくれる可能性が高いからである。ある研究によれば、この薬物には、依存的ゲーマーのプレー欲求を六週間抑える効果が見られた［★30］。

治療がしばしば功を奏することは朗報である［★31］。治療を望む人には改善が見られ、抑うつや不安はほとんど消え、オンラインで消費する時間量をうまく制御できるようになった。

新参者の病気?

ネット上に引きずり込まれそうな環境がある若者にとって、別の一縷の望みは時間による解決の可能性である。たとえば、キンバリー・ヤングの初期の研究によれば、依存者と非依存者とでは、ネット経験歴に際立った差が見られた。依存者に分類された人の大半は新参者で、八三％がオンラインに参加するようになって一年以下だった。しかし、非依存者の大半は古参で、インターネット経験が一年未満という人はたった二九％だった。この数字が物語るのは、人々はオンラインを試し始めて数ヶ月以内ではまり、あっという間に病みつきになることである。しかし、ある人たちにとって「はまる」ことは、時間管理能力が身につくまでの一過性の現象であるという別の解釈も成り立つ。これらの仮想世界への参加と興奮が一段落すると、インターネット利用者は不毛な活動に多大の時間を費やしていたのかもしれないと気付き、彼らの多くがネットから離れ、より健康的なバランスを築く。

メアリー・マクマランの『The Psychology of Addiction』（依存の心理学）によれば、依存行動は必ずしも進行性ではなく、その行動の出現と消失は日常的に繰り返されるという。

そのときの状況と、その状況に対処するための本人の技能に応じて、没入の程度は変化する。たとえば、多くの人は薬物をずるずると使い続けたり、使うのをやめたりする。その結果、彼らは就職と失職や、伴侶との安定した関係の構築と破綻、快適な住宅の獲得と喪失を繰り返すことになる。［★32］

おそらく同じことは問題のあるインターネット利用にもあてはまるだろう。「ネットの虜」になっていることを自覚している人は、それを一掃することもできる。とりわけ、彼らが問題を認識し、解決に向けて努力し、前に進もうとすれば達成しやすくなる。

「ザ・パレス」の元「依存者」は、自分がそのゲームから抜け出した方法と理由をジョン・スーラーにあてて書いている。彼は、スーラーの「ザ・パレス」に関するウェブサイトに影響を受け、席に座ったままアバターとやりとりしていてエイブラハム・マズローの言う自己実現が達成できるのか疑問を持ち始めた。

> 私はあなたに「ありがとう」とお礼を言いたい。私は九月の大学入学以来、「ザ・パレス」に入り浸っていた。それがゆっくりと、しかし確実に私の（ささやかな）時間と社会生活を吸い取っていることに気付いた。……私はそれに溺れていた。何度も止めようとしたが、これで最後と決めたつもりだったのに、その数時間後には戻っていた。……とにかく夜中の二時ごろ、私は資格を持つゲストに私の登録コードを譲り、ウィザードに登録の抹消をお願いした。それは少しだけ感動的な退場で、私のハードディスクから例のプログラムを一掃した（とても興味深いことに、ローラーブレードが「ザ・パレス」の代わりになることを知り、「ザ・パレス」をしたくなったときはそれで街へ出かける）。［★33］

確かに、やりすぎる傾向のある人にとって、インターネット上の最も魅力的な空間の過剰利用を抑えるのは至難の技に見える。とりわけ、もし彼らが他の領域で強迫行動を見せるときにはより困難を極めよう。強迫行動の向こうにいる人の存在、またこうした過剰行動に走る理由を考えることが重要である。

苦悩の命名——依存？ 過剰利用？ 自己耽溺？

どの程度をインターネットの過剰利用とするかに関する議論と同時に、これをどう呼ぶべきかという問題でも熱い議論が渦巻いている。すでにふれたように、多くの研究者は、病的ギャンブルに似た診断基準をもとに**インターネット依存障害**という用語を用いる。他の用語としては、強迫的過剰利用や問題のあるインターネット利用、インターネット依存状態、病的インターネット利用がある。

「インターネット依存障害」は、『精神疾患の診断・統計マニュアル』（DSM）の第四版（一九九四年、二〇〇〇年改訂）には収録されなかった。これは精神障害を分類するアメリカ精神医学会から発行されている専門書である。しかし、多くの研究者、なかでもこの現象を研究する研究者は、第五版に収録されるものと考えていたが、二〇一三年刊の同マニュアルには収録されなかった。ギャンブル依存障害は「物質関連障害および嗜癖性障害群」の章に収録された。「インターネットゲーム障害」は同マニュアルの第III部に名前が挙げられた。ここに収録される病状は、正規の障害と見なされるまでにさらなる研究を要するものである。

これまでに明らかにされた個別事例を見る限り、ネット上の特定の仮想空間に入り浸ることがその人の現実生活に深刻な影響をもたらすことは否定できない。たとえば、チャットルームやSNS、ゲームで長時間過ごす学生は、勉強や交際にほとんど時間を割かず、睡眠すらとらない。彼らは授業をさぼり、徹夜し、落第するのを待っているように見える。もちろんインターネットは不夜城であり、戦闘相手のドラゴンには事欠かないし、チャットルームも開いていて、明け方の三時か四時に近況を更新する。ニューヨークのある大きな大学では、新入生へのコンピュータやインターネットへの設備投資を増やした途端、彼らの中退率は劇的に高まり、大学管理者によれば、中退者の四三％がインターネットで徹夜しているという。

ネットに関する警告はあるものの、多くの研究者や臨床医は「インターネット依存障害」という病名は時期尚早で的外れであると考える。人間行動の大半を病理と見なす風潮に対する懸念はきわめて現実的である。おそらく、これらの大半の事例は自己耽溺の問題であり、自制の欠如であり、井戸端会議の無駄話で過ごすようなものである。インターネットに関連づけて、「A」（依存）や「D」（障害）で始まる単語を曖昧なまま使うと、疾病リストを長くするだけで、むしろ悪い結末を招きかねない。インターネットには、心理的に引き付ける領域があり、それをそのままにすると、あまりにも多くの時間を奪いかねないが、私たちはその理由を理解しつつある。いまでは研究や個別事例が十分に蓄積されているので、こうした心理的空間の特徴を特定し、その魅力の影響を受けやすい人に気付くこともできる。

しかし、インターネットはコカインでもなければアルコールでもニコチンでもない。インターネット環境が時間つぶしと化す可能性を理解すれば、そうした問題を克服し、もっと有意義な活動に戻ることができるだろう。手に入るさまざまな治療法や手段を使えば、彼らの多くは現実生活から完全にテクノロジーを排除しなくてもうまくやっていける。

第12章
豊かなインターネット生活へ

インターネットはあまりに広大で、成長速度も速く、そのため、誰もそのほんの一部しか知らない。これが人をインターネットの虜にする理由の一つである。実際、マウスをクリックし、新しい場所を探っていると思わぬものに出会う。グーグルは、訪問者を驚かせるため、ときどきサイトに「隠し機能《イースターエッグ》」を仕込み、そのことを我々に気付かせようとする。『ダラス・モーニングニュース』のある編集者は、そのいくつかは楽しすぎて、平日の空き時間がそれで埋まってしまうとこぼした［★1］。グーグル・ハングアウト〔統合メッセージ・サービス〕で、同僚に誕生日メッセージを送ろうとして、チャットボックスに「誕生日おめでとう」と入力すると、紙吹雪のなかに魔法使いが被る先のとがった紙の帽子の生き生きした絵文字が、スクリーンに躍り出る。さまざまな隠しコマンドはたくさんの楽しみをもたらす。グーグル・ハングアウトで「/ponystream」と入力すると、画面上をカラフルなアニメのポニーの群れが横切る。

善玉、悪玉、厄介者

これまで見てきたネット上の空間は、我々の生活や社会全体の価値に関する意見の多様性に貢献するかもしれない。一人ひとりが参加するネット上の場所は異なり、ソーシャルメディアのような共有空間内であっても、そこでの経験は個人によって異なり、結果として著しく異なる見方を我々にもたらす。

ネット初期のパイオニアのなかには、天文学者からハッカー追跡者に転じたクリフォード・ストールのように、インターネットの仮想生活にほとんど価値を認めない人もいる。『インターネットはからっぽの洞窟』で、ストールはこう述べる。

> インターネットは非実在世界で、溶けてなくなるティッシュペーパーのように空虚だ。インターネットは、知は力なりというアイコンをこれ見よがしに点滅させながら、私たちを笑顔で手招きする一方で、この非実在世界は私たちに現実の時間を差し出すよう求める。[★2]

ニコラス・カーは、よく知られるようにグーグルは我々を愚者にしつつあるのではないかと疑問を呈し[★3]、集中力の持続時間がどんどん短くなっているようすを嘆く。人々はいまやリンクからリンクへと飛び回り、本文をきちんと読まないで、せいぜい斜め読みするぐらいである。

> この数年間、私はイライラしっ放しである。誰かが何かが私の脳をずっといじくり回し、神経回路を再配置しているようなのだ。……以前は容易に本に没頭できた。……いま私の集中力は一、二ページ読んだだけで尽きてしまう。[★4]

オンラインコミュニケーションには現実世界での会話を減らすとともに「浅薄」なものにし、ひいては人間関係を希薄にする可能性があり、そのことに多くの人は不安も感じている。MITの教授であり、『つながっているのに孤独』の著者であるシェリー・タークルは、我々が単なるつながりのためにおしゃべりを犠牲にしていると考える［★5］。アイコンタクトを続けることが、若者たちにとって学ぶべき新しい技能のようになりつつある。彼らは、デート中にもかかわらずスマートフォンばかり見ているからである。一六歳の少年は、彼女のインタビューにこう答えた。「いつか、そのうち。だけどいまではなく。僕はおしゃべりの仕方を教わりたい」［★6］。

プライバシー喪失や中毒的脱抑制、強迫的過剰利用、多重処理、セキュリティ脅威、自己陶酔、「ツイッター裁判」、これらはすべて確かに不安材料の種となりそうな動向である。しかし、私が本書で述べた研究の多くは別の姿を描き出し、多くのインターネット環境が我々の一番良いところを引き出す楽しい場所であることを示す。たとえば、援助を求めてオンライン支援グループの一つを訪れた人の誰もが、まったく見ず知らずの人による驚くほど深い思いやりと人間的やさしさを目にするはずである。私たちは、彼らの思いやりがどの程度「本物」なのかと疑いを持つかもしれない。しかし、彼らは明らかに他では見られそうもない献身と愛情を形成する。逆説的にいえば、ネットのある側面が我々の思いやりと寛容性を引き出し、引っ込み思案な人を殻から連れ出すのである。

技術決定論の再考

ネットのある生活に価値を認めるのであれば、私たちはその生活の一端を担い、ネット技術と、ネット内で起きることがらを導く立場にある。しかし、一介のインターネット利用者が実際のところ、インターネットのような巨大技術のゆくえにどこまで影響を及ぼしうるのだろうか。歴史学者は技術決定論の見地から、このような問いを何年もかけて議論してきた。インターネットのような発明は、いったん定着したあとでも、社会の歴史を動かすのだろうか。手挽臼は我々に封建領主社会をもたらし、蒸気挽臼は社会に産業資本家をもたらした、というカール・マルクスの見解にもとづけば、もし蒸気挽臼が発明されていなかったら、私たちはみないまだ奴隷や貴族として生活していただろう。はたして発明はなされ、それに続く社会変化は激しかった。一極集中型の大量生産技術がひとたび行き渡ると、権力と生存の経済学は変化し、それとともに我々の社会構造も変化した。我々の価値観と信念も技術革新の影響を受け、大きく変わった。第一次世界大戦中に登場したマシンガンが、いかに私たちの戦争観や戦術、犠牲者数の見積もり、兵士観をゆるがしたか考えてみよう。

こうした議論の反対側に位置するのが社会構築論である。この立場は技術革新を原因ではなく結果と位置付ける。社会や文化の推進力が増すとともに、技術躍進の土台が築かれる。それは、おそらく人材と資本を既存の問題の解決に向かわせるからであろう。例を挙げよう。クイズ番組『ジェパディ！』〔危機の意〕で、回答者はよく知られた「答え」から正しい質問を推測する。「一八九五年、彼の発明した無線電信は、新たな無線通信時代の到来を告げた」。この正解は「グリエルモ・マルコーニはどんな人物か？」である。しかし、世の中には発明者を思い出せない技術もあり、その一因に発明者を一人に絞れないことがある。社会の推進力と潜在的利益は多くの人を引き付け、その問題について考えさせ、解決策を見つけ出させる。その人たちとは、ガレージの孤独な発明者かもしれないし、資金の潤沢な工学者チームかもしれない。ある技術問題に取り組む人が増えれば、それによって誰かが解決策を「発明」する可能性も高まる。ときとして、このことはきわめて明確になる。米ソ対立が、一九六〇年代の宇宙開発競争に多大な投資をもたらし、その結果として、両国で多くの新たな宇宙関連技術が発展した。潜在的な社会的推進力は明確でないときもあるが、それでも、その推進力は存在する。そして、新しい技術が広く浸透する際はいつも、社会的推進力が確実に後押しする。

けれども技術革新は、他方で社会変化の原因と結果の両方になりうる。しかも、そのいくつかの特徴は原因と結果の両方に影響を与える可能性がある。第1章でふれた経済学者のロバート・L・ハイルブロナーは、社会主義環境にくらべ、規制に縛られない資本主義環境ではより多くの決定論が存在すると示唆した。それは新興技術を支配したり、導いたりする組織的な社会機関がないからである。

トーマス・ヒューズは**技術の勢い**という語を提案し、ある技術が、その発展段階のどこかで、社会変化をもたらすほどの巨大な力を持つ理由を明らかにした。

技術システムは原因と結果の両方でありうる。すなわち、それは社会を形作り、社会によって形作られるからである。技術システムが巨大化し、複雑さを増すと、システムが社会を形作る動きは強まり、社会の影響力は弱まる……。社会構築論者は生まれてまもないシステムの作用を理解する鍵を握っていて、技術決定論者は成熟したシステムによって、その真価を認められる。［★7］

インターネットは技術決定論と社会構築論のあいだのどこかに位置づけられる。ネットは学問世界と研究機関に起源を置くが、いまや、その土台を凌駕するほどの存在になり、ほとんどすべての種類の人間活動に組み込まれている。その年数に比して、心理学的に言えば、ネットの成熟度はばらつきが大きい。多くのネット空間は中年期にさしかかっている一方で、他の空間はまだ幼児期にいる。しかも、新規で革新的なオンライン環境の出現率は高まっている。全体として、ネットは成熟技術とは言いがたく、現在のハイテクなモバイルアプリ類も一〇年後には最初のパックマンゲームのように古風で趣のある技術になっているかもしれない。

世界中で政府の果たす役割もまだ定まらず、議論百出である。オンラインコミュニティをまるごと押さえ込もうとして閉鎖を試みる政府もあるが、進取的な人々によってすぐに封鎖回避策がとられる。合衆国では、インターネット規制において連邦通信委員会の果たすべき役割が、ネット中立性〔ISPはネット上のあらゆる情報を平等に扱うべきであるとする考え方〕をめぐる白熱した論争で明らかなように、まだ決着がついていない。

デジタル資産の所有権と継承に関する法制度も曖昧なままである。たとえば、あなたの電子書籍や音楽、写真、動画、文章、ゲームキャラクター、その他の電子資産は、死後どうなるのか。サービス利用規約にはしばしば、利用者のアカウントは本人の死去によって消滅するので、遺族に権利はないとある。しかし、デジタル資産の価値は、経済的にも心理的にも高まる一方である。それらは大切な記憶を蓄積していて、もっと思いやりを持って移行できるよう国会議員も立法を検討している[★8]。

これらの要因は、インターネットが重装甲戦車のように社会的推進力の影響を受けないものではなく、いまなお順応性の高いものであることを示唆する。言い換えれば、インターネットの発展に我々自身が貢献する絶好の時期であり、政治環境も望ましい状況にある。

共同謀議にふさわしい場所

「エンパワーメント」〔権限を与えること〕という言葉がインターネットと結びつけて語られるとき、ネット技術が持つ権力拡散の潜在力が念頭に置かれる。権力はオンラインでは複合的で、政府や法人、特に大手の主要な技術系企業は人々の認識よりはるかに多くの膨大な権力を保持する。しかし、テレビやラジオと異なり、インターネットの権力構造はより流動的で、ふつうの人でもときとして権力を手にすることがある。私たちは本書で、個人がときに卑劣なデジタル私刑モブやハッカー集団としてだけでなく、より広い目的のために、ネットの能力をどう活用できるか、その多くの例を見てきた。ジャーナリストのエスター・ダイソンはネットの将来をこう語った〔一九九七年〕。

インターネットは（多くの強力なツールと同様に）良いことにも悪いことにも使えるが、弱い立場の人に強い力を与えることは強調されてしかるべきである。つまり、ネットは良くも悪くも中央権力に抗い、その善悪にかかわらず分散勢力の共同行動を支援する。換言すれば、ネットはプロパガンダには力不足でも、共同謀議には最適な道具だ。［★9］

我々インターネット利用者はみな「分散勢力」と「共同謀議」の構成員である。もし私たちが良いことを促し、悪いことを止めたいのであれば、我々にはそれを可能にする選択肢がある。私はここまで膨大な研究を引用しながら、オンライン環境のさまざまな影響過程や、我々の善と悪、ネットの光と影を見てきた。我々はサイバースペースに接続したからといって新人類に変異するわけではないが、現実生活での行動に影響を及ぼす心理要因はオンラインでは異なった働きをする。環境が両者で異なるからである。我々が両方の環境とそれがもたらす影響について理解を深めれば、より良い環境形成のために我々が貢献できるチャンスも広がる。

オンライン世界を形作る

私は本書で「インターネットを人間生活に適した場所にするための十ヶ条」をかかげるつもりはない。人間行動はこのような抜粋をかかげるには複雑すぎ、あなたがインターネットのさまざまな場所に立ち寄り、そこで経験する可能性のあることがらの範囲はあまりにも広すぎる。すでに本書を通じて、あなたは、人がネットからどのように影響を受けるのか、そして私たち自身の行動がネット仲間にどのように正負の影響を与えうるのか、そのようすを見てきた。インターネット利用者にとって特に重要なテーマは、エンパワーメントの可能性に関するものである。その最初のテーマがメタ議論、いわば議論に関する議論である。

メタ議論

あなたが代替医療に関するオンライングループに参加したとしよう。参加目的は、不安の治療にセイヨウオトギリというハーブを使ったことのある人の話を聞くためである。そのグループのメッセージをいくつか読んでから、初投稿を試みる。そのなかに、商品名や入手先、価格を書き、さらに、その使用経験の質問も含めた。翌日、ある参加者からあなたの投稿を非難する書き込みがなされた。あなたの発言は投稿を装った広告で、このフォーラムでは広告は禁止されているとの指摘だった。別の投稿者は、いまどきＦＡＱ〔よくある質問〕を読まない人がいるとは、とユーモアを交えながら嘆いた。また、別の人からはメールで届いた。そこには送信者自身の自己紹介と、ハーブの経験談が書かれていた。そのメッセージの最後には次のような追伸があった。「ところで、このグループでは商品名は出さないほうがいい、宣伝と勘違いされるから。あなたのことを業者か関係者のように思う人もいるかもしれないし」。

あなたは商品名にふれたことで、故意ではなかったとはいえ集団規範を犯した。この違反行為に対する反応は三者三様で、三人の異なる戦略は別々の心理効果をもたらす。最初の人は攻撃的かつ感情的に攻撃してきたため、あなたはただちに皮肉っぽい反撃に出かねない。あなたは不当に非難されたように感じ、同じくみんなの前で反撃するという強い誘惑にかられるかもしれない。もし、あなたがそうできないほど内気で、この返答しか受け取っていなければ、おそらく、良い印象を持たないままこの集団を去るだろう。

三番目の人物はあなたの質問にメールで直接答えてくれた。あなたの照会に敬意を払い、質問の趣旨に関心を持ったことも伝わってくる。この二点は文字どおりの社会的報酬になっている。みんなの前ではなく個人的に規則の存在を説いている点も評価できる。その人は、あなたのことを狡猾な業者ではなく些細な間違いをしただけの人物と見なし、友達になってくれた。彼の支援のおかげで、あなたは集団にとどまり、フォーラムの外で個人的にメールしあい、代替医療フォーラム内の数人が偉そうにしているようすを笑いあうことだろう。二人は互いの症状に合った適切なハーブを考え付くかもしれない（もしかしたら、これが実質的なカモミールなのかもしれない）。

インターネット上の膨大な数の人間同士の相互作用は、人々が当のテーマから離れて、議論そのものの本質について熟考するメタ議論でできている。コメント欄では、たとえば、煽っているのは誰か、それにどう対処すべきなのかといった長期にわたるやりとりをしばしば目にする。このようなメタ議論を対面場面で見かけることはほとんどない。そこでの規範や期待は一般に安定していて、よく理解されているからである。

本書の観点からすると、「メタ・メタ議論」に若干ふれるのは意味があるかもしれない。こう言うと心理学の俗語のように聞こえるかもしれないが、私が言いたいのは、メタ議論の口調と表現様式が大きな心理的影響力を持つ可能性がある点だ。たとえば代替医療フォーラムのやりとりで見られた三種類の叱責は、メタ議論の扱い方ひとつで影響が劇的に異なる好例である。

私たちはネット上でのメタ議論に慎重でなければならない。特に、仲間内のメール配信リストのようになかば公の場でなされる場合や、明らかに批判と受けとられそうな意見を含む場合である。メタ議論の好ましい面として、集団規範の合意形成を図るのに重要な働きをすることが挙げられる。他方、好ましくない面として、不協和音や集団崩壊につながりかねない緊張を生み出す可能性が挙げられる。第3章の集団力学でふれた集団極化現象は、議論同様、メタ議論にもあてはまる。メタ議論は必要である。しかし、インターネットは、メッセージのきつい部分を和らげる伝達経路を剝ぎ取るため、「食べながら話すな」と子供扱いしているように聞こえたり、「そうとも。君の言い方が嫌いなんだ、黙って座ってくれ」と攻撃的に聞こえたりしやすい。

匿名性と説明責任

これらのオンライン環境の間を縫うように存在し、我々に対するその影響を左右するのは、私たちがネット上で感じる匿名性と説明責任それぞれの程度である。自分のことを知る人がいないと思うと、気兼ねなく思いのままに振る舞おうとする人が出てくる。このような環境は、良くも悪くも人を好き勝手にさせる。

匿名性は、ある状況では望ましい理由で高く評価される。支援グループで自己開示を促す働きをし、内部告発者や反体制派、情報提供者を保護するように働くからである。政治領域では、匿名性は常に貴重な資源である。政府は個人よりはるかに大きな権力を手にしているからである。たとえば私たちは無記名で投票するが、弾圧国家にいる人々にとって、オンラインで匿名性を喪失することは生死にかかわる問題でもある。有名人はディスカッション・フォーラムやオンラインゲームで自分の身元を隠したいと思うだろう。MMORPGで、あなたのそばにいるエルフ族は、実はネット上のサングラスとかつらで変装した有名俳優かもしれない。

それでも、オンラインでの匿名には好ましくない点があり、とても面倒な問題を引き起こすことを否定する人はいない。匿名状態は中毒的脱抑制のブレーキを外し、第4章で述べたように、特にオンラインでの攻撃に拍車をかけ、集団力学を激変させる。最も初期のオンラインディスカッショングループの一つにザ・ウェルがある。何人かの参加者が身元を知られない匿名会議を設置するよう求め、仰天するような結末を迎えた。おそらくゲームとして始まったのだろう。参加者は互いに秘密を暴露し、攻撃するようになった。挙げ句の果てには、悪質なやり方で別の誰かになりすますまでになった。不思議なことに、攻撃と反撃は非匿名会議ではなんら問題とならなかったが、無記名ないし偽名でなされた書き込みではまったく受け入れられなかった。彼らはちょうど二週間して会議室を閉鎖した。ひどくなる一方だったからである。ザ・ウェルの創設者、スチュアート・ブランドはこう語った。「結果として、信頼が犠牲になった。破壊するのは簡単だが、再構築するのは至難の技である」[★10]。

人々がネットにログオンする際、匿名性は実際どこまで保証されるのだろうか。それはアクセス先と使用ソフトで異なる。第10章で、あるコンピュータネットワークやトーアについてふれたように、匿名コミュニケーションを望む人たちは、えてしてそれにふさわしい環境に頼る。それが完全保護をもたらすかは十分、議論に値する。

闇ウェブやトーアを除くと、匿名は確かにはかない資源である。たとえば、あなたはニックネームを使って無料サービスに登録し、アカウントを作るかもしれない。しかし、その際、有効なメールアドレスも入力しなければならない。そのサービスは両者を紐付けるだろう。問題が起きると、ときとしてサービス事業者は法的に面倒で道徳にかかわる領域に入っていく。たとえば、エドワード・スノーデンが使っていた匿名メールサービスのセキュリティ管理者は、政府機関に利用者データを公開することをせず、閉鎖する道を選んだ。しかし、大半の企業は裁判所の命令の有無にかかわらず、こうしたデータを積極的に引き渡す。インターネットが持つ世界的広がりは、プライバシーにかかわるさまざまな法律とともに、匿名を保護しようとする取り組みに不信をもたらす。

4chanのような、いくつかのサイトは登録機能さえなく、投稿もほどなく消去されることで、匿名を保証する。このサイトは日本のアニメや他の多くのトピックを扱うディスカッショングループだが、最も活発なディスカッションは喧騒を極める「ランダム」掲示板（/b/）である。投稿は一定時間内にリプライのなかったものは自動的に削除される。ある研究によれば、スレッドの大半はわずか数分という短さで尽きている［★11］。管理者といえども、こうなると投稿データは調べられない。

匿名性が人間行動に影響をもたらす過程を認識することは、その負の効果を小さくする格好の機会であり、正の側面による効用の維持につながる。私たちは匿名人物と非匿名参加者が混在するようになったときの影響も見極められる。その際、集団での匿名の是非をめぐって周到なメタ議論を始めたいと思うかもしれない。オンラインコミュニティにおける信頼という重要な争点の提起である。

電子コモンズの悲劇

信頼は、オンライン行動の別の側面に影響を及ぼす。それは「コモンズの悲劇」と呼ばれる社会的ジレンマである。社会的ジレンマは、その選択は当の個人に報酬をもたらすものの、他の人も同じ選択をすることで、結果として、その集団全体に負の結果と災難が及ぶことをさす。「囚人のジレンマ」という話を聞いたことはないだろうか。逮捕された二人の犯罪容疑者が別々に警官の尋問を受ける状況を扱ったものである。どちらにも同じ選択肢が与えられ、相棒を裏切って自白するか、あるいは全面否認するかしなければならない。各人の選択結果は相棒の選択に左右されるため、社会的ジレンマが発生する。自白したのが一方だけであれば、その人は罪を逃れ、断固として認めようとしなかったもう一人は重刑に処される。もし両方が自白すれば、通常の刑が科される。相手も自分と同じように行動するはずであると信頼して、ともに否認すれば、彼らは微罪か無罪で済む。不幸にも、このようなゲームではえてして疑心暗鬼になり、大半の人は相棒を裏切る。その個人にとって黙秘は最善の選択ではないからである。数学的には、互いを信頼することが有利なのだが、通常はそうならない。

生態学者のガレット・ハーディンは、多人数集団でも同様の社会的ジレンマが起きると指摘した。その一つはインターネット心理学と関連する[★12]。中世イギリスの都市の中心部には「コモンズ」と呼ばれる共用牧草地があり、農民は、各自の土地の延長として家畜の放牧に使えた。各農民が自制して、その資源を控えめに使えば、牧草は十分な量が確保され、コモンズは良い状態が保たれる。しかし、ある家族が飼育牛を過剰に放牧し、他の人も追随し始めると、コモンズは荒れる。当の家族は少しぐらい放牧日数を増やしてもコモンズは荒れないと考えるかもしれない。おそらくそのとおりだろう。しかし、すべての家族が同じように考えると、ジレンマが生じる。コモンズの悲劇は、その種類に関係なく限られた資源を大規模集団で共用する場合に発生しやすい。海洋漁場しかり、水資源しかりである。これはインターネットにとっても由々しき問題である。

インターネットの帯域幅は限りある資源の一つであり、多くの人は無料か定額でネットに常時接続する。そうした利用形態を選ぶことで個人的には重宝するかもしれないが、全体としては悪影響を及ぼしかねない。ピーク時に高解像度動画をストリーミングし、夕方時の通信量の大半がネットフリックスの映画で占められる。あなたが4G接続でスマートフォンやタブレットを利用しているのであれば、上限値を超えると通知があり、使用状況がわかる。しかし無料か無制限による接続だと、ストリーミング動画が渋滞を回避するためにブロックされない限り、人は動画を見る。

広帯域サービスやインターネット2〔米国のネットワーキングコンソーシアムが提供する大容量ネットワーク〕がますます広く使われるようになっても、コモンズの悲劇が起きる危険性がゼロになるわけではない。データ通信のパイプは太くなる一方で、利用者が送信したいデータ量も伸びていくことだろう。ネット中立性に関する論争は、インターネットサービスプロバイダー（ISP）がより広帯域の高速回線に接続するための追加料金を企業に請求できるかどうかという問題にかかわる。ISP側はネットワークを拡大し改善するための収入が必要であると主張する。しかしネット中立性の支持者は、もし規模の小さな企業やウェブサイトが追加料金を支払えないと、彼らは不利な立場に置かれるだろうと指摘する。遅い回線でしかサービスを提供できなくなり、これらのウェブサイトは顧客と訪問者を維持できなくなるだろう。

信頼

インターネットは別種のコモンズの悲劇にも脆弱である。それはあまり知られていないものの、心理的に大きな危険をはらむ。この悲劇は信頼、そして非常にさまざまなオンライン環境における信頼の機能不全とかかわる。たとえば、アレックスの例を思い出してほしい。精神分析医の彼はオンライン上で身体障害のある女性を装い、数多くの女性と親密な関係を築いた。騙す側は、個人的にはとても価値のある自己探求として欺瞞を自己弁護し、ほとんど疑わない。人がジェンダーや人種、年齢、その他の特徴を変えると、それによって他者の反応がどう変わるか自ら体験することはとても有益かもしれない。典型的な社会的ジレンマは他にもある。それは仮想コミュニティが個人にとって有益な選択をする人ばかりで占められることで、私たちが生き生きしたコミュニティの構築に不可欠なオンライン上の信頼を損なう可能性である。どんなに間抜けでも、人は一度騙されれば、オンラインで出会う人に対して疑い深くなる。

信頼はクレイグズリストのようなサイトでも重要論点である。詐欺が横行し、「買い手と売り手に注意」がこの合言葉になっている。このサイトは市民同士の取引プラットフォームとして待望されて登場した。ここであれば人々は仲介なしで中古品を相互に売り買いできる。しかし、詐欺師はこの無防備につけこみ、巻き上げるための多くの方法を見つけ出す。

ウェブ2・0の重要な構成要素は、世界中の利用者が商品や休暇先、映画、レストランその他のレビューを投稿できるようにしたことである。しかし、企業から報酬をもらい好意的に書かれた偽のレビューもあり、それらは多くのレビューサイトを台無しにし、信頼をさらに損なうという事実もある。ニューヨークのおとり捜査で、企業一九社は偽のレビューを書いて報酬を得ていた疑いで捕まった。しかし、偽のレビューを見抜くのはそれほど容易ではない。これらは「虚偽広告の二一世紀版」である［★13］。

破壊ソフト《マルウェア》やウイルス、データ漏洩、不法侵入の増加は信頼をさらに低下させる。すでに多くの人はフィッシングメールの発見法も、不審な添付ファイルは開くべきではないことも知っている。人々は強力なパスワードの必要性も認識しているし、パスワードを誰かと共有したり、どこかにメモしたりしないようにすべきであるとも認識している。しかし、こうした知識にもかかわらず、これらは徹底されていない。たとえば、パスワード共有に関する研究によれば、ロンドンの通勤者はチョコバーと引き換えに、喜んでログイン情報を研究者に提供した。三分の一あまりの人がまったく見返りがなくてもパスワード情報を共有していた［★14］。

どうすれば、オンラインでの信頼低下を遅くできるのだろうか。私たち自身の行動が貢献するのであれば、私たちはきちんと気付き、改善に向けて努力さえすればよい。私たちは本当に信頼に値する団体を支援し、応援することもできるし、そうでない団体には抗議すればよい。たとえばイェルプというオンライン・レビューサイトは、偽のレビューを除去するため、アルゴリズムを常に見直している。好意的レビューの内容が企業パンフレットそっくりであれば、おそらく警告を受けるだろう。いくつかの小企業は、不完全なフィルターのせいで間違いなく本物のレビューまで除去されていると訴えるが、イェルプは実名による信用できるレビューを集めることで自らの名声を守る必要がある。同社は、訪問者に、お勧めではないレビューも見られるようにしている。つまり、そうしたレビューも完全に削除されるわけではない。信頼を裏切る企業に対しては、オンラインでの抗議が一定の効果を発揮する。ある炎上が起きてから、インスタグラムは、利用者の名前や肖像、写真を広告に掲載したいという会社から使用料を受け取る権利を放棄した。同社は自社のブログに「ありがとうございます。私たちは声を聞き入れます」と書いた［★15］。

　私たちは倫理的で信頼に値するオンライン事業者を賞賛することもできる。たとえばイーベイは、イーベイ利用者が取引をどのように格付けしているかをたどれる評判システムを組み込む。同社はこうした詳細な格付けデータを作成し、それが売り手を動機づける特徴になっている。イーベイという世界で働くこの種のシステムを支援するため、買い手には常に十分検討したレビューを投稿することが求められる。

追い討ち

　リツイートする、「いいね！」をクリックする、激しい騒動に転化しそうな大合唱にひとこと悪口を挟む。これらは人を引き付ける可能性が高い。私は第3章で、誰かが馬鹿にするような発言をしたとき、ソーシャルメディア、特にツイッターで、ときどき「反省させる」という正義の集中砲火が起きるようすを紹介した。本書で見てきたように、こうした発言はオンライン環境でよく見られる。脱抑制とネット固有の制約ゆえである。非言語手がかりが使えないと、間違った解釈がなされやすく、結果として、群衆が、その人の本来の意図と無関係に、その人物を悪者扱いすることで大騒ぎに発展しかねない。

『ルポ ネットリンチで人生を壊された人たち』を上梓したジャーナリストのジョン・ロンソンは、自分が激しく誹謗中傷する側にいたと素直に認める。彼は人種差別発言や同性愛嫌悪発言をするコラムニストを見つけると、いつも積極的に大きく取り上げ、それを広めた［★16］。ある追撃のなかで、そうしたコラムニストを非難したことで、彼を賞賛する何百ものメッセージが寄せられた。そのなかにこんなメッセージがあった。「あなたは学校でいじめっ子だったのですか？」　彼は不意を突かれ、このようなソーシャルメディア裁判の残酷な仕打ちで苦しむ人々のその後に興味を持ち、それらの当事者にインタビューを始めた。

マサチューセッツ州のある女性は、アーリントン国立墓地の無名兵士の墓石の前にある「静けさと敬意を」と書かれた標識の横に立つ自分の写真をアップロードした。その写真には、中指を立てながら叫ぶ彼女が写っていた。この姿は、同僚との悪ふざけの一部で、とにかく標識の指示には従わないという内輪ネタだった。たとえば、わざわざ禁煙サインの前でたばこを吸うような行為である。彼女は、投稿した写真が一般公開になっていることに気付かず、誰かがこの写真を見つけ、ソーシャルメディアに流した。そして何千もの人々が彼女を罰すべきだと騒ぎ始めた。彼女は障害者団体で働いていて、けっして無礼を働くつもりはなかったと平謝りしたにもかかわらず、彼女と同僚は炎上の対象とされた。ロンソンが彼女にインタビューしたとき、彼女は、ほとんど外出できない状態で、心的外傷後ストレス障害（ＰＴＳＤ）と抑うつ、不眠に苦しんでいた。

ある人は、オンラインで愚かで癪に障ることをする人は公の場での辱めに値し、経歴やその後の人生が台無しになっても仕方がないと言うかもしれない。しかし、ソーシャルメディアの心理的特質は、大失態の可能性を誰にもたらし、こうした追い討ちは悪気のなかった人まで巻き込む。インターネットに積極的貢献をしたいと考えるあらゆる人たちに対する教訓は、「投稿」ボタンをクリックする前にじっくり考えることである。追い討ちはしないに限る。

批判的思考と情報リテラシー

オンライン上の膨大なデータの集合は質と正確さにおいて、ばらつきが大きく、私たちはこれらの資源の性質について批判的に考えながら利用する必要があり、他の人にもそれを奨励すべきである。たとえば、かつて教師は学生たちがオンラインで研究調査ができるよう熱心に指導した。それがいまでは、学生たちの学期末レポートの文献リストがインターネット上の資料だけで占められるようになり、しかも彼らが引用する資料には疑わしいものが多く、それを懸念する教師は大勢いる。大学側は情報リテラシーの批判的思考の観点を奨励するため、カリキュラムの見直しを急いでいる。当初のようにオンライン情報検索をやみくもに勧めるだけでは不十分だからである。

たとえば、広い空間に強い恐怖を覚えるという広場恐怖症に関する資料を集めている人のことを考えてみよう。その人は、授業のレポートか新聞記事を書くためか、それともそのような兆候を示す友人がいるのかもしれない。検索エンジンは信頼できるサイト、たとえばメイヨー・クリニック〔ミネソタ州にある評価の高い総合病院〕を上位に挙げるかもしれない。しかし、検索結果にはよく知らないサイトが含まれている可能性もある。第9章でふれたように、多くの人はこうしたページの情報の質をどう評価すればよいかわかっていないし、価値のあるものとそうでないものの選別に必要な知識も持ち合わせない。

ウィキペディアの記事はしばしば検索結果の上位に出てくる。しかし多くの学生は、オンライン百科事典がクラウドソーシング〔不特定多数への作業委託〕によるものであり、誰でも執筆・編集できることを理解していない。著者は専門家かもしれないし、そうではないかもしれないし、きわめて偏った内容かもしれない。しかし読み手に、それはわからない。確かにウィキペディアは良質な記事も多く、有益な巨大資源であり、信頼性を評価した研究やその他の質的測度では、ばらつきはあるもののおおむね良好な結果を得ている［★17］。しかし、記事は説明責任を重んじる学術的文章のスタイルに即していない。でっち上げられた作り話もあり、「ダニエル・デ・ブルカ」のように八年あまりも放っておかれた記事もある。この人物は実在しない一八世紀のアイルランドの哲学者である（ウィキペディアは、リストを掲載し、この記事を見つけ次第、削除する）。多くの大学は学生に、学業でウィキペディアの記事を使用する際は十分吟味するよう警告する。

専門的トピックを扱うウェブサイトで、競って「他の資源」への長大なリンク集を掲載する発想は、問題をこじらせかねない。それらのリンクの多くは未評価のままだからである。サイト訪問者を増やしたがっているウェブマスターは「リンクキャンペーン」を行って、関連サイトを見つけては相互リンクを提案する。つまり、私のサイトにリンクしてくれれば、こちらからもリンクする、というわけだ。そそっかしいネットサーファーはあまりに豊富な資料に惑わされ、それらの価値も質も評価できない。また、ハイパーリンクの性質から、自分がどこにいるのか、また読んでいる資料がなんらかの信頼筋によるチェックや確認を経ているのか、確証を得にくい。

情報の質は確かに他のメディアでも同様にばらつきが大きい。しかし私たちはみんな、このような場でそれらを見極める経験を十分に積んでいる。実際、学期末レポートで、大衆誌『ナショナル・エンクワイアラー』を引用する学生はまずいないだろう。査読を経た論文しか載らない定評のある学術雑誌から引用するはずである。資料探索の前段階として、私たちには長年の資料選別装置がある。たとえば大学図書館であれば、学術誌や書籍を選定する司書に一定の信頼を置く。インターネット上で、私たちは用心深さと批判的思考が欠かせないし、他の人にもそれを奨励することが欠かせない。

指針を与える

インターネットを取り巻くさまざまな懸念の多くは子供と青年にかかわる。ほんの数年間で、巨大で強力な技術が登場し、それによって人類がもたらした最善のものと最悪のもの、そのあいだに存在する平凡なもの、おもしろいもの、風変わりなものすべてに容易にアクセスできるようになった。親がメールやウェブサイト、使い慣れたモバイルアプリに満足しているあいだにも、子供は次の新たなものを試し、技術を率先して取り入れていく。子供たちは見つけたものをただちに友人間で広めるが、それに耳を傾ける親は稀である。こうしたパターンはよく見られ、他の霊長類も同様である。私が思い出すのは、ニホンザルの群れで見られる新知識の伝播過程に関する有名な研究である［★18］。若く地位の低いサルが、砂浜に蒔かれた小麦の粒を集めるのに、まるごと掬って海に投げ入れ、浮いてきた小麦を掻き集めるという革新技術を思いつくと、その技術は若い群れのあいだでいちはやく採用された。年長者や支配層は常に保守的で、新たなものに手を出そうとしない。

私たちの、インターネットの教育価値に対する純粋な信念と、技術が良質な資源と授業をもたらすだろうという期待は、ネットの多面性を気にかけないように働いているかもしれない。ネットは公共図書館をはるかに超えた身近な存在である。若者は、オンライン環境の心理的特性に関する知識と、正負両面で人間行動に影響を及ぼすネットの可能性を知ることが肝要である。私たちは子供がネット上の問題の起きやすい場所や危険区域に行かないよう指導する責任があることを理解しているが、多くの人はこの役割に長けているとは感じていない。

イクヤク〔匿名チャットアプリ、二〇一七年閉鎖〕というモバイルアプリに対して教育者がとった対応は、これらの課題の困難さを示す一例である。このアプリは、同じ地理的区域にいて会える他者に匿名メッセージを送る。学級や教師について言いたいことのある生徒のあいだで広く人気を博すが、人種差別や性差別、サイバーブリング、爆破予告のプラットフォームでもある。学校管理者のなかには、この新たな悩みの種と格闘し、校庭からサイトにアクセスできないようにジオフェンス〔特定エリアに張る仮想フェンス〕の設定を運営側に要求する人もいる。イクヤクは位置の特定にGPS情報を用い、「フェンス」の内側にいる生徒に「あなたは中学校か高校の校庭でイクヤクを使おうとしているようだ」といったメッセージを送ることができる。もちろん問題は、生徒がブロック範囲の外側に出てしまえば、アクセスできる点にある。

第8章と第9章で、私はポルノの問題を論じた。トリプルエックス指定〔ハードポルノ〕サイトを危険サイトリストの最上位に挙げる親は多い。フィルタリングソフトやウェブサイト評価サービスを利用すれば、こうした危険を小さくできるが、自動ツールは適切な判断や指導にとって代われない。とりわけインターネットはものすごい速さで推移し、ポルノは子供にとってネット上の不適切な一タイプにすぎないからだ。この他の危険サイトとして、特定集団を非難するヘイトサイトや、暴力や武器に関するディスカッション・フォーラム、不正接続を奨励するハッカーサイト、若者を募集するテロリストサイトがある。子供たちのオンライン世界の探索について指針を与える責任が、親と教師といった大人たちにある。そのために、そこには何があるのか、それはどう発展しているのか、子供はどんなことをしているのか、そこでの経験が彼らの発達にどんな影響を与えるのか、それらについてよく知らなければならない。

インターネット上の報酬

他者の行動に影響を及ぼしたいとき、最も有効な手段の一つは報酬であり、ネット上で我々は適宜それを分配したり控えたりしなければならない。確かに、エンパワーメントの重要な要素は魅力的報酬を管理することだが、それらの上手な使い方を理解することが肝要である。報酬の一つは注目そのものである。大きな需要があるにもかかわらず供給の少ない必需品、それが注目であり、そんな時代に私たちはいる。売る側は広告や無料の景品、コンテスト、宣伝で注目の獲得に熱心である。そして、ふつうの人もネット仲間からのちょっとした注目に飢えている。

「いいね！」をクリックしたり、リツイートしたりすることは、どちらも非常に強力かつ手軽な報酬であり、行動に影響を与える。好意的コメントは正の強化としてさらにいっそう影響力がある。注目は、状況によっては非好意的コメントでさえ強化となるほどに強力な報酬である。自分を無視する親や教師から注目されたいと願って、わざと悪さをする子供のように、ネット利用者は自分の投稿に対して反応がないことより、たとえ批判や中傷であっても、あるだけましと感じるはずだ。第4章で攻撃について見たように、荒らしに対する最良の対処法は無視することである。確かに、アノニマスと呼ばれるハッキング集団が作ったと考えられるオリジナルのインターネットルールの一四番目は「荒らしに反応するな。それは彼らにとって勝利を意味する」となっている。

荒らしはともかく、私たちは強化と罰を使い分ければ、望ましい種類のオンライン行動を促せる。人が積極的な発言をしたとき、その意見に同意しなくても、我々は賞賛はできる。否定的な発言であれば、それらは無視して、代わりにそのディスカッションの誰か他の発言に関心を示せばよい。これらは単純すぎる戦略のように思われるかもしれない。しかし、CMCは行動に報酬を与えたり罰したりする微妙な努力が気付かれにくい制約の多いメディアである。対面場面であれば、うなずくだけで聞いているようすや賛同が伝わるだろう。しかし、オンラインでは「私も同感です」と書かない限り伝わらない。

人間行動の包括的理論としての行動主義には限界があり、心理学者のあいだで、この立場は衰退している。人間行動は初期の行動主義者が主張した以上に豊かで複雑で、人間行動を左右するもの、つまり報酬と罰はその混ぜ合わされたなかの一要素にすぎない。それでも、この二つは効果的道具であり、ネット上で広がってほしい種類の行動を促し、仮想環境を害する種類の行動を抑えるために使い分ける人はあまりにも少ない。現実世界と同じように、私たちは注目という報酬を不用意に与え、良い行動を無視しがちである。

人間であることを忘れない

最後に、私たちはみな、いましているコミュニケーションの向こう側に生身の人間、それどころか無数の人間がいることを忘れてはならない。バージニア・シャーのネチケットガイドの第一ルールは「誰もが人間であることを忘れない」であり[★19]、それがインターネットを人が住むのに適したものにするための最も効果的な戦略であると簡潔に書かれている。「送信」や「実行」をクリックする前に、もしその人が目の前にいても面と向かって言うだろうか。そう自分自身に問いかけてみよう。

それを忘れないためには、キーボードの向こう側に、まっすぐこちらを見つめる目の写真を貼っておくといいだろう。第6章で見たように、アイコンタクトは向社会的行動を促し、目の写真でも促進効果がありうるからだ。自分がされたいように他者にもするという黄金律に加え、我々は個々人のプライバシーを尊重し、本人に無断で写真やテキストメッセージを第三者に送ることをしてはならない。オンラインでは過ちを起こしやすいことを忘れず、他人の過ちを許すことも大事である。

インターネットの心理学──次の世代

インターネットはこれからどこに向かうのだろう。その未来の方向付けに私たちは何ができるのだろう。オンライン世界の未来予測はたくさんあり、おそらく当然ながら、バラ色の未来から完全な終末論までの全域にわたる。それらの大半は数年先の予定をかき集めた、根本的変化につながりそうな個別の動向をさし示すものである。例として挙げられるのは、サイバー攻撃やプライバシー脅威、格差拡大、人工知能の進歩、モノのインターネットである。

ティム・バーナーズ=リー卿によるワールドワイドウェブの誕生二五周年を記念して、ピュー研究所は、ネット調査を通じて、今後起きそうなことがらに関する考えを何千人もの人に出しあってもらった[★20]。主要な技術動向については、ほとんどの人が一致したものの、それらが人間行動や社会に与える衝撃についてはほとんど一致しなかった。ある人は、その衝撃の多くは好ましくないものだろうと予測した。経済面では、ネットは持てる者と持たざる者との格差を広げるだけであり、それによって憤怒が高まり、暴力さえ起きかねない。我々が情報を世界中で共有すると、そうした断絶はますます顕著になるのではないだろうか。

インターネットは中産階級を空洞化し、二極化することで、格差もいっそう広がりそうである。『インターネットは自由を奪う』で、アンドリュー・キーンはシリコンバレーのハイテクの大御所に痛言を浴びせる。彼は、とても多くの産業における創造的破壊が中産階級の仕事をなくし、そのことで広範な経済活動が損なわれる、と指摘する。たとえばイーストマン・コダックは、一九九六年一四万人を雇用していたが、デジタル写真技術や、インスタグラムのようなサービスのあおりを受け、二〇一二年に倒産した。フェイスブックがインスタグラムを一〇億ドルで買収したとき、その小さな会社の社員はわずか一三人だった。インターネットがあちこちに力を広げている程度のあいだは、その力は経済的な姿を見せない。富の多くが勝者独り勝ちの経済活動に集中し、キーンが言うように、その勝者の多くはハイテク億万長者である［★21］。

もう一つのありがたくないテーマは、ネットがいまかかえるあらゆる問題、つまり、いじめやストーキングから、犯罪やハッキング、プライバシー侵害まで、これらの深刻さが度を増していくことである。人間性は変わらないし、次世代インターネットは、オンライン生活を悲惨にするためのよくできたツールを提供するだけだろう。同時に、政府と企業は、インターネットが当初、個人にもたらした多くの力を取り戻し、政治社会的統制を行使する権力を手にする。

人工知能の最近の急速な進歩も懸念材料である。「情報化された未来」はサウス・バイ・サウスウエスト（SXSW）大会の重要テーマである。この大会は毎年開かれ、次の新しいものを探るために数千人の技術者が集まる。人工知能技術はかなり有望視され、大会での盛り上がりを否定するのは難しい。しかし彼らが、コンピュータとデジタルネットワークがあらゆる認知領域で人間をしのぐという「スーパー知能」に向かって突き進みそうな動きを危惧する人もいる。機械学習したコンピュータはフェイスブックの「いいね！」を分析し、もしかすると友人よりもあなたの性格特性を見抜いているかもしれない［★22］。

もし、IBMのスーパーコンピュータ、ワトソンが二度も『ジェパディ！』のチャンピオンの座につく場面を見たならば、楽々と勝ったワトソンの知性にとても感銘するのではないだろうか。しかし、ワトソンは、設計者をがっかりさせるような反応もした。「トロントってどんなもの？」〔正解は「シカゴはどんな街？」〕がその一つである。ワトソンは本来であれば合衆国の都市を想定しなければならなかった。スーパー知能は正解のすぐ近くにいたわけではないが、最初のうちはいい線を行っていた。オックスフォード大学人類未来研究所所長のニック・ボストロムは、次のように示唆する。いったん一定の成果を出したら、スーパー知能はすぐにでも出現し、人類はそれと競いあいたいというささやかな望みを持つだろう［★23］。ワトソンに破れた一人であるケン・ジェニングスは冗談交じりで解答ボードにこう書いた。「私は一個人として、新しいコンピュータの台頭を歓迎します」。しかし何人かの未来学者に笑顔はなかった。

インターネットは、技術面で多くの弱点をかかえる。それは、もともとインターネットが開放性と一般利用を旨として設計され、安全とプライバシーは重視されてこなかったことによる。未来学者でSF作家でもあるブルース・スターリングは、インターネットはギリシャ神話のイカロスのようなものであると語る。イカロスは蠟と羽でできた翼を付けて空を飛ぶ方法を手に入れたが、太陽の熱で蠟が溶け、海に落ちて死んだ［★24］。スターリングは第一世代プラットフォームとして現行のインターネットを見ている。ネットは、落下したら即死しそうなほど脆弱で、そのかなりの部分は三つの背景に由来する。一つは「データ・ストーカー」経済である。企業は競争優位性を保つために膨大な量の個人データを収集する。二つ目は、インターネットを蝕み、ますますひどくなっている犯罪活動の拡大である。政府によるプライバシー侵害の増長が第三の背景である。彼はこう指摘する。インターネット人は結局、糊付けされた翼で飛ぶことをやめ、飛行機という高性能で安全な方法を考え出した。インターネットに対しても同じような対応をする必要があるかもしれない。

より有望な側面として、多くの人はインターネットがやがて表舞台から姿を消し、電気のような存在になるだろうと考える。ネットはすべての人の日常生活に溶け込み、もはや誰も気付かない存在となる。特にモノのインターネットで、直接見えないところであらゆる小さなデータがやりとりされるようになるはずである。一方で、私たちは自分たちに関わる多くの決定をコンピュータ経由の判断にまかせることになるだろう。南カリフォルニア大学情報科学研究所のジョー・タッチは言う。「インターネットは私たちがネコの動画を見つける場所から、現実生活を切れ目なく支える裏方へと変化している。私たちは「ネットに接続している」か、何かを「ネットで検索している」といちいち意識しなくなるだろう。オンライン状態が常態になるからだ」。

『シカゴマニュアル』の現行版に従って、本書〔原著〕ではインターネットを「Internet」と語頭を大文字で記してきた。他の技術革新、たとえば「蓄音機」は当初大文字で始まる固有名詞だったが、普通名詞化したため、同マニュアルは「phonograph」と小文字で始めるよう指定する。ウェブも「web」とすでに小文字で始めることになっている。インターネットが、電気と同じような位置を占めれば、早晩「internet」と小文字始まりになるかもしれない。

別の期待できそうなテーマは、ネットの継続的拡大で、地球規模のつながりがいっそう広がり、きわめて安い費用でどこにいても学べるような教育機会がもたらされることである。たとえば、大規模公開オンライン講義（MOOC）は世界中の貧しい状態にある人や田舎にいる人も受講でき、とても多くのオンライン教材が製作されている。こうした動きは、教育を受けられないことで生じる人間の可能性における膨大な損失を小さくし、ひいては人々の政治意識を高める。

いっそうの楽観主義は、私自身のように、インターネットの将来の発展における我々自身の役割を重視する視点からもたらされる。私たちはすでに、どのようにすればプライバシー権を侵害する企業や政府に対抗できるかを見てきた。たとえば、サービスを解約すること以外に、オンラインで抗議や法整備の要求もできる。忘れられる権利というヨーロッパの概念は、その一例である。合衆国では、電子フロンティア財団や電子プライバシー情報センターのような組織がプライバシー保護の強化を訴え、ネット上でとるべき選択に関する情報を利用者に提供する。

嫌がらせや荒らしへの抗議も、企業に対策を促す方法として有効である。攻撃的なやりとりであふれた状況に対するオンラインでの抗議が臨界量に達すると、それらは注目を集めるからだ。『ヴァージ』というオンラインマガジンは、ツイッター社の前最高経営責任者であるディック・コストロの漏洩メモを入手した。彼はサービスが深刻な問題をかかえていると素直に認めた。

私たちはプラットフォーム上での罵倒や荒らしにうまく対処できず、何年もそれが続いた。このことは誰もが知るところであり、私たち以外の人は毎日その話をする。我々が日々直面する単純な荒らし問題を放置することで、中核ユーザーを次々と失っていった。私は最高経営責任者としての在任中、この問題をおろそかにしていたと率直に恥じる。バカもいいところである。それについては弁解しようがない。私は積極的に前面に出て対処しなかったことに全責任を負う。それは他の誰かのせいではなく、私の責任であり、恥ずかしい限りである。［★25］

エンパワーメントのもう一つの側面は、オンライン世界に追加される技術的機能、また私たちが希望する新機能を提案する権限である。私たちは、たとえばイーベイのように企業が信頼のおける売り手を選別するために評判システムを導入してくれればと願う。たとえ、それが不完全であったとしてもである。そして、私たちはツイッター社が荒らしに対処するため新たなアルゴリズムをどう用いるか、とても関心がある。

ウェアラブル技術もよく考えて選択する必要があろう。モノのインターネットに組み込まれるこれらの装置のなかにはおおいに歓迎されるものもあるだろう。たとえば血圧測定機能付き腕時計は健康につながり、寿命も伸ばすだろうし、私たちが国内を旅行する際「拡張現実」（ＡＲ）用の機器を使えば、豊かな経験がもたらされるかもしれない。ワシントン記念塔をじっと見ていながら、あなたはあらゆる関連データを呼び出し、そのなかには近くにある名所への行き方も含まれる。

だが、反対に問題を起こしそうな機能もある。たとえば、グーグルグラスは眼鏡型ヘッドセットで、音声コマンドでインターネットにアクセスしたり、電話をかけたり、写真や動画を撮影したりできる。一方、この装置は、いまあなたがしていることに関する情報を要求に応じて提供してくれ、それによってあなたの物理的リアリティは厚みを増す。しかし、この装置は社会的反発を引き起こし、最初の採用者は「ＡＲメガネ中毒者《グラスホール》」として知られるようになった。バーやレストランは、訪問者にこの装置をつけたまま入って来ることを禁じた。誰かがこっそり顧客を撮影するのを防ぐためである。肝腎なのはやり方だという人もいる。もしグーグルがもっと控えめで魅力的なものを思い付くことができれば、それは人気を呼ぶかもしれない。だが私は賛同しない。そう思わせる主な障害は、その装置があなたの周りの人に与える心理的影響であり、いくつかの影響はとてもおぞましいものである。

作家であり、作曲家でもあるコンピュータ科学者のジャロン・ラニアーは、次のように嘆く。不運にも、インターネット技術の方向付けに関する私たちの選択は自由なものではなかった。ソフトウェアの開発が早すぎるためである。彼は言う。「それは、あなたがひざまずいて木の苗を植えるや否や、その木はすぐに成長し、あなたが立ち上がるまもなくあっという間にあなたの村全体を包み込む」。それらが行動や社会にどう影響を与えるかを実際に評価するまもなく、機能は「確定して」いく。時間の経過とともに、ソフトウェアはますます複雑になり、初期の技術的選択は、たとえそれが最善の決断ではないにしても、ますます変更しにくいものになっていく［★26］。

けれども、インターネットの心理学の今回の旅をとおして見てきたように、私たちにはまだ選択肢があり、人類のためになりそうな多くの有望な技術を選ぶことができる。インターネット環境が私たちの行動にどのように影響を及ぼすのか、どんな選択肢が待ち受けているのか、どんな危険が立ちはだかるのか、これらに関する十分な知識を身に付ければ、私たちは技術者がインターネットを望ましい方向に向けてより良い決定ができるように助けられるはずである。

何千、何百万ものインターネット利用者を大規模で協調的な問題解決活動へと導くプラットフォームの構築は、インターネットの最初の考案者やパイオニアが予期しなかった方向の一つである。二一世紀の初めまで、科学進歩は主に大学や政府の研究機関、企業の研究開発部門で生まれた。科学は大部分が密室のできごとであり、科学者は最初の結果公表者として、その発見の功績を認められることを競っていた。しかし、コンピュータ科学を専攻する大学院生と、ワシントン大学デイヴィッド・ベイカー生化学研究室に所属する数名のポスドク〔就職前の博士課程修了者〕が、長らく未解決だった科学的難問に、何千もの人と協力して取り組む新しい方法を構想し始めた。

これらの科学者は「タンパク質の折り畳み」問題に取り組んでいた。自分たちのコンピュータアルゴリズムが遅くて高くつくため、彼らは人間の直感的発想と視覚能力を利用する「クラウドサイエンス」を試みた。彼らは、なんら生化学の知識もないプレーヤーがタンパク質を異なるパターンに折り畳み、最適なものを見つけるために互いに競いあう「折り畳め《フォールドイット》」というオンラインゲームを作った。プレーヤーは「空虚な破壊者《ヴォイドクラッシャーズ》」ないし「あと一時間あと一点《アナザーアワー・アナザーポイント》」というチームを編成し、チームメンバーは戦略とヒントを共有した。ゲームには何千人もがプレーヤーとして参加し、驚くべき成果をあげた。三週間以内で彼らはＨＩＶウイルスに含まれるタンパク質の構造を解明した。これは科学者たちが十年あまりかけて取り組んできた課題だった。その賞賛に値する功績を認めるため、数編の科学論文に一著者として「Foldit Players」という名前が加えられた〔★27〕。

インターネットの今後とそこで果たす私たちの役割について考えるとき、予測がいかによく外れるかを忘れてはならない。ニューヨーク市立大学大学院ジャーナリズム研究科のジェフ・ジャービスは、その予測という作業に少し慎重であれと「グーテンベルクの亡霊」を引き合いに出す。一四〇〇年代当時、グーテンベルク印刷機が宗教改革と科学革命、教育の変化を引き起こすと誰が予測できただろうか。書籍印刷が社会に根本的影響力をもたらすのに一〇〇年あまりかかったが、六〇〇年たったいまでも、我々の生活の大部分を占める。

インターネットが最初の数十年で我々にもたらしたものは計り知れない。そう考えると、確実に言えるのは、これからも大きな驚きが我々全員を待ち構えていることである。

訳者あとがき

本書『新版 インターネットの心理学』は、パトリシア・ウォレス著『The Psychology of the Internet (Second edition)』（二〇一六年刊）の全訳であり、待望の全面改訂である。

原著の初版は一九九九年に刊行され、二年後『インターネットの心理学』（川浦・貝塚訳、NTT出版）として訳出された。その同じ年、原著の廉価版が出て、そこには「ペーパーバック版まえがき」と題する一七ページの実質的な補章が追加されていた。そこから数えると、原著は一五年ぶり、訳書は一七年ぶりの改訂である（原著は第二版と銘打たれているが、ページの増加と全体構成の見直しがなされていることから、訳書では新版とした）。

本書の特長は、初版と同じく、研究上の証拠と実際例を結びつけて、問題の本質と対応を論じている点にある。ウォレスは、オフライン場面でなされた心理学の研究成果やインターネットに関する心理学研究で得られた知見をもとに、オンライン上あるいはオンライン発の社会的な問題や現象を解明しようとする。これらの問題や現象は、そのときどきのオンライン状況や社会状況に左右されるため、一見、新たな事象に見えなくもない。しかし、そこで見られる人間行動を支える心理学的基盤は目新しいものではなく、心理学のこれまでの枠組みで解釈できる。これが本書の視点である。むしろオンラインでは、物理的制約が緩やかな分、人間の姿が見えやすいとも言える。原著の紹介文にもあるように、本書は「研究成果をもとに書かれた魅力的な本」であり、「サイバースペースの心理学的側面を扱った」、理論と実例、光と影、ともに「バランスのとれた概説書」である。多様な研究成果による裏付けは堅実な実用書ともなっている。訳者としては、つぎの一点も特長に加えたい。それは書名で「心理学」と限定しながらも、議論を心理学に限っていないことである。議論の範囲は政治や法律、経済の領域にまで及び、こうした視野の広さは問題の適切な理解を助けてくれる。

初版刊行の二一世紀直前からこの間のインターネットにおける変化はあまりにも激しかった。その変化とは、GAF（グーグル、アマゾン、フェイスブック）の三大オンライン企業をもじれば、SMSとでもなろうか。サーチのS、モバイルのM、ソーシャルメディアのS、つまり情報検索の進展、ネット端末のモバイル化、ソーシャルメディアの台頭である。日本国内で見ると、情報検索の世界では、二〇〇〇年にグーグルが登場し、翌年にはそこに画像検索が加わり、さらにウィキペディアがデビューした。一九九九年のｉモード登場や二〇〇七年のｉＰｈｏｎｅ発売は接続機器のモバイル化（ネットの遍在化）を促し、合わせてアプリによるネット利用が進んでいる。ソーシャルメディアの世界では、一九九九年の「2ちゃんねる」を皮切りに、二〇〇四年にはｍｉｘｉやアメーバブログが登場、その後、ユーチューブ（二〇〇七年）、ツイッター、フェイスブック（ともに二〇〇八年）、インスタグラム（二〇一〇年）、ＬＩＮＥ（二〇一一年）があいついで参入した。以上の動きは三者一体となって、情報接触や社会関係の同質性を加速させ、その常態化はコミュニティの閉鎖化（コミュニティ間の断絶）を強めているようにも見える。いわば「自分たち」対「それ以外の人」、心理学用語で言えば「内集団」と「外集団」の分断である。

ものごころついたころには既にネット環境やスマートフォンがあったという「デジタルネイティブ」（本書では「デジタル世代」と訳した）の出現も、初版刊行後の十数年間における重要な変化であり、本書でも彼らの行動は何度もふれられる。訳者のように、人生の途中でインターネットに出会った世代（デジタル移民）にとって、まず電子メールは便利な道具であり、オンラインコミュニティは情報縁として働いた。しかしデジタル世代はネット以前のコミュニケーション環境を経験していない。それだけでも彼らの行動パターンは注目に値する（デジタル世代を考察した良書に、メッシュとタルムードのペーパーバック『Wired Youth』がある）。

本書の紹介に戻ろう。新版には、十数年の変化を念頭に、以下の領域における新しい動向が盛り込まれた。オンラインデート（お見合いサイト）、オンライン攻撃、集団力学、子供の発達、向社会行動、オンラインゲーム、ジェンダーとセクシュアリティ、プライバシーと監視、インターネット依存の特徴、インターネットの今後に向けた戦略。合わせて全体構成も見直され、オンラインゲーム、子供の発達、監視の三章がそれぞれ独立すると同時に、ページも一・五倍に増えた。本書に登場する事例はアメリカでの出来事が多いが、読みながら、日本の例を思い浮かべる読者も多いのではないだろうか。インターネットが強力な社会的アフォーダンス環境となっている証とも言えよう。

原著の表紙カバーの変化も興味深い。初版は一人の横顔のシルエットで、地球表面が投影された頭部にはいくつかモジュラージャックが埋め込まれ、そこからインターネットに接続されている。第二版ではシルエットが一人増え、向かい合う二人になり、しかも写真だったのがイラストに変わった。二人の間はいくつもの線で結ばれ、小さな歯車がいくつか重ねて書かれている。機械仕掛けの象徴だろうか。光点が表紙全体に散りばめられ、それは二人を囲む大勢の人々のようにも見え、もはや地球の図柄はない。個人脳の拡張を彷彿とさせた初版に対し、第二版は人（のように見えるもの）同士の相互作用を強調する。次のような見方もできる。初版が出た一九九九年当時、サイバースペースはザ・デイリー・ミー（自分専用の新聞）という表現が似つかわしかった。しかしその後の変化は、いわばザ・デイリー・アス（われわれ専用の新聞）が似つかわしい状況を生み出している。こうした違いは、十数年間のインターネットの変化を物語ると同時に、両版の違いでもある。初版は自己をめぐる議論が中心だったが、新版では関係の議論が中心だからである。

翻訳はまず下訳を訳者三名で作成、和田が第4章から第7章まで、堀が第8章から第11章まで、川浦がそれ以外を担当するとともに、訳稿をとりまとめた。それを三名で見直した後、さらに校正者と編集担当者を交えて全体を見直し、的確で平易な文章をめざした。それでも誤訳や不十分な表現が残っているかもしれない。お気づきの点を教えていただけたらありがたい。

本書の刊行にあたって、多くの方に助けていただいた。とりわけ以下の方々のお世話になった。この場を借りて感謝申し上げたい。北星学園大学のロバート・トムソン先生には、米国文化にかかわる事柄や訳者の思い違いについて多くの有益な助言をいただいた。彼とはＳＮＳ研究を通じて知り合いになった。インターネットのおかげである。旧版との重複箇所の訳出にあたっては初版の訳にとても助けられた。旧版の文章を再使用した箇所もある。初版の共訳者である貝塚泉さんに心から感謝したい。

そして、装幀の松田行正さん、さらに組版や印刷、製本と、本という形に欠かせないさまざまな仕事を担ってくださった大勢の皆さん、そして編集実務を担当されたＮＴＴ出版の水木康文さん、有益な助言を下さった柴俊一さんにお礼を申し上げたい。

原著第二版の刊行を知ったとき、一日でも早く翻訳を出したくて仕方なかった。私たちはインターネットで何を手にし、何を手放しているのか。私たちがインターネットですべきことは何か、私たちにできることは何か。本書が、それらを考え、実践する手助けになると思ったからだ。読者にとって、そうなることを訳者一同、願っている。

二〇一八年一〇月

訳者を代表して
川浦康至

索引

事項索引

カ行

サ行

タ行

ナ行

ハ行

マ行

ヤ行

ラ行

ワ行

人名索引

ア行

カ行

サ行

タ行

ハ行

マ行

ヤ行

ラ行

ワ行

原注

第1章　心理学から見るインターネット

[★1]　筆記録はオンラインで見られる。http://pubpages.unh.edu/~jel/kokotranscript.html

[★2]　Pew Research Center. (2014). *Internet user demographics.* [Online] www.pewinternet.org/data-trend/internet-use/latest-stats/

[★3]　Dutton, W. H. (2013). The foundations of a transformative field. In W. H. Dutton (Ed.), *The Oxford handbook of Internet studies.* Oxford, UK: Oxford University Press.

[★4]　Wang, Y., Lu, J., Liang, J., Chen, J., & Liu, J. (2012). Selecting queries from sample to crawl deep web data sources. *Web Intelligence and Agent Systems, 10*(1), 75–88.

[★5]　Zheng, Q., Weu, Z., Cheng, X., Jiang, L., & Liu, J. (2013). Learning to crawl deep web. *Information Systems, 38* (6), 801–819. doi:10.1016/j.is.2013.02.001

[★6]　Bradbury, D. (2014). Unveiling the dark web. *Network Security, 2014*(4), 14–17. doi:10.1016/S1353-4858(14)70042-X

[★7]　Sullivan, A. (2015, January 28). A note to my readers. *The Dish.* [Online] http://dish.andrewsullivan.com/2015/01/28/a-note-to-my-readers/

[★8]　Pew Research Center. (2014). Emerging nations embrace internet, mobile technology. [Online] www.pewglobal.org/2014/02/13/emerging-nations-embrace-internet-mobile-technology/

[★9]　There's an app for that. (2015, January 3). *Economist, 414*(8919), 17–20.

[★10] Malykhina, E. (2014). 8 apps that turn citizens into scientists. *Scientific American.* [Online] www.scientificamerican.com/article/8-apps-that-turn-citizens-into-scientists/

[★11] Werry, C. C. (1996). Linguistic and interactional features of Internet relay chat. In S. C. Herring (Ed.), *Computer-mediated communication: Linguistic, social and cross-cultural perspectives* (pp. 47–63). Amsterdam: John Benjamins Publishing Company.

[★12] Tagg, C. (2009). *A corpus linguistics study of SMS text messaging* (Unpublished dissertation). University of Birmingham. [Online] http://etheses.bham.ac.uk/253/1/Tagg09PhD.pdf

[★13] Collot, M., & Belmore, N. (1996). Electronic language: A new variety of English. In S. C. Herring (Ed.), *Computer-mediated communication: Linguistic, social and cross-cultural perspectives* (pp. 13–28). Amsterdam: John Benjamins Publishing Company.

[★14] Short, J., Williams, E., & Christie, B. (1976). *The social psychology of telecommunications.* New York, NY: Wiley.

[★15] Daft, R. L., & Lengel, R. H. (1986). Organizational information requirements, media richness and structural design. *Management Science, 32*(5), 554–571.

[★16] Walther, J. B. (2008). Social information processing theory. In L. A. Baxter & D. O. Braithewaite (Eds.), *Engaging theories in interpersonal communication: Multiple perspectives* (pp. 391–404). Thousand Oaks, CA: Sage Publications.

[★17] Spears, R., Lea, M., Postmes, T., & Wolbert, A. (2011). A SIDE look at computer-mediated interaction: Power and the gender divide. In Z. Birchmeier, B. Dietz-Uhler, & G. Stasser (Eds.), *Strategic uses of social technology: An interactive perspective of social psychology* (pp. 16–39). New York, NY: Cambridge University Press.
[★18] Watercutter, A. (2011, April 21). Twitter campaign tries to save chuck from cancellation. *Wired*. [Online] https://www.wired.com/2011/04/chuck-fans-take-to-twitter/
[★19] Heilbroner, R. L. (1967). Do machines make history? *Technology and Culture, 8*, 335–345.

第2章 あなたのオンライン人格――印象形成の心理学

[★1] Carroll, D. (2012). *United breaks guitars: The power of one voice in the age of social media*. Carlsbad, CA: Hay House.
[★2] Jones, E. E., & Pittman, T. S. (1982). Toward a general theory of strategic self-presentation. In J. M. Sulls (Ed.), *Psychological perspectives on the self*. Hillsdale, NJ: Erlbaum.
[★3] Goffman, E. (1959). *The presentation of self in everyday life*. Garden City, NY: Doubleday. 石黒毅訳 (1974)『行為と演技』誠信書房
[★4] Kuznekoff, J. H. (2012). Comparing impression management strategies. In C. Cunningham (Ed.), *Social networking and impression management: Self-presentation in the digital age*. Lanham, MD: Lexington Books.
[★5] Rosenbaum, J. E., Johnson, B. K., Stepman, P. A., & Nuijten, K. C. M. (2012). "Looking the part" and "staying true": Balancing impression management on Facebook. In C. Cunningham (Ed.), *Social networking and impression management: Self-presentation in the digital age*. Lanham, MD: Lexington Books.
[★6] Asch, S. E. (1946). Forming impressions of personality. *The Journal of Abnormal and Social Psychology, 41*(3), 258–290. doi:10.1037/h0055756
[★7] 二人の応用研究はコンピュータコミュニケーションに関する初期の本、Hiltz, S. R., & Turoff, M. (1978). *The network nation: Human communication via computer*. Cambridge, MA: The MIT Press でもふれられている。彼らは人々が話した内容やタイプした内容を分析するために、ロバート・ベールズが開発した標準体系を使用した。それは、以下のようなカテゴリーから構成される。「連帯を示す」「緊張を解く」「同意する」「示唆を与える」「意見を言う」「方向付けを求める」「同意しない」「敵意を示す」(R. F. Bales [1950]. A set of categories for the analysis of small group interaction. *American Sociological Review, 15*, 257–263.)。
[★8] Fuller, R. (1996). Human–computer–human interaction: How computers affect interpersonal communication. In D. L. Day & D. K. Kovacks (Eds.), *Computers, communication and mental models* (pp. 11–14). Philadelphia, PA: Taylor & Francis.
[★9] Tossell, C. C., Kortum, P., Shepard, C., Barg-Walkow, L. H., Rahmati, A., & Zhong, L. (2012). A longitudinal study of emoticon use in text messaging from smartphones. *Computers in Human Behavior, 28*(2), 659–663. doi:10.1016/j.chb.2011.11.012
[★10] Jibril, T. A., & Abdullah, M. H. (2013). Relevance of emoticons in computer-mediated communication contexts: An overview. *Asian Social Science, 9*(4), 201–207. doi:10.5539/ass.v9n4p201

[★11] Byron, K., & Baldridge, D. C. (2007). E-mail recipients' impressions of senders' likability. *Journal of Business Communication, 44*(2), 137–160.

[★12] Kalyanaraman, S., & Ivory, J. (2006). The face of online information processing: Effects of emoticons on impression formation, affect, and cognition in chat transcripts. In *Conference Papers — International Communication Association* (pp. 1–8). International Communication Association. [Online] http://search.ebscohost.com/login.aspx?direct=true&db=ufh&AN=27204666&site=ehost-live&scope=site

[★13] Derks, D., Bos, A. E. R., & Grumbkow, J. von. (2008). Emoticons and online message interpretation. *Social Science Computer Review, 26*(3), 379–388. doi:10.1177/0894439307311611

[★14] Stampler, L. (2014, January 3). Men, if this data proves women hate emoticons, will you finally stop sending them? *Time.* [Online] http://newsfeed.time.com/2014/01/03/men-if-this-data-proves-women-hate-emoticons-will-you-finally-stop-sending-them/

[★15] Fiske, S. T., & Taylor, S. E. (1991). *Social cognition* (2nd ed.). New York, NY: McGraw-Hill.

[★16] Back, M. D., Schmukle, S. C., & Egloff, B. (2008). How extraverted is honey. bunny77@hotmail.de? Inferring personality from e-mail addresses. *Journal of Research in Personality, 42*(4), 1116–1122. doi:10.1016/j.jrp.2008.02.001

[★17] Brunswik, E. (1956). *Perception and the representative design of psychological experiments* (2nd ed.). Berkeley, CA: University of California Press.

[★18] Gosling, S. D., Ko, S. J., Mannarelli, T., & Morris, M. E. (2002). A room with a cue: Personality judgments based on offices and bedrooms. *Journal of Personality and Social Psychology, 82*(3), 379–398. 〔一連の研究成果は、篠森ゆりこ訳 (2008)『スヌープ』講談社で知ることができる〕

[★19] Wynn, E., & Katz, J. E. (1997). Hyperbole over cyberspace: Self-presentation and social boundaries in Internet home pages and discourse. *Information Society, 13*(4), 297–327.

[★20] Vazire, S., & Gosling, S. D. (2004). E-perception: Personality impressions based on personal websites. *Journal of Personality and Social Psychology, 87*(1), 123–132. doi:10.1037/0022-3514.87.1.123

[★21] Wilson, R. E., Gosling, S. D., & Graham, L. T. (2012). A review of Facebook research in the social sciences. *Perspectives on Psychological Science, 7*(3), 203–220. doi:10.1177/1745691612442904

[★22] Brewer, M. B. (1988). A dual process model of impression formation. In T. K. Srull & R. S. J. Wyer (Eds.), *A dual process model of impression formation* (pp. 1–36). Hillsdale, NJ: Lawrence Erlbaum Associates.

[★23] Wang, S., Moon, S., Kwon, K., Evans, C., & Stefanone,M. (2009). Better without face? Gender difference in visual cue use when initiating friendship on Facebook. *Conference Papers—international Communication Association,* 1–43.

[★24] Seidman, G., & Miller, O. S. (2013). Effects of gender and physical attractiveness on visual attention to Facebook profiles. *CyberPsychology, Behavior and Social Networking, 16*(1), 20–24. doi:10.1089/cyber.2012.0305

[★25] Gosling, S. D., Augustine, A. A., Vazire, S., Holtzman, N., & Gaddis, S. (2011). Manifestations of personality in online social networks: Self-reported Facebook-related behaviors and ob-

servable profile information. *CyberPsychology, Behavior and Social Networking, 14*(9), 483–488. doi:10.1089/cyber.2010.0087
[★26] Tong, S. T., Van Der Heide, B., Langwell, L., & Walther, J. B. (2008). Too much of a good thing? The relationship between number of friends and interpersonal impressions on Facebook. *Journal of Computer-Mediated Communication, 13*(3), 531–549. doi:10.1111/j.1083-6101.2008.00409.x
[★27] Walther, J. B., Heide, B. V. D., Hamel, L. M., & Shulman, H. C. (2009). Self-generated versus other-generated statements and impressions in computer-mediated communication: A test of warranting theory using Facebook. *Communication Research, 36*(2), 229–253. doi:10.1177/0093650208330251
[★28] Hall, J. A., & Pennington, N. (2012). What you can really know about someone from their Facebook profile (and where you should look to find out). In C. Cunningham (Ed.), *Social networking and impression management: Self-presentation in the digital age*. Lanham, MD: Lexington Books.
[★29] Marwick, A. E., & boyd, d. (2011). I tweet honestly, I tweet passionately: Twitter users, context collapse, and the imagined audience. *New Media and Society, 13*(1), 114–133. doi:10.1177/1461444810365313
[★30] Kapidzic, S. (2013). Narcissism as a predictor of motivations behind Facebook profile picture selection. *CyberPsychology, Behavior and Social Networking, 16*(1), 14–19. doi:10.1089/cyber.2012.0143
[★31] Bergman, S. M., Fearrington, M. E., Davenport, S. W., & Bergman, J. Z. (2011). Millennials, narcissism, and social networking: What narcissists do on social networking sites and why. *Personality and Individual Differences, 50*(5), 706–711. doi:10.1016/j.paid.2010.12.022
[★32] Buffardi, L. E., & Campbell, W. K. (2008). Narcissism and social networking web sites. *Personality and Social Psychology Bulletin, 34*(10), 1303–1314. doi:10.1177/0146167208320061
[★33] Twenge, J. M., & Campbell, W. K. (2009). *The narcissism epidemic: Living in the age of entitlement*. New York, NY: Free Press.　桃井緑美子訳 (2011)『自己愛過剰社会』河出書房新社
[★34] Gentile, B., Twenge, J. M., Freeman, E. C., & Campbell, W. K. (2012). The effect of social networking websites on positive self-views: An experimental investigation. *Computers in Human Behavior, 28* (5), 1929–1933. doi:10.1016/j.chb.2012.05.012
[★35] Rainie, L., Smith, A., & Duggan, M. (2013). *Coming and going on Facebook*. Pew Research Center. [Online] www.pewinternet.org/2013/02/05/coming-and-going-on-facebook/
[★36] Facebook and Narcissism—Room for Debate (September 23, 2013). The *New York Times*. Retrieved February 13, 2014, from www.nytimes.com/roomfordebate/2013/09/23/facebook-and-narcissism

第 3 章　インターネットの集団力学

[★1]　Korenman, J., & Wyatt, N. (1996). Group dynamics in an e-mail forum. In S. C. Herring (Ed.), *Computer-mediated communication: Linguistic, social, and cross-cultural perspectives* (pp. 225–242). Amsterdam: John Benjamins Publishing Company.

[★2] Robin Williams. It's time for a convoluted stream of consciousness. Ask Me Anything! (2013, September 25). *Reddit.com.* [Online] http://redd.it/1n41x1

[★3] Howard, M. C., & Magee, S. M. (2013). To boldly go where no group has gone before: An analysis of online group identity and validation of a measure. *Computers in Human Behavior, 29*(5), 2058–2071. doi:10.1016/j.chb.2013.04.009

[★4] Asch, S. E. (1955). Opinions and social pressure. *Scientific American, 193*(5), 31–35. doi:10.1038/scientificamerican1155-31

[★5] Smilowitz, M., Compton, D. C., & Flint, L. (1988). The effects of computer mediated communication on an individual's judgment: A study based on the methods of Asch's social influence experiment. *Computers in Human Behavior, 4*(4), 311–321. doi:10.1016/0747-5632(88)90003-9

[★6] Rosander, M., & Eriksson, O. (2012). Conformity on the Internet—The role of task difficulty and gender differences. *Computers in Human Behavior, 28*(5), 1587–1595. doi:10.1016/j.chb.2012.03.023

[★7] Sherif, M. (1935). A study of some social factors in perception. *Archives of Psychology (Columbia University), 27*(187), 1–60.

[★8] McCormick, N. B., & McCormick, J. W. (1992). Computer friends and foes: Content of undergraduates' electronic mail. *Computers in Human Behavior, 8*(4), 379–405. doi:10.1016/0747-5632(92)90031-9

[★9] Alis, C. M., & Lim, M. T. (2013). Spatio-temporal variation of conversational utterances on Twitter. *PLoS ONE, 8*(10), 1–9. doi:10.1371/journal.pone.0077793

[★10] Morgan, M. (2014). *Speech communities.* Cambridge, UK: Cambridge University Press.

[★11] Singer, J. B. (2005). The political j-blogger "normalizing" a new media form to fit old norms and practices. *Journalism, 6*(2), 173–198. doi:10.1177/1464884905051009

[★12] Parmelee, J. H. (2013). Political journalists and Twitter: Influences on norms and practices. *Journal of Media Practice, 14*(4), 291–305. doi:10.1386/jmpr.14.4.291_1

[★13] Yee, N., Bailenson, J. N., Urbanek, M., Chang, F., & Merget, D. (2007). The unbearable likeness of being digital: The persistence of nonverbal social norms in online virtual environments. *CyberPsychology and Behavior, 10*(1), 115–121. doi:10.1089/cpb.2006.9984

[★14] Shea, V. (1994). *Netiquette.* San Francisco, CA: Albion Books. オンライン版が以下にある。http://www.albion.com/netiquette/index.html.　松本功訳 (1996)『ネチケット』ひつじ書房〔基本ルールは同社サイト http://www.hituzi.co.jp/hituzi/netqmkj.html で公開されている〕

[★15] Smith, C. B., McLaughlin, M. L., & Osborne, K. K. (1997). Conduct control on Usenet. *Journal of Computer-Mediated Communication, 2*(4).

[★16] McLaughlin, C., & Vitak, J. (2012). Norm evolution and violation on Facebook. *New Media and Society, 14*(2), 299–315. doi:10.1177/1461444811412712

[★17] Stelter, B. (2013, December 22). "Ashamed": Ex-PR exec Justine Sacco apologizes for AIDS in Africa tweet. Retrieved March 2, 2014, from www.cnn.com/2013/12/22/world/sacco-offensive-tweet/index.html

[★18] Justine Sacco and the self-inflicted perils of Twitter. (December 23, 2013). *Forbes.* Retrieved

February 8, 2014, from www.forbes.com/sites/jeffbercovici/2013/12/23/justine-sacco-and-the-self-inflicted-perils-of-twitter/

[★19] Christensen, C. (2010, March 4). Did this video get me banned from YouTube . . . for life? *Amateur Traveler.* [Online] http://amateurtraveler.com/did-this-video-get-me-banned-from-youtube-for-life/

[★20] Machrone, B. (1998). Mind your manners. *PC Magazine,* October 20, 1998, p. 85.

[★21] Tajfel, H. (1981). *Human groups and social categories.* Cambridge, UK: Cambridge University Press.

[★22] Stoner, J. A. F. (1962). *A comparison of individual and group decisions involving risk* (Master's thesis). Massachusetts Institute of Technology, 1961. Cited by D. G. Marquis in Individual responsibility and group decisions involving risk. *Industrial Management Review, 3,* 8–23 (p. 332).

[★23] Van Swol, L. M. (2009). Extreme members and group polarization. *Social Influence, 4*(3), 185–199. doi:10.1080/15534510802584368

[★24] Spears, R., Lea, M., & Lee, S. (1990). De-individuation and group polarization in computer-mediated communication. *British Journal of Social Psychology, 29*(2), 121–134. doi:10.1111/j.2044-8309.1990.tb00893.x

[★25] Negroponte, N. (1996). *Being digital.* New York, NY: Vintage Books.　福岡洋一訳 (2001)『ビーイング・デジタル』(新装版) アスキー

[★26] Himelboim, I., McCreery, S., & Smith, M. (2013). Birds of a feather tweet together: Integrating network and content analyses to examine cross-ideology exposure on Twitter. *Journal of Computer-Mediated Communication, 18*(2), 40–60. doi:10.1111/jcc4.12001

[★27] Yardi, S., & boyd, d. (2010). Dynamic debates: An analysis of group polarization over time on Twitter. *Bulletin of Science, Technology and Society, 30*(5), 316–327. doi:10.1177/0270467610380011

[★28] Howard, P. N., & Hussain, M. M. (2013). *Democracy's fourth wave?: Digital media and the Arab Spring.* Oxford, UK: Oxford University Press.

[★29] Andersen, R. S. (2012). Remediating #iranelection. *Journalism Practice, 6*(3), 317–336. doi:10.1080/17512786.2012.663593

[★30] Yang, Q., & Liu, Y. (2014). What's on the other side of the great firewall? Chinese web users' motivations for bypassing the Internet censorship. *Computers in Human Behavior, 37,* 249–257. doi:10.1016/j.chb.2014.04.054

[★31] Government requests to remove content. (2015). Retrieved February 10, 2015, from www.google.com/transparencyreport/removals/government/?hl=en

[★32] Sullivan, K. (2015, January 20). Flogging case in Saudi Arabia is just one sign of a new crackdown on rights activists. *The Washington Post.* [Online] www.washingtonpost.com/world/middle_east/a-flogging-in-saudiarabia-is-just-one-sign-of-a-new-crackdown-on-rights-activists/2015/01/20/e9c50f86-9da0-11e4-86a3-1b56f64925f6_story.html

[★33] Jones, C., & Wallace, P. (2007). Networks unleashed: Mobile communication and the evolution of networked organizations. In S. Kleinman (Ed.). *Displacing place: Mobile communication in the twenty-first century.* New York, NY: Peter Lang Publishers.

[★34] Houston, J. B., Seo, H., Knight, L. A. T., Kennedy, E. J., Hawthorne, J., & Trask, S. L. (2013). Urban youth's perspectives on flash mobs. *Journal of Applied Communication Research, 41*(3), 236–252. doi:10.1080/00909882.2013.825728

[★35] Friedman, T. L. (2005). *The world is flat: A brief history of the twenty-first century.* New York, NY: Farrar, Straus and Giroux.　伏見威蕃訳 (2008)『フラット化する世界』(増補改訂版) 日本経済新聞出版社

[★36] Hightower, R., & Sayeed, L. (1995). The impact of computer-mediated communication systems on biased group discussion. *Computers in Human Behavior, 11*(1), 33–44. doi:10.1016/0747-5632(94)00019-E

[★37] O'Leary, M. B., & Mortensen, M. (2009). Go (con)figure: Subgroups, imbalance, and isolates in geographically dispersed teams. *Organization Science, 21*(1), 115–131. doi:10.1287/orsc.1090.0434

[★38] Privman, R., Hiltz, S. R., & Wang, Y. (2013). In-group (us) versus out-group (them) dynamics and effectiveness in partially distributed teams. *IEEE Transactions on Professional Communication, 56*(1), 33–49. doi:10.1109/TPC.2012.2237253

[★39] Kiesler, S., Siegel, J., & McGuire, T.W. (1984). Social psychological aspects of computer-mediated communication. *American Psychologist, 39,* 1123–1134.

[★40] Walther, J. B. (19960201). Computer-mediated communication: Impersonal, interpersonal, and hyperpersonal interaction. *Communication Research, 23*(1), 3–43.

[★41] Moscovici, S., Lage, E., & Naffrechoux, M. (1969). Influence of a consistent minority on the responses of a majority in a color perception task. *Sociometry, 32*(4), 365–380. doi:10.2307/2786541

[★42] McLeod, L. P., Baron, R. S., Weighner Marti, M., & Kuh Yoon, M. (1997). The eyes have it: Minority influence in face-to-face and computer-mediated group discussion. *Journal of Applied Psychology, 82*(5), 706–718.

[★43] Bazarova, N. N., Walther, J. B., & McLeod, P. L. (2012). Minority influence in virtual groups: A comparison of four theories of minority influence. *Communication Research, 39*(3), 295–316. doi:10.1177/0093650211399752

[★44] Osborn, A. (1953). *Applied imagination.* New York, NY: Scribner.　上野一郎訳 (1958)『独創力を伸ばせ』ダイヤモンド社

[★45] Connolly, T. (1997). Electronic brainstorming: Science meets technology in the group meeting room. In S. Kiesler (Ed.), *Culture of the Internet* (pp. 263–276). Mahwah, NJ: Lawrence Erlbaum Associates.

[★46] Lynch, A. L., Murthy, U. S., & Engle, T. J. (2009). Fraud brainstorming using computer-mediated communication: The effects of brainstorming technique and facilitation. *Accounting Review, 84*(4), 1209–1232.

[★47] Smith, A. L., Murthy, U. S., & Engle, T. J. (2012). Why computer-mediated communication improves the effectiveness of fraud brainstorming. *International Journal of Accounting Information Systems, 13*(4), 334–356. doi:10.1016/j.accinf.2012.03.002

[★48] Jarvenpaa, S. L., Knoll, K., & Leidner, D. E. (1998). Is anybody out there? *Journal of Man-*

agement Information Systems, 14(4), 29–64.
[★49] Crisp, C. B., & Jarvenpaa, S. L. (2013). Swift trust in global virtual teams: Trusting beliefs and normative actions. *Journal of Personnel Psychology, 12*(1), 45–56. doi:10.1027/1866-5888/a000075

第 4 章　オンライン攻撃の心理学

[★1] Two guilty over abusive tweets. (2014, January 7). *BBC News.* [Online] www.bbc.com/news/uk-25641941
[★2] Barker, R., Dembo, T., & Lewin, K. (1941). *Frustration and regression: An experiment with young children* (Vol. 2). Iowa City: University of Iowa Press.
[★3] Harris, M. B. (1974). Mediators between frustration and aggression in a field experiment. *Journal of Experimental Social Psychology, 10*(6), 561–571. doi:10.1016/0022-1031(74)90079-1
[★4] Drèze, X., & Hussherr, F.-X. (2003). Internet advertising: Is anybody watching? *Journal of Interactive Marketing, 17*(4), 8–23. doi:10.1002/dir.10063
[★5] Brasel, S. A. (2010). Embedded promotions in online services: How goal-relevance ambiguity shapes response and affect. *Journal of Experimental Psychology: Applied, 16*(3), 263–280. doi:10.1037/a0020831
[★6] Survey shows: Majority of consumers frustrated with web self-service, want a "human" touch. (2013, December 16). *Nuance Communications.* Retrieved April 19, 2014, from http://www.nuance.com/company/news-room/press-releases/NinaWebSurvey.docx
[★7] Newton, E. L. (1990). *The rocky road from actions to intentions.* (Doctoral dissertation). Stanford University, California. [Online] http://search.proquest.com/pqdtft/docview/303855973/abstract/722E7EA3451B4915PQ/4?accountid=11752
[★8] Kruger, J., Epley, N., Parker, J., & Ng, Z.-W. (2005). Egocentrism over e-mail: Can we communicate as well as we think? *Journal of Personality and Social Psychology, 89*(6), 925–936. doi:10.1037/0022-3514.89.6.925
[★9] Thompsen, P. A., & Foulger, D. A. (1996). Effects of pictographs and quoting on flaming in electronic mail. *Computers in Human Behavior, 12*(2), 225–243. doi:10.1016/0747-5632(96)00004-0
[★10] Zimbardo, P. G. (1969). The human choice: Individuation, reason, and order versus deindividuation, impulse, and chaos. *Nebraska Symposium on Motivation, 17,* 237–307.
[★11] Siegel, J., Dubrovsky, V., Kiesler, S., & McGuire, T. W. (1986). Group processes in computer-mediated communication. *Organizational Behavior and Human Decision Processes, 37*(2), 157.
[★12] Orengo Castellá, V., Zornoza Abad, A. M., Prieto Alonso, F., & Peiró Silla, J. M. (2000). The influence of familiarity among group members, group atmosphere and assertiveness on uninhibited behavior through three different communication media. *Computers in Human Behavior, 16*(2), 141–159. doi:10.1016/S0747-5632(00)00012-1
[★13] Lapidot-Lefler, N., & Barak, A. (2012). Effects of anonymity, invisibility, and lack of eye-contact on toxic online disinhibition. *Computers in Human Behavior, 28*(2), 434–443. doi:10.1016/

j.chb.2011.10.014

[★14] Ferenstein, G. (2012, July 29). Surprisingly good evidence that real name policies fail to improve comments. *TechCrunch.* [Online] https://techcrunch.com/2012/07/29/surprisingly-good-evidence-that-real-name-policies-fail-to-improve-comments/

[★15] Martin, M. M., Anderson, C. M., & Horvath, C. L. (1996). Feelings about verbal aggression: Justifications for sending and hurt from receiving verbally aggressive messages. *Communication Research Reports, 13*(1), 19–26.

[★16] Dengerink, H. A., & Myers, J. D. (1977). Effects of failure and depression on subsequent aggression. *Journal of Personality and Social Psychology, 35*, 88–96. doi:10.1037/0022-3514.35.2.88; Taylor, S. P., & Pisano, R. (1971). Physical aggression as a function of frustration and physical attack. *The Journal of Social Psychology, 84*(2), 261–267. doi:10.1080/00224545.1971.9922494; Ohbuchi, K., & Kambara, T. (1985). Attacker's intent and awareness of outcome, impression management, and retaliation. *Journal of Experimental Social Psychology, 21*(4), 321–330. doi:10.1016/0022-1031(85)90033-2

[★17] Smith, C. B., McLaughlin, M. L., & Osborne, K. K. (1997). Conduct control on Usenet. *Journal of Computer-Mediated Communication, 2*(4).

[★18] Davis, K. E., & Jones, E. E. (1960). Changes in interpersonal perception as a means of reducing cognitive dissonance. *The Journal of Abnormal and Social Psychology, 61*(3), 402–410. doi:10.1037/h0044214

[★19] Buckels, E. E., Trapnell, P. D., & Paulhus, D. L. (2014). Trolls just want to have fun. *Personality and Individual Differences. 67*, 97–102. doi:10.1016/j. paid.2014.01.016

[★20] Ebbesen, E. B., Duncan, B., & Konecni, V. J. (1975). Effects of content of verbal aggression on future verbal aggression: A field experiment. *Journal of Experimental Social Psychology, 11*(2), 192–204. doi:10.1016/S0022-1031(75)80021-7

[★21] Arenaria. (2014). NO I DON'T WANT. *Just Rage.* [Online] www.justrage.com/story.php?id=10346

[★22] Martin, R. C., Coyier, K. R., VanSistine, L. M., & Schroeder, K. L. (2013). Anger on the Internet: The perceived value of rant-sites. *Cyberpsychology, Behavior and Social Networking, 16*(2), 119–122. doi:10.1089/cyber.2012.0130

[★23] Dreßing, H., Bailer, J., Anders, A., Wagner, H., & Gallas, C. (2014). Cyberstalking in a large sample of social network users: Prevalence, characteristics, and impact upon victims. *Cyberpsychology, Behavior, and Social Networking, 17*(2), 61–67. doi:10.1089/cyber.2012.0231

[★24] Survey: 50% of Americans are cell phone video spies. (2011, October 11). *CNET.* Retrieved May 5, 2014, from https://www.cnet.com/news/survey-50-of-americans-are-cell-phone-video-spies/

[★25] Sibona, C., & Walczak, S. (2011). Unfriending on Facebook: Friend request and online/offline behavior analysis (pp. 1–10). *Presented at the 44th Hawaii International Conference on System Sciences,* Kauai, HI: IEEE. doi:10.1109/ HICSS.2011.467

[★26] Farmer, R., & Glass, B. (2010). *Building web reputation systems.* Sebastopol, CA: Yahoo Press.

第５章　ネットにおける好意と恋愛——対人魅力の心理学

[★1]　Walster, E., Aronson, V., Abrahams, D., & Rottman, L. (1966). Importance of physical attractiveness in dating behavior. *Journal of Personality and Social Psychology, 4*(5), 508–516. doi:10.1037/h0021188

[★2]　Luo, S., & Zhang, G. (2009). What leads to romantic attraction: Similarity, reciprocity, security, or beauty? Evidence from a speed-dating study. *Journal of Personality, 77*(4), 933–964. doi:10.1111/j.1467-6494.2009.00570.x

[★3]　Clifford, M. M., & Walster, E. H. (Hatfield) (1973). The effect of physical attractiveness on teacher expectation. *Sociology of Education, 46*, 248–258.

[★4]　Frieze, I. H., Olson, J. E., & Russell, J. (1991). Attractiveness and income for men and women in management. *Journal of Applied Social Psychology, 21*(13), 1039–1057. doi:10.1111/j.1559-1816.1991.tb00458.x

[★5]　Snyder, M., Tanke, E. D., & Berscheid, E. (1977). Social perception and interpersonal behavior: On the self-fulfilling nature of social stereotypes. *Journal of Personality and Social Psychology, 35*(9), 656–666. doi:10.1037/0022-3514.35.9.656

[★6]　Zajonc, R. B. (1980). Feeling and thinking: Preferences need no inferences. *American Psychologist, 35*(2), 151–175. doi:10.1037/0003-066X.35.2.151

[★7]　Wanzer, M. B., & Booth-Butterfield, M. (1996). Are funny people popular? An examination of humor orientation, loneliness, and social attraction. *Communication Quarterly, 44*(1), 42–52.

[★8]　Curtis, R. C., & Miller, K. (1986). Believing another likes or dislikes you: Behaviors making the beliefs come true. *Journal of Personality and Social Psychology, 51*(2), 284–290. doi:10.1037/0022-3514.51.2.284

[★9]　Berscheid, E., Dion, K., Walster, E., & Walster, G. W. (1971). Physical attractiveness and dating choice: A test of the matching hypothesis. *Journal of Experimental Social Psychology, 7*(2), 173–189. doi:10.1016/0022-1031(71)90065-5

[★10] Parks, M. R., & Floyd, K. (1996). Making friends in cyberspace. *Journal of Communication, 46*(1), 80–97. doi:10.1111/j.1460-2466.1996.tb01462.x

[★11] A 1997 poll by *Business Week*/Harris found that 20% of the respondents who were online participated in conferences or forums.

[★12] Walther, J. B. (1994). Anticipated ongoing interaction versus channel effects on relational communication in computer-mediated interaction. *Human Communication Research, 20*(4), 473–501. doi:10.1111/j.1468-2958.1994.tb00332.x

[★13] Hultin, G. A. (1993). *Mediating the social face: Self-presentation in computer communication* (Master's thesis). Department of Communication, Simon Fraser University.

[★14] Wang, S. S., Moon, S. I., Kwon, K. H., Evans, C. A., & Stefanone, M. A. (2010). Face off: Implications of visual cues on initiating friendship on Facebook. *Computers in Human Behavior, 26*(2), 226–234. doi:10.1016/j.chb.2009.10.001

[★15] Brand, R. J., Bonatsos, A., D'Orazio, R., & DeShong, H. (2012). What is beautiful is good,

even online: Correlations between photo attractiveness and text attractiveness in men's online dating profiles. *Computers in Human Behavior, 28*(1), 166–170. doi:10.1016/j.chb.2011.08.023

[★16] Nguyen, M., Bin, Y. S., & Campbell, A. (2012). Comparing online and offline self-disclosure: A systematic review. *Cyberpsychology, Behavior and Social Networking, 15*(2), 103–111. doi:10.1089/cyber.2011.0277

[★17] Joinson, A. N. (2001). Self-disclosure in computer-mediated communication: The role of self-awareness and visual anonymity. *European Journal of Social Psychology, 31*(2), 177–192.

[★18] Walther, J. B. (1996). Computer-mediated communication: Impersonal, interpersonal, and hyperpersonal interaction. *Communication Research, 23*(1), 3–43. doi:10.1177/009365096023001001

[★19] Muise, A., Christofides, E., & Desmarais, S. (2009). More information than you ever wanted: Does Facebook bring out the green-eyed monster of jealousy? *CyberPsychology and Behavior, 12* (4), 441–444. doi:10.1089/cpb.2008.0263

[★20] Marshall, T. C. (2012). Facebook surveillance of former romantic partners: Associations with postbreakup recovery and personal growth. *Cyberpsychology, Behavior, and Social Networking, 15*(10), 521–526. doi:10.1089/cyber.2012.0125

[★21] Golden, E. (2014, February 10). Internet stalking 101: The dos and don'ts of Internet creeping. *Thought Catalog.* [Online] https://thoughtcatalog.com/emma-golden/2014/02/the-dos-and-donts-of-internet-creeping/

[★22] Smith, A., & Duggan, M. (2013). Online dating and relationships. *Pew Research Center's Internet and American Life Project.* [Online] www.pewinternet.org/2013/10/21/online-dating-relationships/

[★23] Gunter, B. (2013). The study of online relationships and dating. In W. H. Dutton (ed.), *The Oxford Handbook of Internet Studies.* Oxford, UK: Oxford University Press.

[★24] Enss, C. (2005). *Hearts west: True stories of mail-order brides on the frontier.* Guilford, CT: Globe Pequot Press.

[★25] Finkel, E. J., Eastwick, P. W., Karney, B. R., Reis, H. T., & Sprecher, S. (2012). Online dating: A critical analysis from the perspective of psychological science. *Psychological Science in the Public Interest, 13*(1), 3–66. doi:10.1177/1529100612436522

[★26] Frost, J. H., Chance, Z., Norton, M. I., & Ariely, D. (2008). People are experience goods: Improving online dating with virtual dates. *Journal of Interactive Marketing, 22*(1), 51–61. doi:10.1002/dir.20106

[★27] Iyengar, S. S., & Lepper, M. R. (2000). When choice is demotivating: Can one desire too much of a good thing? *Journal of Personality and Social Psychology, 79*(6), 995–1006. doi:10.1037//0022-3514.79.6.995

[★28] Wu, P.-L., & Chiou, W.-B. (2009). More options lead to more searching and worse choices in finding partners for romantic relationships online: An experimental study. *CyberPsychology and Behavior, 12*(3), 315–318. doi:10.1089/cpb.2008.0182

[★29] Vagianos, A. (2015, January 14). Men couldn't handle it when a woman agreed with compliments they gave her online. *The Huffington Post.* [Online] www.huffingtonpost.com/2015/01/14/

women-compliments-online-dating-experiment-gweneth-bateman_n_6456016.html
[★30] Singleton, D. (n.d.). Do winks and favorites really work? *Happen*. [Online] www.match.com/cp.aspx?cpp=/cppp/magazine/article0.html&articleid=12960
[★31] Kotlyar, I., & Ariely, D. (2013). The effect of nonverbal cues on relationship formation. *Computers in Human Behavior, 29*(3), 544–551.
[★32] Zendy. (2012, April 20). Skype or video chat before you meet? So polite. [Online] http://forums.plentyoffish.com/datingPosts15209799.aspx
[★33] Toma, C. L., Hancock, J. T., & Ellison, N. B. (2008). Separating fact from fiction: An examination of deceptive self-presentation in online dating profiles. *Personality and Social Psychology Bulletin, 34*(8), 1023–1036.doi:10.1177/0146167208318067
[★34] Toma, C. L., & Hancock, J. T. (2010). Looks and lies: The role of physical attractiveness in online dating self-presentation and deception. *Communication Research, 37*(3), 335–351. doi:10.1177/0093650209356437
[★35] 研究者は「タラの水槽内のナマズ」伝説そのものに異議を唱える。その理由の一つとして、ナマズは水底生物で、凶暴な捕食動物ではないことがある。しかし、この名前はインターネット捕食者を表現する言葉に使われた。〔日本での紹介記事として、町山智浩 (2014)「catfish」『週刊文春』6月5日号, 76–77 がある。〕
[★36] Fink, B., Neave, N., & Manning, J. t. (2003). Second to fourth digit ratio, body mass index, waist-to-hip ratio, and waist-to-chest ratio: Their relationships in heterosexual men and women. *Annals of Human Biology, 30*(6), 728–738.
[★37] Decuyper, M., De Bolle, M., & De Fruyt, F. (2012). Personality similarity, perceptual accuracy, and relationship satisfaction in dating and married couples. *Personal Relationships, 19*(1), 128–145.
[★38] Wedekind, C., & Füri, S. (1997). Body odour preferences in men and women: Do they aim for specific MHC combinations or simply heterozygosity? *Proceedings. Biological Sciences/The Royal Society, 264*(1387), 1471–1479.
[★39] Garver-Apgar, C. E., Gangestad, S. W., Thornhill, R., Miller, R. D., & Olp, J. J. (2006). Major histocompatibility complex alleles, sexual responsivity, and unfaithfulness in romantic couples. *Psychological Science (Wiley-Blackwell), 17* (10), 830–835. doi:10.1111/j.1467-9280.2006.01789.
[★40] Ohm, S. (2015, February 5). No girlfriend? No problem: New site will build your dream girl for $24.99. *Yahoo Finance*. Retrieved February 12, 2015, from http://finance.yahoo.com/news/no-girlfriend-no-problem-newsite-will-build-your-dream-girl-for-24-99-144052950.html

第6章　ネットにおける利他主義——向社会的行動の心理学

[★1] Henderson, L. (2014, June 3). Small charity's crowdfunding goes global, breaks records. *Fundraising and Philanthropy Magazine*. [Online] www.fpmagazine.com.au/small-charitys-crowdfunding-goes-global-breaks-records-2-340610/
[★2] Batson, C. D. (2012). A history of prosocial behavior research. In A. W. Kruglanski & W.

Stroebe (Eds.), *Handbook of the history of social psychology.* New York, NY: Psychology Press.
[★3] Sproull, L. (2011). Prosocial behavior on the net. *Daedalus, 140*(4), 140–153.
[★4] Wertheimer, D. (2014). *Statement of Dan Wertheimer, Director, Berkeley SETI Research Center, University of California, Berkeley, to the House Committee on Space, Science, and Technology.* [Online] http://setiathome.berkeley.edu/werthimer_house_testimony.pdf
[★5] Sauermann, H., & Franzoni, C. (2015). Crowd science user contribution patterns and their implications. *Proceedings of the National Academy of Sciences, 112*(3), 679–684. http://doi.org/10.1073/pnas.1408907112
[★6] Wallace, A. (2010, September 4). Crowdrise and New York marathon work on fund-raising. The *New York Times.* [Online] www.nytimes.com/2010/09/05/business/05proto.html
[★7] Allison, T. H., Davis, B. C., Short, J. C., & Webb, J. W. (2015). Crowdfunding in a prosocial microlending environment: Examining the role of intrinsic versus extrinsic cues. *Entrepreneurship: Theory and Practice, 39*(1), 53–73. doi:10.1111/etap.12108
[★8] 以下の投稿から。alt.support.cancer, Relationships and cancer (1998).
[★9] Lewallen, A. (2013). *Linguistic predictors of peer responsiveness in an online cancer support group* (PhD dissertation). Loma Linda University, California. [Online] http://scholarsrepository.llu.edu/etd/133/
[★10] Griffiths, K. M., Mackinnon, A. J., Crisp, D. A., Christensen, H., Bennett, K., & Farrer, L. (2012). The effectiveness of an online support group for members of the community with depression: A randomised controlled trial. *PLoS ONE, 7*(12), 1–9. doi:10.1371/journal.pone.0053244
[★11] Setoyama, Y., Yamazaki, Y., & Nakayama, K. (2011). Comparing support to breast cancer patients from online communities and face-to-face support groups. *Patient Education and Counseling, 85*(2), e95–e100. doi:10.1016/j.pec.2010.11.008
[★12] Liess, A., Simon, W., Yutsis, M., Owen, J. E., Piemme, K. A., Golant, M., & Giese-Davis, J. (2008). Detecting emotional expression in face-to-face and online breast cancer support groups. *Journal of Consulting and Clinical Psychology, 76*(3), 517–523. doi:10.1037/0022-006X.76.3.517
[★13] Binik, Y. M., Cantor, J., Ochs, E., & Meana, M. (1997). From the couch to the keyboard: Psychotherapy in cyberspace. In S. Kiesler (Ed.), *Culture of the Internet* (pp. 71–100). Mahwah, NJ: Lawrence Erlbaum Associates.
[★14] Zheng, A. (2014). The dilemma of receiving support from in-laws: A study of the discourse of online pregnancy and childbirth support groups. *China Media Research, 10*(3), 32–42.
[★15] Mickelson, K. D. (1997). Seeking social support: Parents in electronic support groups. In S. Kiesler (Ed.), *Culture of the Internet* (pp. 157–178). Mahwah, NJ: Lawrence Erlbaum Associates.
[★16] Shirky, C. (2008). *Here comes everybody: The power of organizing without organizations.* New York, NY: Penguin.　岩下慶一訳 (2010)『みんな集まれ！』筑摩書房
[★17] Barak, A., Boniel-Nissim, M., & Suler, J. (2008). Fostering empowerment in online support groups. *Computers in Human Behavior, 24*(5), 1867–1883.doi:10.1016/j.chb.2008.02.004
[★18] Freis, S. D., & Gurung, R. A. R. (2013). A Facebook analysis of helping behavior in online bullying. *Psychology of Popular Media Culture, 2*(1), 11–19.

[★19] Pelonero, C. (2014). *Kitty Genovese: A true account of a public murder and its private consequences.* New York, NY: Skyhorse Publishing.
[★20] Latané, B., & Dabbs, J. M. (1975). Sex, group size and helping in three cities. *Sociometry, 38*(2), 180–194. doi:10.2307/2786599
[★21] Mathews, K. E., & Canon, L. K. (1975). Environmental noise level as a determinant of helping behavior. *Journal of Personality and Social Psychology, 32*(4), 571–577. doi:10.1037/0022-3514.32.4.571
[★22] Latané, B., & Rodin, J. (1969). A lady in distress: Inhibiting effects of friends and strangers on bystander intervention. *Journal of Experimental Social Psychology, 5*(2), 189–202. doi:10.1016/0022-1031(69)90046-8
[★23] Latané, B., & Darley, J. M. (1970). *The unresponsive bystander: Why doesn't he help?* New York, NY: Prentice Hall.　竹村研一・杉崎和子訳 (1977)『冷淡な傍観者』ブレーン出版
[★24] Darley, J. M., & Latané, B. (1968). Bystander intervention in emergencies: Diffusion of responsibility. *Journal of Personality and Social Psychology, 8*(4, Pt.1), 377–383. doi:10.1037/h0025589
[★25] Darley, J. M., & Batson, C. D. (1973). "From Jerusalem to Jericho": A study of situational and dispositional variables in helping behavior. *Journal of Personality and Social Psychology, 27*(1), 100–108.
[★26] Abbate, C. S., Ruggieri, S., & Boca, S. (2013). Automatic influences of priming on prosocial behavior. *Europe's Journal of Psychology, 9*(3), 479–492. doi:10.5964/ejop.v9i3.603
[★27] Levin, P. F., & Isen, A. M. (1975). Further studies on the effect of feeling good on helping. *Sociometry, 38*(1), 141–147. doi:10.2307/2786238
[★28] Job, R. S. (1987). The effect of mood on helping behavior. *The Journal of Social Psychology, 127*(4), 323–328.
[★29] Otten, C. A., Penner, L. A., & Waugh, G. (1988). That's what friends are for: The determinants of psychological helping. *Journal of Social and Clinical Psychology, 7*(1), 34–41. doi:10.1521/jscp.1988.7.1.34
[★30] Dovidio, J. F. (1993, October). Androgyny, sex roles, and helping. Paper presented at the convention of the Society of Experimental Social Psychology, Santa Barbara, CA. Cited in Schroeder, D. A., Penner, L. A., Dovidio, J. R, & Pilliavin, J. A. (1995). *The psychology of helping and altruism.* New York, NY: McGraw-Hill.
[★31] DeBruine, L. M. (2002). Facial resemblance enhances trust. Proceedings of the Royal Society B: *Biological Sciences, 269*(1498), 1307–1312. doi:10.1098/rspb.2002.2034
[★32] Levine, M., Prosser, A., Evans, D., & Reicher, S. (2005). Identity and emergency intervention: How social group membership and inclusiveness of group boundaries shape helping behavior. *Personality and Social Psychology Bulletin, 31*(4), 443–453. doi:10.1177/0146167204271651
[★33] Polder-Verkiel, S. (2012). Online responsibility: Bad Samaritanism and the influence of internet mediation. *Science and Engineering Ethics, 18*(1), 117–141. doi:10.1007/s11948-010-9253-z
[★34] Voelpel, S. C., Eckhoff, R. A., & Förster, J. (2008). David against Goliath? Group

size and bystander effects in virtual knowledge sharing. *Human Relations, 61*(2), 271–295. doi:10.1177/0018726707087787

[★35] Van Bommel, M., van Prooijen, J.-W., Elffers, H., & Van Lange, P. A. M. (2012). Be aware to care: Public self-awareness leads to a reversal of the bystander effect. *Journal of Experimental Social Psychology, 48*(4), 926–930. doi:10.1016/j.jesp.2012.02.011

[★36] Russoniello, C. V., O'Brien, K., & Parks, J. M. (2009). The effectiveness of casual video games in improving mood and decreasing stress. *Journal of Cybertherapy and Rehabilitation, 2*(1), 53–66.

[★37] Kraut, R., Patterson, M., Lundmark, V., Kiesler, S., Mukopadhyay, T., & Scherlis, W. (1998). Internet paradox. A social technology that reduces social involvement and psychological well-being? *The American Psychologist, 53*(9), 1017–1031.

[★38] Kross, E., Verduyn, P., Demiralp, E., Park, J., Lee, D. S., Lin, N., Shablack, H., Jonides, J, & Ybarra, O. (2013). Facebook use predicts declines in subjective well-being in young adults. *PLoS ONE, 8*(8), e69841. doi:10.1371/journal.pone.0069841

[★39] Kramer, A. D. I., Guillory, J. E., & Hancock, J. T. (2014). Experimental evidence of massive-scale emotional contagion through social networks. *Proceedings of the National Academy of Sciences, 111*(24), 8788–8790. doi:10.1073/pnas.1320040111

[★40] Chiou, W.-B., Chen, S.-W., & Liao, D.-C. (2013). Does Facebook promote selfinterest? Enactment of indiscriminate one-to-many communication on online social networking sites decreases prosocial behavior. *Cyberpsychology, Behavior, and Social Networking, 17*(2), 68–73. doi:10.1089/cyber.2013.0035

[★41] Paylor, J. (2012). M*icro-volunteering: Doing some good through smartphones?* Institute for Volunteering Research. [Online] https://ja.scribd.com/document/352351403/Micro-Volunteering-Bulletin-Final-Version-June

[★42] Freedman, J. L., & Fraser, S. C. (1966). Compliance without pressure: The foot-in-the-door technique. *Journal of Personality and Social Psychology, 4*(2), 195–202.

[★43] Weekend Update, *Saturday Night Live.* (2012, September 22).

[★44] Kristofferson, K., White, K., & Peloza, J. (2014). The nature of slacktivism: How the social observability of an initial act of token support affects subsequent prosocial action. *Journal of Consumer Research, 40*(6), 1149–1166. doi:10.1086/674137

[★45] Antin, J., Yee, R., Cheshire, C., & Nov, O. (2011, October 3). *Gender differences* in Wikipedia editing. Presented at the Wikisym'11, Mountain View, CA. [Online] http://pensivepuffin.com/dwmcphd/syllabi/info447_wi14/readings/03-GenderAndWikipedia/antin.et.al.GenderDiffInEditing.WikiSym11.pdf

[★46] Curry, O., & Dunbar, R. I.M. (2013). Do birds of a feather flock together?: The relationship between similarity and altruism in social networks. *Human Nature, 24*(3), 336–347. doi:10.1007/s12110-013-9174-z

[★47] Van Gelder, L. (1985, October). The strange case of the electronic lover. *Ms. Magazine.* [Online] http://lindsyvangelder.com/sites/default/files/Plinkers.org%20-%20Electronic%20Lover.htm_.

pdf
[★48] Feldman, M. D. (2004). *Playing sick?: Untangling the web of Munchausen syndrome, Munchausen by proxy, malingering and factitious disorder.* New York, NY: Routledge.
[★49] Cunningham, J. M., & Feldman, M. D. (2011). Munchausen by Internet: Current perspectives and three new cases. *Psychosomatics, 52*(2), 185–189. doi:10.1016/j.psym.2010.11.005
[★50] Hall, H. (2005). After the hurricane, online charity scams grow in number and sophistication. *Chronicle of Philanthropy, 17*(24), 12.
[★51] Gillath, O., McCall, C., Shaver, P. R., & Blascovich, J. (2008). What can virtual reality teach us about prosocial tendencies in real and virtual environments? *Media Psychology, 11*(2), 259–282. doi:10.1080/15213260801906489
[★52] Ratan, R., & Bailenson, J. (2007). Mimicry, facial similarity, and persuasion in a collaborative virtual environment. In *Conference Papers—International Communication Association Annual Meeting.* [Online] http://search.ebscohost.com/login.aspx?direct=true&db=ufh&AN=26950524&site=ehostlive&scope=site

第 7 章　オンラインゲーム行動の心理学

[★1]　Gunn, E. A. A., Craenen, B. G. W., & Hart, E. (2009). A taxonomy of video games and AI. In *Proceedings from AISB.* Citeseer.
[★2]　Entertainment Software Association. (2013). *Essential facts about the computer and video game industry.* [Online] www.isfe.eu/sites/isfe.eu/files/attachments/esa_ef_2013.pdf
[★3]　McGonigal, J. (2011). We spend 3 billion hours a week as a planet playing videogames. Is it worth it? How could it be MORE worth it? *TED Conversations.* [Online] www.ted.com/conversations/44/we_spend_3_billion_hours_a_wee.html
[★4]　Sherry, J. L., Lucas, K., Greenberg, B. S., & Lachlan, K. (2006). Video game uses and gratifications as predictors of use and game preference. In P. Voderer & J. Bryant (Eds.), *Playing video games: Motives, responses, and consequences.* Mahwah, NJ: Lawrence Erlbaum.
[★5]　Bartle, R. (1998). *Hearts, clubs, diamonds, spades: Players who suit MUDs.* [Online] http://mud.co.uk/richard/hcds.htm
[★6]　Yee, N. (2006). Motivations for play in online games. *Cyberpsychology and Behavior, 9*(6), 772–775. doi:10.1089/cpb.2006.9.772
[★7]　Graham, L. T., & Gosling, S. D. (2013). Personality profiles associated with different motivations for playing World of Warcraft. *CyberPsychology, Behavior and Social Networking, 16*(3), 189–193. doi:10.1089/cyber.2012.0090
[★8]　Park, A. E., & Henley, T. B. (2007). Personality and fantasy game character preferences. *Imagination, Cognition and Personality, 27*(1), 37–46.
[★9]　Yee, N., Ducheneaut, N., Nelson, L., & Likarish, P. (2011). Introverted elves and conscientious gnomes: The expression of personality in World of Warcraft. In *Proceedings of the SIGCHI Conference on Human Factors in Computing Systems* (pp. 753–762). ACM. [Online] http://dl.acm.org/citation.cfm?id=1979052

[★10] Lucas, K., & Sherry, J. L. (2004). Sex differences in video game play: A communication-based explanation. *Communication Research, 31*(5), 499–523. doi:10.1177/0093650204267930

[★11] Yee, N. (2014). *The Proteus paradox.* New Haven, CT: Yale University Press, p. 104.

[★12] Dockterman, E. (2014, October 20). What Is #GamerGate and why are women being threatened about video games? *Time.* [Online] http://time.com/3510381/gamergate-faq/

[★13] Chan, T. (Peter). (2012). *Playing with gender: The gender swapping experience of massively multiplayer online role-playing game players* (PsyD dissertation). Alliant International University, California. [Online] https://search.proquest.com/openview/56fdb8d02014d431e0c5993e378a3bd6/1?pq-origsite=gscholar&cbl=18750&diss=y

[★14] Curtis, P. (1997). Mudding: Social phenomena in text-based virtual realities. In S. Kiesler (Ed.), *Culture of the Internet* (pp. 121–142). Mahwah, NJ: Lawrence Erlbaum Associates.

[★15] Skinner, B. F. (1938). *The behavior of organisms: An experimental analysis.* Oxford, UK: Appleton-Century.

[★16] Keovar. (2013, May 14). [Meta] Superstitions in MMO gaming. *Paizo.* [Online] http://paizo.com/threads/rzs2prkm?Meta-Superstitions-in-MMO-Gaming

[★17] Pritchard, R. D., Campbell, K. M., & Campbell, D. J. (1977). Effects of extrinsic financial rewards on intrinsic motivation. *Journal of Applied Psychology, 62*(1), 9–15. doi:10.1037/0021-9010.62.1.9

[★18] NinjaFox. Get out of my WAY!! www.eqnforum.com/threads/get-out-ofmy-way.1117/

[★19] Augur. (2013, September 27). What are the death penalties? *EverQuest Forums.* [Online] https://forums.daybreakgames.com/eq/index.php?threads/what-are-the-death-penalties.203803/

[★20] Dingle, S. (2013). Grand Theft Auto V. *Finweek*, 26–28.

[★21] Anderson, C. A., Shibuya, A., Ihori, N., Swing, E. L., Bushman, B. J., Sakamoto, A., Rothstein, H. R., & Saleem, M. (2010). Violent video game effects on aggression, empathy, and prosocial behavior in Eastern and Western countries: A meta-analytic review. *Psychological Bulletin, 136*(2), 151–173. doi:10.1037/a0018251.supp

[★22] Anderson, C. A., & Dill, K. E. (2000). Video games and aggressive thoughts, feelings, and behavior in the laboratory and in life. *Journal of Personality and Social Psychology, 78*(4), 772–790.

[★23] Carnagey, N. L. (2006). *Is it competitiveness or violent content? The effects of violent sports video games on aggression* (PhD dissertation). Iowa State University. [Online] https://search.proquest.com/pqdtft/docview/305315281/abstract/FD1CF222EA

[★24] Carnagey, N. L., Anderson, C. A., & Bushman, B. J. (2007). The effect of video game violence on physiological desensitization to real-life violence. *Journal of Experimental Social Psychology, 43*(3), 489–496.

[★25] Engelhardt, C. R., Bartholow, B. D., Kerr, G. T., & Bushman, B. J. (2011). This is your brain on violent video games: Neural desensitization to violence predicts increased aggression following violent video game exposure. *Journal of Experimental Social Psychology, 47*(5), 1033–1036. doi:10.1016/j.jesp.2011.03.027

[★26] Ferguson, C. J. (2014). Is video game violence bad? *Psychologist, 27*(5), 324–327.

[★27] Granic, I., Lobel, A., & Engels, R. C. M. E. (2014). The benefits of playing video games. *American Psychologist, 69*(1), 66–78. doi:10.1037/a0034857

[★28] Green, C. S., & Bavelier, D. (2003). Action video game modifies visual selective attention. *Nature, 423*(6939), 534–537.

[★29] Uttal, D. H., Meadow, N. G., Tipton, E., Hand, L. L., Alden, A. R., Warren, C., & Newcombe, N. S. (2013). The malleability of spatial skills: A meta-analysis of training studies. *Psychological Bulletin, 139*(2), 352–402. doi:10.1037/a0028446

[★30] Jing Feng, Spence, I., & Pratt, J. (2007). Playing an action video game reduces gender differences in spatial cognition. *Psychological Science (Wiley-Blackwell), 18*(10), 850–855. doi:10.1111/j.1467-9280.2007.01990.x

[★31] White, J. (2004). Defenders of the video gaming realm. *Playthings, 102*(8), 10–14.

[★32] Ventura, M., Shute, V., & Zhao, W. (2013). The relationship between video game use and a performance-based measure of persistence. *Computers and Education, 60*(1), 52–58. doi:10.1016/j.compedu.2012.07.003

[★33] Russoniello, C. V., O'Brien, K., & Parks, J. M. (2009). EEG, HRV and psychological correlates while playing Bejeweled II: A randomized controlled study. *Studies in Health Technology and Informatics, 144,* 189–192.

[★34] Klasen, M., Weber, R., Kircher, T. T. J., Mathiak, K. A., & Mathiak, K. (2012). Neural contributions to flow experience during video game playing. *Social Cognitive and Affective Neuroscience, 7*(4), 485–495.

[★35] Pinckard, J. (2006). World of Warcraft is the new golf. *PC Magazine, 25*(7), 108–109.

[★36] Gentile, D. A., Anderson, C. A., Yukawa, S., Ihori, N., Saleem, M., Ming, L. K., Shibuya, A., Liau, A.K., Khoo, A., Bushman, B.J., Huesmann, L.R., & Sakamoto, A. (2009). The effects of prosocial video games on prosocial behaviors: International evidence from correlational, longitudinal, and experimental studies. *Personality and Social Psychology Bulletin, 35*(6), 752–763. doi:10.1177/0146167209333045

[★37] Yee, N., & Bailenson, J. (2007). The Proteus effect: The effect of transformed self-representation on behavior. *Human Communication Research, 33*(3), 271–290.

[★38] Yee, N., Bailenson, J. N., & Ducheneaut, N. (2009). The Proteus effect: Implications of transformed digital self-representation on online and offline behavior. *Communication Research, 36*(2), 285–312. doi:10.1177/0093650208330254

[★39] Mead, C. (2013). *War play: Video games and the future of armed conflict.* New York, NY: Eamon Dolan/Houghton Mifflin Harcourt.

[★40] Kato, P. M., Cole, S. W., Bradlyn, A. S., & Pollock, B. H. (2008). A video game improves behavioral outcomes in adolescents and young adults with cancer: A randomized trial. *Pediatrics, 122*(2), e305–e317. doi:10.1542/peds.2007-3134

[★41] Barab, S., Pettyjohn, P., Gresalfi, M., Volk, C., & Solomou, M. (2012). Gamebased curriculum and transformational play: Designing to meaningfully positioning person, content, and context. *Computers and Education, 58*(1), 518–533. doi:10.1016/j.compedu.2011.08.001

[★42] Wouters, P., van Nimwegen, C., van Oostendorp, H., & van der Spek, E. D. (2013). A meta-analysis of the cognitive and motivational effects of serious games. *Journal of Educational Psychology, 105*(2), 249–265. doi:10.1037/a0031311

[★43] Wallace, P. (2005). Blending instructional design principles with computer game design: The development of Descartes' Cove. In *Proceedings of the Association for the Advancement of Computing in Education*. Montreal, Canada.

第８章　子供の発達とインターネット――オンラインで成長すること

[★1]　Prensky, M. (2001). Digital natives, digital immigrants, Part 1. *On the Horizon, 9*(5), 1–6. doi:10.1108/10748120110424816

[★2]　Matyszczyk, C. (2011, October 13). 1-year-old thinks a magazine is a broken iPad. *CNET*. Retrieved August 3, 2014, from www.cnet.com/news/1-year-oldthinks-a-magazine-is-a-broken-ipad/

[★3]　Bronfenbrenner, U. (1977). Toward an experimental ecology of human development. *American Psychologist, 32*(7), 513–531.

[★4]　Rideout, V. J., Foehr, U. G., & Roberts, D. F. (2010). *Generation M2: Media in the Lives of 8- to 18-Year-Olds*. [Online] http://kff.org/other/poll-finding/report-generation-m2-media-in-the-lives/

[★5]　Madden, M., Lenhart, A., Duggan, M., Cortesi, S., & Gasser, U. (2013). *Teens and Technology 2013*. Pew Research Center. [Online] www.pewInternet.org/files/old-media//Files/Reports/2013/PIP_TeensandTechnology2013.pdf

[★6]　Thompson, D. (2014, June 19). The most popular social network for young people? Texting. *The Atlantic*. [Online] www.theatlantic.com/technology/archive/2014/06/facebook-texting-teens-instagram-snapchat-mostpopular-social-network/373043/

[★7]　Blackwell, C. K., Lauricella, A. R., Conway, A., & Wartella, E. (2014). Children and the Internet: Developmental implications of web site preferences among 8- to 12-year-old children. *Journal of Broadcasting & Electronic Media, 58*(1), 1–20. doi:10.1080/08838151.2013.875022

[★8]　Protalinski, E. (2012, April 12). 38% of kids on Facebook are under the minimum age of 13. *ZDNet*. Retrieved August 11, 2014, from www.zdnet.com/blog/facebook/38-of-kids-on-facebook-are-under-the-minimum-ageof-13/11745

[★9]　Harrison, C., Lunzer, E. A., Tymms, P., Fitz-Gibbon, C. T., & Restorick, J. (2004). Use of ICT and its relationship with performance in examinations: A comparison of the ImpaCT2 project's research findings using pupil-level, school-level and multilevel modelling data. *Journal of Computer Assisted Learning, 20*(5), 319–337.

[★10] Kingston, K. J. (2013). *The impact of high-speed Internet connectivity at home on eighth-grade student achievement* (EdD dissertation). University of Nebraska at Omaha. [Online] http://search.proquest.com.proxy1.library.jhu.edu/docview/1348909294/abstract/CA446E7CEE4E4C2APQ/1?accountid=11752

[★11] Organisation for Economic Co-operation and Development (2006). Are students ready for a technology-rich world?

[Online] www.oecd.org/edu/school/programmeforinternationalstudentassessmentpisa/35995145.pdf
[★12] Hunley, S. A., Evans, J. H., Delgado-Hachey, M., Krise, J., Rich, T., & Schell, C. (2005). Adolescent computer use and academic achievement. *Adolescence, 40*(158), 307–318.
[★13] Wainer, J., Dwyer, T., Dutra, R. S., Covic, A., Magalhães, V. B., Ferreira, L. R. R., Pimenta, V. A., & Claudio, K. (2008). Too much computer and Internet use is bad for your grades, especially if you are young and poor: Results from the 2001 Brazilian SAEB. *Computers and Education, 51*(4), 1417–1429. doi:10.1016/j.compedu.2007.12.007
[★14] Ysseldyke, J., Thrill, T., Pohl, J., & Bolt, D. (2005). Using math facts in a flash to enhance computational fluency. *Journal of Evidence-Based Practices for Schools, 6*, 59–89.
[★15] Dynarski, M., Agodini, R., Heaviside, S., Novak, T., Carey, N., Campuzano, L., Means, B., Murphy, R., Penuel, W., Javitz, H., Emery, D., & Sussex, W. (2007). *Effectiveness of reading and mathematics software products: Findings from the first student cohort*. Report to Congress. National Center for Education Evaluation and Regional Assistance, Institute of Education Sciences. [Online] http://ies.ed.gov/ncee/pdf/20074006.pdf
[★16] Campuzano, L., Dynarski, M., Agodini, R., & Rall, K. (2009). *Effectiveness of reading and mathematics software products: Findings from two student cohorts*. National Center for Education Evaluation and Regional Assistance. [Online] http://ies.ed.gov/ncee/pubs/20094041/pdf/20094041.pdf
[★17] Wallace, P. (2011). M-Learning: Promises, perils, and challenges. *New Horizons for Learning, IX*(1).
[★18] Means, B., Toyama, Y., Murphy, R., Bakia, M., & Jones, K. (2010). *Evaluation of evidence-based practices in online learning: A meta-analysis and review of online learning studies*. Washington, DC: U.S. Department of Education. [Online] www2.ed.gov/rschstat/eval/tech/evidence-based-practices/finalreport.pdf
[★19] Carnahan, C. D. (2012). *The effects of learning in an online virtual environment on K–12 students* (PhD dissertation). Indiana University of Pennsylvania. [Online] http://search.proquest.com.proxy1.library.jhu.edu/docview/1252057250/abstract/31B549CDC00A45FFPQ/1?accountid=11752
[★20] Wallace, P. (2005). Distance education for gifted students: Leveraging technology to expand academic options. *High Ability Studies, 16*(1), 77–86. doi:10.1080/13598130500115288
[★21] Wallace, P. (2009). Distance learning for gifted students: Outcomes for elementary, middle, and high school aged students. *Journal for the Education of the Gifted, 32*(3), 295–320.
[★22] Wallace, P. (2013). Nurturing innovation through online learning. In L. Shavinina (Ed.), *The Routledge international handbook of innovation education* (pp. 430–441). New York, NY: Routledge.
[★23] Rideout, V. J., Foehr, U. G., & Roberts, D. F. (2010). *Generation M2: Media in the Lives of 8- to 18-Year-Olds*. [Online] http://kff.org/other/poll-finding/report-generation-m2-media-in-the-lives/

[★24] Blumberg, F. C., Altschuler, E. A., Almonte, D. E., & Mileaf, M. I. (2013). The impact of recreational video game play on children's and adolescents' cognition. In F. C. Blumberg & S. M. Fisch (Eds), *Digital Games*. New York, NY: Wiley.

[★25] Subrahmanyam, K., & Greenfield, P. M. (1994). Effect of video game practice on spatial skills in girls and boys. *Journal of Applied Developmental Psychology, 15*(1), 13–32. doi:10.1016/0193-3973(94)90004-3

[★26] Okagaki, L., & Frensch, P. A. (1994). Effects of video game playing on measures of spatial performance: Gender effects in late adolescence. *Journal of Applied Developmental Psychology, 15*(1), 33–58. doi:10.1016/0193-3973(94)90005-1

[★27] De Lisi, R., & Wolford, J. L. (2002). Improving children's mental rotation accuracy with computer game playing. *The Journal of Genetic Psychology: Research and Theory on Human Development, 163*(3), 272–282.

[★28] Fisch, S. M., Lesh, R., Motoki, E., Crespo, S., & Melfi, V. (2011). Children's mathematical reasoning in online games: Can data mining reveal strategic thinking? *Child Development Perspectives, 5*(2), 88–92.

[★29] Papastergiou, M. (2009). Digital game-based learning in high school computer science education: Impact on educational effectiveness and student motivation. *Computers and Education, 52*(1), 1–12.

[★30] Castles, A., McLean, G. M., Bavin, E., Bretherton, L., Carlin, J., Prior, M., Ukoumunne, O., Wake, M., & Reilly, S. (2013). Computer use and letter knowledge in pre-school children: A population-based study. *Journal of Paediatrics and Child Health, 49*(3), 193–198. doi:10.1111/jpc.12126

[★31] Xiaoming Li, Atkins, M. S., & Stanton, B. (2006). Effects of home and school computer use on school readiness and cognitive development among Head Start children: A randomized controlled pilot trial. *Merrill-Palmer Quarterly, 52*(2), 239–263.

[★32] Rosen, L. D., Mark Carrier, L., & Cheever, N. A. (2013). Facebook and texting made me do it: Media-induced task-switching while studying. *Computers in Human Behavior, 29*(3), 948–958. doi:10.1016/j.chb.2012.12.001

[★33] Monsell, S. (2003). Task switching. *Trends in Cognitive Sciences, 7*(3), 134–140.

[★34] Mastroberardino, S., & Vredeveldt, A. (2014). Eye-closure increases children's memory accuracy for visual material. *Frontiers in Psychology, 5*, 241.

[★35] Perham, N., & Currie, H. (2014). Does listening to preferred music improve reading comprehension performance? *Applied Cognitive Psychology, 28*(2), 279–284. doi:10.1002/acp.2994

[★36] Foerde, K., Knowlton, B. J., & Poldrack, R. A. (2006). Modulation of competing memory systems by distraction. *Proceedings of the National Academy of Sciences of the United States of America, 103*(31), 11778–11783.

[★37] Nuutinen, T., Ray, C., & Roos, E. (2013). Do computer use, TV viewing, and the presence of the media in the bedroom predict school-aged children's sleep habits in a longitudinal study? *BMC Public Health, 13*(1), 1–8. doi:10.1186/1471-2458-13-684

[★38] Garmy, P., Nyberg, P., & Jakobsson, U. (2012). Sleep and television and computer habits of

Swedish school-age children. *The Journal of School Nursing, 28*(6), 469–476.

[★39] Davis, A. L., Avis, K. T., & Schwebel, D. C. (2013). The effects of acute sleep restriction on adolescents' pedestrian safety in a virtual environment. *Journal of Adolescent Health, 53*(6), 785–790. doi:10.1016/j.jadohealth.2013.07.008

[★40] Wood, B., Rea, M. S., Plitnick, B., & Figueiro, M. G. (2013). Light level and duration of exposure determine the impact of self-luminous tablets on melatonin suppression. *Applied Ergonomics, 44*(2), 237–240. doi:10.1016/j.apergo.2012.07.008

[★41] Mendoza, J. A., Zimmerman, F. J., & Christakis, D. A. (2007). Television viewing, computer use, obesity, and adiposity in US preschool children. *International Journal of Behavioral Nutrition and Physical Activity, 4,* 44–53. doi:10.1186/1479-5868-4-44

[★42] Lajunen, H.-R., Keski-Rahkonen, A., Pulkkinen, L., Rose, R. J., Rissanen, A., & Kapri, J. (2007). Are computer and cell phone use associated with body mass index and overweight? A population study among twin adolescents. *BMC Public Health, 7,* 24–8. doi:10.1186/1471-2458-7-24

[★43] Best, J. R. (2012). Exergaming immediately enhances children's executive function. *Developmental Psychology, 48*(5), 1501–1510. doi:10.1037/a0026648

[★44] Lenhart, A. (2012). *Teens, Smartphones & Texting.* Pew Research Center. [Online] www.pewInternet.org/2012/03/19/teens-smartphones-texting/

[★45] Valkenburg, P. M., & Peter, J. (2007). Preadolescents' and adolescents' online communication and their closeness to friends. *Developmental Psychology, 43*(2), 267–277.

[★46] Sherman, L. E., & Greenfield, P. M. (2013). Forging friendship, soliciting support: A mixed-method examination of message boards for pregnant teens and teen mothers. *Computers in Human Behavior, 29*(1), 75–85. doi:10.1016/j.chb.2012.07.018

[★47] Marcia, J. E. (1966). Development and validation of ego-identity status. *Journal of Personality and Social Psychology, 3*(5), 551–558.

[★48] Livingstone, S. (2009). *Children and the Internet.* Cambridge, UK: Polity Press, pp. 102–103.

[★49] Jenkins, H. Jr. (2010). Google and the search for the future. *Wall Street Journal.* Retrieved May 3, 2015, from www.wsj.com/articles/SB10001424052748704901104575423294099527212

[★50] Jordán-Conde, Z., Mennecke, B., & Townsend, A. (2014). Late adolescent identity definition and intimate disclosure on Facebook. *Computers in Human Behavior, 33,* 356–366. doi:10.1016/j.chb.2013.07.015

[★51] Livingstone, S. (2009). *Children and the Internet.* Cambridge, UK: Polity Press, p. 100.

[★52] Fox, Z. (2014, January 16). How many teens are actually leaving Facebook? *Mashable.* Retrieved August 23, 2014, from http://mashable.com/2014/01/16/teens-leaving-facebook/

[★53] Alvarez, L. (2013, September 13). Girl's suicide points to rise in apps used by cyberbullies. The *New York Times.* [Online] www.nytimes.com/2013/09/14/us/suicide-of-girl-after-bullying-raises-worries-on-web-sites.html

[★54] Kowalski, R. M., & Limber, S. P. (2007). Electronic bullying among middle school students. *Journal of Adolescent Health, 41*(6, Supplement), S22–S30. doi:10.1016/j.jadohealth.2007.08.017

[★55] Barlett, C. P., Gentile, D. A., & Chew, C. (2016). Predicting cyberbullying from anonymity. *Psychology of Popular Media Culture, 5*(2), 171–180. doi:10.1037/ppm0000055

[★56] Kowalski, R. M., Giumetti, G. W., Schroeder, A. N., & Lattanner, M. R. (2014). Bullying in the digital age: A critical review and meta-analysis of cyberbullying research among youth. *Psychological Bulletin, 140*(4), 1073–1137. doi:10.1037/a0035618

[★57] Döring, N. (2014). Consensual sexting among adolescents: Risk prevention through abstinence education or safer sexting? *Cyberpsychology, 8*(1), 1–18. doi:10.5817/CP2014-1-9

[★58] Strohmaier, H., Murphy, M., & DeMatteo, D. (2014). Youth sexting: Prevalence rates, driving motivations, and the deterrent effect of legal consequences. *Sexuality Research and Social Policy, 11*(3), 245–255. doi:10.1007/s13178-014-0162-9

[★59] Livingstone, S., & Bober, M. (2004). UK children go online: Surveying the experience of young people and their parents. Economic and Social Research Council. [Online] http://eprints.lse.ac.uk/395/1/UKCGOsurveyreport.pdf

[★60] Wolak, J., Mitchell, K., & Finkelhor, D. (2007). Unwanted and wanted exposure to online pornography in a national sample of youth Internet users. *Pediatrics, 119*(2), 247–257. doi:10.1542/peds.2006-1891

[★61] Livingstone, S., Kirwil, L., Ponte, C., & Staksrud, E. (2014). In their own words: What bothers children online? *European Journal of Communication, 29*(3), 271–288. doi:10.1177/0267323114521045

[★62] Mitchell, K. J., Jones, L. M., Finkelhor, D., & Wolak, J. (2013). Understanding the decline in unwanted online sexual solicitations for U.S. youth 2000–2010: Findings from three Youth Internet Safety Surveys. *Child Abuse and Neglect, 37*(12), 1225–1236. doi:10.1016/j.chiabu.2013.07.002

[★63] Benedetti, W. (2012, December 31). Unhappy New Year: Zynga shuts down "PetVille," "Mafia Wars 2," 9 other games. *NBC News*. Retrieved August 30, 2014, from http://sys03-public.nbcnews.com/technology/unhappy-newyear-zynga-shuts-down-petville-mafia-wars-2-1C7785090

第９章　ネットにおけるジェンダー問題とセクシュアリティ

[★1]　Zell, E., Krizan, Z., & Teeter, S. R. (2015). Evaluating gender similarities and differences using metasynthesis. *American Psychologist, 70*(1), 10–20.doi:10.1037/a0038208

[★2]　Williams, J. E., & Best, D. L. (1990). *Measuring sex stereotypes: A multination study* (rev. ed.). Thousand Oaks, CA: Sage Publications.

[★3]　Kret, M. E., & De Gelder, B. (2012). A review on sex differences in processing emotional signals. *Neuropsychologia, 50*(7), 1211–1221. doi:10.1016/j.neuropsychologia.2011.12.022

[★4]　McAndrew, F. T., & McAndrew, Francis T., F. (2012). Who does what on Facebook? Age, sex, and relationship status as predictors of Facebook use. *Computers in Human Behavior, 28*(6), 2359–2365.

[★5]　McAndrew, F. T., & Shah, S. S. (2013). Sex differences in jealousy over facebook activity. *Computers in Human Behavior, 29*(6), 2603–2606. doi:10.1016/j.chb.2013.06.030

[★6]　Wainschel, S. (2014, March 25). How girls text vs. how guys text. *Her Campus*. [Online] www.hercampus.com/love/how-girls-text-vs-howguys-text

[★7]　この意見の分かれる研究領域は、以下の出版以後、急に広がった。Lakoff, R. (1975). *Language and woman's place*. New York: Harper and Row.

[★8]　Baranauskienė, R., & Adminienė, V. (2012). Gender differences in the language of E. Hemingway's fiction. *Gender Studies and Research, 10*, 111–118.

[★9]　Leaper, C., & Robnett, R. D. (2011). Women are more likely than men to use tentative language, aren't they? A meta-analysis testing for gender differences and moderators. *Psychology of Women Quarterly, 35*(1), 129–142. doi:10.1177/0361684310392728

[★10] Turner, L. H., Dindia, K., & Pearson, J. C. (1995). An investigation of female/male verbal behaviors in same-sex and mixed-sex conversations. *Communication Reports, 8*(2), 86–96.

[★11] Scudder, J. N., & Andrews, P. H. (1995). A comparison of two alternative models of powerful speech: The impact of power and gender upon the use of threats. *Communication Research Reports, 12*(1), 25–33. doi:10.1080/08824099509362035

[★12] Hutson-Comeaux, S. L., & Kelly, J. R. (1996). Sex differences in interaction style and group task performance: The process-performance relationship. *Journal of Social Behavior and Personality, 11*(5), 255–275.

[★13] Takeda, S., & Homberg, F. (2014). The effects of gender on group work process and achievement: An analysis through self- and peer-assessment. *British Educational Research Journal, 40*(2), 373–396. doi:10.1002/berj.3088

[★14] Coates, J. (1997). One-at-a-time: The organization of men's talk. In S. Johnson & U. H. Meinhof (Eds.), *Language and masculinity*. Oxford, UK: Blackwell Publishers.

[★15] Argamon, S., Koppel, M., Pennebaker, J. W., & Schler, J. (2009). Automatically profiling the author of an anonymous text. *Communications of the ACM, 52*(2), 119–123. doi:10.1145/1461928.1461959

[★16] Bamman, D., Eisenstein, J., & Schnoebelen, T. (2014). Gender identity and lexical variation in social media. *Journal of Sociolinguistics, 18*(2), 135–160. doi:10.1111/josl.12080

[★17] O'Neill, R., & Colley, A. (2006). Gender and status effects in student e-mails to staff. *Journal of Computer Assisted Learning, 22*(5), 360–367. doi:10.1111/j.1365-2729.2006.00186.x

[★18] Herring, S. C. (1996). Two variants of an electronic message schema. In S. C. Herring (Ed.), *Computer-mediated communication: Linguistic, social, and cross-cultural perspectives* (pp. 81–108). Amsterdam/Philadelphia, PA: John Benjamins.

[★19] Thomson, R., & Murachver, T. (2001). Predicting gender from electronic discourse. *British Journal of Social Psychology, 40*(2), 193.

[★20] Hills, M. (2000). *You are what you type: Language and gender deception on the Internet* (Honors thesis). University of Otago. [Online] www.netsafe.org.nz/Doc_Library/Internet_language_dissertation.pdf

[★21] Berman, J., & Bruckman, A. S. (2001). The Turing Game: Exploring identity in an online environment. *Convergence, 7*(3), 83–102.

[★22] Herring, S. C., & Martinson, A. (2004). Assessing gender authenticity in computer-mediated language use: Evidence from an identity game. *Journal of Language and Social Psychology, 23*(4), 424–446. doi:10.1177/0261927X04269586

[★23] Downing, G. (2013). Virtual youth: Non-heterosexual young people's use of the Internet to negotiate their identities and socio-sexual relations. *Children's Geographies, 11*(1), 44–58. doi:10.1080/14733285.2013.743280

[★24] Centers for Disease Control and Prevention. (2012, November 12). Vital signs: HIV infection, testing, and risk behaviors among youths—United States. *Morbidity and Mortality Weekly Report, 61*(47), 971–976.

[★25] Ybarra, M. L., DuBois, L. Z., Parsons, J. T., Prescott, T. L., & Mustanski, B. (2014). Online focus groups as an HIV prevention program for gay, bisexual, and queer adolescent males. *AIDS Education and Prevention, 26*(6), 554–564. doi:10.1521/aeap.2014.26.6.554

[★26] Gudelunas, D. (2012). There's an app for that: The uses and gratifications of online social networks for gay men. *Sexuality and Culture, 16*(4), 347–365. doi:10.1007/s12119-012-9127-4

[★27] Barak, A. (2005). Sexual harassment on the Internet. *Social Science Computer Review, 23*(1), 77–92. doi:10.1177/0894439304271540

[★28] Moss-Racusin, C. A., Molenda, A. K., & Cramer, C. R. (2015, January 8). Can evidence impact attitudes? Public reactions to evidence of gender bias in STEM fields. *Psychology of Women Quarterly*, 0361684314565777. doi:10.1177/0361684314565777

[★29] Moss-Racusin, C. A., Dovidio, J. F., Brescoll, V. L., Graham, M. J., & Handelsman, J. (2012). Science faculty's subtle gender biases favor male students. *Proceedings of the National Academy of Sciences, 109*(41), 16474–16479. doi:10.1073/pnas.1211286109

[★30] Yee, N. (2014). *The Proteus paradox.* New Haven, CT: Yale University Press, p. 106.

[★31] Woodzicka, J. A., & LaFrance, M. (2005). The effects of subtle sexual harassment on women's performance in a job interview. *Sex Roles, 53*(1–2), 67–77. doi:10.1007/s11199-005-4279-4

[★32] Duggan, M. (2014). *Online harassment.* Pew Research Internet Project. [Online] www.pewInternet.org/2014/10/22/online-harassment/

[★33] Funk, L., & Werhun, C. (2011). "You're such a girl!" The psychological drain of the gender-role harassment of men. *Sex Roles, 65*(1/2), 13–22. doi:10.1007/s11199-011-9948-x

[★34] To take an online version of the Stroop test, visit www.onlinestrooptest.com/

[★35] Dibbell, J. (1993, December 23). A rape in cyberspace. *The Village Voice.* [Online] www.juliandibbell.com/texts/bungle_vv.html 木實新一訳 (1998)「サイバースペースにおけるレイプ」(前編・後編)『*bit*』30(3), 29-36, 30(4), 48-53.

[★36] Daneback, K., Månsson, S.-A., Ross, M. W., & Markham, C. M. (2012). The Internet as a source of information about sexuality. *Sex Education, 12*(5), 583–598. doi:10.1080/14681811.2011.627739

[★37] Smith, M. D. (2011). *Adolescents learning about sex—Broadband Internet access, sexual education, moral panics and youth citizenship* (PhD dissertation). University of Colorado at Boulder. [Online] http://scholar.colorado.edu/socy_gradetds/7/

[★38] Buhi, E. R., Daley, E. M., Oberne, A., Smith, S. A., Schneider, T., & Fuhrmann, H. J. (2010). Quality and accuracy of sexual health information web sites visited by young people. *Journal of Adolescent Health, 47*(2), 206–208. doi:10.1016/j.jadohealth.2010.01.002

[★39] Shaughnessy, K., & Byers, E. S. (2014). Contextualizing cybersex experience: Heterosexually identified men and women's desire for and experiences with cybersex with three types of partners. *Computers in Human Behavior, 32,* 178–185. doi:10.1016/j.chb.2013.12.005
[★40] Daneback, K., Cooper, A., & Månsson, S.-A. (2005). An Internet study of cybersex participants. *Archives of Sexual Behavior, 34*(3), 321–328. doi:10.1007/s10508-005-3120-z
[★41] Smith, D. J. H. (2013). *Theorizing avatar sexualities: A grounded theory study on the erotics of Second Life* (Dissertation). York University. ProQuest (AAINR88703).
[★42] Schneider, J. P., Weiss, R., & Samenow, C. (2012). Is it really cheating? Understanding the emotional reactions and clinical treatment of spouses and partners affected by cybersex infidelity. *Sexual Addiction and Compulsivity, 19*(1–2), 123–139. doi:10.1080/10720162.2012.658344
[★43] Zillmann, D. (1989). Effects of prolonged consumption of pornography. In D. Zillmann & J. Bryant (Eds.), *Pornography: Research advances and policy considerations* (pp. 127–157). Hillsdale, NJ: Lawrence Erlbaum Associates.
[★44] Kenrick, D. T., Gutierres, S. E., and Goldberg, L. L. (1989). Influence of popular erotica on judgments of strangers and mates. *Journal of Experimental Social Psychology, 25,* 159–167.
[★45] Jones, L. M., Mitchell, K. J., & Finkelhor, D. (2012). Trends in youth Internet victimization: Findings from three youth Internet safety surveys 2000–2010. *Journal of Adolescent Health, 50*(2), 179–186. doi:10.1016/j.jadohealth.2011.09.015
[★46] Priebe, G., Mitchell, K. J., & Finkelhor, D. (2013). To tell or not to tell? Youth's responses to unwanted Internet experiences. *Cyberpsychology, 7*(1), 71–84. doi:10.5817/CP2013-1-6
[★47] Jae Woong Shim, & Paul, B. M. (2014). The role of anonymity in the effects of inadvertent exposure to online pornography among young adult males. *Social Behavior and Personality: An International Journal, 42*(5), 823–834. doi:10.2224/sbp.2014.42.5.823
[★48] Donnerstein, E. (1980). Aggressive erotica and violence against women. *Journal of Personality and Social Psychology, 39,* 269–277; Donnerstein, E. (1984). Pornography: Its effects on violence against women. In N. M. Malamuth & E. Donnerstein (Eds.), *Pornography and sexual aggression* (pp. 53–81). New York: Academic Press.
[★49] Hald, G. M., & Malamuth, N. N. (2015). Experimental effects of exposure to pornography: The moderating effect of personality and mediating effect of sexual arousal. *Archives of Sexual Behavior, 44*(1), 99–109. doi:10.1007/s10508-014-0291-5

第10章　オンラインプライバシーと監視の心理学

[★1] Sun on privacy: "Get over it." (1999, January 26). Retrieved January 4, 2015, from http://archive.wired.com/politics/law/news/1999/01/17538
[★2] Warren, S. V., & Brandeis, L. D. (1890). The right to privacy. *Harvard Law Review, 4*(5), 193–220.
[★3] Gomberg, L. J. (2012). *The case for privacy: A history of privacy in the United States as seen through a psychological lens and defined by case law and the impact of social media (whatever happened to "it's none of your business"?)* (PhD dissertation). Fielding Graduate University, Califor-

nia. [Online] https://search.proquest.com/openview/f4ec4962fe81b3b886de29fd450dfd4e/1?pq-origsite=gscholar&cbl=18750&diss=y
[★4] Prosser, W. L. (1960). Privacy. *California Law Review, 48*(3), 383.
[★5] Boring v. Google. (n.d.). Retrieved January 5, 2015, from http://itlaw.wikia.com/wiki/Boring_v._Google
[★6] Laufer, R. S., & Wolfe, M. (1977). Privacy as a concept and a social issue: A multidimensional developmental theory. *Journal of Social Issues, 33*(3), 22–42. doi:10.1111/j.1540-4560.1977.tb01880.x
[★7] Altman, I. (1977). Privacy regulation: Culturally universal or culturally specific? *Journal of Social Issues, 33*(3), 66–84.
[★8] Zimmerman, N. (2013, May 10). "Star Wars Kid" breaks silence, says online fame made him suicidal [update]. *Gawker.* Retrieved January 6, 2015, from http://gawker.com/star-wars-kid-breaks-silence-says-online-fame-made-h-499800192
[★9] Singleton, M. (2014, August 4). 11,000 people sue Facebook over privacy violations. *Daily Dot.* Retrieved January 6, 2015, from www.dailydot.com/technology/facebook-class-action-lawsuit/
[★10] Jump, K. (2005, September 1). A new kind of fame. *Columbia Missourian.* [Online] www.columbiamissourian.com/a/85954/a-new-kind-offame/
[★11] Debatin, B., Lovejoy, J. P., Horn, A.-K., & Hughes, B. N. (2009). Facebook and online privacy: Attitudes, behaviors, and unintended consequences. *Journal of Computer-Mediated Communication, 15*(1), 83–108. doi:10.1111/j.1083-6101.2009.01494.x
[★12] Palazzolo, J., & Gershman, J. (2015, January 22). More investigators go undercover online. *Wall Street Journal.* [Online] http://blogs.wsj.com/law/2015/01/22/privacy-advocates-say-police-impersonations-a-growing-concern/
[★13] Baek, Y. M., Kim, E., & Bae, Y. (2014). My privacy is okay, but theirs is endangered: Why comparative optimism matters in online privacy concerns. *Computers in Human Behavior, 31,* 48–56. doi:10.1016/j.chb.2013.10.010
[★14] Kafka, P. (2010, March 19). The numbers behind the world's fastest-growing web site: YouTube's finances revealed. [Online] http://allthingsd.com/20100319/the-numbers-behind-the-worlds-fastest-growing-web-site-youtubes-finances-revealed/
[★15] Xu, K., Guo, X., Li, J., Lau, R. Y. K., & Liao, S. S. Y. (2012). Discovering target groups in social networking sites: An effective method for maximizing joint influential power. *Electronic Commerce Research and Applications, 11*(4), 318–334. doi:10.1016/j.elerap.2012.01.002
[★16] Teixeira, T. (2012, March). The new science of viral ads. *Harvard Business Review, 90*(3), 25–27.
[★17] Peppet, S. R. (2014). Regulating the Internet of Things: First steps toward managing discrimination, privacy, security, and consent. *Texas Law Review, 93*(1), 85–178.
[★18] ユーチューブに回転追跡課題のオンライン版が登録されている。https://www.youtube.com/watch?v=vGhJ0lWkQOw
[★19] Guerin, B. (1986). The effects of mere presence on a motor task. *The Journal of Social Psy-*

chology, 126(3), 399–401. doi:10.1080/00224545.1986.9713602
[★20] Bull, R., & Gibson-Robinson, E. (1981). The influences of eye-gaze, style of dress, and locality on the amounts of money donated to a charity. *Human Relations, 34*(10), 895–905. doi:10.1177/001872678103401005
[★21] Mazerolle, L., Hurley, D., & Chamlin, M. (2002). Social behavior in public space: An analysis of behavioral adaptations to CCTV. *Security Journal, 15*(3), 59–75. doi:10.1057/palgrave.sj.8340118
[★22] Taylor, E. (2010). I spy with my little eye: The use of CCTV in schools and the impact on privacy. *The Sociological Review, 58*(3), 381–405. doi:10.1111/j.1467-954X.2010.01930.x
[★23] Oulasvirta, A., Suomalainen, T., Hamari, J., Lampinen, A., & Karvonen, K. (2014). Transparency of intentions decreases privacy concerns in ubiquitous surveillance. *Cyberpsychology, Behavior, and Social Networking, 17*(10), 633–638. doi:10.1089/cyber.2013.0585
[★24] John, L. K., Acquisti, A., & Loewenstein, G. (2011). Strangers on a plane: Context-dependent willingness to divulge sensitive information. *Journal of Consumer Research, 37*(5), 858–873. doi:10.1086/656423
[★25] Marwick, A. E., & boyd, d. (2014). Networked privacy: How teenagers negotiate context in social media. *New Media and Society, 16*(7), 1051–1067. doi:10.1177/1461444814543995
[★26] Vitak, J. (2012). The impact of context collapse and privacy on social network site disclosures. *Journal of Broadcasting and Electronic Media, 56*(4), 451–470. doi:10.1080/08838151.2012.732140
[★27] Hogan, B. (2010). The presentation of self in the age of social media: Distinguishing performances and exhibitions online. *Bulletin of Science, Technology and Society, 30*(6), 377–386. doi:10.1177/0270467610385893
[★28] Snyder, B. (2014). Snapchat deceived its customers, FTC says. *Fortune.com*, 1.
[★29] Bygrave, L. A. (2015). A right to be forgotten? *Communications of the ACM, 58*(1), 35–37. doi:10.1145/2688491
[★30] Lanier, J. (2013). *Who owns the future?*. New York, NY: Simon & Schuster.
[★31] Rainie, L., & Anderson, J. (2014). *The future of privacy.* Pew Research Center. [Online] www.pewinternet.org/2014/12/18/future-of-privacy/
[★32] 同上

第 11 章　時間つぶしとしてのインターネット

[★1] Miller, P. (2013, May 1). I'm still here: back online after a year without the Internet. Retrieved September 1, 2014, from www.theverge.com/2013/5/1/4279674/im-still-here-back-online-after-a-year-without-the-Internet
[★2] Wallace, P. (2004). *The Internet in the workplace: How new technology is transforming work.* Cambridge, UK: Cambridge University Press.
[★3] Saad, L. (2014). *The "40-hour" workweek is actually longer—by seven hours.* Gallup. [Online] www.gallup.com/poll/175286/hour-workweek-actually-longer-seven-hours.aspx

[★4] Srinivasan, L., Gager, S., & Ignatova, M. (2014). *Talent trends 2014*. Linkedin. [Online] http://snap.licdn.com/microsites/content/dam/business/talent-solutions/global/en_US/c/pdfs/linkedin-talent-trends-2014-en-us.pdf

[★5] Chesley, N. (2005). Blurring boundaries? Linking technology use, spillover, individual distress, and family satisfaction. *Journal of Marriage and Family, 67*(5), 1237–1248. doi:10.1111/j.1741-3737.2005.00213.x

[★6] Middleton, C. A., & Cukier,W. (2006). Is mobile email functional or dysfunctional? Two perspectives on mobile email usage. *European Journal of Information Systems, 15*(3), 252–260. doi:10.1057/palgrave.ejis.3000614

[★7] Duxbury, L., Higgins, C., Smart, R., & Stevenson, M. (2014). Mobile technology and boundary permeability. *British Journal of Management, 25*(3), 570–588. doi:10.1111/1467-8551.12027

[★8] Young, K. S. (1996). *Internet addiction: The emergence of a new clinical disorder.* Paper presented at the 104th annual meeting of the American Psychological Association, Toronto, Canada, August 15, 1996.

[★9] Young, K. S. (2011). Clinical assessment of Internet-addicted clients. In K. S. Young (Ed.), *Internet addiction: A handbook and guide to evaluation and treatment.* New York, NY: John Wiley.

[★10] J. Kuss, D., D. Griffiths, M., Karila, L., & Billieux, J. (2014). Internet addiction: A systematic review of epidemiological research for the last decade. *Current Pharmaceutical Design, 20*(25), 4026–4052.

[★11] Poli, R., & Agrimi, E. (2012). Internet addiction disorder: Prevalence in an Italian student population. *Nordic Journal of Psychiatry, 66*(1), 55–59. doi:10.3109/08039488.2011.605169

[★12] Yu, L., & Shek, D. T. L. (2013). Internet addiction in Hong Kong adolescents: A three-year longitudinal study. *Journal of Pediatric and Adolescent Gynecology, 26*, S10–S17. doi:10.1016/j.jpag.2013.03.010

[★13] Bakken, I. J., Wenzel, H. G., Götestam, K. G., Johansson, A., & Øren, A. (2009). Internet addiction among Norwegian adults: A stratified probability sample study. *Scandinavian Journal of Psychology, 50*(2), 121–127. doi:10.1111/j.1467-9450.2008.00685.x

[★14] Kheirkhah, F., Ghabeli Juibary, A., & Gouran, A. (2010). Internet addiction, prevalence and epidemiological features in Mazandaran Province, Northern Iran. *Iranian Red Crescent Medical Journal, 12*(2), 133.

[★15] Suler, J. (1996). Why is this thing eating my life? Computer and cyberspace addiction at the "Palace." [Online] http://users.rider.edu/~suler/psycyber/eatlife; Suler, J. (1996). Computer and cyberspace addiction. [Online] www.rider.edu/~suler/psycyber/cybaddict.html

[★16] Distribution of World of Warcraft characters in U.S. and EU realms as of November 2014, by race. Retrieved May 25, 2015, from www.statista.com/statistics/276315/distribution-of-world-of-warcraft-characters-by-race/

[★17] Rosen, L. (2012). *iDisorder: Understanding our obsession with technology and overcoming its hold on us.* New York, NY: Palgrave Macmillan.　児島修訳 (2012)『毒になるテクノロジー』東洋経

済新報社
[★18] Facebook tourist walks off pier. (2013, December 19). Retrieved September 28, 2014, from www.bbc.com/news/world-asia-25426263
[★19] Kuss, D. J., & Griffiths, M. D. (2011). Online social networking and addiction: A review of the psychological literature. *International Journal of Environmental Research and Public Health, 8*(9), 3528–3552.
[★20] Przybylski, A. K., Murayama, K., DeHaan, C. R., & Gladwell, V. (2013). Motivational, emotional, and behavioral correlates of fear of missing out. *Computers in Human Behavior, 29*(4), 1841–1848. doi:10.1016/j.chb.2013.02.014
[★21] Gibson, W. (1999). My obsession. *Wired*. January, 104ff.
[★22] Turel, O., Serenko, A., & Giles, P. (2011). Integrating technology addiction and use: An empirical investigation of online auction users. *MIS Quarterly, 35*(4), 1043–1061.
[★23] Peters, C., & Bodkin, C. D. (2007). An exploratory investigation of problematic online auction behaviors: Experiences of eBay users. *Journal of Retailing and Consumer Services, 14*(1), 1–16. doi:10.1016/j.jretconser.2006.02.002
[★24] Wallace, P. (2014). Internet addiction disorder and youth. *EMBO Reports, 15*(1), 12–16. doi:10.1002/embr.201338222
[★25] Weng, C.-B., Qian, R.-B., Fu, X.-M., Lin, B., Han, X.-P., Niu, C.-S., & Wang, Y.-H. (2013). Gray matter and white matter abnormalities in online game addiction. *European Journal of Radiology, 82*(8), 1308–1312. doi:10.1016/j.ejrad.2013.01.031
[★26] Haifeng Hou, Shaowe Jia, Shu Hu, Rong Fan, Wen Sun, Taotao Sun, & Hong Zhang. (2012). Reduced striatal dopamine transporters in people with Internet addiction disorder. *Journal of Biomedicine and Biotechnology, 2012,* 1–5. doi:10.1155/2012/854524
[★27] Leeman, R. F., & Potenza, M. N. (2013). A targeted review of the neurobiology and genetics of behavioural addictions: An emerging area of research. *Canadian Journal of Psychiatry/La Revue Canadienne de Psychiatrie, 58*(5), 260–273.
[★28] Williams, S. (2014, August 25). “Electronic heroin” spawns Chinese Internet addiction camps. *Voice of America*. [Online] www.voanews.com/content/electronic-heroin-spawns-chinese-Internet-addiction-camps/2427495.html
[★29] Rooij, A., Zinn, M., Schoenmakers, T., & Mheen, D. (2012). Treating Internet addiction with cognitive-behavioral therapy: A thematic analysis of the experiences of therapists. *International Journal of Mental Health and Addiction, 10*(1), 69–82. doi:10.1007/s11469-010-9295-0
[★30] Han, D. H., Hwang, J. W., & Renshaw, P. F. (2010). Bupropion sustained release treatment decreases craving for video games and cue-induced brain activity in patients with Internet video game addiction. *Experimental and Clinical Psychopharmacology, 18*(4), 297–304. doi:10.1037/a0020023
[★31] Winkler, A., Dörsing, B., Rief, W., Shen, Y., & Glombiewski, J. A. (2013). Treatment of Internet addiction: A meta-analysis. *Clinical Psychology Review, 33*(2), 317–329. doi:10.1016/j.cpr.2012.12.005

[★32] McMurran, M. (1994). *The psychology of addiction.* Philadelphia, PA: Taylor & Francis.
[★33] Ex-Palace Mermber. (n.d.). Cold turkey: Messages from an ex-Palace "addict." [Online] http://users.rider.edu/~suler/psycyber/coldturkey.html

第12章　豊かなインターネット生活へ

[★1]　Ricciardi, T. (2014, December 11). Google Hangouts' hidden emojis will ruin the rest of your work day. [Online] https://www.guidelive.com/funny/2014/12/11/google-hangouts-hidden-emojis-will-ruin-rest-work-day
[★2]　Stoll, C. (1996). *Silicon snake oil: Second thoughts on the information highway.* New York, NY: Anchor.　倉骨彰訳 (1997)『インターネットはからっぽの洞窟』草思社
[★3]　Carr, N. (2008, August). Is Google making us stupid? *The Atlantic.* [Online] www.theatlantic.com/magazine/archive/2008/07/is-google-making-us-stupid/306868/
[★4]　Carr, N. (2011). *The shallows: What the Internet is doing to our brains.* New York, NY: W. W. Norton.　篠儀直子訳 (2010)『ネット・バカ』青土社
[★5]　Turkle, S. (2012). *Alone together: Why we expect more from technology and less from each other.* New York, NY: Basic Books.　渡会圭子訳 (2018)『つながっているのに孤独』ダイヤモンド社
[★6]　Turkle, S. (2012, April 21). The flight from conversation. The *New York Times.* [Online] www.nytimes.com/2012/04/22/opinion/sunday/the-flight-from-conversation.html
[★7]　Hughes, T. P. (1994). Technological momentum. In M. R. Smith & L. Marx (Eds.), *Does technology drive history?* (pp. 101–114). Cambridge, MA: The MIT Press.
[★8]　Bissett, W., & Blair, A. W. (2014). Planning implications of new legislation for digital assets. *Journal of Financial Planning, 27*(12), 21–24.
[★9]　Dyson, E. (1997). *Release 2.0: A design for living in the digital age.* New York, NY: Broadway Books.　吉岡正晴訳 (1998)『未来地球からのメール』集英社
[★10] Brand, Stewart, in an email to Esther Dyson, quoted in Dyson, E. (1997). *Release 2.0: A design for living in the digital age.* New York, NY: Broadway Books.　吉岡正晴訳 (1998)『未来地球からのメール』集英社
[★11] Bernstein, M. S., Monroy-Hernandez, A., Harry, D., Andre, P., Panovich, K., & Vargas, G. (2011). 4chan and /b/: An analysis of anonymity and epherality in a large online community. In *Proceedings of the Fifth International AAAI Conference on Weblogs and Social Media.* [Online] https://www.aaai.org/ocs/index.php/ICWSM/ICWSM11/paper/viewFile/2873/4398
[★12] Hardin, G. (1968). The tragedy of the commons. *Science,* 162, 1243–1248.　桜井徹訳 (1993)「共有地の悲劇」シュレーダー＝フレチェット編（京都生命倫理研究会訳）『環境の倫理』（下）晃洋書房, pp. 445-470.
[★13] Roberts, D. (2014). Yelp's fake review problem. *Fortune.com,* 1.
[★14] Passwords revealed by sweet deal. (2004, April 20). *BBC.* [Online] http://news.bbc.co.uk/2/hi/technology/3639679.stm
[★15] Hill, K. (2012). Instagram cowed by privacy outrage, won't put photos in ads. *Forbes.com,* 15.

[★16] Ronson, J. (2015, February 12). How one stupid tweet blew up Justine Sacco's life. The *New York Times.* [Online] www.nytimes.com/2015/02/15/magazine/how-one-stupid-tweet-ruined-justine-saccos-life.html〔文中で紹介されている成書の邦訳が、塩野大訳 (2017)『ルポ　ネットリンチで人生を壊された人たち』として光文社から刊行されている〕。
[★17] Mesgari, M., Okoli, C., Mehdi, M., Nielsen, F. Å., & Lanamäki, A. (2015). "The sum of all human knowledge": A systematic review of scholarly research on the content of Wikipedia. *Journal of the Association for Information Science and Technology, 66*(2), 219–245. doi:10.1002/asi.23172
[★18] Kawai, M. (1965). Newly-acquired pre-cultural behavior of the natural troop of Japanese monkeys on Koshima Islet. *Primates, 6*(1), 1–30.
[★19] Shea, V. (1994). *Netiquette.* San Francisco, CA: Albion Books. The online edition is found at www.albion.com/netiquette/index.html.　松本功訳 (1996)『ネチケット』ひつじ書房〔基本ルールは同社サイト http://www.hituzi.co.jp/hituzi/netqmkj.html で公開されている〕
[★20] Anderson, J., & Rainie, L. (2014). *Digital life in 2025.* Pew Research Center. [Online] www.pewinternet.org/2014/03/11/digital-life-in-2025/
[★21] Keen, A. (2015). *The Internet is not the answer.* New York, NY: Atlantic Monthly Press.　中島由華訳 (2017)『インターネットは自由を奪う』早川書房
[★22] Youyou, W., Kosinski, M., & Stillwell, D. (2015). Computer-based personality judgments are more accurate than those made by humans. *Proceedings of the National Academy of Sciences, 112*(4), 1036–1040. doi:10.1073/pnas.1418680112
[★23] Bostrom, N. (2014). Get ready for the dawn of superintelligence. *New Scientist, 223*(2976), 26–27.
[★24] Sterling, B. (2014, March 28). Dead media beat: The Internet as Icarus. Retrieved February 20, 2015, from https://www.wired.com/beyond-the-beyond/2014/03/dead-media-beat-internet-icarus/
[★25] Tiku, N., & Newton, C. (2015, February 4). Twitter CEO: "We suck at dealing with abuse." [Online] www.theverge.com/2015/2/4/7982099/twitterceo-sent-memo-taking-personal-responsibility-for-the
[★26] Lanier, J. (2010). *You are not a gadget.* New York, NY: Vintage Books.　井口耕二訳 (2010)『人間はガジェットではない』早川書房
[★27] Franzoni, C., & Sauermann, H. (2014). Crowd science: The organization of scientific research in open collaborative projects. *Research Policy, 43*(1), 1–20. doi:10.1016/j.respol.2013.07.005

著者紹介

パトリシア・ウォレス（Patricia Wallace）

『職場のインターネット』(2004年)や『情報システム入門：第4版』（2021年）など、これまでに15冊の著書を出している。研究教育背景は心理学およびテクノロジーと幅広く、これまでの職歴も多岐にわたる。心理学で博士号を取得、コンピュータシステム管理で修士号を取得している。ジョンズホプキンス大学有能青年センターでのオンラインプログラムと情報技術のシニアディレクターを経て、現在、メリーランドユニバーシティ・カレッジ大学院の非常勤教授をつとめる。

訳者紹介

川浦康至（かわうら・やすゆき）

東京経済大学名誉教授。著書に『ウェブログの心理学』（共著）、『インターネット心理学のフロンティア』（共編著）がある。

和田正人（わだ・まさと）

東京学芸大学特任教授。訳書に『参加型文化の時代におけるメディア・リテラシー』（共訳）、『デジタル時代のメディア・リテラシー教育』（監訳）がある。

堀 正（ほり・ただし）

群馬大学名誉教授、元放送大学群馬学習センター客員教授。論文に「情報社会におけるプライバシーと個人情報保護」「情報社会におけるリテラシー問題」「都市型CATVの利用」、著訳書に『コーチング心理学概論』（共編著）、『コーチング心理学ハンドブック』（監修・監訳）、『Dreaming Music Box』（英文著書）がある。

新版　インターネットの心理学

二〇一八年一二月一九日　初版第一刷発行
二〇二三年一〇月一三日　初版第二刷発行

著者　パトリシア・ウォレス
訳者　川浦康至／和田正人／堀正
発行者　東明彦
発行所　NTT出版株式会社
〒一〇八-〇〇二三
東京都港区芝浦三-四-一グランパークタワー
営業担当　TEL〇三-六八〇九-四八九一
FAX〇三-六八〇九-四一〇一
編集担当　TEL〇三-六八〇九-三二七六
https://www.nttpub.co.jp/

装幀　松田行正＋杉本聖士
印刷・製本　中央精版印刷株式会社

ISBN 978-4-7571-4352-4 C0011